Katja Lange-Müller (Hrsg.)
Vom Fisch bespuckt

Katja Lange-Müller (Hrsg.)
Vom Fisch bespuckt

Neue Erzählungen
von 37 deutschsprachigen
Autorinnen und Autoren

Kiepenheuer & Witsch

1. Auflage 2002

© 2002 by Verlag Kiepenheuer & Witsch, Köln
Alle Rechte vorbehalten. Kein Teil des Werkes darf in irgendeiner
Form (durch Fotografie, Mikrofilm oder ein anderes Verfahren)
ohne schriftliche Genehmigung des Verlages reproduziert
oder unter Verwendung elektronischer Systeme verarbeitet,
vervielfältigt oder verbreitet werden.
Umschlaggestaltung: Philipp Starke, Hamburg
Umschlagfoto: © photonica, Saki Sakakibara
Gesetzt aus der Stempel Garamond (Berthold)
bei Kalle Giese, Overath
Druck und Bindearbeiten: Pustet, Regensburg
ISBN 3-462-03073-6

Inhalt

Katja Lange-Müller	Vorwort	9
Markus Orths	Von einem, der aufhörte	13
Franziska Gerstenberg	Mutter Vater Kind	20
Bettina Gundermann	Wochenende	27
Andreas Filipović	Kehrwertzeit	31
Kristof Magnusson	Summer of Love	40
Arne Rautenberg	Hokusais Sonntagnachmittagsspaziergang	47
Sarah Weigt	Nachtflug	53
Volker H. Altwasser	Aus dem Staunen	58
Hung-min Krämer	Zebrafisch I	69
Kathrin Schmidt	Brendels Weg nach Molauken	78
Bettina Grack	Gastspiel	90
Jochen Schmidt	Bezirksspezialistenlager	98
Christoph Wilhelm Aigner	Verhindert Waldbrände!	106
Annette Pehnt	Matt und Flex	108
Mirko Bonné	Die Liebe der Riesen	114
Marion Titze	Der Maler	120
Claudia Klischat	Vom Fisch bespuckt	125
Arne Roß	Das Begräbnis	131
David Wagner	Die blautransparente Wasserpistole	139
Anke Stelling	So klein	143
Nadja Einzmann	Warum er lebte	153
Thorsten Krämer	Der letzte Beatle	156
Terézia Mora	Sensenmann	163
Roy Kummer	Dietzmanns Katze	178
Tanja Dückers	Portola Drive	187
Katja Oskamp	Schnitt	194
Steffen Popp	Nachtrag vom Ufer	201
Marco Strobel	Osterschnee	208
Norbert Zähringer	Inuit oder Die Erfindung des Fischstäbchens	213
Kirsten Meißner	Die Kontinente der Geschlechter	232
Franz Granzow	Brände	240
Ursula Krechel	Auf Wiedersehen	252
Andree Hesse	Das sind meine Bilder	258
Judith Hermann	Lascia	262

Robert Charles Owen	Erik denkt sich etwas aus	266
Axel Schöpp	Sahara des Nordens	273
Antje Rávic Strubel	Hemingway oder Der Anfang von etwas	282
	Autoren und Quellennachweis	289

Katja Lange-Müller
Vorwort

Erzählung. Dies Wort mag ich so wenig wie alle »ung«-Wörter; das unzulängliche Synonym, also richtiger Ersatzwort *Geschichte*, hat zwar eine interessante Doppelbedeutung, klingt jedoch, bezogen auf das, was im Bereich der Literatur damit gemeint ist, heutzutage irgendwie harmlos, ja, infantil. Die Mutter von Erzählung, (Kurz-)Geschichte und deren kleineren Geschwistern *Skizze* und *Anekdote* ist die – wiederum mit dem *Drama* verwandte – gerafftter expositionierte, Wendepunkt-fixierte, aber ebenfalls doppeldeutige *Novelle*, die sich von der italienischen *novella*, der Neuigkeit, herleitet.
Und was hat sie für eine strahlende Vergangenheit, die gute alte Novelle, nicht nur in der italienischen, französischen und englischen Literatur, sondern auch in der deutschsprachigen; E. T. A. Hoffmann, Gottfried Keller, Georg Büchner, Heinrich von Kleist, Theodor Storm, Thomas Mann schrieben großartige Novellen! Doch der Literaturbetrieb, der den manischen Betäubungsleser der Vorfernsehzeit für all die – in unseren Breiten früher üblichen – kalten, düsteren, langen Winterabende mit dicken Wälzern versorgt wissen wollte, schrie laut und immer lauter erst *auch*, dann *nur* nach dem *Roman*.
Das kränkte die Novelle; sie packte ihre sieben Sachen und ging nach Amerika. Doch eines schönen und noch gar nicht fernen Tages kehrte die Novelle als *Short story* wieder zu uns zurück. Dabei hatte sie es im Exil, das weißgott nicht spurlos an ihr vorüberging, wirklich besser als in unserer Welt, der alten; denn zum Glück, auch dem der strengen Novelle, demokratisierten die damaligen »Amis« alles Geistige und Schöngeistige, Kirche, Schule, Universität, Printmedien und sogar die Literatur. Die wohlfeilen Zeitungen, die sich bald überall verbreiteten, hatten aber noch nicht so viele Nachrichten zu vermelden, trotzdem wollten sie nicht ganz dünn sein, weil der Abo zahlende Leser sonst sauer gewesen wäre. Da kam die Novelle doch wie gerufen. Dem – möglichst bekannten – Autor wurde eine bestimmte Menge von Anschlägen vorgegeben und dann konnte er schreiben was er wollte; man druckte es, solange es den Lesern gefiel. Für manchen Autor eines kleineren Blattes aus einer entlegeneren Steppe waren *Kolumne, Glosse* und Short story auch das Trittbrett zu einer Metropolen-Zeitung oder gar einem Buch-Verlag. Diese relativ kurze, meist – wie ursprünglich die Novelle – die fabelhafte Eskalation eines Ereignisses erzählende, Short story genannte Zeitungs-Literatur fand rasch weite Verbreitung und damit jene Popularität, die in den USA schon immer auch Ansehen bedeutete. Amerikanische Autoren von Weltrang, wie Poe, Irving, Melville,

Twain, Bierce, Henry, Hemingway, Faulkner, McCullers, Orates, Pynchon, Updike, Carver, um nur einige zu nennen, machten aus der Short story eine eigenständige literarische Gattung, die, gemäß der Hemingwayschen Eisberg-Theorie, Texte hervorbrachte, deren nachhaltige Wirkung sich nicht so sehr den für den Vorgang des Erzählens benötigten Wörtern verdankt, sondern weit mehr dem Ungesagten darunter. Wohl weil die englische und irische der amerikanischen Literatur schon immer besonders nahe stand oder einfach weil es keine Übersetzungsprobleme gab, finden sich Spielarten des Genres Short story seit mehreren Jahrzehnten auch bei den größten moderneren Dichtern und Schriftstellen dieser Nationen, etwa bei Stevensen, Kipling, Maugham, Conrad, Woolf, Lawrence, Joyce, O'Faolain, O'Conner.

Aber warum nur, trotz Kafka, den Manns, Böll, Dürrenmatt, Bachmann, ..., gilbten Novellen, Erzählungen und Kurzgeschichten (wie Short storys, obwohl sie doch meist ein wenig anders »gebaut« sind, hierzulande auch weiter heißen dürfen), die ja durchaus geschrieben wurden, so lange in den Stubenecken der deutschen Verlagslektoren vor sich hin? Und haben wir vielleicht nicht erlebt, dass ganz passable Erzählungen das Etikett Roman oder, noch seltsamer, *Kurz*roman verpasst bekamen? Und die Feuilleton-Redaktionen der überregionalen Zeitungen und Journale wollten auch immer bloß Debatten führen und sich mit den *Essays* berühmter Zeitgeister schmücken. Storys, ja, die wurden gerne genommen, speziell von den bunteren Printmedien. Aber Short storys? So etwas war, bei aller Liebe zu allem sonstigen Amerikanischen, überhaupt nicht en vogue.

Immerhin gab es erst 1998 beim bereits wieder vom Schirm verschwundenen »Literarischen Quartett« endlich einmal eine echte, ja sensationelle Premiere; ein Band deutscher Erzählungen wurde besprochen, und den hatte auch noch eine Debütantin verfasst. Es war »Sommerhaus, später« von Judith Hermann. Im selben Jahr erschien das zweite Buch des bekennenden Raymond-Carver-Fans Ingo Schulze; dieser Roman, es ist tatsächlich einer, heißt hintersinnigerweise »Simple Storys«.

Mit den Lanzen, die einzelne Autoren, Literaturwissenschaftler, Rezensenten oder Lektoren, so Martin Hielscher, der 1995 eine Anthologie namens »Wenn der Kater kommt« herausgab, immer mal wieder für die Erzählung gebrochen haben, sei, könnte man meinen, auch das Eis geborsten, unter dem dies literarische Prinzip jahrelang vor sich hindümpelte wie ein zäher alter catfish (Katzenwels). Leider stimmt das nicht einmal zur Hälfte; denn die viel beschworene »Welle des neuen deutschen Erzählens«, auf der sich nun schon der erste schale Schaum kräuselt, ist keineswegs identisch mit der neuen deutschsprachigen Erzählung. Immer noch lautet das verlegende Verlangen eher so: Erzählen, ja, sehr gerne, aber bitte »unverkrampft«, womit wir inhaltlich unkonventionell meinen, doch lesbar, also frei von Sprachexperimenten oder orthographischen Mätzchen, sollte es sein, und in – möglichst »authentischem« – Ich-Ton gehalten, und vor allem ausgiebig; am besten so langatmig, dass es sich, wie gewohnt, als Roman verkaufen lässt. – Nein, oh nein, solches Erzähl*en* hat mit der Erzähl*ung* nichts gemein. Der Erzählung nämlich, wenn sie denn gelungen ist, gebührt Hemingways Metapher vom Eisberg ganz und gar. Weil sie weniger Worte macht als der Roman, muss sie mehr den Gesetzen der Poesie folgen. Eine gute Erzählung erklärt nicht und rettet sich nicht, wie mancher – dann allerdings schlechte – Roman, im Schwimmring der Handlung aus den breiten, aber nicht zu tiefen Gewässern der Epik ans sichere Ufer eines finalen Schlusses, wo seit fünfhundert Seiten geduldig die Botschaft wartet. Jede wirkliche Erzählung setzt dagegen auf Verdichtung, Metapher, Bild und provoziert schon deshalb – mitunter sogar gefährlich – die Erfahrung und die Phantasie des Lesers; sie hat idealerweise ein Volumen, das man ihr nicht ansieht, und daher so viel innere Spannung, dass sie ihre äußere Gestalt jeden Moment zu sprengen droht. Die Erzählung verlangt nach anderen Sprach- und Stilmitteln als das, was wir lapidar Belletristik nennen; sie ist konzentrierter und begibt sich oft schon am Anfang in den Sog des Endes. Dieser Sog kann derart stark sein, dass man, noch mitten im Lesen, bereits ahnt, hier herrscht die Dramaturgie des Witzes, der ja auch gewissermaßen von hinten erzählt werden muss, weil die Pointe, obwohl sie nicht verraten werden darf, vom ersten Wort an über jedes weitere gebietet.

Es war wohl so, dass meine glühende Leidenschaft für die Erzählung den Wunsch in mir weckte, Gastgeberin eines Festes sein zu wollen. Auf meinem Weg durchs Leben und die Literatur begegnete ich immer wieder Autorinnen und Autoren, auch Deutsch schreibenden, denen ich aus nahe liegenden Gründen öfter über den Weg lief und deren Arbeiten mir, weil ich sie im Original lesen konnte, leichter zugänglich waren. So stellte sich bald heraus, dass ich nicht die Einzige war, die, wenn sie »vom Fisch bespuckt«, vom Bus gestreift oder von der Pampelmuse geküsst wurde, am liebsten Erzählungen schrieb. »Thematische Anthologien«, hieß es in meinem Brief an jene Gleichgesinnten, »erinnern, obwohl selbst die gelegentlich – und möglicherweise zurecht – Freunde finden, immer ein wenig an Elefanten-, Frösche-, Telefonkarten- oder Bierdeckelsammlungen. Solch ein vermüllungssyndromverdächtiges Ansinnen liegt mir fern; auch würde ich es nicht wagen, dergleichen an Sie heranzutragen. Ich will, mit Ihrer Unterstützung, etwas viel Lohnenderes schaffen, nämlich der edelsten Perle der Prosa-Kunst zu neuem Glanz verhelfen. (...) Denn leider steht die Erzählung hierzulande noch immer im Schatten des Romans, aber gleichzeitig, wir werden es beweisen, in der Knospe ihrer Renaissance, wenn nicht gar am Start zu ihrem Triumph.«

Die Erzählung hat mal wieder Geburtstag; 37 Kolleginnen und Kollegen sind meiner Einladung gefolgt und feiern sie, wie sie es verdient, mit »Nachwuchs« von ihrer Art, im Kreise neuer Erzählungen, Kurzgeschichten, Short storys, die sich alle zwischen den beiden Deckeln dieses romandicken Buches versammelt haben, zu Ehren der bereits erwähnten Perle. Und Sie, geschätzte Leserin, geschätzter Leser, denen schließlich jedes unserer literarisch gemeinten Worte gilt, bleiben, wie ich hoffe, auch dabei – bis zur letzten Seite.

Markus Orths
Von einem, der aufhörte

Nachdem es fünf Wochen lang ohne Unterbrechung geregnet und ich die ganze Zeit über nur in meinem Zimmer gesessen und auf das Ende des Regens gewartet hatte, sprang ich vom Schreibtisch auf, als mich plötzlich ein Sonnenstrahl traf, riss das Fenster auf und sah hinaus. Von überall her war noch leises Tröpfeln zu hören. Der Hof begann leicht zu dampfen, als die Sonnenstrahlen schärfer wurden. Ich schloss das Fenster, nahm meine Jacke, steckte den Bleistift, der mir noch zwischen den Lippen baumelte, in die Tasche und verließ das Haus. In kurzer Zeit war es warm draußen, ich knöpfte meine Jacke auf und ging Richtung Park. Fünf Wochen, dachte ich, hast du das Haus nicht verlassen, fünf Wochen hat es geregnet, gegossen, haben die Mächte sich verschworen, fünf Wochen, dachte ich, hast du nichts weiter getan als am Bleistift zu lecken, und nun, nach fünf Wochen, endlich. Wo aber, dachte ich, sind die anderen, allein, ich sah mich um, allein war ich. Sehr früh, dachte ich, bist du aus dem Haus getreten, als Erster, die andern werden später folgen, noch bist du allein, jetzt, wo du dich dem Park näherst und auf den Bäumen, an denen du vorbeigehst, die ersten Vögel quietschen, kleine Vögel, die du nicht sehen kannst.
Ich bog um die Ecke und erblickte die Parkbank und gleichzeitig einen anderen Menschen, der sich der Bank näherte, aus entgegengesetzter Richtung. Ich beschleunigte meinen Schritt. Je schneller ich ging, umso weniger konnte ich darauf achten, was für eine Gestalt mir dort entgegenkam. Erst als ich nur noch wenige Schritte von der Bank entfernt und es nicht mehr zu übersehen war, dass wir beide gleichzeitig den Platz erreichen würden, erst da hatte ich ein Auge für die äußere Erscheinung des Mannes. Er war nicht groß, trug eine Sonnenbrille, eine karierte Wolljacke und einen Stock, der um seine Beine wirbelte, ohne den Boden zu berühren. Er hatte eine Glatze und ächzte ein wenig, als er sich auf das eine Ende der Bank setzte, während ich im selben Moment auf dem anderen Ende Platz nahm. Er sprach nicht. Er erwiderte meinen Gruß nicht. Hatte er mich überhaupt gehört? Er trug ein großes, wie eine Weinbrandbohne geformtes, beiges Hörgerät. Es fiepte spitz, und er fasste hin, um es neu einzustellen. Er lehnte sich zurück und blickte zum Himmel. Er verharrte eine Weile so, ohne ein Wort. Etwas irritierte mich, vielleicht sein haarloses Gesicht, denn ihm fehlten auch die Augenbrauen, glatt waren sein Kinn und seine Wangen, keine noch so kleinen Stoppeln waren zu erkennen, aus Nase und Ohr wuchs ihm kein Haar, ungewöhnlich für sein Alter, und ich

beschloss, auf der Bank sitzend, dass er 53 sei, nein, das war kein Beschluss, es war eine Eingebung, eine Zahl, die den Mann plötzlich umgab, 53, dachte ich, ja, so alt könnte er sein. Er nahm eine schwarze Wollmütze aus der Tasche und setzte sie auf. Das war erstaunlich, denn hier, mitten in der Sonne, auf der Bank am Rande des Parks, war es inzwischen so heiß geworden, dass ich nun die Jacke auszog und zwischen uns legte. Immer noch waren keine anderen Menschen aus den Häusern gekrochen, ich und er, dachte ich, allein auf der Bank, jeder am äußersten Ende sitzend, zwischen uns meine Jacke, niemand sonst, die Sonne, die das Wasser von den Bäumen schlürft, Vögel, die aus dem Nichts zu schreien beginnen, ein Dampfen, Glucksen und Quietschen, und da fühlte ich mich plötzlich entsetzlich allein dort auf der Bank, ohne den gewohnten Betrieb im Park, nur mit dem Glatzköpfigen neben mir, nur er, dachte ich, nur er und ich, sodass mich plötzlich die Lust anfiel, mit dem Mann ein Gespräch zu beginnen. Nur: Was ihm sagen? Wie sich ihm nähern? Als hätte der Alte meine Gedanken erraten, war *er* es, der plötzlich von sich aus zu reden begann. Er räusperte sich, spuckte aus und zertrat den gelben Brocken mit der Schuhsohle. Er sprach langsam. Er sei, sagte er, mit dem Wagen in der Stadt. Der Wagen stehe am anderen Ende des Parks. Er komme gerade aus Spanien. Er müsse noch 300 Kilometer fahren, bis er nach Hause komme. Er sei in Schwierigkeiten und wolle mich um einen Gefallen bitten.
Ich wollte ihn fragen, was ich für ihn tun könne, es gelang mir aber nur, den Anfang meiner Frage auszusprechen, da der Mann neben mir einfach weiterredete, als hätte er meine angebrochene Frage gar nicht gehört, nicht Unhöflichkeit, dachte ich, sondern Unvermögen, er hört schlecht oder kaum noch, und ich beschloss, ihn reden zu lassen, während ich den Kragen meines Hemdes öffnete, da die Hitze stetig zunahm.
Da sei etwas passiert, sagte der Mann, als er, in der Nacht, knapp hinter der Grenze, Halt gemacht hätte, um zu tanken. Er habe Benzin eingefüllt, sei in den Kassenkiosk gegangen und habe gezahlt. Wieder draußen, sagte der Alte, seien zwei Männer auf ihn zugekommen. Er habe nicht verstehen können, was die beiden ihm gesagt hätten. Sein Gerät, sagte er und deutete auf das Ohr, an dem die beige Weinbrandbohne klebte.
Der Alte spuckte einen neuen Brocken zu Boden, den er mit der Spitze seines Stockes eine Weile gedankenverloren zerstocherte. Die beiden Männer, fragte ich, was war mit ihnen? Der Alte schwieg, und ich wiederholte meine Frage, ein wenig lauter. Er überhörte meine Frage und redete weiter, nicht über die Männer an der Tankstelle, sondern über jenes Gerät, das ihn seit Jahrzehnten, wie er sagte, vor den Schmerzen bewahre. Und dann ließ er sich vom Schwung der Erinnerung mitreißen und sprach von den Schmerzen, die er erstmals verspürt habe, als er, mit dreißig, auf einer Abendgesellschaft gewesen sei. Eigent-

lich habe er nur in Ruhe dastehen und seinen Champagner trinken wollen. Plötzlich aber sei jemand, den er gar nicht kannte, auf ihn zugekommen, habe sich neben ihn gestellt und ihn gefragt, in welcher Branche er tätig sei. Da habe er, der Alte, den Schmerz zum ersten Mal verspürt, er sei in die Knie gegangen, als hätte er einen Faustschlag in den Magen bekommen.

Der Alte machte wieder eine Pause und verscharrte das vorhin Ausgespuckte mit dem Fuß im Schotter. Ich blickte zum Himmel und erkannte, dass die Sonne jetzt ihre ganze Kraft hinunterwarf, als hätte sie fünf Wochen lang die Hitze gespeichert, um sie an diesem einen Tag sinnlos zu verschleudern. Was nun mit den beiden Männern sei, die sich ihm nach dem Tanken genähert hätten, versuchte ich zu fragen, laut, mein Mund nah seinem Ohr. Und als er nicht reagierte, schrie ich, er müsse sein Hörgerät anders einstellen. Das Hörgerät hatte wieder zu fiepen begonnen, der Mann aber schien es nicht zu bemerken, sondern sprach weiter und beschrieb den Schmerz, den er verspürt hatte, und redete davon, wie er, nach dem Satz des unbekannten Mannes, vor Schmerz gekrümmt an der Wand stand, wie er bis tief ins Innerste erschrak über den Schmerz, da er sofort wusste, was es war, das den Schmerz ausgelöst hatte. In welcher Branche?, war er gefragt worden. Wie oft, dachte der Alte, als er sich damals an der Wand abstützte, wie oft hatte er diese Frage schon gehört, wie oft hatten ihn Menschen, die er nicht kannte, auf Dinnerpartys und Gesellschaften gefragt, was er *mache*, welchen *Beruf* er ausübe, ob er seine Auslandsjahre in Oxford oder Cambridge verbracht habe, wie oft, dachte er, hatte er diese Frage schon beantworten müssen. Er stürzte an dem Mann, der ihn gefragt hatte, vorbei, zur Tür hinaus, ins Freie, und erbrach sich in den Gartenteich, ehe er zusah, wie die Goldfische fraßen, was er ausgespuckt hatte.

Das müsse er mir erklären, schrie ich, der Alte hustete eine Weile und hielt sich dabei den Bauch. Ich schrie bereits so laut, dass ich mich unwillkürlich umdrehte, um zu sehen, ob vielleicht jemand auf uns aufmerksam wurde, aber immer noch war es menschenleer im Park. Als der Alte weiterredete, griff ich in meine Jackentasche, zog meinen Bleistift heraus und schob ihn mir in den Mund.

Die Schmerzen blieben, fuhr der Glatzköpfige fort. Sie stellten sich ab sofort ein, wann immer er etwas hörte, das ihm schon bekannt war, wann immer irgendjemand etwas sagte, das er bereits von irgendjemand anderem gehört hatte, und wenn er sich auch in den meisten Fällen nicht mehr daran erinnern konnte, wann und wo und von wem das, was er hörte, schon einmal ausgesprochen worden war, so traf ihn doch stets der Schmerz als sicheres Anzeichen, *dass* er es schon einmal gehört hatte.

Er könne sich allerdings keinen Vorwurf machen, sagte der Glatzköpfige, er habe alles versucht, ein vollwertiges Mitglied unserer Gesellschaft zu bleiben,

und als er dies sagte, sah er ein wenig in meine Richtung, flüchtig zwar, aber immerhin erkannte ich einen Blickansatz zwischen den Lücken seiner Sonnenbrille, alles, sagte er, er habe alles versucht, die Schmerzen zu bekämpfen, gegen sie anzugehen, ihnen entgegenzutreten, er habe keine Party gemieden, er sei überall hingegangen, wo es vor Floskeln nur so wimmelte, er habe die Zähne zusammengebissen und jede Begrüßungsformel kalt lächelnd über sich ergehen lassen, er sei keinem Wettergespräch, keiner Befindlichkeitsbekundung und -frage ausgewichen, er habe sich gesagt, du musst dich dem stellen, du kannst nicht davonlaufen, du bist ein Mensch, als Mensch aber auf Gesellschaft angewiesen, du brauchst sie, die anderen, sieh es ihnen nach, wenn sie ständig dasselbe sagen, wenn nichts Neues aus ihren Lippen quillt, nur der Brei des schon Erlebten, des schon Gesagten, des schon Abgehakten.
Aber auf einmal, fuhr der Glatzköpfige fort, stellten sich die Schmerzen auch ein, wenn er selber sprach, wenn er selber etwas sagte, das er bereits irgendwann einmal irgendwem gesagt hatte, wenn er also berichtete, *in welcher Branche er tätig sei*, wenn er zum x-ten Mal erzählte, dass er zwar einen Beruf erlernt hätte, diesen aber nicht auszuüben bräuchte, da sein Vater über ein solch enormes Vermögen verfüge, dass er es, als einziges Kind, in zehn Leben nicht würde verprassen können. Und schließlich, sagte der Glatzköpfige, habe sein Vater ja *nur für ihn* gelebt, nur für ihn, habe er immer betonen müssen, sei das Vermögen seitens des Vaters erwirtschaftet worden: Es lag nur für ihn auf gesicherten Konten im Ausland, in Aktiendepots an den Börsen, in Hotels, Häusern, Firmen und Ferienanlagen, nur für ihn lag da diese unvorstellbare Zahl, die darauf wartete, dass sein Vater starb, um endgültig seine eigene Zahl zu werden. All das, so der Glatzköpfige, habe er nicht mehr erzählen können, ohne Schmerzen zu empfinden.
Und, rief er plötzlich aus, ich konnte niemanden mehr grüßen, ich konnte die Fragen nicht mehr stellen, die Menschen sich gewöhnlich stellen, ich konnte gerade noch nicken und dem anderen die Hand reichen, und wenn man mich nach dem fragte, was ich tat, musste ich mich zum Bankier machen, zum Juristen, zum Arzt, zum Jockey, ich wurde alles auf einmal, jeden Tag eine andere Gestalt, und ich sage Ihnen, in unseren Kreisen begegnet man täglich jemandem, den man nicht kennt, wird man täglich Menschen vorgestellt, die einen nie zuvor gesehen haben, und ich erzählte jedes Mal eine andere Geschichte, nur nicht dasselbe, das war meine größte Sorge, ja nicht dasselbe erzählen, dasselbe erzählen tat weh.
Er schluckte nun einen der Brocken hinunter, die ihm unaufhörlich die Brust hochstiegen, ich sah es deutlich, wie der ungespuckte Brocken den Hals hinabquoll und wie der Glatzköpfige kurz schmatzte, den Mund ein klein wenig öffnete, ich sah ein Speichelnetz zwischen den Lippen. Ich brüllte nun, dass ich

wissen wolle, was die Menschen zu seinem Verhalten gesagt hätten, und wenn er nicht endlich dafür sorge, dass er mich und meine Fragen verstehe, so würde ich gehen.
Er sei erleichtert gewesen, fuhr er fort, er sprach langsam und ruhig und machte nicht den Eindruck, als habe er verstanden, was ich soeben gesagt hatte, er sei erleichtert gewesen, sagte er, als sein Vater gestorben sei, denn nach der schmerzvollen Beerdigung, bei welcher er fast zusammengebrochen sei, da über zweihundert Kondolanten an ihm vorübermarschierten und stets mit selber Trauermiene dieselben Worte flüsterten, nach der Beerdigung also habe er endlich das getan, was ihm als einzige Möglichkeit noch geblieben sei, er habe sich zurückgezogen, habe fortan an einem abgelegenen Ort gelebt, das angesammelte Geld in Maßen ausgegeben, mit niemandem gesprochen, zu groß sei seine Angst vor Abgegrastem gewesen, nein, stattdessen habe er sich darauf beschränkt zu studieren, Bücher zu lesen, immer Neues, Unverbrauchtes, Dinge, die ihn eigentlich überhaupt nicht interessierten, Elektronik, Informatik, Astronomie, Physik, Hauptsache, neue Wörter, Hauptsache, unbekannte Kombinationen, er habe sich damit sein ganzes Leben lang gut über Wasser halten können. Und wenn ihn plötzlich, in seiner Einsamkeit, das natürliche Bedürfnis überkommen habe zu sprechen, sich mitzuteilen, mit Menschen in Kontakt zu treten, so habe es ihm nicht an Gelegenheiten gemangelt, Dinnerpartys aufzusuchen. Und zwar bewaffnet, wie der Glatzköpfige nun sagte. Bewaffnet mit jenem Hörgerät, das er seit seinem fünfunddreißigsten Lebensjahr trage, wann immer er sich in Gesellschaften bewege, in denen er Gefahr liefe, angesprochen, gefragt und zu einer Antwort aufgefordert zu werden. Es sei ein ganz spezielles Hörgerät, eigentlich gar kein Hörgerät, vielmehr ein Überhörgerät. Eine Erfindung, sagte er, die er sich selber machte, ein Überhörgerät, das ihm einen wunderbaren Ton ins Ohr male, keine Musik, nur einen Ton, der ihn in eine innere Ruhe führe, der ihn alles um ihn herum ertragen lasse, ein Ton, der vor allem für eines sorge: dass er nichts von dem verstehe, was die anderen ihn fragten, ihm erzählten, dass er nichts von dem höre, was er selbst antworte, dass er oft gar nicht wisse, was genau er von sich gebe.
Wie denn die Menschen, schrie ich ihm ins Ohr, nun, da ich wusste, warum er mich nicht hören konnte, wie denn die Menschen reagiert hätten, ich schrie einfach weiter, lehnte mich gegen seinen sich fortsetzenden Redeschwall auf, gegen seinen Ton im Ohr, ich versuchte ihn mit der Stärke meiner Stimme zu zwingen, mir endlich zuzuhören, sein Gerät abzunehmen und meine Fragen zu beachten, wie denn die anderen, brüllte ich, reagiert hätten, auf sein Verhalten.
Gesellschaftsbesuche seien jedoch die Ausnahme gewesen, fuhr er fort, ohne sich im Geringsten an meinem Gebrüll zu stören. Immer seltener habe er sich

im Laufe seines Lebens unter Menschen blicken lassen, und wenn, dann sei er ins Ausland gefahren, in ein Land, dessen Sprache er nicht beherrschte. Nichts, sagte er, sei schöner für ihn gewesen als in einem Café zu sitzen und den Menschen zuzuhören, ohne sie zu verstehen, gewiss, er habe gewusst, geahnt, *gerochen*, worüber sie sprachen, aber er habe es nicht verstanden, es habe ihm keine Schmerzen bereitet.

Und nun, fuhr er fort, komme ich gerade aus Spanien, ich saß dort jeden Tag im Café und las über die neuesten Entwicklungen der Hirnchirurgie und brauchte mein Überhörgerät nicht, ich war ganz frei, ganz Mensch, den niemand kannte, kennt und kennen lernen wollte. Und auf der Rückfahrt, wissen Sie, ist mir geschehen, was mir noch nie geschah, man hat mich, es war nachts, kurz hinter der Grenze, auf heimischem Boden, ich war gerade tanken und kam zurück vom Bezahlen, da hat man mich, nun ja, schlicht und einfach, ich denke, das nennt man ausgeraubt, das waren zwei Männer, die da standen, es war dunkel, und sie werden mir wohl befohlen haben, mein Geld rauszurücken, ich verstand sie nicht, da ich vor dem Tankstellenbesuch mein Überhörgerät angeschaltet hatte, um den Begrüßungsfloskeln des Tankwarts zu entgehen, doch es war ja leicht ersichtlich, was sie wollten, ich gab ihnen alles, was ich bei mir trug, doch sie wollten wohl auch den Schlüssel haben, den Schlüssel zu meinem Auto, auf das sie zeigten, nun denken Sie sich, ich suchte ihn überall, aber ich fand ihn nicht, sie hatten mein Portemonnaie, meine Papiere, hatten alles, nur mein Auto nicht, ich zuckte mit den Schultern und sagte, es tut mir Leid, ich finde den Schlüssel nicht, ich weiß nicht, wo er ist, sie glaubten mir nicht und wollten gerade anfangen, mich, nun ja, ich denke, zu schlagen, da ließen sie plötzlich von mir ab, flohen zu ihrem eigenen Auto und fuhren davon. Ich drehte mich um und sah, dass der Tankwart aus dem Tankstellenhäuschen getreten war und mit meinem Schlüssel winkte, Ihr Schlüssel, wird er wohl geschrien haben, Sie haben Ihren Schlüssel liegen lassen. Ich fuhr weiter, sagte der Glatzköpfige, bis der Morgen anbrach, und ich merkte, dass die Tankanzeige sich dem Ende neigte, ich verließ die Autobahn, rollte in dieses Städtchen bis vor den Park, hier stieg ich aus und hoffte, jemanden zu finden, der mir helfen könnte, denn sehen Sie, das Geld ist weg, die Brieftasche, meine Karten, Kreditkarten, alles, nackt sitze ich hier vor Ihnen, habe nichts mehr, alles ist mir beim Diebstahl abhanden gekommen. Er brauche, fuhr der Glatzköpfige fort, Geld für eine Tankfüllung, die ihn bis nach Hause bringen solle, er verspreche mir auch, wenn ich ihm meine Adresse gebe, mir das Geld binnen kürzester Zeit wieder zurückzuschicken.

Ich merkte, wie ich, erschöpft, ein wenig mechanisch fast, meinen Geldbeutel herauszog, und sah, dass ich noch einhundertdreißig Mark in Scheinen bei mir hatte, und ich nahm den Zehner und den Zwanziger und meine Visitenkarte heraus und dachte, das müsste reichen für den Rest der Strecke, und bevor ich ihm das Geld gab, deutete ich auf sein Überhörgerät und forderte ihn durch Gesten auf, es abzuziehen, damit ich ihm endlich meine Fragen stellen konnte, doch der Alte nahm mir das Geld aus der Hand, steckte es ein, bedankte sich kurz, fast missmutig, stand auf, murmelte *dreißig Mark*, ohne seine Sonnenbrille abzunehmen, ein wenig verächtlich fast, dreißig Mark, für so eine Geschichte. Und ließ mich auf der Bank zurück, den Bleistift abgenagt zwischen den Zähnen.

Franziska Gerstenberg
Mutter Vater Kind

Linn ruft an, sie sagt: Geh mit uns spazieren. Darja ruft an und will ins Kino. Ich gehe ins Kino, aber ich gehe allein. Ich setze mich in die erste Reihe. Es ist ein Off-Kino ohne feste Plätze, niemand sagt etwas, als ich einen der hölzernen Stühle zu mir heranziehe und meine Beine hochlege. Ich möchte, dass es so aussieht, als habe ich den ganzen Tag gearbeitet und sei jetzt erschöpft. Ich ziehe den Bauch ein, weil mich jemand beobachten könnte, sehe mich nicht um. Vom Eingang her schreit eine Frau einen Namen, Mark, läuft zu einem Mann links neben mir. Die Frau hat knalligrote Haare, sie lacht und steigt über meine ausgestreckten Beine, ich sehe einen Streifen Haut zwischen Bluse und Jeans. Mark wedelt mit beiden Armen, bleibt aber sitzen. Das Licht geht aus, ich kann nicht mehr erkennen, ob sie sich küssen.
Auf der Leinwand sieht ein Junge zu, wie sein Freund im Kanal ertrinkt, die Luftblasen schillern farbig, bevor sie zerplatzen. Der Junge hat abstehende Ohren voll Sommersprossen, auf die sein Vater ihn schlägt. Nicht auf die Ohren, sagt die Mutter. Der Junge läuft durch ein Weizenfeld, hinter dem hell der Himmel steht, später regnet es, und am Ende springt auch er von der Brücke in den Kanal.

Niemand ruft an. Ich sitze im Schneidersitz vor der Anlage und höre Kinderlieder. Die linke Lautsprecherbox ist kaputt, klirrt bei den hohen Tönen. Die Kassette leiert. Aus der Beschriftung geht hervor, dass sie zehn Jahre alt und das Weihnachtsgeschenk einer Schulfreundin ist. Ich habe nicht das Gefühl, mich an irgendetwas erinnern zu können.
Ich lege mich auf den Teppich und ziehe das Telefon zu mir heran, Linns Nummer habe ich gespeichert, Taste drei. Ich gehe mit euch spazieren, sage ich.

Ich laufe durch den Park, mit Linn und Patrik und dem Kind. Seit Linn und Patrik das Kind haben, versuchen sie, nicht zu streiten. Erst am Abend, wenn das Kind schläft, schreien sie sich an wie früher. Die Wege im Park sind aufgeweicht, in der Nacht hat es wieder geregnet, Linn schiebt den Kinderwagen durch schwarzen Schlamm. Er bleibt in den Speichen hängen, spritzt gegen die zellophanverpackten Ersatzwindeln im Gitterkorb zwischen den Rädern. Das machst du dann sauber, sagt Linn zu Patrik.
Von dem Kind sieht man wenig, es steckt in einem wollenen Sack mit Reißverschluss und Kapuze. Als Linn schwanger wurde, ließ sie sich von ihrer Mutter

zeigen, wie man strickt. Wenn sie den Wagen über eine Wurzel schiebt, rutscht dem Kind der Schnuller aus dem Mund, und es beginnt zu schreien. Die Vögel kreischen erschrocken und fliegen auf, drehen Kreise über uns, es dauert lange, bis sie sich wieder in den Bäumen niederlassen.
Die Sonne geht unter, obwohl es erst vier ist, das Kind schläft ein. Linn und Patrik reden nicht, vielleicht haben sie Angst, es zu wecken. Ich denke an Darja und daran, dass ich Linn anbieten sollte, den Wagen zu schieben. Die Räder quietschen, Linn sieht Patrik von der Seite an. Erst als er nicht reagiert, sagt sie: Wann ölst du die Räder? Nächste Woche habe ich frei, sagt Patrik. Bist du dann auch mal zu Hause?, fragt Linn.
Für den Rückweg wählen wir die Hauptstraße, weil es schneller geht. Die Räder des Kinderwagens hinterlassen schwarze Streifen auf dem roten Pflaster. Patrik hat jetzt einen Job als Werbetexter, sagt Linn, aber ihm fällt nichts ein. Obwohl wir das Geld dringend brauchen, sagt sie, fällt ihm nichts ein.
Als wir das Haus erreichen, holt Patrik einen Schlauch aus dem Keller und spritzt die Räder des Kinderwagens ab, dann der Reihe nach unsere Schuhe. Meine sind nicht wasserdicht, ich spüre, wie sich die Socken voll saugen und meine Haut an Zehen und Ballen zu quellen beginnt.

Darja ruft an und sagt, dass sie weinen will. Das kann sie nur, wenn jemand dabei ist. Ich besuche sie in ihrer Wohnung, die bald saniert wird, dann muss Darja umziehen, schon jetzt hat sie Angst davor. Ich bin zwölf Jahre jünger als sie, aber doppelt so oft umgezogen.
Darjas Fenster schließen von Woche zu Woche schlechter und riechen modrig. Die Wände sind weiß gekalkt und hinterlassen Streifen auf meiner Strickjacke, wenn ich mich anlehne. Darja, sage ich, warum heizt du nicht? Sie legt die Hände gegen die kalten Fliesen des blaugrünen Kachelofens und zuckt die Achseln. Es ist schon März, sagt sie. Ich tippe gegen meine Stirn: Wir haben vier Grad über Null. Es stinkt nach Furz, wenn ich heize, sagt Darja, der Ofen zieht nicht. Irgendwann, sagt sie, fliegt hier alles in die Luft.
Wir trinken Tee und roten Wein, sitzen auf Darjas Matratze und legen die Decke über uns. Darja weint lange, sie bekommt Schüttelfrost und zittert, klammert die Hände um meinen Arm. Von den Tränen, die sie schluckt, wird ihr schlecht, sie muss sich auf die Seite legen. Ich sage nichts, wir haben schon zu oft geredet. Mit der rechten Hand kreise ich über ihre Schulter, immer wieder, bis mein Gelenk schmerzt. Darja atmet mit offenem Mund, ihre Lippen sind beinahe blau. Geht es, sage ich. Ja, sagt sie leise. Sie holt Luft und stößt sie wieder aus, ich sehe, wie unter dem engen Pullover aus dünner Wolle ihr Bauch vibriert.

Später sitzen wir in der Küche, und Darja zündet alle vier Flammen des Gasherds an, damit es warm wird. Ich mag das, wenn mir schwindlig ist, sagt sie, Hitze im Hals und im Kopf, die Luft riecht süß.
Als sie vierzehn war, entwickelte Darja eine Technik, ohnmächtig zu werden. Noch heute erzählt sie davon. Sie stellte sich mitten ins Zimmer, atmete schneller und immer schneller, ganz flach, bis ihr schwarz vor Augen wurde und sie auf den Teppich fiel. Darja sagt, sie habe aufgehört, in Ohnmacht zu fallen, nachdem ihre Mutter sie dabei erwischt und zum ersten und letzten Mal geohrfeigt hatte, links und rechts, mehrfach. Die Abdrücke, sagt Darja, sah man noch nach zwei Tagen.

Die Freundin, die mir die Kassette mit den Kinderliedern geschenkt hat, bevor sie die Schule wechselte, hieß Claudia Schumann. Plötzlich fällt es mir wieder ein. Selbst wenn ich wollte, könnte ich keinen Kontakt zu ihr aufnehmen, ich habe keine Adresse, und Claudia Schumann ist ein häufiger Name. Außerdem kann sie geheiratet haben, manchmal heiraten Frauen in meinem Alter.
Sie schenkte mir die Kassette zu Weihnachten, wir besuchten die neunte Klasse. Ich verstand nicht, dass Claudia Schumann mir Kinderlieder schenkte, aber sie sagte, es seien Kinderlieder für Erwachsene. Auf dem Einwickelpapier stand in roter Schrift: Zur Erinnerung an die gemeinsame Schulzeit.
Zehn Jahre lang lag die Kassette zwischen anderen in einer hölzernen Kiste neben meiner Anlage. Kein einziges Mal habe ich nachgedacht, ob ich fähig bin, mich an Vergangenes zu erinnern. Seit einer Woche höre ich die Lieder auf der Kassette, immer wieder. Und plötzlich fällt mir dieser Name ein, Claudia Schumann.
Ich rufe Linn an und sage: Eine völlig neue Idee, dass es eine Zeit gab, in der ich neun Jahre alt war oder fünfzehn. Noch vor drei Tagen, sage ich, hätte ich behauptet, immer fünfundzwanzig gewesen zu sein. Spinn nicht rum, sagt Linn, komm lieber rüber und hilf uns beim Abwasch.

Linn und Patrik lassen den Abwasch die ganze Woche stehen, bis er außer dem Spülbecken auch den Kühlschrank und den Herd bedeckt und kein einziger sauberer Teller mehr zu finden ist. Ich kratze die Pfannen aus, wechsle mehrmals das Wasser. Linn kommt herein und wickelt das Kind auf dem braunen zerschrammten Holztisch. Als sie die Klebestreifen der Windel löst, sehe ich, dass die Haut des Kindes rot und wund ist. Nach dem Eincremen und Pudern glänzt sie weiß und fettig. Das Kind gibt Töne von sich, gluckst wie ein Fisch unter Wasser. Manchmal, sagt Linn, lacht Dudu schon. Sie nennt das Kind Dudu, seit sie beobachtet hat, wie Patrik sich über den Kinderwagen beugte, seine Hände wie Vögel flattern ließ und halblaut murmelte: Dudududu. Sie

gibt dem Kind eine Rassel in die Hand, während sie versucht, Hemdchen und Strampelhose über die dünnen Arme und Beine zu fädeln. Aber das Kind lässt die Rassel fallen, so dass sie vom Tisch rutscht. Das Ding, sagt Linn, ist von Patriks Mutter. Patriks Mutter, sagt sie, bezahlt uns nicht etwa die Windeln oder ein Kinderbett, sondern schlägt Dudu mit Spielzeug tot. Tatsächlich besitzt das Kind mehrere Teddybären und Hasen mit geknickten Ohren, Rasseln, Beißringe, Mobiles, Schwimmenten. Dabei, sagt Linn, kann Dudu noch gar nicht spielen.
Als Patrik nach Hause kommt, kocht er. Wer hat abgewaschen, fragt er Linn, du oder Ela? Sie antwortet nicht. Ich sehe gern zu, wenn Patrik kocht. Er hat breite Hände, mit denen er Gemüse schneidet für einen Eintopf, Gemüse und sehniges Rindfleisch. Linn stillt das Kind, ihre Brüste sind schwer und weiß von der Milch darin. Auch Patrik sieht über die Schulter auf Linns Brüste und das darüber geraffte Hemd mit der schwarzen Spitze. Pass auf, was du tust, sagt Linn, sonst schneidest du dich in den Finger. Linn und Patrik haben seit dem fünften Monat der Schwangerschaft nicht miteinander geschlafen.
Patrik schöpft den Eintopf in tiefe blaue Teller. Linn kostet und schiebt das Essen von sich, lehnt sich zurück in ihrem Stuhl. Schmeckt es nicht, fragt Patrik. Da ist Sellerie drin, sagt Linn. Patrik beugt sich über seinen Teller, er isst schnell und gleichmäßig, vermutlich hat er sich schon am ersten Löffel die Zunge verbrannt. Linn legt den Kopf auf die Lehne und sieht an die Zimmerdecke.
Ich darf das Kind halten. Es liegt in meinem Arm und sieht mich an, es hat blaue Augen und eine Glatze. Hatte ich auch, sagt Linn, bis zu meinem ersten Geburtstag. Die knollige Nase mit den großen Löchern hat das Kind von Patrik. Das ist doch keine Nase für ein Kind, sagt Linn. Ich rieche an den winzigen Fingernägeln und an den Ohren, ganz oben am Kopf riecht das Kind nach Rohmilch, die gerade sauer wird. Ich bin eine gute Fee, sage ich gegen den Milchgeruch, und ich wünsche dir Folgendes: Deine Eltern sollen wieder lernen, sich anzufassen, deine Großmutter soll eine Lärche pflanzen am Tag deines ersten Wortes, du sollst nie erwachsen werden. Linn nimmt mir das Kind ab. Du siehst aus, sagt sie, als ob du auch eins haben willst.

Claudia Schumann war sieben und trug runde blonde Haarschnecken. Wir spielten Mutter Vater Kind in ihrem Zimmer. Claudia Schumann war das einzige Mädchen in meiner Klasse, das eine große Puppenküche besaß und Puppen mit geschminkten Lidern und dicken Zöpfen. Meine Mutter sagte, Claudia Schumann bekomme diese Dinge von Verwandten aus Wuppertal. Als ich sie fragte, wo das liege, antwortete sie: Weit weg. Ich dachte, Wuppertal müsse hinter der Ostsee liegen.

Claudia Schumanns Puppen konnte man aus kleinen Fläschchen zu trinken geben. Setzte man sie danach auf ein rosa Plastiktöpfchen, pullerten sie wie echte Kinder. Ich wollte einer der Puppen Milch geben, aber Claudia Schumann bestand auf Wasser. Sie sagte, ihre Mutter habe ihr verboten, Milch zu verwenden, weil diese im Puppenbauch sauer würde. Ich sagte: Kinder dürfen kein Wasser trinken!, aber Claudia Schumann schrie, dass nur sie wisse, was das Beste für ihre Puppen sei. Sie riss mir die Puppe aus der Hand und setzte sie in einen Puppenstuhl. Auch der Stuhl war rosa, die ganze Puppenküche war rosa, selbst die Herdplatten. Wir kochten Kakao und Suppe mit süßen Streuseln, es gab Teller und Tassen und Messer und Gabeln und Töpfe und Topflappen mit rankenden roten Blumen. Die Puppenküche war so groß, dass sie eine der Schmalseiten von Claudia Schumanns Zimmer fast völlig einnahm.
Weil es ihre Puppenküche war, legte Claudia Schumann die Regeln fest, wenn wir Mutter Vater Kind spielten. Meist bestimmte sie mich zum Vater. Ich sollte das Auto waschen und vom Feiertagsschnaps trinken, während Claudia Schumann Windeln und die Strampelhosen anziehen und die Fläschchen geben durfte. Da zur Puppenküche kein Auto gehörte, musste ich während des angeblichen Autowaschens vor die Tür gehen und langweilte mich in Claudia Schumanns Hausflur. Kam ich wieder herein, sagte Claudia Schumann zu den Puppen: Seht, wie das Auto glänzt, der Vater hat es gewaschen, und jetzt erklärt er euch einige Sternbilder! Ich kannte aber keine Sternbilder, so dass Claudia Schumann fragte, ob ich etwa keinen Vater habe.

Darja legt den Hörer auf, wenn ich von Linn und Patrik und dem Kind erzähle. Ich rufe wieder an und entschuldige mich. Wir verabreden uns, gehen zusammen in den Zoo. Ich will zu den Affen, den kleinen Gorilla sehen, der das Klettern und die Schwünge von einem Seil zum anderen erst lernt. Ab und zu verliert er den Halt und stürzt kopfüber Richtung Boden, bis es ihm doch noch gelingt, einen der Füße irgendwo anzuklammern. Dann baumelt er minutenlang an einem Bein, vielleicht, um sich von dem Schreck zu erholen. Ich will nichts sehen, was niedlich ist, bestimmt Darja.
Die Wölfe sind schmutzig weiß mit einem Stich ins Gelb, sie liegen auf künstlichen Felsen und gähnen. Einer beißt sich das Fell von der linken Vorderpfote. Ich versuche herauszufinden, welcher Wolf der Rudelführer ist, aber Darja stellt sich vor mich, so dass ich nichts sehen kann. Lacht es schon, fragt sie, das Kind?
Als Darja achtundzwanzig war, hat sie zweimal abtreiben lassen. Sie fürchtete, das Kind allein großziehen zu müssen. Der Mann, von dem sie schwanger wurde, Ingo, verbrachte seine Tage damit, Farbbomben gegen große quadratische Leinwände zu werfen. Er lebte von vierhundert Mark im Monat, die

seine Mutter ihm gab. Das wäre kein Vater gewesen, sagt Darja, für ein Kind. Sie sagt, die Eingriffe taten kaum weh. Wusstest du, sagt sie, dass es nach Abtreibungen viel schwerer ist, wieder schwanger zu werden. Ich sage nichts.
Im Januar vor einem Jahr habe ich ihn gesehen, Ingo, den Maler, auf einer Vernissage. Darja nahm meine Hand und flüsterte, dass er sich überhaupt nicht verändert habe. Er saß in einem splitterigen Lehnstuhl neben der Toilettentür, auf jedem Knie ein Mädchen. Seine Mätressen, sagte Darja. Die Mädchen sahen aus wie Zwillinge, mager und weißblond, vermutlich gerade volljährig geworden, eines neigte den Kopf und steckte die Zunge in Ingos Ohr. Ingo legte die Arme um die Schultern der Mädchen und sah Darja an, Darja drehte sich um und ging wieder hinaus. Der, sagte ich später, wäre auch heute noch kein Vater für ein Kind. Er hat aber inzwischen welche, sagte Darja leise. Darjas Beziehungen enden mit zerbrochenen Gläsern und durchgeschnittenen Telefondrähten. Seit drei Jahren gehen wir regelmäßig in den Zoo. Es ist nicht zu spät, sage ich zu ihr. Ich bin siebenunddreißig, sagt sie. Alles, was sich Darja vom Leben wünscht, ist ein Kind. Sie sieht auf die gelbstichigen Wölfe, zieht die Brauen zusammen. Das sind wirklich hässliche Tiere, sagt sie.

Ich stelle mir vor, wie mein Bauch dicker und dicker wird, bis das weiße T-Shirt spannt und eine Falte wirft unter dem Busen. Ich stelle mir vor, wie mein Bauch so dick wird, dass ich beide Hände darunter legen kann und sie nicht mehr sehe. Ich muss den Bauch mit den Händen stützen, so schwer ist er. Ich stelle mir vor, dass ich Lust darauf habe, Schokolade und saure Gurken durcheinander zu essen. Aber ich kann mir nicht vorstellen, dass ich Lust auf saure Gurken bekomme, saure Gurken habe ich nie gemocht. Vielleicht würde ich Schokolade und Fenchelgemüse essen wollen. Ich stelle mir vor, wie meine Hände spüren, dass das Kind seine Füße gegen die Wand der Gebärmutter stemmt. Die zarten Tritte, eine Vibration wie die von Schienen, wenn der Zug näher kommt und ich aufstehe und fortgehe, das stelle ich mir vor. Auf den Schienen habe ich im Sommer gelegen, als Kind, zwischen Feldern, ich erinnere mich.

Ich gehe ins Kino. Ich setze mich in die erste Reihe und blicke nach oben. Von der weiß gestrichenen Decke hängt ein langer Staubfaden mit einer Verdickung am Ende, der einen scharfen Schatten wirft. Der Faden wird von der zirkulierenden Heizungsluft auf und ab geblasen, das sieht aus, als bewege sich Spitzwegerich im Wind, zwei Stengel Spitzwegerich mit ungewöhnlich biegsamen Stielen. Pas de deux, sage ich zu meiner Nachbarin, aber sie versteht mich nicht, und ich werde rot. Noch bevor das Licht ausgeht, verlasse ich den Saal.

Im Treppenhaus steht Darja und wartet auf mich. Sie hat nicht angerufen, ich wusste nicht, dass sie kommt. Linn hat angerufen, das Kind ist krank, und Patrik verbringt die Abende in der Kneipe. Er hält es nicht aus, mit Dudu und mir allein zu sein, sagt Linn. Er trinkt Wasser und Kirschsaft, sagt sie, wenn er wenigstens Bier trinken würde, wenn er betrunken wäre beim Heimkommen, dann hätte ich einen Grund, mich zu beschweren.
Darja steht vor der Tür des Orientalischen Tanzstudios, an das die Räume unter mir vermietet sind. Sie lacht. Ihr Lachen klingt ungeübt, als habe sie es schon fast verlernt, wie ein Löffel auf einer Blechschüssel. Was ist so komisch, frage ich. Sie zeigt auf die gläserne Tür zum Studio und lacht weiter, krümmt sich, presst eine Hand auf den Bauch, legt die andere gegen die Stirn. Das Glas durchziehen reliefartig breite Wellen, durch die man undeutlich eine rotbraune Katze mit langem Fell erkennen kann. Die Katze drückt sich gegen die Tür, streckt die Pfoten aus, läuft hin und her. Durch die Krümmung der Scheibe wirkt sie verzerrt, im einen Moment knochig dünn mit hohen Beinen, im anderen rund wie ein Fußball. Darja hustet. Dann sieht sie mich an und verstummt. Was ist so komisch, frage ich.

Bettina Gundermann
Wochenende

Während Klaus sich die Hände wäscht, da ist wie immer viel Blut dran, schaut er in den verschmierten Spiegel des Waschraums. Das Licht flackert, nur eine Birne, nackt. Kalt. Muss ausgewechselt werden, denkt Klaus und ärgert sich. Keiner kümmert sich um das Licht. Klaus drückt erneut auf den Hebel des Seifenspenders. Nur mit der Spitze des rechten Zeigefingers. Auf die linke Hand fließt die dicke, weißliche Seife. Ein kleiner Schleimberg. Klaus wäscht sich die Hände. Klaus schaut in den Spiegel. Er kann nicht anders. Er muss auch heute wieder überprüfen, ob seine Augen kälter wirken. Seine Züge härter. Ob sich der Tod, mit dem er jeden Tag zu tun hat, in seinem Gesicht widerspiegelt. Er zieht mehrere Papiertücher aus dem Kasten an der Wand, trocknet sich die Hände ab. Bindet die Gummischürze ab. Zieht die Stiefel aus. Schlüpft in seine Schuhe. Neue Schuhe bräuchte ich, denkt Klaus. Kommt nicht so oft in die Stadt. Seit einiger Zeit. Er wäscht sich erneut die Hände. Und verlässt den Schlachthof. Mit einem Gefühl der Erleichterung. Klaus hat Wochenende.

Zu Hause erwartet ihn niemand. Schon seit fünf Jahren ist da keiner mehr. Seine Frau hat ihn nicht mehr ertragen. Ihn und seinen Job. Sie hat sich irgendwann nicht mehr über die kostenlosen Würste und Koteletts, die er mitbrachte, gefreut. Sie hat sich schließlich in einen Lehrer verliebt. Mit dem sie jetzt verheiratet ist. Der Lehrer ist Vegetarier. Klaus hat die beiden neulich gesehen. Zwei Wochen ist das her. An einem Donnerstag. Er hatte Feierabend. Geht ja immer denselben Weg nach Hause. Nie hat er die beiden getroffen, auf diesem Weg. Aber dann, vor zwei Wochen, am Donnerstag, sah er sie. Arm in Arm. Der Lehrer und Klaus' Frau. Die beiden haben ihn nicht bemerkt. Sie waren mit sich beschäftigt, haben geredet und wohl auch gelacht. Seine Frau hat sicher gelacht. Er weiß noch, wie sie lachen konnte. Den Kopf in den Nacken hat sie dann geworfen. Und sich die Tränen aus den Augen gerieben. Am Anfang haben sie viel gelacht. Dann immer seltener. Und dann war Schluss. Mit dem Lachen zuerst, Klaus hat noch Späße gemacht, aber seine Frau hat nicht mehr gelacht. Der Lehrer, mit dem sie jetzt zusammen ist, sieht gut aus. Groß. Schlank. Intelligent. Wie so einer, der viel herumgekommen ist. Klaus war nie im Ausland. Seine Frau wollte immer verreisen. Aber Klaus hatte Ausreden. Zu teuer. Zu weit weg. Nur Touristen da. Keine Ruhe. Taschendiebe. Mörder, man weiß ja nie. Und hier, hier ist es doch so schön. Was brauchen wir denn sonst, hat er gesagt. Und seine Frau hat irgendwann nicht mehr genickt. In dieser Zeit wohl verlor sie auch ihr Lachen. Dann, an einem Abend im Sommer, hat sie gebrüllt: »Du fährst nicht in den Urlaub, weil du Angst hast, dich nicht oft genug waschen zu können.« Das war gegen Schluss.

Klaus hat mit seinen Kollegen außerhalb des Schlachthofs nichts zu tun. Klaus mag deren schwarzen Humor nicht. Seine Kollegen sind grob. In ihrer Sprache, in ihren Gebärden. Sie machen sich über alles lustig. Klaus erträgt das nicht.
Er legt die Würste auf den Küchentisch. Er wäscht sich die Hände. Dann gießt er Milch in ein Glas. Er wäscht sich die Hände. Macht sich ein Brot. Mit Wurst. Er wäscht sich die Hände. Während er isst, schaut er an die Wand. Sein Kiefer knackt seit ein paar Tagen beim Essen. Laut ist das im Kopf. Klaus hält sich das rechte Ohr zu, ist im Kopf, ist im Kopf. Könnte mal wieder 'nen Anstrich vertragen, die Wand, denkt er und trinkt einen Schluck. Er trinkt gerne Milch. Jeden Abend ein Glas. Direkt aus dem Kühlschrank. Die ist so schön weiß, die Milch. Nachdem er den Teller, das Messer und das Glas gespült hat, wäscht Klaus sich die Hände. Erst an der Spüle in der Küche. Dann noch einmal im Bad. Mit viel Seife. Brauche neue Seife, denkt Klaus. Einkaufen ist doch eine Last.

Später sitzt er im Fernsehsessel und schaut auf den Bildschirm des ausgeschalteten Fernsehers. Klaus denkt: Morgen ist Samstag. Da könnte ich Farbe kaufen. Für die Küche. Das ist dringend nötig. So gelb ist die Wand. Seine Frau hat ja immer geraucht, in der Küche. Klaus mochte das nie. Gesagt hat er nichts. Er wollte sie gewähren lassen. Bis zum Schluss. Jetzt glaubt er manchmal, wenn er nach Hause kommt, die Tür aufschließt, er rieche Qualm, frischen Zigarettenqualm. Sie hatte so einen schönen Mund. Und dann freut er sich, weil er denkt, jetzt ist sie also wieder da. Zwei halbgroße Schritte sind es von der Wohnungstür zur Küche. Zwei Schritte, um festzustellen, dass es eine Täuschung war.
Er steht auf, geht ins Bad, wäscht sich die Hände und das Gesicht. Putzt sich die Zähne. Schaut in den Spiegel. Wie der Schaum ihm aus dem Mund läuft. Er findet, dass das so aussieht, als hätte er Tollwut. Zum Lachen findet er diesen Gedanken nicht. Wäre seine Frau noch da, würde er ihr diesen witzigen Einfall mitteilen. Vielleicht würden sie gemeinsam lachen. Allein lachen, das kann Klaus nicht. Er hält es nicht für möglich. Er nimmt sich zusammen und geht in den Flur. Hat den Finger schon am Lichtschalter des Badezimmers. Er atmet schneller, reiß dich zusammen, reiß dich zusammen, pocht es in seinem Kopf, so wie der Kiefer beim Kauen, nur viel lauter, penetranter. Verloren!, jubelt etwas, als er nochmals ins Bad geht. Und sich die Hände wäscht. Verloren.

Klaus träumt seit einiger Zeit immer das Gleiche. Trotzdem erschrickt er jedes Mal. Er wird wach und ist verschwitzt. Dann muss er sich die Hände waschen. Dann muss er sich einen neuen Pyjama anziehen. Dann muss er sich die Hände waschen. Dann muss er das Bett neu beziehen. Die Nacht ist so still. Dann muss er sich die Hände waschen. Klaus ist müde. So unendlich müde. Das dauert. Das dauert immer so lang, bis er wieder schlafen darf. Diese Träume, immer diese Träume, denkt Klaus noch.

Klaus wacht auf. Nachdem er geduscht, gefrühstückt und nochmals geduscht hat, wäscht er sich die Hände und fährt zum Baumarkt. Früher hat er auch abends zweimal geduscht. An freien Tagen duschte er oft bis zu zehn Mal. Das hat er aber in den Griff bekommen.
Der Baumarkt ist groß und schön hell. Das mag Klaus. Er würde auch gerne in einem Baumarkt arbeiten. Alles wirkt so sauber und ordentlich. Und diese hohen Regale, bis zur Decke reichen sie fast. Alles ist gut sortiert. Überall in den Gängen große, übersichtliche Hinweisschilder. Das ist hervorragend gemacht. Es riecht nach Farbe und Holz. Die Verkäufer tragen keine gelben Gummischürzen, sondern frisch-blaue Kittel. Auch die Musik, die leise dudelt, mag Klaus. Nicht zu laut. Ganz dezent. Abgestimmt auf die Bedürfnisse der Kunden.
Er findet schnell den Gang mit den Farben. So viele Farben. Klaus geht langsam den Gang entlang, den Blick auf die Farbeimer gerichtet. So strahlend alles. Selbst die dunklen Töne. Er schließt die Augen, fährt mit dem Finger über die Eimer. Stop, spürt Klaus. Er bleibt stehen, öffnet die Augen. Rot. Also Rot. Geeignet für drinnen und draußen. Umweltfreundlich. Und wunderbar rot.
Die Kassiererin lächelt ihn an. Sie hat sehr weiße Zähne und sehr blondes Haar. Klaus lächelt kurz zurück. Die Situation ist ihm unangenehm. Mit zittrigen Händen sucht er nach seinem Geld. Es fällt zu Boden. Klaus schwitzt. Er lächelt die Kassiererin an, die etwas sagt. Klaus hört es nicht, sieht nur, dass sich ihr Mund bewegt. So weiße Zähne, denkt er. So blondes Haar. Ein kleiner Junge hinter ihm hat das Geld eingesammelt und reicht es Klaus. Der nimmt es schweigend entgegen. »Der Rest ist für Sie«, sagt er heiser. Hat keine Zeit mehr, keine Ruhe. Will hier raus. Zu schön und hell alles. Nicht zu ertragen. Gar nicht.

Nachdem er sich die Hände gewaschen hat, macht sich Klaus an die Arbeit. Er öffnet den Deckel des Farbeimers. Sofort strömt der Geruch der frischen Farbe heraus. Klaus hält seine Nase direkt über den Eimer und atmet tief ein. Er taucht den dicken Pinsel in die rote Farbe. Rührt in dem Eimer herum. Dicke, rote, zähe Farbe. Die gut riecht. So ein schönes Rot. So tief, zum Versinken.

Eine rote Küche, das hat sonst sicher keiner. Jetzt, spürt Klaus. Er lässt den Pinsel auf die Fliesen fallen. So ein schönes Rot. Klaus steht auf, zittert ein bisschen, Schweiß, wie in den Nächten, viel Schweiß dringt aus seinen Poren. Er zieht sich die Hose runter. Stellt den Eimer auf einen Stuhl. Klaus taucht seinen Penis in die Farbe. Als er sieht, wie die rote Flüssigkeit von seinem Geschlechtsteil tropft, das sieht fast aus wie Blut, da lacht er. Allein lachen geht doch, denkt Klaus überrascht. Er hebt den Eimer mit beiden Händen empor. Und entleert ihn über seinem Kopf. *Klatsch* macht das.

Am Montag wundern sich die Kollegen, dass Klaus, der noch nie gefehlt hat, nicht zur Arbeit erscheint.

Andreas Filipović
Kehrwertzeit

Vor dem Denken

Es war ein schöner Tag. Die Sonne schien über dem Dorf, und es war Sommer und sehr heiß, und der Himmel war blau über dem Dorf und dem Kanal, der in der Nähe des Dorfes war. Krake und Zelter waren sommers sehr oft an dem Kanal um zu schwimmen, und wenn sie nicht schwammen, dann gingen sie zu der Schleuse und beobachteten, wie die Schiffe die Schleuse passierten, wie das Wasser in das Schleusenbecken gelassen oder daraus abgelassen wurde. In der Nähe der Schleuse hatten sie ihren Poller zum Schwimmen, und abgesehen von ein paar Anglern waren sie ganz alleine an dem Kanal. Nicht sehr oft legte ein Schiff dort an, um zu nächtigen an ihrem Poller, dann wichen sie aus auf einen anderen. Fast immer, wenn die Sirene die Ankunft eines Schiffes ankündigte, rannten sie los, um das Schleusen zu beobachten und um die Schiffe näher anzusehen. Es kamen Frachtkähne und auch Segelschiffe und Motorjachten, und dann fragten sie die Besitzer aus: Wohin und woher, und was geladen, oder was wird geladen, und welche Waren aus welchem Teil der Welt, wieviel PS, und Höchstgeschwindigkeit, und Größe und so fort. Sie hätten dann oft an der Fahrt teilnehmen wollen, und sie sehnten sich sehr danach, in die Welt zu kommen. Die Schleuse war für sie das Tor in die Welt, und das Tor in die Welt öffnete und schloss sich immer mit viel Getöse. Das Schleusen dauerte ungefähr eine halbe Stunde, und dann hatte das Schiff die andere Ebene erreicht, kam aus der Welt oder lief in sie hinaus.
»Ich glaube«, sagte Krake, »hier links is schon unter null, denn weiter runter is 'ne Sackgasse, und da is nichts mehr, und da geht's nich weiter.«
»Stimmt«, meinte Zelter, »hier rechts is aber auch nich null, null is das Meer, und eine Menge Schleusen gibt's bis dahin. Aber auf jeden Fall is hier, links, unter null.«
»Auf jeden Fall«, sagte Krake.
Manchmal, wenn ein besonders schönes Schiff vorbeifuhr, winkten sie von dem Poller aus den Seeleuten zu und riefen: »Hey, hallo, ahoi, nehmt uns mit, nehmt uns mit.«
Und ein Kapitän hatte mal geantwortet: »Jungs, ihr seid mir viel zu schwer für das Boot. Nach Amerika geht es, bin kaum durch die Schleuse gekommen.«
»Viel zu schwer«, hatte Zelter wiederholt, »der spinnt doch.«
»Der hat sie nich alle«, sagte Krake, »der soll wen anders verarschen.«

Und heute hatte Zelter einen Weltatlas mitgebracht, und nun sahen sie sich die Sache mal genauer an. Sie wollten endlich wissen, wo sie waren an dem Kanal und was es alles so gab in der Welt. Beide wären die geborenen Abenteurer, sagten sie sich, und beide waren vollkommen unzufrieden mit dem Dorf und allem, weil alles eben langweilig sei in dem Dorf, und nichts passiere. Endlich abhauen wollten sie, die Welt hätte Abenteuer zu bieten in Mengen. Der Kanal war der Weg in die abenteuerliche Welt, und die Schleuse war das Tor zu dieser Welt. Pläne wurden geschmiedet und Ortsbestimmungen vorgenommen, Wege wurden festgelegt und ein Ziel. Der Kanal war also ein Zweigkanal des Mittellandkanals nach Salzgitter, dann ging es links ab, dann bis zur Weser, dann nach Bremerhaven, dann in die Nordsee.

»Ganz einfach«, sagte Krake.

»Das is'n Klacks«, meinte Zelter.

»Und dann nach Tortuga, in die Karibik.«

»Ein Schiff werden wir schon finden, ganz klar.«

»Ganz klar. Und dann, dann führen wir das schönste Leben an der Küste und auf der Insel«, wusste Krake.

»Sicher«, sagte Zelter, »und Arbeit is nich, ganz wenich nur.«

»Nee, keine Arbeit.«

»Nee, Arbeit auf keinen Fall.«

Abhauen. Das war das Wort, das so viele Hoffnungen in ihnen weckte. Und wenn sie auf dem Poller lagen, sich von der Sonne trocknen ließen, sich erholten vom Schwimmen, vom Springen und Tauchen und in den Himmel blickten, dann träumten sie vom Abhauen und von Südamerika, von Tortuga, der Pirateninsel, und der Karibik. Die Sachen waren schon gepackt, und wenn nicht morgen, so doch bald würde es losgehen, in diesem Jahr noch, auf jeden Fall.

»Abhauen ... Gestern wollte mein blöder kleiner Bruder abhauen«, sagte Krake.

»Wohin?«

»Nach Ganz-weit-weg.«

»Und wohin in Ganz-weit-weg?«

»In den Tod.«

»In den Tod?«

»Ja.«

»Er wollte sich umbringen?«

»Ja.«

»Der is doch erst sechs oder sieben«, Zelter richtete sich auf, »gibt's doch gar nich.«

»Doch, gibt's.«

»Jesusmariaundjoseph.«
Krake schwieg für einen Moment und sagte dann: »Ja, hat Mist gebaut.«
»Verstehe«, sagte Zelter und nickte.
»Weißt du, ich, ich kann das ab, aber Sil, Sil nich. Er nich, er is noch viel zu jung.«
»Hat richtich harte Dresche gekricht?«
»Ja.«
»Und deswegen wollte er sich umbringn?«
»Ja, abhauen wollte er, weg aus dem Leben.«
»Abhauen«, wiederholte Zelter für sich.
»Ja, aber behalts für dich, in Ordnung.«
»Ich sags nich weiter, Krake.«
»Die Schläge waren einfach zu hart für ihn, und dann wollte er sich erhängen, im Kleiderschrank.«
Zelter musste lachen: »Im Kleiderschrank?«
»Ja, er hat sich aus dem Gürtel vom Bademantel 'ne Schlinge gemacht, und die hat er dann an der Stange befestigt, und dann stand er da mit der Schlinge um den Hals.«
»Und dann?«
»Nichts.«
»Wie nichts?«
»Na nichts. Er stand dann da ungefähr 'ne halbe Stunde, sonst nichts. Sonst war nichts.«
»Und du, wo warst du?«
»Ich war in meinem Zimmer und hab ihn beobachtet.«
Krake erzählte, wie er auf seinem Bett lag und seinen Bruder beobachtet hat durch den Türspalt und schon zu Hilfe gesprungen wäre, wenn was gewesen wäre.
»Es war aber nichts«, sagte Krake, »und da bin ich eben liegen geblieben.«
»Is ja auch logisch«, sagte Zelter, »dass nichts war. In dem Alter versteht man von sowas nichts. Woher kann er das nur habn, das mit dem Erhängen?«
»Weiß nich, wahrscheinlich aus dem Fernsehn, von den Western oder so. Ich weiß nich.«
»Ja, vielleicht, warum nich.«
Und Krake erzählte weiter, wie er später versucht hat mit seinem Bruder zu sprechen, was aber nicht ging, und ihn gefragt hatte, was denn war, und was er, Sil, denn denke und fühle. Aber Sil hätte nur geantwortet, dass er es nicht mehr wisse, und dass im Schrank nichts gewesen wäre, und dass er vorher Prügel bekommen hätte. Er wusste nur noch, dass er sich in die Hosen gemacht hat und sehr durcheinander gewesen war und einen trockenen Mund hatte.

Krake und Zelter spekulierten, in welchen Filmen und Serien das Erhängen zu sehen war, und dann spekulierten sie über die Logik.

»Is ja logisch«, sagte Krake, »wenn du verprügelt wirst und sensibel bist, und du fühlst, dass du nich geliebt wirst, dann hast du darauf keinen Bock mehr und haust ab, so oder so. Er wollte eben so abhauen, ganz einfach und ganz freiwillich.«

»Is logisch, und dann hat er versucht, es wie in den Filmen zu tun. Wenn er es aus den Filmen überhaupt hat.«

»Genau«, bestätigte Krake.

»Nur hat er noch keine Ahnung von Physik und so«, sagte Zelter weiter, »sonst hätte er sich ja fallen lassen müssen. Oder er wäre weiter nach oben gestiegen und hätte einen Hocker benutzt oder was Ähnliches und den dann umgestoßen.«

»Ja, daran hat er nich gedacht«, sagte Krake, der Zeuge gewesen war, »und er wusste dann einfach nich weiter, und dann hat er vielleicht nur dran gedacht, wie das im Fernsehn war, wenn er es aus dem Fernsehn hat, was Tod is und Sterben, und wie man Leute tötet im Film.«

Was das aber wirklich sei, Töten und Sterben, das wisse Sil nicht, glaubte Krake, und die Worte hätte Sil vielleicht gehört, spreche sie aber nicht und denke sie nicht.

Und Krake sagte weiter: »Er ahnt vielleicht alles nur, und dass, wenn man sich umbringt, alles nich mehr da is und alles vorbei is.«

»Glaub ich auch«, sagte Zelter, »der is noch nich soweit mit dem Denken. Genau, der hat das geahnt, weiß das aber nich. Ich frag mich nur, wie man sowas ahnen kann, wenn man es nich weiß und von sowas keine Ahnung hat und es wahrscheinlich nur in der Glotze gesehen hat und nich weiß, was das is, Tod und Sterben.«

»Ja, das is vielleicht die Natur«, sagte Krake, »denn wenn ein Lebewesen nich genug Liebe bekommt, dann geht es ein. Ich hab ma gehört, dass das schon bei Babys so is.«

Und Zelter meinte dann, dass er das auch gehört habe, und dass das wahrscheinlich das Verhalten einer jeden Seele von Mensch und Tier und Pflanze sei, sich umzubringen, wenn sie es nicht mehr aushielte.

»Und wahrscheinlich is das was, was immer da is, angeboren, mitgegeben«, sagte Zelter weiter, »mitgegeben zum Menschsein und Tiersein und Pflanzesein, und ganz normal und nichts Vernünftiges, sondern völlig unvernünftich.«

»So hab ichs gemeint, genau. Es gehört zur Natur dazu«, sagte Krake, »und vielleicht passiert das in dem Alter auch gar nich freiwillig, sondern das is was Natürliches.«

»Richtig«, meinte Zelter, »scheiß Natur manchmal.«

»Ja, scheiß Natur manchmal«, sagte Krake.
Beide blickten sie jetzt auf das Wasser, und sie warfen Steine, ab und zu.
»Und was meinst du, Krake, was passiert jetzt mit Sil?«
»Wie meinst du das?«
»Na, ich meine, wenn er nich drüber nachdenken kann über die Sache, ich meine, das bleibt doch irgendwie hängen.«
»Weiß nich. Vielleicht vergisst er's oder er vergisst es nich, dann denkt er später drüber nach.«
»Also wenn er denken kann und nachdenken kann und die Worte hat, aber die Worte hat er jetzt noch nich.«
»Ja, wenn er sich erinnert.«
»Wann konnten wir denn denken früher?«
»Weiß ich nich mehr.«
»Und is es dann noch schlimm, wenn er sich erinnert? Oder is es dann überhaupt schlimm, was glaubst du?«
»Weiß nich, kann sein. Jeder is da anders, glaub ich. Und er hat ja gesagt, dass nichts war, also.«
»Ja, wahrscheinlich.«
»Ich weiß auch nich.«
»Is ganz schön schwer, das alles zu sagen.«
»Stimmt, man weiß ja nie.«
»Nee, auf jeden Fall, man weiß ja nie.«
Die Sirene ertönte wieder, und beide sahen sie hinüber zu der Schleuse.
»Und abhauen muss man irgendwann«, sagte Zelter, der sich auf seine Unterarme stützte und weiter in Richtung Schleuse sah.
»Na, sicher«, sagte Krake, »abhauen werden wir auch, auf jeden Fall, das sag ich dir.«
Zelter sah kurz zu Krake hin, dessen Blick jetzt an dem Himmel war, und sah dann wieder zur Schleuse.
»Ganz sicher, ganz sicher«, sagte er.
Die Sonne stand schon weit im Westen, und an dem Himmel war der Kondensstreifen eines Flugzeugs zu sehen, bald würde der Tag vorüber sein, aber es war immer noch sehr warm an diesem Sommertag.

Nach dem Denken

Es war ein schöner Tag, und die Sonne schien über dem Dorf, und es war Sommer und sehr heiß, zu heiß für Mensch und Tier und Pflanze, und alle mussten unter der Hitze leiden. Es war der heißeste Sommer seit Jahren, und keine

Wolke war an dem Himmel über dem See, der in der Nähe des Dorfes war. Die ganze Natur schien gedrückt zu sein, überall war das Flirren der Sonne, und die glatte Fläche des Sees glänzte hellweiß. Hin und wieder schnellte ein Fisch an die Oberfläche des Sees und brach die Fläche, und es gab kleine Wellen und Kreise auf dem See. Eine sirrende Stille war zu hören, sonst nichts, und der Himmel war nicht mehr blau, so heiß war es, und so hell schien die Sonne, und kein Wind ging.
Der See, der in einem Wald lag, war eine stillgelegte Kieskuhle. Krake und Zelter lagen unter einer Weide am Rande des Sees, den sie ihren See nannten. Sie konnten die Kreise sehen, die die Fische machten, aber sie, Krake und Zelter, waren, weil die helle Sonne auf dem See war, nicht imstande, für längere Zeit den Blick auf das Wasser zu richten. Zelter wollte wissen, wie die Fische das bloß aushielten bei der Hitze. Krake, der größer war als Zelter, sagte, dass die Fische tiefer gehen würden, weil es tief unten kälter sei, und diese Kieskuhle sei verdammt tief, unendlich tief und kalt und schwarz und gruselig. Und Zelter sagte dann, dass das wahrscheinlich wirklich so sein müsse, denn die Fische lebten ja noch, wahrscheinlich auch noch morgen, und woandershin könnten sie auch nicht. Ein Tiefseefisch oder ein Tintenfisch müsse man sein, meinte Krake, und Zelter sagte, er wolle auch ein Fisch sein, er könne zwar nicht schwimmen, aber ein Fisch zu sein, müsse schon toll sein, und das Tauchen und Springen.
Ein Zeitvertreib der beiden Freunde war das Werfen mit Kieselsteinen, ein Wettkampf, bei dem Krake, obwohl er größer war als Zelter, sehr oft verlor, weil Zelter der bessere Sportler war; er landete fast immer einen Treffer, und das ärgerte Krake. Oftmals bewarfen sie die ausgedienten Speicher, Kräne und Förderbänder, die sie Ungeheuer nannten, die am Rande des Sees vor sich hin rosteten. Manchmal bewarfen sie auch einen Baum oder einen Wasservogel. Und manches Mal galt es, einen Kiesel so oft wie möglich auf dem Wasser springen zu lassen. Aber meistens galt es, die Stelle zu treffen, an der ein Fisch aufgetaucht war, und an der dann die Kreise entstanden, Kreise wie Zielscheiben, deren Mittelpunkte, wie die Ringe der Zielscheiben auch, für viele Sekunden gut zu sehen waren, so dass beide immer erkennen konnten, wer dichter ans Schwarze kam oder es traf. Die Entfernung war immer unterschiedlich, aber das, was die Sache interessant machte, war das plötzliche Auftauchen der Fische und der Zielscheiben. Beide hatten sich gefragt, wie viele Steine sie schon geworfen hatten, wie viele in der unermesslichen Tiefe und Kälte liegen mussten. Zelter war der Meinung, dass es ganz bestimmt Millionen sein müssten, und Krake hatte gemeint, dass es ganz bestimmt noch mehr wären.
Heute stand Krake und Zelter nicht der Sinn nach Wettkämpfen dieser Art.

Sie lagen im Schatten der Weide und aßen die Zuckerbrote, die sie immer zu ihren Ausflügen mitzunehmen pflegten. Sie stärkten sich für ein Abenteuer, das sie am Nachmittag unternahmen, als es nicht mehr ganz so heiß war. Krake hatte heute das Schlauchboot seiner Eltern mit an den See gebracht. Und mit diesem kleinen Schlauchboot gingen sie dann auf eine große Piratenfahrt. Zelter war Steuermann und Krake Kapitän. Beide mussten sie kräftig pusten, und es dauerte lange, bis die Luftkammern gefüllt waren, das Boot aufgetakelt war, das Piratenschiff zu Wasser gelassen werden konnte.
Und dann waren sie auf See. Sie legten ab, sie ruderten, sie schossen, sie schlugen zahllose Schlachten, enterten, kämpften, sie erbeuteten Schätze und machten viele freie Seeleute zu Sklaven, sie töteten tausend Feinde, und die Schätze brachten sie nach Tortuga, der Pirateninsel. Dann liefen sie wieder aus unter der Piratenflagge, kämpften erneut, enterten, schossen, töteten wieder, kämpften abermals zahllose Schlachten. Und dann, in einer sehr heißen Schlacht mit einem Spanier, wurde plötzlich ihr Schiff getroffen; ein Nagel der Takelage riss die Bordwand auf, und das Boot begann langsam zu sinken.
Krake, der Kapitän, war wieder an Land, als das Schiff schon fast untergegangen war, und Zelter, der Steuermann, der nicht schwimmen konnte, schrie um Hilfe. Krake strich sich die nassen Haare aus dem Gesicht und blickte zu Zelter hin, der mit dem Wasser kämpfte, und fing dann plötzlich an zu lachen, laut und lange, hielt sich den Bauch und zeigte mit dem Finger auf Zelter und lachte und lachte und rief, dass Zelter ein Weichling und ein Idiot sei. Er hatte große Freude daran, Zelter zappeln zu sehen, und nannte ihn ein kleines Fischlein, das nicht schwimmen könne, wie schade, und lachte weiter und rief, dass Zelter ein Verlierer, ein Blödmann und ein kleiner Scheißer sei. Krakes Gefühl, jetzt als Sieger dazustehen und besser und älter und erfahrener zu sein, war großartig, und deswegen lachte er, und dann rief er, dass Zelter doch endlich an Land kommen und sich nicht so anstellen solle. Krake schnitt Grimassen und fand alles lächerlich, was er da mit ansehen musste, und dann war es zu lächerlich, und er wollte Schluss damit machen. Er hatte Mitleid und ging wieder ins Wasser, kraulte zwei-, dreimal aus, griff sich Zelter und zog ihn leicht ans Ufer. Und dann lachte er ihn richtig aus und sagte zu Zelter, der vor ihm lag, dass er eine Memme und eine Heulsuse sei, und dann, dann ging Krake.
Und Zelter, Zelter prustete, röchelte und rang nach Luft. Er lag unter der Weide und erbrach sich und weinte dann lange fürchterlich. Im Wasser, als er um Hilfe gerufen hatte, war er außer sich gewesen, und an Land, als er sich langsam beruhigt hatte, konnte er nichts von dem, was geschehen war, begreifen. Er fühlte nur, dass etwas Schreckliches passiert war, er hatte Angst gehabt und hatte auch danach noch Angst.

Im Wasser, als das Boot langsam unterging, hatte Zelter vergebens nach etwas gesucht, an dem er sich festhalten konnte. Doch es war nichts da, was ihn vor dem Ertrinken hätte retten können, denn alles, außer der Piratenflagge und der hölzernen Entermesser, versank in der Tiefe. Dann war das Boot verschwunden. Angst ergriff ihn, grausige Angst. Zelter strampelte mit den Beinen. Er ruderte mit den Armen. Aber nichts half. Nichts konnte er tun, was ihn für längere Zeit über Wasser hielt. Immer wieder tauchte er unter, und es zog ihn in die Tiefe. Mit allen Kräften kämpfte er gegen das Wasser an, das ihn zu verschlucken drohte. Immer wieder gelang es ihm, kurz aufzutauchen und Luft zu holen. Vor Angst machte er sich in die Hose, vor Todesangst. Er rief um Hilfe. Er sah, dass Krake an Land stand. Er sah auch, dass der ihm nicht half. Immer und immer wieder rief er um Hilfe, aber er musste sehen, dass Krake nichts unternahm. Zelter kämpfte um sein Leben. Allmählich aber verließen ihn die Kräfte, und er schluckte viel Wasser bei den verzweifelten Versuchen, nach Luft zu schnappen. Und dann zog es ihn so stark in die Tiefe, dass er keine Luft mehr holen konnte. Er ertrank. Und als er ertrank, rief er, unter Wasser, ein letztes Mal um Hilfe. Und in diesem Moment, im allerletzten Moment, griff ihn Krake und zog ihn an Land.
Zelter hörte, wie er von Krake, der neben ihm stand, ausgelacht und Memme und Heulsuse genannt wurde; und er sah, dass Krake seine Sachen packte und ging.
Alles war sehr schnell gegangen, und Zelter konnte über das, was geschehen war, nicht nachdenken, obwohl er wieder bei sich war. Er fühlte nur, dass er immer noch Angst hatte, und schämte sich sehr, weil er vor seinem Freund verloren hatte. Im Wasser war das Außen das Innen, und keine Gedanken waren, wie auch danach keine Gedanken kamen. Es dauerte lange, bis er sich beruhigt hatte, und dann schämte er sich wieder.
Er wusste nicht, was er seiner Mutter sagen sollte, wenn sie ihn, gleich und so, sehen würde.
Seine Mutter wollte wissen, was er denn schon wieder angestellt habe. Sie war ihm böse. Er antwortete, er sei ins Wasser gefallen aus Unachtsamkeit. Und damit war die Sache für ihn erst einmal erledigt. Wenige Stunden später hatte er das Gefühl, dass er Schreckliches überstanden hatte, und dann, abends, vor dem Fernseher, hatte er das beruhigende Gefühl, das Schreckliche weit hinter sich gelassen zu haben.
Ein paar Tage vergingen, bis sich Zelter und Krake wieder sahen. Das war beim Fußball. Krake kam auf Zelter zu, klopfte ihm auf die Schulter und fragte, ob alles wieder in Ordnung sei. Und Zelter antwortete, dass alles klar, dass alles in Ordnung sei. Dann gab Krake Zelter einen Klaps auf den Hinterkopf. Zelter gab ihm einen Schlag zurück, dann lachten sie, und sie waren Freunde wie vorher.

Erst Jahre später dachte Zelter nach über die Zeit vor und nach dem Denken. Er dachte an die Sommertage im Dorf, er dachte an den Kanal und an das Ereignis am See. Er fragte sich, ob er, bevor er ertrank, je Worte der Ermahnung seiner Eltern zu hören bekommen hätte, dass so etwas passieren könne, dass es am Wasser gefährlich sei, dass man ertrinke, wenn man nicht schwimmen könne. Aber das entzog sich seiner Erinnerung, wahrscheinlich aber hatten ihn die Eltern ermahnt, er wusste es nur nicht mehr.
Erst Jahre später, als Zelter in der Stadt wohnte, dachte er darüber nach, als er sah, wie ein Fisch die Fläche brach in einem Teich im Park. Da wurde ihm plötzlich klar, dass heute noch Freundschaft war, weil damals, davor und danach, auch Freundschaft war mit Krake, den er seit Jahren nicht mehr gesehen hatte. Er erinnerte sich, dass damals kein Denken über die Sache möglich war, danach, weil es für all das noch keine Worte gab, weil die Worte erst viel später kamen, mit der Zeit, in der die Erinnerungen kamen, Erinnerungen an die Zeit vor dem Denken, nach dem Denken.
Es war ein schöner Tag, und die Sonne schien über der Stadt und dem Park, und es war Sommer und sehr heiß, und er, Zelter, fragte sich in dem Moment, als der Fisch die Fläche brach, ob an jener Kieskuhle die Ungeheuer noch stehen, die sie beworfen hatten und nicht verscheuchen konnten, damals, in der Zeit vor dem Denken.

Kristof Magnusson
Summer of Love

Vor meinem Fenster dampft ein Zitronenbaum in der aufsteigenden Hitze. Ich fühle mich klebrig, als hätte jemand in der Nacht Limonade über mich gegossen. Mit geschlossenen Augen taste ich die große Matratze ab. Ich liege in einem Hotelzimmer in Kalifornien und lese in einem Reiseführer über Australien.

Das mit der Weltreise war eine Idee des Personalchefs, der mich einstellte. Meine Position sei erst in drei Monaten frei, sagte er, ich könne nach dem Prüfungsstress ruhig noch ein bisschen *leben*, etwas *erleben*. Am nächsten Tag bezahlte ich dreitausend Mark für ein Flugticket, auf das mit roter, etwas verschmierter Tinte die Worte: »Hamburg – London – New York – San Francisco – Sidney – Hong Kong – Bombay – Hamburg« gedruckt waren. Hinter London, New York und San Francisco hatte ich bereits Haken gemacht, dort gab es nichts zu erleben: Die roten Doppeldecker, gelben Taxis und Cable Cars kamen mir vor wie schlechte, verdreckte Kopien der Doppeldecker, Taxis und Cable Cars, die ich aus Filmen kannte. Überall blieb ich eine Nacht und flog weiter; nur in San Francisco blieb ich zwei Nächte, weil ich ein Hotelzimmer mit Kabelfernsehen hatte. Ich begann, mir Dinge anzugewöhnen: kaufte ein zweites Deo, ein süßliches von *Jean Paul Gaultier*, das ich für die linke Achsel nahm. Rechts benutzte ich weiterhin *Hugo* von *Boss*, das ich mir für mein Vorstellungsgespräch gekauft hatte. Es machte mir Spaß, links und rechts, Backbord und Steuerbord am Geruch unterscheiden zu können, die Hälften dieses Körpers, der mich durch die Welt tragen sollte.
Am fünften Tag meiner Weltreise mietete ich mir in San Francisco ein Fahrrad und fuhr über die rote Brücke aus der Stadt.
Bald hatte ich keine Ahnung mehr, wo ich war. Ich fuhr durch Kiefernwälder auf einer Landstraße, die keinen Mittelstreifen hatte und nicht in meiner Karte verzeichnet war. Hinter einer Kurve sprang mich plötzlich ein Dorf an. Es war einfach dort; ohne dass es vorher Wegweiser oder ein Ortseingangsschild gegeben hätte, waren vor mir Holzhäuser, zwischen denen in blauen Fetzen das Meer hing.
Ich fuhr an einer Tankstelle vorbei, aus deren Fenstern *Rettet-den-Regenwald*-Transparente hingen. Kurz darauf hielt ich an und fragte einen Mann, der vor einer bemalten Hauswand in der Sonne saß, wo ich hier etwas zu trinken kaufen könnte. Der Mann hatte lange, graue Haare, und sein Bart war voll bunter

Flecken. Er fragte, wie ich sein Wandgemälde fände, und zeigte hinter sich: Tiere, nackte Menschen und rosa Wolken, umrankt von Blumen in allen Regenbogenfarben. Darüber der Schriftzug: *30 Jahre Summer of Love 1967-1997.*
Ich erfuhr, dass es hier keinen Supermarkt gab und wurde in den *Bolinas People's Store* geschickt. Dort hatte ich gerade eine Flasche Calistoga-Wasser und fair gehandelte *Rettet-den-Regenwald*-Schokolade in meinen Einkaufskorb gelegt, als mir im hinteren Teil des Ladens eine Frau auffiel, die gedankenverloren einen Ständer mit Indigo-gefärbten Jeans kreisen ließ. Als sie meinen Blick bemerkte, ließ sie, wie aus einer Trance erwacht, den Ständer los und ging an mir vorbei zum Brotregal. Eine Sonnenbrille auf der Stirn hielt die schulterlangen braunen Haare aus ihrem Gesicht. Sie griff eines der Brote mit Kürbiskernen, ließ es mit der Hand auf und ab federn, drückte es, stach mit Daumen und Zeigefinger hinein, riss ein Stück heraus und probierte. Dann legte sie das Brot zurück, griff den Laib dahinter und prüfte auch diesen. Sie entschied sich für das zweite Brot und ging zur Kasse. Nun widmete sie ihre volle Aufmerksamkeit dem Geld, betrachtete jeden einzelnen Schein, als ob sie überlegte, von welchem sie sich am ehesten trennen könne. Mir fiel ein, dass die Eindollarscheine in Amerika *singles* genannt werden, doch bevor es mir gelang, daraus ein Wortspiel abzuleiten, bezahlte sie und ging.
Ich folgte ihr nach draußen. Sie setzte die Sonnenbrille auf und schmiss das Brot durch das offene Fenster ihres *Volkswagen New Beetle*. Dann lehnte sie sich gegen den Kotflügel. Ich sah sie an. Auch sie blickte in meine Richtung, doch ob sie mich wirklich ansah, war wegen der Sonnenbrille schwer zu sagen. Einmal glaubte ich, ihren Blick zu spüren, und versuchte ein Lächeln, doch es kam nicht zurück. Sie sah aber auch nicht weg.
Der Maler mit den bunten Flecken im Bart ging auf sie zu und sagte: *Hi, Debra*. Sie gab ihm einen Kuss. Sie stiegen ein, und Debra fuhr mit ihm davon. Ich ging wieder hinein und kaufte das andere Brot, es roch nach parfümierter Handlotion. Ich setzte mich auf die Veranda vor dem Laden, riss Stücke aus dem Laib und aß sie. *Clinique* vielleicht – milder Parfümgeschmack, nicht alkoholisch, eher gesund und pflegend. Der Geschmack einer Frau, auf die man gern lange wartet, bis sie aus dem Bad kommt.
Was ist der Unterschied zwischen den Deutschen und dem lieben Gott? Die Stimme kam von hinten, aus dem Laden. Der Mann war ebenfalls grau und um die Fünfzig. Er trug ein blassrotes T-Shirt, über das sich weiße Batik-Kreise zogen, die ihren gemeinsamen Mittelpunkt in der Gegend seines Bauchnabels hatten. Die Kreise waren sehr rund, denn er war ein bisschen dick. *Gott ist überall und die Deutschen waren schon da. Günther,* sagte er, und die Kraft seines Händedrucks überraschte mich. Er hatte zwei Hunde bei sich, die er mir

als Burroughs und Kerouac vorstellte. Günther hatte im *People's Store* Würstchen gekauft, die er nun den Hunden gab. Kerouac beschnupperte die Wurst ausgiebig, bevor er sie langsam fraß, wie ein Hund, der mit Katzen aufgewachsen war. Burroughs fraß schnell, er sah krank aus und hatte nur drei Beine. Günther erzählte mir, dass Bolinas ein Fischerdorf war, das Anfang der Siebziger von Hippies übernommen wurde. Er selbst sei seit zehn Jahren hier, eigentlich Fahrlehrer aus Bochum, aber nach einem Lottogewinn aus der *Deutschland AG* ausgestiegen. Hier habe er Frieden gefunden, kein *Massentourismus* bringe die *Gewalt* und den *Konsum* aus der *Außenwelt* hierher. Alle Wegweiser, die die Straßenmeisterei auf der Landstraße aufstellte, verschwänden noch in derselben Nacht. Hastig fügte er hinzu, dass ich natürlich *okay* sei, weil kein *Massentourist*. Man lebe gut hier, immer gebe es etwas zu feiern und zu rauchen; ganz besonders heute, auf der Geburtstagsparty für den *Summer of Love*. Man könne auch im Saloon sitzen, der übrigens Zimmer vermiete, und *Gün Tonics* trinken, oder *Gün Fiddich*. Er lachte und bot an, mich zu massieren. Ich stand auf und bekam seine Visitenkarte: *Günther, massage for the working class, Ocean View Boulevard, Bolinas*. Ich ging.
Es war ein heißer Tag. Als ich zum ersten Mal mit den Füßen auf die Dorfstraße trat, merkte ich, wie weich und klebrig der Teer war. Eine Frau mit langen grauen Zöpfen kämpfte mit einem handbetriebenen Rasenmäher. Er blieb im viel zu hohen Gras stecken, aber sie versuchte es immer wieder, mit einer Beharrlichkeit, die ich in einem Hippiedorf einer Wiese gegenüber nicht erwartet hätte. Auf dem Weg zum Strand wurde es hektischer: Schüsseln, Lebensmittel, Bierdosen und Colaflaschen wurden zum Strand getragen, ein großer Grill wurde angefeuert. Im Sand war eine Bühne aufgebaut und eine Band begann mit dem Soundcheck. Ich ging in den Saloon und mietete mir ein Zimmer.
Die Band begann zu spielen, als die Sonne wie ein orangenes Loch tief über dem Meer hing. Alle Gäste außer mir waren um die Fünfzig und sahen aus wie Günther; trugen lange Haare, keine Schuhe, waren nicht dick, aber erst recht nicht mehr schlank. Den bunten Hemden und den Jute-Taschen sah man an, dass sie original alt waren, wie auch die Musiker der Band – hier fand kein Sixties Revival statt, diese Menschen hatten nie anders gelebt. Endlich entdeckte ich Debra, sie stand hinter dem Grill. Die Hippies stellten sich in einer Reihe auf, um von dieser jungen Frau im schlichten schwarzen Kleid einen Hamburger oder ein Hot Dog zu bekommen. Es hatte etwas von Schneewittchen, nur dass die Zwerge nicht klein waren und Debra braunhaarig und braun gebrannt. Günther saß mit seinen Hunden im Sand, redete mit einer blonden Frau, die einen indischen Sari trug, und steckte ihr eine Margerite ins Haar. Man rauchte Pot aus dünnen Joints, die wie selbst gedrehte Zigaretten aussahen. Alle aßen, lachten, tanzten, und doch hatte ich das Gefühl, dass etwas fehlte. Ich erinnerte

mich an ein Foto, das ich vor vielen Jahren in der BRAVO gesehen hatte. Es zeigte ein Dutzend langhaariger Nackter in Schwarz-Weiß: Frauen mit kleinen Brüsten und Männer mit Frank-Zappa-Bärtchen, die aufeinander lagen. An die Bildunterschrift erinnerte ich mich noch genau, sie beeindruckte mich damals sehr: *Clusterfucking (Rudelbumsen) in einer Kommune in den Sechziger Jahren.* Ich wurde das Gefühl nicht los, dass auch die anderen das vermissten, dass sie es vermieden, einander anzuschauen, nicht sehen wollten, was aus der Generation der Liebe geworden war. Debra konzentrierte sich auf den Grill. Nur wenn sie die Teller mit den fertigen Hamburgern und Hot Dogs überreichte, war mir, als ob sie, an dem vor ihr stehenden Menschen vorbei, in meine Richtung lächelte.
Ich holte mir ein Hot Dog. Jeder einzelnen Zutat erwies Debra ihren Respekt, griff Ketchup, Senf, das Sauerkraut, die Würztunke und verteilte alles sorgfältig um die gebratene Wurst.
»Willkommen in Bolinas.«
»Danke.«
Ich trug mein Hot Dog davon wie ein Hund ein erbetteltes Stück Kotelett. Das Brötchen, das Debra so lange in den Händen gehalten hatte, schmeckte nicht nach ihr.
Inzwischen war es dunkel. Fackeln wurden angezündet und ein Paar begann, sich zu küssen. Die Band war gut, ich kannte die meisten Lieder: *If you're going to San Francisco, California Dreaming, Hotel California.* Bei Bands beobachte ich am liebsten die Schlagzeuger, ich frage mich immer, was in ihnen vorgehen mag. Gitarristen denken in Akkorden: E-Dur, E-Dur unten die Terz, A-Dur, H7, E-Dur. Ob Drummer wirklich so etwas denken wie Bummtschicke Dummtschicke? Ich mochte den Gedanken, dass es auf dieser Party jemanden geben könnte, der sich keine Sorgen machte und den ganzen Abend nur Bummtschicke Dummtschicke dachte.
Inzwischen küssten einige Paare. Bei den beiden, die schon vorhin begonnen hatten, hatte er inzwischen eine Hand unter ihr Hemd geschoben. *Yeah guys, let's go!,* riefen einige, ich war mir nicht sicher, ob das der Band oder dem Paar galt.
Debra stand immer noch am Grill. Ich holte mir ein zweites Hot Dog, denn mir war endlich ein Gesprächsthema eingefallen:
»Sehr interessant, diese Hot Dogs. Mit Sauerkraut«, sagte ich mit deutlichem deutschen Akzent.
»Günther hat mir erzählt, dass du aus Deutschland kommst.«
»In Deutschland essen wir dänische Hot Dogs mit Röstzwiebeln und sauren Gurken«, sagte ich. Es war merkwürdig, in Debras Gegenwart Worte wie ›Zwiebeln‹ und ›saure Gurken‹ zu benutzen.

»Okay, das ist interessant«, sagte Debra. Ich sah sie an, bemerkte, dass ich sie anstarrte, und sah weg. Dann bestellte die Frau hinter mir einen Gemüseburger.
»Ich bewundere den Enthusiasmus, mit dem du das hier machst«, sagte ich und ging schnell weg, zurück zur Band und zu meinem Bier.

Die Frau hatte inzwischen ihr Hemd ausgezogen. Als der Mann seine Hose in die Kniekehlen schob, riefen immer mehr: *You go girl! You go boy!* Bei einem anderen küssenden Paar begann der Mann, seiner Frau zwischen die Beine zu fassen, sie flüsterte ihm etwas ins Ohr und er hörte auf. Günther hatte einen Joint in der einen, eine Bierdose in der anderen Hand und musste sich bemühen, nicht auf das Paar am Boden zu treten. Direkt vor seinen Füßen schliefen sie miteinander, und Günther fing an zu brüllen: *Yeah! Make Love, Make Love.* Einige fielen sofort ein: *Make Love, Make Love*, und klatschten in die Hände, froh, dass es endlich jemand tat.
Es gab nichts mehr zu tun, Debra kam zu mir. Die Stunden am Grill sah man ihr nicht an, kein einziger Fettspritzer auf ihrer Haut.
»Schöne Party«, sagte sie.
»Ja, aber warum sind wir die einzigen jungen Leute? Außer uns sind doch bloß ...«, ich wollte nicht ›Alte‹ sagen.
»Aus meiner Generation sind alle nach der Schule weggezogen. Ich bin nur heute hier, weil meine Eltern mich darum gebeten haben.« Sie zeigte auf das am Boden liegende Paar. Erst jetzt erkannte ich in dem Mann dort unten den Maler mit dem bunten Bart.
»Sie scheinen sich wirklich zu lieben«, sagte ich. Ich hatte gar nicht hingesehen. Ich wollte mir nicht vorstellen, dass Debra ein Produkt dieses Vorgangs dieser beiden Menschen war.
»Meine Eltern lieben sich seit dem Summer of Love. Ich beneide sie.«
Make Love, brüllte Günther mitten in mein Gesicht. Er roch nach Bier und Hot Dogs, wie eine Blutspur störte eine Ketchup-Linie die Batikkreise auf seinem Hemd. Er musste sich auf die Zehenspitzen stellen, um meine Augenhöhe zu erreichen: *Du hast dich verliebt. Wahnsinn, du bist drei Stunden hier und verliebst dich. Das ist die Magie des Summer of Love.* Günthers Kopf war rot, seine Augen verschwanden hinter den Haaren, die ihm schwer ins Gesicht hingen. Ich wollte ihn schlagen, doch immer mehr Hippies versammelten sich um uns herum, sogar Debras Eltern standen auf. Einige sangen und riefen Dinge, die ich nicht verstand. Debra sah erst Günther an, dann mich, ruhig und konzentriert. *Endlich klappt es mal, wir freuen uns so für dich, Debbie. Die Liebe ist doch das Wichtigste im Leben*, sagte jemand. Ich wollte sagen, dass es ganz anders sei, dass ich auf einer Weltreise sei, dass ich mir merkwürdige Dinge

angewöhnt habe, dass zu Hause alles wieder normal würde. Günther legte seine Arme um uns und rief: *Don't talk man, don't talk, just kiss.* Er packte meinen Kopf und knallte ihn gegen Debras. Sie konnte sich rechtzeitig zur Seite drehen, meine Lippe schlug heftig gegen ihr Jochbein. Tränen schossen mir in die Augen, meine Lippe wurde taub. Ich hoffte, Debra würde alles erklären. *Just kiss, man, just kiss.* Sie nahm Günthers Hand, befreite ihren Kopf und sagte zu mir:
»Günther ist ganz schön high, sonst ist er nicht so, ehrlich.«
Dann tauchte sie unter seinem Arm hindurch und ging davon. Günther umarmte mich.
Ich beschloss, weiter nach Australien zu fliegen. Wenn ich morgen einen Flug bekäme, hätte ich noch Hong Kong und Bombay vor mir und wäre in weniger als einer Woche zu Hause. Debras Eltern lagen wieder im Sand; einen Joint in den Händen sahen sie in den Himmel, ihre Mutter zeigte dauernd auf Sternschnuppen, die nicht dort waren. Ich freute mich auf die Flugzeugsessel, Nachtbrillen, Decken und Kopfhörer. Das war wirklicher Frieden; Frieden, wie es ihn nur in der Einsamkeit gibt und wie ihn diese Menschen hier nie erleben würden. Auf dem schwarzen Wasser zersprang das Mondlicht in kleine Teile, die mit der auflaufenden Strömung in die Bucht flossen. Ein Hund sprang aus dem Meer, schüttelte sich und lief davon. Alle anderen schliefen hier, doch ich bereute es nicht, das Geld für ein Zimmer ausgegeben zu haben.

Ein zweites Mal streiche ich mit meiner Hand über die Matratze – niemand. Auf einmal bin ich richtig wach, der blöde Zitronenbaum ist mir egal – genauso egal wie dieses blöde Australien. Die Klebrigkeit verschwindet in der Dusche. Ich gehe zum Strand, er ist von Müll übersät: Bierdosen und Flaschen, Pappteller mit Essensresten und Eispackungen. Joints und Zigaretten stecken mit den bräunlichen Enden nach oben im Sand. An manchen Stellen hat jemand den Müll schon zu Haufen zusammengetragen, die fettigen Roste und Würstchenzangen schwimmen bereits in Seifenlauge. Seifenblasen, blaugrün wie Fliegenaugen, zerplatzen in der Sonne. Debras Eltern liegen noch immer an demselben Platz. Sie liegt auf seiner Brust, ein zarter Speichelfaden verbindet ihren Mund mit seinem Hemd.
Ich finde Debra hinter der Bühne. Sie trägt Arbeitshandschuhe und sammelt Müll. Sie sieht mich nicht, arbeitet zu schnell, fahrig, so dass immer wieder Bierdosen daneben fallen und Kartoffelsalatreste außen an dem schwarzen Plastiksack abwärts gleiten.
»Kann ich dir helfen«, frage ich, sie zuckt etwas zusammen.
Wir gehen den Strand entlang. Jemand hat Buchstaben in die Sohlen seiner Schuhe geritzt, die bei jedem Schritt links das Wort *Peace* und rechts das Wort

Love in den Sand drucken. Wir reden über das Wetter, das Fahrradfahren und über Autos. Ich erkläre Debra die Bedeutung des Wortes *Fahrvergnügen* aus der amerikanischen Werbekampagne von Volkswagen. Dann reden wir über dänische Hot Dogs, und Debra erklärt mir, dass ein *danish* in den USA das ist, was wir in Deutschland als Kopenhagener kennen. Wir reden nicht über ihre Arbeit in Chicago oder meine in Deutschland. Der Strand wird schmaler und der Kiefernwald nähert sich dem Meer. Hier verläuft sich die Spur von *Love* and *Peace*. Der Strand ist so schmal, dass wir schon im Wasser gehen, das mit ruhigen, kleinen Wellen am Strand saugt. Um Debras Füße bildet sich mit jedem Schritt ein heller Kreis auf dem dunklen Sand; um meine Füße auch.
»Also haben wir uns doch verliebt«, sage ich.
»Ja.«
»Und jetzt?« Ich kann doch nicht einfach hier bleiben.
»Kannst du nicht einfach hier bleiben?«
»Ich denke, ja.«
»Wirklich?«
»Irgendwann muss ich schon nach Deutschland zurück.«
»Natürlich.«
Wir bleiben stehen und umarmen uns.

Arne Rautenberg
Hokusais Sonntagnachmittagsspaziergang

Es war einer der Tage, an denen das Wesentliche kaum auffällt. Ja, es ist kalt. Ja, der Himmel ist bedeckt. Und ja, das dumpfe Grau, das sich um den Tag rankt, es raubt einem alle Lust. Doch das ist nichts Besonderes. Derlei Wintertage sind hier im Norden eher die Regel als die Ausnahme. Allerdings kann es passieren, dass man am Ende eines solchen Winters mit einem Mal innehält und sich an nichts anderes erinnert als an ein Gefühl des Bedrängtwerdens. An ein Gefühl, das auf eine unerklärliche Art von oben in einen dringt. Als hätte man seinen Kopf geöffnet und bekäme tröpfchenweise ein böses Valium in die Wachphasen getrichtert, gerade so, dass alles eben keinen Sinn macht. Dass einem schon beim ersten Schritt aus der Haustür ein scharfer, pfeifender Wind in den Hals schneidet. Und die Dunkelheit trumpft jeden Tag aufs Neue auf wie ein frecher Streber, der einem die Zeit und die Schau stiehlt. Nein, es war einer der Tage, die man am besten abhakte.
Doch ich konnte diesen Tag nicht abhaken, denn ich hatte noch einen Termin. Abends, um halb acht, war ich zu einem Galerieessen eingeladen. Es war die beste Galerie am Ort, und ich wusste, dass sich die Crème de la crème des Kulturbetriebs dort ein Stelldichein gab. Inklusive Ministerin. Mir graute davor. Außerdem war ich ein verkaterter Mensch, hatte am Abend vorher gesoffen und die von mir so geliebte glückliche Katerstimmung des Morgens, sie war verflogen. Kein leichtes Überdendingenstehen mehr. Nichts mehr vom gradlinigen Tunnelblick, mit dem man jegliche Probleme bis ans Ende der Fahnenstange verfolgen kann. Und nicht mehr das Gefühl, mit der Wahrnehmung der eigenen Handlung eine halbe Sekunde hinterher zu sein, somit einen kleinen Freibrief für Körper und Geist zu haben: Endlich kann man einmal etwas tun, bei dem das Gehirn hinterher ist. Sonst ist der Körper ja immer nur Knecht seiner Gedanken.
Doch auch eine glückliche Katerstimmung findet im Laufe des Tages jäh ihr Ende im Fegefeuer von allem Yin und Yang. Dann kommt der Schläfendruck, eine extreme Lichtempfindlichkeit und das Gefühl, sich nicht richtig entspannen zu können, weil es den Augen weh tut, wenn sie die Pixel auf dem Fernsehschirm verfolgen. Irgendwie glaubt man beim Blicken sogar, den Druck der Augenkugeln zu spüren, die sich in den Höhlen hin- und herbewegen; irgendetwas stimmt nicht mehr, denkt man, was soll das alles, lasst mich in Ruhe und überhaupt: Morgen ist ein neuer Tag: Neuer Tag, neues Glück: Unverkatert aufstehen muss auch mal schön sein.

Und das nahm ich mir ganz fest auf dem Weg in die Galerie vor: Keinen Alkohol zu trinken. Und hielt mich den Abend eisern an ein paar Gläser Wasser. Da saßen sie alle. Nicht umsonst reimt sich *Dichter* auf *Richter* und *Denker* auf *Henker*. Doch ich hatte Glück. Saß hübsch eingepflockt zwischen einer netten Zeitungsredakteurin und einer älteren Künstlerin aus Berlin mit dem wunderbaren Namen Cosima Edelhart. Mir gegenüber saß einer meiner Lieblingsjungkünstler. Ein smarter Typ, dessen Gesicht von einer italienischen Prägung ist, wie sie sonst nur in Hollywoodfilmen vorkommt. Obwohl wir uns mögen, stockte unser Gespräch nach ausgetauschten Wasmachstdudennsos und anderen Freundlichkeiten. Stattdessen blickten wir auf den Teller und aßen unser Galerieessen: Rübenmus mit Kochwurst.
Als der Abend recht kernig mit Anstieg des allgemeinen Alkoholpegels davonflog und sich die Tischordnung aufzulösen begann, wandte sich die Künstlerin Cosima Edelhart mir zu. Dabei verschüttete sie Rotwein aufs weiße Tischtuch und fischte in ihrer Handtasche nach Zigarillos. Sie erzählte mir von ihrem letzten Abend, als sie im Schrevenpark spazieren ging, um den Blick im phosphorisierenden Neuschnee zu versenken. »Es war so wunderbar«, sagte sie und trank den letzten Schluck Rotwein, »es war schon schummrig, und ich war ganz allein dort. Und das Wunderbarste war: In der Mitte der großen Wiese stand ein außergewöhnlich schöner Schneemann. Mit Rute und Möhrennase und allem, was zu einem richtigen Schneemann dazugehört.« Sie zündete sich ihren Zigarillo an. »Da bin ich dann freudig drauflosgestiefelt. Dabei überholte mich ein vielleicht elfjähriger Junge mit seinem Mountainbike. Er war zuerst da. Warf sein Fahrrad hin und begann auf den Schneemann einzutreten. Das ging alles ganz schnell, da waren die Schneekugeln auf dem Boden. Zerbrochen, zertreten, zertrampelt.« Naja, dachte ich, ist ja nichts Neues, wie blöd Jungs in diesem Alter sein können. Und sagte es. Doch die Geschichte ging weiter: »Ich kann ja ganz laut auf zwei Fingern pfeifen«, sagte Cosima Edelhart, »und als ich sah, wie er im Begriff war, den Schneemann zu zertrampeln, pfiff ich so laut ich konnte. Der Junge blickte erschrocken zu mir hin, machte dann aber weder Anstalten abzuhauen oder innezuhalten. Ich erreichte ihn, als er den Schneemann bereits völlig zerstört hatte. Da sagte ich zu ihm: Du bist ein missgünstiges Kind. Und ich sagte es sehr böse, genau das sagte ich zu ihm: *Du - bist - ein - miss - güns - ti - ges - Kind*. Und wissen Sie, was er darauf zu mir gesagt hat?« Ich wusste es nicht, dachte nur daran, wie merkwürdig es war, dass ein Elfjähriger das Wort *missgünstig* verstehen kann. »Er sagte: Und du gehörst in die geschlossene Anstalt.« Ich überlegte kurz, ob in seiner elfjährigen Ansicht nicht vielleicht ein Fünkchen Wahrheit steckte. Vermutlich sah der Junge sich in seiner persönlichen Freiheit eingeschränkt und reagierte mit der ihm eigenen maximalen Kränkung. Dann dachte ich, die Tatsache, dass der

Junge die Vokabel *geschlossene Anstalt* derart in seinem aktiven Wortschatz führt, lasse darauf schließen, dass sie seinem persönlichen Umfeld unmittelbar entsprang. Ich beschloss, dass er in einem zerrütteten Umfeld aufgewachsen sei und dass seine Mutter wohl mehr als einmal in einer geschlossenen Anstalt hat sitzen müssen. Vermutlich weil sein cholerischer Vater sie dorthin gebracht hatte. Das schien mir für den Jungen Strafe genug und die Ableitung des Aggressionspotentials nach unten war nur logische Folge. Solange weiße, kalte, öffentliche Gegenstände dabei zerstört wurden, die die Wärme der Zeit oder andere Bösewichte ohnehin mit sich nahmen, schien mir der Vorfall fast nachsehenswert. Auch wenn die Poesie des Augenblicks dabei auf der Strecke bleibt. Doch die ältere Künstlerin aus Berlin sah das anders: »Ich habe mich so darüber geärgert, den ganzen Abend gestern. Bis heute, bis jetzt. Das regt mich wirklich auf.«

Kurz vor Mitternacht ging ich nach der Ministerin auf die Toilette und machte mich vom Acker. Auf dem Nachhauseweg alberte ich noch ein wenig mit dem Lieblingsjungkünstler herum. Wir kompensierten den Abend, äfften diesen und jenen nach und waren aufs herzlichste froh, uns wieder frei bewegen zu können. Ich vergaß den Schneemann.

Es gibt Momente im Leben, in denen vieles zusammenkommen muss, damit sie passieren. Der folgende Sonntag barg einen derartigen Moment in mustergültiger Weise. Nach dem Mittagsschlaf schnappte ich meine Tochter, steckte sie in einen Schneeanzug und ging mit ihr zum Schneeschieben vor die Haustür. Es hatte die ganze Nacht hindurch geschneit und den Tag über weitergeschneit. Die Luft war etwas zu warm, so dass die Schneeflocken, wie von unsichtbaren Magneten verführt, mehr denn sonst aneinander pappen wollten. Idealer Schneeballschnee. Ich nahm eine Handvoll vom Autodach, formte einen Schneeball und warf ihn auf das Einbahnstraßenschild. Und traf. Dann nahm ich eine weitere Handvoll vom Autodach und warf auf das Einbahnstraßenschild. Und traf. Dann nahm ich eine weitere Handvoll vom Autodach. Und warf. Und traf.

Eine Bekannte, die eben vorbeikam, war Zeuge. Sie guckte nicht schlecht. In all den Wintern, die ich hier wohnte, hatte ich noch nie den Schneeballhattrick geworfen. Und sie noch nie einen gesehen, der einen warf. Wir lachten, und meine Tochter schaufelte dabei mit ihrer Plastikschaufel im klebrigen Schnee herum. »Ihr müsst unbedingt in den Schrevenpark gehen«, sagte die Bekannte. »Es ist gerade ganz wunderbar dort. Da könnt ihr euch echt drauf freuen.« Dann lächelte sie seltsam und joggte zwischen Schneehaufen davon.

Also stapften wir los, bahnten unseren Köpfen irgendwo zwischen dicken Flocken den Weg in den Schrevenpark.

Als wir um die Ecken des Gestrüpps auf die höher liegende Wiese sehen konnten, stockte mir der Atem. Vom gelben Himmel hoben sich die Schneeflocken ab wie auf einem japanischen Farbholzschnitt. *Hokusais Sonntagnachmittagsspaziergang*. Als wir näher traten, erschienen die Silhouetten von etwa zwanzig Schneemännern im Gestöber der tanzenden Flocken. Das hat der Sonntagnachmittag so an sich: Die beste Familienausflugszeit zu sein. Überall wuselten Väter und Mütter und Großväter und Großmütter mit ihren Kindern und Kindeskindern herum. Bauten wie die Doozers bei den Fraggles. Große Schneekugeln wurden gerollt und aufeinander getürmt. Der Park befand sich in weißer Seligkeit. Ein regelrechter Schneemannrausch. Als ich auf die große Wiese sehen konnte, zählte ich noch einmal dreißig von den weißen Ungetümen. Und beschloss, alle Schneemänner in einem Parcours abzulaufen.
Ich kam mir vor wie in einer großen demokratischen Ausstellung. Land Art im Spiegel der Volkstradition oder so. Hätte man jeden Schneemann photographiert, man hätte einen einzigartig schönen Ausstellungskatalog gehabt. Doch ich hatte keine Kamera dabei und photographierte mit dem Auge. Den Schneemann mit den Segelohren. Den Schneemann mit dem Doppelhut. Den Schneemann mit dem Pimmel und den Eiern (mit Grashaaren dran). Den Schneeelefanten. Den Klassiker mit Mohrrübe, Kohlenknöpfen und Topfhut. Die Henry-Moore-Plastik aus Schnee. Den lachenden und den weinenden Schneemann. Mehrere gesichtslose Schneemänner. Den Schneemann, dem die Stöckerhaare zu Berge standen. Die Schneegiraffe. Diverse Schneefrauen mit allem, was dazugehört. Und den Riesenschneemann in der Mitte des Parks. Es muss einiges an Kraft gekostet haben, die wuchtigen Kugeln aufeinander zu türmen. Vor allen Dingen wollte mir nicht in den Kopf, wie man die dritte Kugel auf die ersten beiden bekam, zumal wenn die ersten beiden schon über zwei Meter zusammenbrachten.
Aus Spaß formte ich einen kleinen Schneeball und rollte ihn zu einer großen Kugel. Wie hat man dieses knarzende Geräusch vermisst, wenn der Bodenschnee von der Kugel aufgedrückt wird. Und wie gut kennt man noch die Grasnarben, die unter der aufgepappten Schneedecke offen und bloß überraschendes Grün freigeben. Meine Tochter begann zu schreien, als ihr die Schneekugel über den Kopf wuchs. Also ließ ich vom Rollvorgang ab und sah mich weiter um. Es kam mir vor, als befände ich mich inmitten des glücklichsten Ausnahmezustandes der deutschen Geschichte. Alles war weiß und alles war kalt. Und alles hantierte im Bewusstsein, Teil eines großen Lächelns zu werden. Bei jedem Augenkontakt trafen sich die Blicke wie alte Verbündete, die man längst abgeschrieben hat; so müssen die Augen der Beatles ausgesehen haben, als sie unbemerkt *Sergeant Pepper* aufnahmen und jeder sich fragte: Was ist mit den Beatles los? Sind die weg vom Fenster oder wie? Und nur, wer

den Beatles genau in die Augen sah, konnte diesen Satz lesen: *Träumt hübsch weiter, wir brüten lediglich den Urknaller aus. Danach tickt die Musikgeschichte anders.*

Allein die Krähen beäugten uns aus der Vogelperspektive; wie sie uns wohl sahen? Als wären wir inmitten eines Winterwimmelbildes von Pieter Bruegel. Dann sprangen Hunde aneinander hoch, tollten herum und leckten sich die Schnauzen. Ich fand drei annähernd gleich große Schneekugeln, die nah beieinander lagen, und türmte sie auf. Dann pappte ich einige Hände voll Schnee in die taillierten Bereiche zwischen den Kugeln, nahm mir die Plastikschaufel meiner Tochter und begann mit geraden Vertikalbewegungen Schnee abzuraspeln; ich wollte die perfekte Schneesäule und die perfekte Schneesäule wollte mich. Die Arbeit ging recht angenehm von der kalten Hand. Ich raspelte im unteren Bereich der Säule und hielt einen Moment inne, da ich mich überwinden musste. Ja, ich rasple auch die gelben Stellen der Schneesäule, scheiß auf das bisschen gefrorene Hundepisse. Allein das Maulen meiner Tochter steigerte sich zu Dauergeheul. Ich glaube, sie bekam kalte Füße vor meiner wunderbaren Schneesäule. Als schließlich noch die Schaufel abbrach, war es ganz aus. Ich setzte sie auf meine Schultern und wir sahen in viele weitere seargent-pepperisierte Augenpaare und dass wir nach Hause kamen.

Epilog für einen Schneemann: Schon am Abend hörte es auf zu schneien; in der Nacht erwärmte sich die Luft auf 9° Celsius. Am nächsten Tag schien bereits wieder die Sonne. Die Schneehaufen sackten in sich zusammen, die Straßen waren feucht von geschmolzenem Schnee, an einigen Stellen trockneten sie bereits. Ich beschloss nach dem Mittagsschlaf mit meiner Tochter wieder in den Park zu gehen, um nachzusehen, was Schneemänner bei solchem Wetter wohl treiben.
Ein Massaker war verübt worden. Ich zählte knapp sechzig Schneemänner- und Schneefrauenleichen. Weiße zertrampelte Haufen. Nur der Riesenschneemann stand noch in der Parkmitte und ließ sich die Sonne des knallblauen Polaroidhimmels auf den Körper brennen. Früher wäre in diesen Zusammenhängen sicher das Wort *Kaiserwetter* gefallen, doch heute ist der Kaiser längst tot und für Deutschland nicht wieder vorgesehen. Das wäre wohl ein Wetter für ihn gewesen. Jedenfalls stiefelte ich mit meiner Tochter auf den letzten Schneemann zu, den König des Parks.
Da überholte mich ein Junge mit dem Mountainbike. Er schmiss sein Rad hin und machte sich sofort daran, am Königsschneemann herumzutreten. Aus einer anderen Richtung kam ein Mädchen hinzugelaufen. Vielleicht war sie acht Jahre alt. Auch sie trat und kratzte mit einem Stock am Schneemann. Als

wir die Kinder und den Schneemann in der Mitte des Parks streiften, sah ich, dass selbst ein Schneemann schmutzig sein kann. Denn die Sonne sublimiert nur die Schneekristalle, der mitaufgenommene Dreck hingegen verharrt an der Oberfläche. Wir gingen auf die andere Seite des Parks.

Ich drehte mich noch einmal um. Nun kraxelten schon sechs Kinder verschiedener Größe am König der Schneemänner. In holder Eintracht kratzten sie mit Stöcken ihren Altersunterschied zwischen den drei riesigen Schneekugeln weg. Schon sprangen sie eifrig herunter und malträtierten als druckausübendes Kollektiv die mittlere Kugel mit schweren Ästen. Mehrere Male wiederholten sie den Kratz- und Drückvorgang. Dann sah ich einen Königsschneemann wanken. Zusammensacken. Und auf dem Boden der Tatsachen zerbersten. Die Kinder rissen ihre Arme hoch. Ferner Jubel drang in mein Ohr. Ausgelassen droschen sie mit schweren Ästen auf die Reste dessen, was eben noch den Park dominierte. Ich dachte an Bilder von fallenden Monumenten. Hitler, Stalin, Lenin, Marx, Tito. Ich dachte daran, dass mit fallenden Monumenten immer eine Epoche endet. Der breite Wunsch nach Veränderung, er stößt problemlos Götter vom Thron. Dann kommen andere, pflücken die Macht wie einen reifen Apfel und beißen hinein. Wenn böse Monumente fallen, dachte ich, brechen immer bessere Zeiten an; doch wenn die Guten fallen, ist die Schreckensherrschaft nicht mehr weit.

Ich war im Begriff, nach Hause zu trotten und mir diesen Gedanken einzufrieren, als ich wieder des absonderlich blauen Himmels gewahr wurde, der Sonne und der milden Luft. Ich atmete einmal mehr tief durch, so tief, dass ich mit bebender Brust und flatternden Nasenflügeln zur Karikatur eines Tiefdurchatmers wurde. Schließlich sagte meine Tochter mehrmals »Neee, Papa!«. Also schnappte ich sie mir, setzte sie auf meine Schultern und ging mit ihr heim. Dort schälte ich sie aus ihren Klamotten. Meine Hände waren ganz groß und ganz kalt, ihre ganz klein und ganz warm. Ich fragte: »Was wollen wir jetzt machen? Wozu hast du Lust?« Ohne es zu merken schlug ich dabei mit der Hand einen einfachen Rhythmus auf die heiße Heizung. Dann sangen wir ein paar Winterlieder. Da begann sie zu hüpfen, zu springen und sich im Kreise zu drehen.

Sarah Weigt
Nachtflug

Es ist Nacht. Pítor ist verschwunden, und die Weichsel fließt schwarz. Ich schließe die Fenster, setze mich aufs Bett, lackiere meine Fußnägel. Aus meinen Händen stürzt das Fläschchen, es rollt, es klirrt, der Boden färbt sich dunkel.
Ich bin ein Mädchen mit kalkweißer Haut. Es ist Nacht. Die Hunde liegen im Vorzimmer und sie schlafen. Pítor ist verschwunden. Ich zerbeiße grüne Bonbons.

Als ich sieben war, rannte ich über den Korridor einer Warschauer Klinik, über Linoleum, vorbei an verschlossenen Türen und weißen Wänden. An den Enden des Korridors waren gläserne Türen, in denen mir, wenn ich sie erreichte, ein Mädchen mit strähnigem Haar gegenüberstand. Auf dem Bauch hatte es eine Narbe, von deren Rändern blaue Fäden abstanden. Ich drehte mich, rannte zurück, bis wieder das Mädchen vor mir stand. Bald tauchte eine Schwester hinter dem Mädchen in der Tür auf. Ich rannte, doch bevor ich das Mädchen in den Scheiben wieder sah, war das Spiel zu Ende. Die Schwester riss mich herum und brachte mich zurück in das Zimmer mit den kalkweißen Wänden.
Die Schwestern hatten die Tüte mit den Bonbons, die Mutter mir mitgegeben hatte, gefunden und begannen meinen Mund zu durchsuchen.
Spuck es aus, gib es her. Du machst alles schlimmer, sagten die Schwestern.
Ich saß auf dem Bett, meine Füße berührten den Boden nicht. In den Fensterscheiben sah ich die Schwestern und mich, das schlimme Mädchen. Eine der Schwestern öffnete ihre Hand und bewegte sie wie eine Zange auf die Backen des Mädchens zu. Als der rote Bonbon zwischen den gespitzten Lippen auftauchte, klang es wie ein klackerndes Puppenauge.
Ich sah das Mädchen in den Scheiben, das betäubt auf dem Bett verharrte. Ich nannte es T., die Kranke in den Scheiben, die ich nicht sein wollte. Wenn die Ärzte und Schwestern kamen, nahm sie meinen Platz ein, und ich beobachtete, was sie mit ihr taten.
Der Bonbon fiel auf den Boden. Ich wandte mich von den Scheiben ab, eine der Schwestern hob den Bonbon auf und schaffte ihn ins Bad. Die Spülung schallte, der Wasserhahn rauschte, die Schwester wusch ihre Hände. Ich wartete einige Augenblicke, dann zog ich meine Beine ins Bett. Mein Mund war rot.

In den Jahren mit Pítor vergaß ich. Im Lärm, im Spiel mit den Hunden, in Gesellschaft der Halbfreunde, im Haus am Fluss. Ich vergaß das Zimmer mit den kalkweißen Wänden.
Pítor war immer da, von der ersten Klasse an. Die Stirn hoch und knittrig, die Haare schwarz und kurz. Frankenstein und sein Mädchen kommen, riefen die Arbeiter auf den Dächern, wenn wir Pítors Vater das Essen brachten.
Da wo Pítor war, war ich, und umgekehrt. Mit Pítor kamen die Halbfreunde. Er selbst schien sie erschaffen zu haben, ganz so, als gäbe es irgendwo im Land ein Labor, in dem er aus dem Wunsch nach Gesellschaft Jungen entstehen ließ. Sie waren um uns wie Hunde und sie liebten Pítor. Später wurden aus den Jungen Männer. Wir selbst schienen kein Alter zu haben, unsere Haut blieb sogar in heißen Sommern weiß, und krank wurde ich auch nie mehr.

Die Eltern hatten mich jeden Sonntag im Zimmer mit den kalkweißen Wänden besucht. Sie brachten Tassen mit Kamillentee und fragten, ob ich einsam sei. Ich ließ den Tee unangerührt, und die Mutter vergoss eine kalte Träne, die in mein Auge fiel. Ich blinzelte, und die Mutter sah mit dem Taschentuch vor dem Gesicht wie eine unbemalte Fläche aus.

Als die Eltern gegangen waren, legte ich das Kinn an die Brust, zog die Knie an, meine Arme um den Kopf. Die Schwestern kamen. T. musste Saft trinken. T. schrie, weil der Saft bitter war. Später wuschen die Schwestern ihre Hände, sagten gute Nacht und schlossen die Tür.
Das Bett und der Tisch besaßen Rollfüße. Manchmal vergaß die Schwester am Morgen die Fenster zu schließen, und die Vorhänge flatterten in die Dämmerung hinein. Ich versuchte sie zu fassen, und wenn es gelang, dann löste ich mit der anderen Hand die Sicherung am Fuße des Bettes, und wir trieben durch den weißen Raum.

Werde unsichtbar, sonst pressen und waschen sie dich, geben dir giftige Säfte zu trinken, nehmen dir die Süße ab, wisperte T. Ich begann sie zu hassen und suchte ihr jeden Morgen das gleiche Nachthemd aus. Das zog ich über ihren kranken Körper, kämmte ihr farbloses Haar, band es zu einem festen Zopf, den ich in ihrem Nacken befestigte, und ich sprach mit ihr streng und vorwurfsvoll wie die Schwestern.

Die Eltern versuchten Pítor und mich zu trennen. Sie sagten, es sei unnatürlich, die ganze Zeit nur mit einem Menschen zusammen zu sein, wir wüssten doch noch gar nicht, was Liebe ist.

Pítors Mutter war eine große Frau, die ihre Beine nie rasierte und, laut meiner Mutter, den Wodka aus Wannen trank.
Pítor und ich sind früh ausgezogen. Erst zu den Halbfreunden, später in das Haus am Fluss, das Pítors Onkel gehört hatte. Er hatte es verlassen und war nach Berlin gegangen.
Am Morgen meines fünfzehnten Geburtstages bellten die Hunde lauter als sonst, und ich fand meine Mutter. Sie stand dort, wo der wilde Garten aufhört und die Weichsel beginnt, verloren im Schilfgras. Sie hatte einen Kuchen im Arm, reichte ihn mir und sang das Geburtstagslied. Ich lachte über ihre schmutzigen Schuhe.
Als wir auf der Terrasse saßen, legte sie ihre Tasche nicht ab, aß nicht und sah nicht auf. Wir brachten sie bald zur Bushaltestelle. Die Mutter stand in ihrem Sonntagskleid am Rand des Rapsfeldes und rieb ihre Schuhe mit einem Taschentuch ab.

An den Abenden hallte die Musik durch das Haus am Fluss. Pítors Freunde waren immer laut, bevor sie es verließen.
Hier sind alle depressiv, sagte Pítor mal, schob mich zur Seite und schmiss leere Flaschen und Müll zum Fenster raus. Sie machten Stimmung, schrien und tanzten, später fuhren sie mit dem Bus nach Torùn und zogen die Nacht lang durch die Stadt. Manchmal sah ich in meinen Träumen mit Pítors Augen, was sie dort taten. Es waren schwarze Träume, aus denen ich mit verklebten Lidern erwachte.
Sie kamen in den Morgenstunden zurück, mit geröteten Gesichtern und mit der Kasse des Goldenen Sterns, der Bar, in der Pítors Mutter arbeitet. Pítor legte sich zu mir, die Halbfreunde blieben im Wohnzimmer.
Hat sie dich nicht erkannt, fragte ich in die Dunkelheit.
Nein, wir trugen Masken.
Pítor war kalt, er atmete tief, und wir schliefen ein.

Einmal kam Vater mit dem Bus vorbei und brachte uns Pansen und Knochen für die Hunde. Er reichte mir eine rosa Tüte über die eingefallene Mauer, die das Grundstück begrenzt. Aus der Tüte tropfte ein farbloser Saft, und Vater rannte zurück zur Haltestelle. Er konnte nicht wissen, dass der Bus nur zweimal am Tag fuhr. Pítor lief hinterher.
Ich deckte den Tisch, doch Vater hatte keinen Hunger. Er schloss sich im Bad ein, und wir warteten, glaubten, er würde das Keramikundinenrelief betrachten. In der Dämmerung sahen wir ihn durch den Vorgarten rennen.
Pítors Mutter kam nie, sie mied uns, und sein Vater wurde uns als verschollen gemeldet. Pítor sagte, seine Mutter sei krank, sein Vater sei entkommen und

meine Eltern seien albern. Im gleichen Moment schmiss einer der Hunde einen Stuhl um, und ich schrie auf. Daraufhin schrie Pítor den Hund an, jagte ihn aus der Küche, und schließlich standen wir vor dem gedeckten Tisch und schrien so laut wie Taubgewordene.

Wir standen im Rapsfeld, es riecht nach Tankstelle. Die Halbfreunde öffnen die Bierflaschen mit den Zähnen. Ein fremdes Mädchen steht am Rand, der Raps reicht ihr bis zur Hüfte. Pítor hat sie für mich mitgebracht. Sie lacht mich an.
Bin Mira, sagt das Mädchen. Sie kennt meinen Namen, so brauche ich nichts zu sagen. Wir lutschen grüne Bonbons und reißen Rapsblüten, bis die Nagelränder gelb und klebrig sind. Und wohin, später? Es wird kalt. Pítor und die Halbfreunde rauchen.
Mit dem letzten Bus in die Stadt, durch Bars. Wir werden wirr, tanzen, und ich höre erst auf zu trinken, als das andere Mädchen geht. Pítor nimmt alle mit. Wir fahren mit Taxen, obwohl keiner Geld hat. Und jetzt, Pítor? Die Hunde verjagen die Fahrer, als wir aussteigen und nicht zahlen können. Wir im Bett, die Freunde im Vorzimmer.
Schick sie weg, dann sind sie nicht mehr depressiv, sage ich.
Er lacht. Wir wissen, dass wir uns gegenseitig erschaffen, jeden Tag, und ängstigen uns. Es ist die Angst davor unsichtbar zu werden, falls wir einander verlassen sollten. Die Halbfreunde wissen nichts davon. Haut ab, wir brauchen euch nicht, rufe ich in die Dunkelheit, und Pítors Hand schließt sich im Schlaf um meinen Mund.

In den heißen Sommern am Ufersaum. Fisch essen, Karten mit den Halbfreunden spielen, Wodka trinken, neben den Hunden im Sand schlafen.
Manchmal waren wir glücklich, wie Alte, die ihr Leben schon im Sand ausgetreten haben. Ich sah ins Wasser, doch spiegelte ich mich nicht. Im Schilf raschelt unser Müll, das Wasser der Weichsel steht brackig, und wir atmen tief wie gegen Wind. Die Schilfhalme zittern. Mira taucht wieder auf, mit einem der Halbfreunde. Sie will Pítor, ich sehe es in allen Augen. Sie küsst Pítor, ich küsse den Halbfreund, er zieht mich aus, Mira ist schon nackt. Der Haarknoten in meinem Nacken löst sich in der Hitze, und ich sehe nicht mehr, wer was tut, und weiß doch immer, wenn es Pítor ist, der mich berührt. Er ist kalt.

Eines Morgens waren es nicht die Schwestern, die mich weckten. Keine weißen Häubchen überschatteten mich, keine Löffel mit giftgrünen Säften wurden mir in den Mund geschoben, sondern meine Eltern küssten mich wach. Sie trugen Sonntagskleidung und wollten mich holen. Sie sagten, ich sei gesund. Im Spiegel sah ich das kranke Mädchen an, das ich im Zimmer mit den kalkweißen Wänden kennen gelernt hatte. Wie ein blasser Pfahl sah es den Eltern beim Einpacken seiner Nachthemden zu. Es zog sich an. Der Vater trug mich auf den Armen aus dem Zimmer. Nein, rief ich, T. muss auch mit. Doch der Vater sagte, du bist gesund, und schloss die Tür. Die Schwestern schenkten mir eine Puppe, die lachte elektronisch, wenn man sie berührte. Ich sollte sie kriegen, weil ich artig gewesen war. Ich wollte die lachende Puppe mit den klackernden Augen nicht, doch die Mutter steckte sie in die Tasche zu den schmutzigen Nachthemden.

Pítor ist verschwunden. Er ist aus dem Haus gegangen, durch den Garten gelaufen, runter zum Fluss, unsichtbar geworden.
Der Morgen bricht an, es riecht nicht gut. Ich habe den Boden mit Terpentin gereinigt. Die grünen Bonbons sind zerbissen, die Halbfreunde verschwunden. Ich bin durstig, so laufe ich ungewaschen in die Stadt und klaue Brot und Tee. Die Straßen sind noch leer, das Teergestein knackt unter meinen müden Schritten.
Während ich laufe und friere, tritt der Metzger aus seinem weiß gekachelten Laden, winkt mir mit blutigen Händen zu, schwenkt Pansen für die Hunde, doch der Wind reißt mich los, über den Asphalt, über die Kreuzung, die Landstraße entlang, durch Felder.
Pítor sagte, unsere Köpfe sind Labore, in ihnen erschaffen wir die Wirklichkeit. Es dauert eine Weile, dann sehe ich inmitten des Rapsfeldes das Zimmer mit den kalkweißen Wänden. Das Mädchen ist noch da, es trägt ein Nachthemd und es schläft. In der Stille löse ich die Sicherung am Fuße des Bettes und schiebe es an; es rollt, die Scharniere knirschen. Bevor es gegen die kalkweiße Wand prallt und zerbricht, reiße ich das Mädchen herunter.

Pítor ist erlöst, er ist gegangen. Auch ich verlasse das Haus am Fluss, ziehe mit den Hunden, die mir geblieben sind, gen Norden. Am Meer machen wir halt. Ich sitze am Kai und erwarte die Bräune, während die Hunde gierig vom Meerwasser trinken und sterben. Mein Mund glüht rot.

Volker H. Altwasser
Aus dem Staunen

Zweifeln kommt vor dem Verzweifeln. Alphabetisch geordnet aber kommt Verzweifeln vor Zweifeln. Siegmund Zange zog einen Pfeilstrich vom Ende des unteren zum Ende des oberen Wortes, einen zweiten vom Anfang des oberen zum Anfang des unteren Wortes. In die Mitte zeichnete er einen Kreis und malte ihn aus. Dann summte er die Melodie, die er als Jugendlicher in einem Zivillager gelernt hatte. Sie hatten mit Holzgewehren in Dreierreihen marschieren und das Lied ›Spaniens Himmel breitet seine Sterne ... aus‹ singen müssen. Da war er fünfzehn, im Jahr '84. Drei Tage später lernte er das Schießen mit Luftdruckgewehren. Schon zu jener Zeit hatte Siegmund Zange eine Vorstellung von seiner Zukunft gehabt, die sich in den Jahren nicht allzu groß veränderte. Sicherlich, gewisse Schwankungen, die ihn veranlassten, sein Lebensmotto ›Handeln oder Hoffen‹ umzuwandeln in die Sätze ›Als Deutscher sollte man sich nie weit reichende Lebenspläne ausdenken. Kommt kein Krieg dazwischen, dann gewiss eine Revolution‹. Heute langweilte ihn seine Zukunft, und er überlegte, ob er das Wort ›Deutscher‹ durch ›Europäer‹ ersetzen sollte. Sicherlich, es war an der Zeit, kosmisch zu denken. Aber warum sollte er dann nicht gleich eine Religion ausrufen? Das menschliche Hirn ist für eine Globalisierung nicht gemacht, sagte sich Siegmund Zange. Seine Zukunft langweilte ihn.
»Fräulein B. Leih, kommen Sie«, sagte Siegmund Zange leise.
Fräulein B. Leih kam herein und schloss die Tür. Sie kam zu der schwarzen Ledercouch, auf der ihr Vorgesetzter mit übereinander geschlagenen Beinen lag. Sie blieb hinter dem Ledersessel stehen und legte ihre schmalen Finger gespreizt auf die Kopflehne. Der Besitzer dreier lederverarbeitender Fabriken in Österreich, Ungarn und Tschechien konnte von seiner Position aus nicht auf ihre Beine sehen, nicht ihre Hüften mustern. Fräulein B. Leih nutzte die verschiedenen Deckungsmöglichkeiten des Raumes gut aus. Saß ihr Vorgesetzter am Schreibtisch, so rückte sie ihren Stuhl dicht an den Tisch. Während sie dem ehemaligen Heizer der ›Reichsbahndirektion Greifswald‹ aufmerksam zuhörte, vergewisserte sie sich mit leichten Kopfbewegungen, dass sie einen Rollkragenpullover unter dem Kostüm trug und der Kragen hochgerollt war.
»Fräulein B. Leih.« sagte Siegmund Zange mit einer langen Betonung auf dem B.
Fräulein B. Leih senkte den Kopf ein wenig und spürte dabei die schmiegsame Sicherheit des Pullovers. Sie nahm die Finger von der Lehne des Sessels und

legte den linken Handrücken auf den Ansatz ihres Hinterns. Die rechte Hand schob sie durch die offene linke, die sofort und fest zugriff, als das Gelenk die Finger berührte.
»Fräulein B. Leih«, sagte Siegmund Zange mit einer langen Betonung auf dem E-I-H.
Fräulein B. Leih überlegte, ob sie nachfragen sollte, warum sie hereingerufen worden war.
Eines der drei Faxgeräte sprang an. Siegmund Zange, ehemaliger Heizer und Besitzer dreier Leder verarbeitender Fabriken, und Fräulein B. Leih, ehemalige Direktorin einer ›Deutschen Bank‹-Filiale und Erste Sekretärin von Siegmund Zange, Vorsitzender der ›Deutschen Sektion des Lion's Club‹, achteten aus den Augenwinkeln heraus auf das aus dem Faxgerät ratternde Papier: Es erreichte die Länge eines A-4-Blattes, die Länge dreier A-4-Blätter. Es legte sich auf den hohen Teppich und stieß die Schlaufe auf die Mitte des Zimmers zu. Lautlos strich das Papier über die weichen Fasern. Das Rattern des Faxgerätes endete.
»Fräulein B. Leih, nehmen Sie das da mit«, sagte Siegmund Zange ohne Betonungen.
Fräulein B. Leih würde die Deckung verlassen, drei bis vier Schritte gehen müssen. Ihr Hintern könnte unwillkürlich den Eindruck erwecken, anziehend zu wirken. Fräulein B. Leih, die von ihrem Vorgesetzten umbenannt worden war, würde in die Hocke gehen müssen. Der Stoff des Rockes könnte die Hüften übermäßig zur Geltung bringen. Während sie das Papier aufrollte, würde sie einige Schritte gebückt gehen müssen. Beine und Hintern könnten Oberkörper und Kopf verdecken. Und wenn es ihr nicht gelänge, schnell genug zu sein, würde sie Schritte hören, den Geruch verbrannten Stoffes riechen und es über sich ergehen lassen müssen, dass Siegmund Zange, Ehrenbürger seiner Heimatstadt, ihr den Rock vom Leib risse; mit dem Vorwand, löschen zu wollen. Sie würde seine feuchten Hände zwischen –
»Ich kündige«, sagte leise Fräulein B. Leih, die eigentlich Antje Thral hieß.
»Aber nicht doch«, sagte Siegmund Zange betonungslos.
»Ich erstatte Ihnen das Gehalt der letzten Monate zurück. Ich verzichte.«
»Da müssen Sie mir schon einen besseren Grund liefern.«
Fräulein B. Leih kniff für einen Augenblick die Augen zusammen, sagte: »Sie können mich nicht zwingen.«
»Nein. Fräulein B. Leih, heben Sie jetzt das Faxpapier auf.«
Fräulein B. Leih ging langsam und rückwärts. Sie kniete sich hin, ohne Siegmund Zange aus den Augen zu lassen: Er rutschte auf der Couch nach links, legte die Füße nach rechts und hob den Kopf.
»Was für eine Angst Sie haben, Fräulein B. Leih. Ja, vor dreizehn Jahren, als ich noch Heizer bei der Reichsbahndirektion – im heutigen ›Vorpommern‹ – war,

ja, da hätte ich schon ein paar Späße gemacht«, sagte Siegmund Zange und deutete auf den Sessel, der ihm gegenüberstand. Er hatte ihn mit dem Auftrag an die Polsterei gegeben, die Federn durch eine Holzplatte zu ersetzen.

Fräulein B. Leih war aufgestanden und hielt die Rolle Papier tiefer als das Faxgerät. Routiniert riss sie das Beschriebene vom Unbeschriebenen. Sie versuchte, das Zimmer ihres Vorgesetzten zu verlassen, wurde aber mit den Worten »Warten Sie schon. – Setzen Sie sich.« an der Tür abgefangen. Fräulein B. Leih drehte sich langsam um und blieb an der Tür stehen. Sie sah, wie ihr Vorgesetzter die Hände unter den Kopf schob, hörte, wie er sich räusperte. Drei Schritte kam sie auf die Sitzecke zu, die in einer Veranda stand. Dann blieb sie stehen.

Siegmund Zange nahm ein paar Blätter vom Couchtisch und hielt sie sich vor die Augen. Nickend sah er sie durch. Er räusperte sich erneut, als er beim letzten Blatt angekommen war.

»Zweifeln kommt fast immer vor dem Verzweifeln, Fräulein B. Leih«, sagte Siegmund Zange: »Nur dann nicht, Fräulein B. Leih, wenn man eine klare Vorstellung von der eigenen Zukunft hat. Ich hatte schon immer eine klare Vorstellung, wie meine Zukunft aussehen soll. Schon mit vierzehn Jahren kam mir zum ersten Mal die Idee, einen Kugelschreiber an der Hüfte tragen zu wollen. Diese kleine, nette Idee machte mich zum Milliardär.«

Fräulein B. Leih überwand den Weg bis zum Sessel und legte ihre Finger wieder auf die Lehne. Das Faxpapier umfasste sie mit beiden Daumen und Zeigefingern.

»Ja, ja, Fräulein B. Leih – setzen Sie sich schon –, zu jener Zeit hieß die Landschaft ›Vorpommern‹ noch ›Bezirk Rostock‹. Zusammen mit vierzehn weiteren Bezirken ergab er einen Staat, der niemanden animierte zu staunen. – ›Animieren‹, Fräulein B. Leih, kommt meines Wissens von ›Animus‹, ›Ahnung, die sich bestätigt‹ –.«

Fräulein B. Leih runzelte die Stirn und verneinte mit fast unmerklichem Kopfschütteln.

»Ich jedenfalls wurde nie animiert zu staunen. Wie sollte sich da eine Ahnung entwickeln, die sich später hätte bestätigen können? Sie müssen sich das wie eine Aneinanderreihung von Fließbändern vorstellen, deren Ausmaße westlich und zum Teil auch südlich von einer hohen Betonmauer, zum Teil südlich und auch östlich von der Friedensgrenze – ›Oder-Neiße-Friedensgrenze‹ – und nördlich von Teilen der Ostsee – im Einzelnen ›Östliche Lübecker Bucht‹, ›Mecklenburgische Bucht‹, ›Prerower Bank‹, die Wasser der Küste Rügens, ›Greifswalder Bodden‹ und ›Westliche Pommersche Bucht‹ – gehemmt wurden. Nein, Fräulein B. Leih, gehemmt ist nicht gut. Gehemmt ist ganz und gar nicht gut. – Gehemmt ist nicht gut. Eingedämmt! Nein. Nein, nein.«

Fräulein B. Leih räusperte sich, sagte aber nichts.
»Gehemmt, gedämmt, hmmmh, ... und nördlich von Teilen der Ostsee, ... und nördlich von Teilen der Ostseeeeee begrenzt, begrenzt! wurden. An diesen Fließbändern standen alle Menschen des Staates. Sie verstehen, Fräulein B. Leih, im übertragenen Sinne: Kindergärten, Schulen, Abendveranstaltungen, Arbeitsstätten, Altersheime – Fließbänder, verstehen Sie, Fließbänder, Frau Dr. Thral, sicherlich gab es Kranke. Es gibt immer und überall kranke Menschen. Sie wurden von den Konstrukteuren der Fließbänder nicht vergessen. Man richtete extra Fließbandstraßen für kranke Menschen ein. Sie werden verstehen, dass ein Kind, ein Jugendlicher, nicht staunen kann, wenn Tag für Tag, Nacht für Nacht am Fließband gestanden werden muss. Ein Kind, das nicht staunt, ist ein Erwachsener. Im Übrigen ist das Staunen an sich ein rein geistiger Zustand.«
Fräulein B. Leih nickte, ging um den Sessel und setzte sich.
»Ja, Fräulein B. Leih, so kommt man ins Erzählen und ist geneigt, sich in sich selbst zu verlieren. Als gute Zuhörerin könnten Sie schon einmal darauf achten, dass ich mich nicht allzu weit von Ihnen entferne. Schließlich könnte ich Sie verwirren, und Sie könnten vergessen, ihre Schenkel aneinander drücken zu müssen. Fräulein A. Leih ging das mehr als einmal so. Stellen Sie sich den Anblick vor, den ich dann von Ihnen hätte. Vom Staunen also zurück zu der Zukunft, zu meiner klaren Vorstellung, wie meine Zukunft aussehen wird. Ich hatte also diese Idee, einen Kugelschreiber in einem Etui am Gürtel zu tragen und ihn, wenn mir Wichtiges passierte, aus dem Etui zu ziehen, und das Wichtige aufzuschreiben. Ich sah mich in den Bezirken um und fand nirgends ein Etui, das eine Schlaufe auf der Rückseite hatte, durch die ich den Gürtel hätte ziehen können. Sicherlich, bei meiner Suche stieß ich auf Etuis vieler Macharten, Formen und Farben. Ich fand sogar ein Lederetui, in dem ein dicker Kugelschreiber steckte. Schraubte man die Spitze des Stiftes ab, sah man in einen Hohlraum, in den gut und gerne ein Doppelter passte. Aber etwas so Praktisches, wie ein am Gürtel zu tragendes Etui für Kugelschreiber gab es nicht. Ich erkundigte mich in verschiedenen Kaufhäusern, rief Kombinatsleitungen an und wurde daran erinnert, was ökonomische Zwänge sind. Ich – wie jeder andere auch – schon damals die Struktur des Staates durchschauend, ahnte die Aktivität des Geheimdienstes. Ich war mir sicher, man wollte die Realisierung meiner Idee unterbinden, man wollte verhindern, dass es zu Unterbrechungen an den Fließbändern kam. Die Gedanken der Bürger waren auch für den Geheimdienst schwer zu kalkulieren. Schon eine Hand voll aufschreibenswerter Gedanken konnte bewirken, dass zum Beispiel die Produktion von Kugelschreibern ins Stocken geriet. Dieser Gedanken wegen konnte man doch unmöglich den Fünfjahrplan nach unten korrigieren. Um meine Zukunft

nicht aufs Spiel zu setzen und als Konsument eines am Gürtel tragbaren Kugelschreiberetuis auftreten zu können, blieb mir im Oktober 1989 nur die Möglichkeit, nach Leipzig zu fahren und mich aktiv an den Demonstrationen zu beteiligen. In einigen Filmen, die diese Montagsdemos zeigen, kann man das Plakat lesen, das ich hochhielt: ›Für freie Gedanken – jederzeit!‹ Von einigen Demonstranten wurde mein Satz missverstanden. Sie riefen: ›Denken – Jederzeit – Freizeit!‹ Eine klare Provokation gegen die Fließbänder des Staates.«
Fräulein B. Leih rutschte auf dem Sessel nach hinten, zog ihren Rock straff und lehnte sich an. Sie achtete auf das unregelmäßige Heben und Senken des Bauches ihres Vorgesetzten.
»Nach den Demonstrationen fuhr ich wieder in meine Heimat zurück und ging meiner Arbeit nach. Ich war für fünf Kessel verantwortlich, die die beiden Gebäude der Reichsbahndirektion mit Wärme versorgten. Im Winter hatten wir Drei-Schicht-Betrieb. Pro Schicht stellte ein Arbeiter die gesamte Produktion sicher. In den damaligen Wochen richteten wir uns so ein, dass ich montags Frühschicht und dienstags Spätschicht hatte. Meine Mitarbeiter zeigten Verständnis dafür, dass ich mich an den Demos beteiligte. Ich erklärte ihnen, wie praktisch ein am Gürtel zu tragender Kugelschreiber auch für ihre Kinder sei, die es einmal besser als sie selbst haben könnten. Jeder weiß, Gedanken kommen und sind plötzlich wieder weg. Jeder weiß, Gedanken sind bares Geld. Im November dann ergriff eine Demonstrationswelle das ganze Land und schwappte auch über Greifswald. Ich musste nicht mehr nach Leipzig fahren und konnte mich an den Donnerstagsdemos unserer Stadt beteiligen, der kurz darauf auch wieder ihre Ehre, ihr Stolz, ihr Mut und ihre Flexibilität als Hansestadt zurückverliehen werden konnte. Jeden Donnerstag waren wir nach jener Messe drei Stunden unterwegs. Kurz gesagt, die Fließbänder wurden verscherbelt, verschrottet oder verrosteten einfach. Für meine Zukunft änderte sich kaum etwas. Ich erfuhr, dass das, woraus ich gekommen bin, nur Teil eines größeren Systems ist, das nun wieder, von einem Kanzler, wie man sagt, zusammengesteckt wurde. Jung war ich und willens, meine Möglichkeiten zu nutzen. Ich reiste in meiner neuen Heimat herum, die mich durch ihre Größe schockierte. Je weiter ich nach Westen kam, desto tiefer sah ich in den Osten. Nirgends, ich schwöre, nirgends fand ich im Westen ein Lederetui für Kugelschreiber, das man am Gürtel tragen konnte. Der Schock übrigens hinterließ in mir ein Staunen. Verstehen Sie, Fräulein B. Leih, ein Staunen! Ich war also ein Erwachsener eines abgeschafften Staates gewesen, der zum Kind eines existierenden Staates wurde. Das Staunen war das Ende meines Erwachsenendaseins. Welch eine Erkenntnis!«
Fräulein B. Leih hatte für eine Sekunde ihre Knie vergessen, die sie jetzt wieder zusammenpresste.

»Immer hatte ich mich hin zum Staunen gesehnt: Immerhin, als ich die Tätigkeit des Heizers noch nicht gekündigt hatte und noch nicht zu der Reise durch den Westen aufgebrochen war, hatte ich eine mechanische Schreibmaschine besessen. Immerhin, für diese mechanische Schreibmaschine hatte ich mein Motorrad, eine 1,5er, verkauft. Ich hatte das mir geborgte Geld zurückbezahlt und mir von dem Rest eine gebrauchte Schreibmaschine gekauft, eine Reiseschreibmaschine. Immerhin, ich hatte sie in meinen Spind geschoben und darüber Zeitungspapier gelegt, darauf die Straßenschuhe gestellt. Ja, Fräulein B. Leih, Sie sehen mich verträumt an, aber es war kein Traum, dass ich eine Schreibmaschine in meinem Spind hatte, dass ich etwas Unentdecktes ahnte, das sich um mein Haupt herum verdichtete. Ja, Fräulein B. Leih, wie Tasso die Lorbeeren spürte, spürte ich das Staunen. Aber anders als bei ihm verwirklichte sich mein Staunen nicht. Es blieb Sehnsucht, aber immerhin: In den täglichen Arbeitszeiten brauchte ich zwei Stunden für das Füllen der Kessel mit Kohle. Wir hatten zwei Fließbänder zur Verfügung, die wir von Luke zu Luke schieben konnten. Wir mussten erst gegen März mit Schubkarren arbeiten. Ich hatte in diesen täglichen Arbeitszeiten dann sechs Stunden Zeit, in denen ich nur die Zufuhr der Wärme mittels Kesselklappen regulieren musste. Immerhin, diese täglichen sechs Stunden des Quecksilberbeobachtens verbrachte ich oft damit, meine Straßenschuhe aus dem Spind zu holen, das Zeitungspapier herauszunehmen – es einfach auf den Boden zu legen –, den Kasten mit der Maschine aus dem Spind zu ziehen und auf den Tisch des Aufenthaltsraumes zu stellen. Immerhin, ich hatte Bierflaschen vom Tisch aufs Fensterholz – zumeist leere, volle wurden sorgsam weggeschlossen – verlagert. Ich war mir die Hände in der Duschkabine waschen gegangen, in der der Badeofen stand, dessen Temperatur konstant auf 90 Grad gehalten werden musste. Versäumte man dies, kam entweder der Koch wütend herein oder der Ofen drohte zu explodieren. Aber Fräulein B. Leih, im Vertrauen: Der Ofen hielt selbst 127 Grad aus, auch wenn dann die Rohre knackten und ein wenig, Fräulein B. Leih, nur ein wenig, wackelten. Immerhin, ich hatte das graugelbe Papier in die Maschine gedreht. Immerhin, ich hatte stundenlang Gedichtanfänge von links nach rechts auf die Blätter gehämmert. Das Staunen, ich hatte es schon gespürt, Fräulein B. Leih, geahnt.«

Fräulein B. Leih rollte das laufende Faxpapier zusammen und sah über ihren Vorgesetzten hinweg ins Braun der Verandascheiben.

»Hören Sie mir noch zu, Fräulein B. Leih? Ich sagte gerade, dass ich ein am Gürtel tragbares Etui auch nicht während meiner Wanderungen durch den neuen Westen gefunden habe, obwohl ich lediglich das Bundesland ›Bayern‹ ausgelassen habe. Sicherlich, ich hätte nach Frankreich gehen können, aber ich war etwa 150 Kilometer vor Aachen, als mir die Stimme meiner Mutter ins

Bewusstsein kam, die gewohnt war zu sagen: ›Vorwärts Kameraden, wir müssen zurück.‹ Ich jedoch ging nicht zurück, ich griff an. Ich machte eine Zeichnung von einem Etui, wie es mir vorschwebte, und stieg in einen Zug nach ›Bayern‹. Doch Albert Camus, in Zügen las ich gerne französische Literatur, brachte mich auf Prag. Verstehen Sie? Prag, Fräulein B. Leih! In Prag würde ich einen Schuster finden! Damals wusste ich nicht, dass es im Westen Schuster gab. Dass es im Osten welche gab, war mir nicht aufgefallen. Aber Prag! In Prag gibt es Handwerker aller Sphären, äh, Richtungen. Dort entdeckte ich auch meine Vorliebe für Salzgurken wieder. Sicherlich, für jenen Franzosen war Prag eine dunkle Stadt, in der es an jeder Ecke nach Gurken stank, aber ich stieg in Praha-Holešovice aus und ging mit festen Schritten auf die Innenstadt zu. Ich folgte Camus' Spuren und fand jene Frau mit dem Gurkenfass vor dem Bauch am Anfang der Gasse, die zu jenem Hotel führte, in dem Albert es nicht allzu lange ausgehalten hatte. Schon der Geruch, in dem man den Geruch der algerischen Mittelmeerküste hätte unterbringen können – ohne dass er sich groß verändert hätte –, ließ mir das Wasser über die Zähne laufen. Die gute Frau wickelte mir eine Gurke meiner Wahl in ein Stück Zeitungspapier und hielt sie mir mit schüchterner Freundlichkeit entgegen. Ich gab ihr Geld und nahm die Gurke. Bevor ich meine Zähne in die Frucht schlug, nagte ich an ihrem einen Ende ein Loch hinein. So gewährleistete ich, dass der Fruchtsaft mir in den Mund spritzte, während sich meine Zähne durch das Fleisch schnitten. ›Auf Sergej!‹, sagte ich und biss in die Gurke. Ihr Saft spritzte mir gegen den Gaumen und augenblicklich zogen sich einige Hundert Geschmacksnerven zu einer Götterehrung zusammen. Sie summten eine Saudade der Heiligkeit des Salzes. Mit der Gurke in der Hand ging ich über den Domplatz, hinein in die von Deutschen bevölkerte Gasse, die zur ›Goldenen Brücke‹ führte. Erst Jahre später wurde mir klar, dass der dritte Weltkrieg längst begonnen hatte, dass wieder die Deutschen alle gegen sich aufgebracht hatten: An allen Ufern des Mittelmeeres, auf allen wichtigen Inseln außer Malta breitete sich das deutsche Volk erfolgreich aus – mit deutschem Geld wurden deutsche Hotels für deutsche Urlauber gebaut. Sei es nun die Türkei, seien es Ägypten, Marokko, die Kanarischen Inseln, seien es Griechenland, Italien oder Spanien: Das Römische Reich wird germanisiert, germanisiert mit dem Ursprung der Waffe – Deutschmark.
Aber, Fräulein B. Leih, Sie sollten mich unterbrechen, wenn meine Gedanken von den Ihrigen nicht mehr nachvollziehbar sind. Ich fand einen Schuster, dessen Laden in der Gasse, die zur ›Goldenen Brücke‹ führt, schon über einhundert Jahre alt sein musste. Albert Camus hatte ihn nicht erwähnt, und ich zweifelte an seiner Aufrichtigkeit. Der Laden hatte kein Schaufenster. Über der niedrigen Tür hing ein verrostetes Schild in Form eines Stiefels. Fräulein B.

Leih, fragen Sie mich nicht, was für ein Stiefel, sonst müsste ich flüstern: Soldatenstiefel, linker Fuß. Es schepperte, als ich die Tür öffnete. An der linken Seite stand ein Regal, das bis zur Decke reichte. In ihm lagerten Schuhe, Lederteile und Staub. Rechts stand der Arbeitstisch, auf dem eine Leselampe leuchtete. Vor ihr saß ein Männchen. Es brauchte eine Weile, bis es sich zu mir umgedreht hatte. Ich legte die Zeichnung auf den Tisch und sah es mit großen Augen an. Sollten hier, in diesem verstaubten, engen Laden des letzten Jahrhunderts mein Lebenssinn, meine Zukunft realisiert werden? Es ist ja kein Geheimnis mehr, dass Zukunft nur aus Vergangenheit gerissen – und die Fetzen dann zusammengenäht werden können, dass jede Stoffmetapher eine Textmetapher ist. Sollte ich aus diesem Laden gehen können, mit einem Stift an meiner Hüfte, den ich jederzeit ziehen konnte, wenn mir Wichtiges passierte? Sollte ich aus dieser Gasse in die Welt aufbrechen, der es ohne meine Notizen so schlecht ging? Ja, ich sollte! Das Männchen nickte und deutete auf einen Stuhl, der eine gepolsterte Lehne hatte. Die Sitzfläche war geflochten. Ich setzte mich und sah dem Männchen zu, wie es den Grundstein meines späteren Reichtums legte: mein erstes Etui. Ich habe es heute noch, Fräulein B. Leih, bei Gelegenheit zeige ich es Ihnen. Oh!, lächeln Sie? Drei Frauen, Fräulein B. Leih, haben mir gesagt, dass Braun und Dunkelgrün zu meinem Äußeren passe. Daher habe ich mich für dunkelbraunes Leder entschieden. Mit dem Etui an der rechten Seite verließ ich den Laden, die Stadt, das Land. Überall, wohin ich kam, in jeder Bar, vor jedem Einkaufsregal baten mich die Menschen, ihnen mehr von diesem Etui zu zeigen. Sie fragten mich, woher ich dieses Etui hatte, offenbarten, sie hätten auch gerne ein solches; schließlich könne man ja nie wissen. Gedanken, in allen Straßenschluchten waren Gedanken, die nicht ausgebeutet werden konnten; das machte die Menschen krank, Fräulein B. Leih. Während ich Ort um Ort, ja, ganz Westdeutschland kennen lernte, nickte ich mich durch die Gegenden und notierte mir mit meinem Kugelschreiber, der in dem Etui steckte, das ich an meinem Gürtel befestigen konnte, unzählige Adressen. In Süddeutschland, in einem idyllischen Dorf, dessen Kirche schon fast in der Schweiz stand, fand ich einen jungen und elanvollen Schuhmachermeister. Ich zeigte ihm mein Etui und die Adressen. Er nickte. Und weil er gerade nichts Besseres zu tun hatte, fabrizierte er Etuis. Ich verschickte diese Etuis mit Rechnung und einem kleinen, kopierten Werbezettel, auf dem ich die Adresse des Postamtes des Dorfes notierte. Uns erreichten immer mehr Bestellungen. Die Mundpropaganda, endlich gäbe es ein am Gürtel zu tragendes Etui, funktionierte tadellos. Die Bevölkerung überhäufte uns mit Bestellungen. Ich versuchte mich als Schuster, versagte jedoch jämmerlich. Sie wissen, meine Ausbildung ist die eines Elektronikers. In zwei Tagen und zwei Nächten baute ich aus einer Nähmaschine und zwei extra gefertigten Leiterplatten einen Roboter, der in zwei Arbeitsgängen die Lederteile zusammennähte. Einen weiteren Roboter baute ich für das Zurechtschneiden des Leders. Eine ganze Nacht hatte ich darüber gegrübelt, wie der Arbeitsgang zu organisieren war, in dem der Faden abgeschnitten wurde. Immer wieder riss der Roboter an dem Faden und machte sein Werk zunichte. Schließlich erkannte ich, dass ich zwischen zwei Schaltkreisen einen zu kleinen Widerstand gelötet hatte: 50 Ohm. Ich versuchte es mit einem 100-Ohm-Widerstand, aber er war für den Stromfluss zu groß. Erst als ich mich an Matscke erinnerte, der der beste Tüftler unserer Lehrlingsklasse war, fiel mir ein, dass Strom aufgeteilt werden kann: Ich ätzte drei Kupferleitungen der Leiterplatte frei und setzte drei 25-Ohm-Widerstände parallel. Es funktionierte! Meine Idee und meine beiden Arbeitsroboter ließ ich mir patentieren. Wir stellten drei weitere Schustermeister aus Tschechien ein, ja, dank Ihrer Bank, Fräulein B. Leih, Sie wissen, ich werde es Ihnen niemals vergessen! Ich habe Ihnen einen Arbeitsvertrag bis zum Lebensende gegeben, und den werden Sie behalten. Verlassen Sie sich auf mich! Ich bin zwar erst spät in die Marktwirtschaft gekommen, aber ich weiß ganz genau, was ein Versprechen zählt. Bauen Sie auf mich, Fräulein B. Leih. Auch wenn man in allen Zeitungen liest, es gäbe keine ostdeutsche Karriere, es gäbe keinen Ostdeutschen, der in der heutigen, fertigen Wirtschaftsstruktur noch zum Fabrikbesitzer werden könne, alles Quatsch mit Soße. Sicherlich wollte mich eine österreichische Firma ausbooten, mir mein Patent für eine halbe Million abkaufen, aber dank des seligen Fräulein A. Leih konnte ich diesen Übernahmeversuch torpedieren. Mir haben immer Frauen eines bestimmten Alters geholfen. Sie saßen auch in den anderen Banken, gaben mir Kredite. Uns erreichten Bestellungen aus Frankreich, England, das ja eigentlich Großbritannien heißt, und aus Portugal. Weil ich besonders den portugiesischen Dichter Pessoa so liebe, habe ich den Preis für alle Portugiesen von 32 Euro auf 31,50 Euro herabgesenkt. Den Gewinn steckte ich in meine erste Fabrik, die ich in Tschechien bauen ließ. Die Fertigung ist vollautomatisch. Ich brauche nur zehn Mitarbeiter für die Organisation und Buchhaltung. Von zu Hause aus richtete ich eine Homepage ein, und die Aufträge nehmen einfach kein Ende mehr. Auf der ganzen Welt wollen sich die Menschen als Schriftsteller und Dichter zeigen. In Deutschland zum Beispiel gilt der Beruf des Schriftstellers als viertanerkanntester. Ich war froh, den Menschen die Möglichkeit geben zu können, sich ihr Wichtiges unabhängig von Zeit und Ort notieren zu können. Werbespots, die ich nach den verschiedenen Kundenprofilen erstellen ließ, überzeugten auch jene, die eigentlich nichts Wichtiges dachten. Der Spot für Oberschullehrer etwa geht so: ›Wie oft geschieht es, dass Sie einen Kuli brauchen und keinen zur Hand haben? Weil Ihnen die nötige Halterung fehlt? Dreimal, zehnmal am Tag? – Lassen Sie Ihre Gedanken nicht einfach im Gestank der Schüler verpuffen! Ihre Gedanken

sind kostbar, und sie sind bares Geld!‹ 1995 dann ließ ich die beiden Fabriken in Österreich und Ungarn bauen und kaufte mir diesen Firmensitz hier. Wissen Sie, wie diese Insel eigentlich heißt, Fräulein B. Leih? Greifswalder Oie, Greifswalder Aussicht. – Ja, es fügt sich alles, und man kommt immer in die Heimat zurück.
Was für eine Zeit das war! Wie hart ich gearbeitet hatte, wie unerbittlich ich Bankangestellten und Kreditgebern gegenübergesessen hatte, und doch!, wieviel Zeit wir zum Lachen gehabt hatten! Was für ein Aufbruch, die Jahre von '92 bis '95. Sehen Sie, nun kann ich das Weiß Ihres Slips sehen!, Fräulein B. Leih.«
Siegmund Zange lächelte Fräulein B. Leih an und beobachtete die schmalen Hände, die den Stoff des Rockes mit festen Bewegungen an den Schenkeln herunterstrichen. Er sah, wie sie nichts unternahm, um aufzustehen und wegzugehen.
»Lieber Herr Siegmund Zange«, sagte Fräulein B. Leih nach einem Räuspern.
Siegmund Zange wartete einen Augenblick, in dem er gedankenlos mit der linken Hand über seinen rechten Schenkel strich. Er sah auf die gebräunten Fensterscheiben, sah auf einen braunen Himmel und musterte ihn lange: Es war keine Schattierung des Himmels zu erkennen.
Als ihn seine Mutter in diesem Büroappartement vor fünf Jahren besuchte, war sie in der Mitte des Arbeitsraumes stehen geblieben, hatte zu den Fenstern gesehen und gesagt, dass sie mal wieder geputzt werden müssten. ›Nein‹, hatte er geantwortet, ›das sind Sonne abwehrende Vollschutzsysteme mit dreißig Jahren Garantie. Einer meiner ehemaligen Mitarbeiter hat sie erfunden und mir diese hier geschenkt. Er besitzt mittlerweile eine Fabrik mitten in Hamburg-Harburg.‹ Seine Mutter hatte ihm geantwortet, dass er sich nichts schenken lassen solle, dass bisher noch jedes Geschenk eine Keule gewesen sei. Sie hatte sich nicht für die Wandverkleidung mit Mahagonieholz interessiert, in deren Nischen bibliophile Kostbarkeiten von elektrischem Kerzenschein angestrahlt wurden. Sie hatte einen kurzen Blick auf die Sitzecke geworfen, die im extra nachgerüsteten Wintergarten stand. Sie hatte doch wissen müssen, dass er Veranden und Wintergärten liebte, hatte er sich gesagt. Für seinen Schreibtisch, den er durch eine Internet-Versteigerung bekommen hatte, hatte sie sich interessiert. Eine halbe Stunde lang hatte er ihr erklären müssen, wo Günter Grass an ihm gesessen, wie zuvor Heinrich Böll ihn benutzt und was Bertolt Brecht in die obere, rechte Ecke geritzt habe.
»Herr Siegmund Zange«, sagte Fräulein B. Leih.
Siegmund Zange straffte seinen Rücken und ging zu seinem Schreibtisch. Er drückte eine Taste, das Braun der Fensterscheibe verschwand: Horden von

Sonnenstrahlen tobten von allen Seiten in den Raum und brannten die Gegenstände gelb. Nach einem zweiten Tastendruck schoben sich die Fensterscheiben nach oben: Von allen Seiten strömten der Geruch der Ostsee und das Rauschen ihres Wassers in den Raum. Siegmund Zange ging zum Südfenster und sah auf die Milde, die sich im Himmel verlor, die sich in seinem Rücken wiederfand.
Er zog sein Jackett aus, knöpfte das Oberhemd auf, zog es aus und ließ die Hosen herunterfallen. Er fühlte das Licht und das Salz des Geruches mit allen Partikeln seines größten Organes. Siegmund Zange war dreiunddreißig Jahre alt und hatte es einmal auf siebenundsechzig Liegestütze gebracht. Seine Zukunft langweilte ihn. Er legte sich auf den Teppich, stieß sich ab, platzierte die Fußspitzen auf der Tischplatte, wobei Fettwellen auffluteten, und absolvierte ein paar Serien Liegestütze.
»Herr Siegmund Zange«, sagte Fräulein B. Leih. Sie stand auf und legte ihrem Vorgesetzten die gebundene Steuererklärung des letzten Jahres auf die Schultern. Sie hörte noch einen Augenblick auf das Keuchen zu ihren Füßen, dann ging sie zum Sessel zurück.
Fräulein B. Leih dachte an ihren geistig behinderten Sohn, der in dem Alter ihres Vorgesetzten war.

Anmerkungen des Autors:
»Auf Sergej!« = Gemeint ist Sergej Jessenin, der nach Puschkin als zweitwichtigster russischer Lyriker und als Russlands berühmtester Gurkenesser gilt. Ein Vorbild Brinkmanns usw.

Albert Camus = jüngster Nobelpreisträger

Saudade = portugiesisch; gilt als unübersetzbares Wort und bezeichnet ein Gefühl aus Wehmut, Fernweh und Heimatstolz.

Hung-min Krämer
Zebrafisch I

Als Charles Mingus im Alter von sechsundfünfzig Jahren in Mexiko starb, wurde sein Leichnam einen Tag nach seinem Tod kremiert. Am gleichen Tag strandeten sechsundfünfzig Pottwale an der Küste Mexikos, ihre Kadaver mussten verbrannt werden.

Als mein Vater starb, ist der große Zebrafisch im Aquarium des China-Restaurants gestorben, in welchem er in der letzten Zeit manchmal zu Mittag gegessen hatte. Frau Chang, die Serviererin und gleichzeitig auch Besitzerin des Lokals, ist eine gute Bekannte meiner Mutter und kannte auch meinen Vater gut. Sie entdeckte den toten Fisch, als wir ihr den ersten ratlosen Besuch abstatteten. Immerhin war es der größte und älteste Fisch in dem Becken gewesen, und mein Vater war gewiss unter den Chinesen in Deutschland auch so ein alter Zebrafisch.
Die völlig umsonst herbeigerufenen Sanitäter – mein Vater war schon seit ungefähr vierzehn Stunden tot – hatten ihn als »K« eingestuft und in die Gerichtsmedizin abtransportieren lassen. Andernfalls hätten sie ihn dagelassen und wir hätten uns selbst um den Toten kümmern müssen. Ich sage müssen, weil ich einerseits erleichtert war, darüber dass sie ihn mitnahmen, denn ich fühlte mich in der Situation leicht überfordert und dachte, wir müssten meinen Vater sonst drei Tage im Wohnzimmer aufbahren und Nachtwache halten. Andererseits erwartete uns nun ebenfalls ein ungewisses Schicksal. Niemand wusste, wie lange sie meinen Vater dort behalten würden, in der Kühlkammer, und was sie mit ihm anstellen würden. Mein Schwager, der Arzt ist, meinte, schön wäre das nicht. Ich stellte mir vor, dass ich ihn selbst dann dort abholen müsste, vielleicht mit einem geliehenen Leichenwagen. Als sich herausstellte, dass der Bestatter alles für uns erledigen würde, war ich doch sehr erleichtert. Jetzt saßen wir ohne die Leiche, tränenlos und erschüttert bei Frau Chang im Restaurant. Zuletzt, vorgestern, habe er noch hier gegessen und darauf bestanden, sein Essen selbst zu bezahlen. Sie habe noch gesagt, ach, lieber Herr Kai Yeh, in Ihrem Alter, wer weiß, wie oft ich Sie noch einladen kann.
Als sie dann den Fisch im Aquarium entdeckte, wusste ich, dass er mit meinem Vater zusammen gestorben war, und irgendwie, fand ich, war das eine nette Geste. Von wem? Von Gott vielleicht, oder von dem Zebrafisch. Man fragt sich natürlich, ob Gott nun für den Tod eines Fisches im Aquarium eines Chinarestaurants verantwortlich ist. Für den Tod der Fische in unserem Aquarium

waren vermutlich wir verantwortlich. Wir hatten als Kinder ein Aquarium in unserem Wohnzimmer, es war ganz grün vor Algen, und ab und zu waren die Fische darin von einem dicken, wattigen Pilz befallen, als trügen sie plötzlich Pelz. Ich glaube, sie starben kurz darauf, nachdem sie einen Tag Quarantäne in einer Glasschale überlebt hatten. Wir haben sie im Klo heruntergespült.
Der Leichenbestatter allerdings war ein scheußlicher Mensch. Zugegeben, es gab einige Komplikationen, so ein Tod wirbelt doch manches durcheinander und man muss Entscheidungen fällen, über die man vorher noch nie nachgedacht hat. Je mehr Leute daran beteiligt sind, desto schwieriger wird die Sache. Aber dennoch, ein gewisses Maß an Takt und Pietät möchte man von einem Leichenbestatter doch erwarten, auch wenn sich die Dinge etwas schwieriger gestalten.

Frau Guo hat heute angerufen. Das Finanzamt hat sich bei ihr gemeldet. Sie wollen hundertsiebzigtausend Mark von ihr. Dabei kannte sie Papa damals noch nicht einmal, führte noch ein unbeschwertes Leben als Abteilungsleiterin einer Computerfirma, Herrscherin über hundert blaubehoste und bejackte Arbeiter mit Kappen und Arbeiterinnen mit Zöpfen und Kappen, irgendwo in China. In Wirklichkeit heißt sie natürlich nicht Guo. Zunächst wollte ich sie auch Frau Gui nennen, aber da Gui auf Chinesisch sowohl teuer als auch Schreckgespenst oder böser Geist heißen kann und Frau G. das sicherlich gegen sich ausgelegt hätte, habe ich mich für Guo entschieden, was sowohl Land als auch Frucht, aber auch Übertreten oder Übertreiben heißen kann. Nun ja.
Während mein Vater sich schon im Kulminationspunkt, wenn man so sagen will, seines unglücklichen Lebens befand, auch wenn man es damals noch nicht gemerkt hat.
Es ist so ähnlich wie bei einer Krankheit, mit deren Krankheitskeimen man schon verseucht ist, bevor die Symptome ausbrechen. Bei meinem Vater machten sich gerade die ersten Symptome bemerkbar. Das Haus musste verkauft werden, eine Geliebte tauchte auf, das Restaurant wurde sabotiert, man förderte bei dem Versuch, eine verstopfte Toilette wieder funktionsfähig zu machen, mit Stoffservietten und Schnur umwickelte Löffel zutage, die Angestellten trugen vor den Augen meines Vaters tütenweise Spirituosen aus dem Geschäft; als mein Vater eines Tages zufällig den Inhalt zweier solcher Taschen zu sehen wünschte, stellte es sich heraus. Unsere damalige Sekretärin hatte uns um etliche zigtausend Mark betrogen, war später unpfändbar, noch später unauffindbar. Und ja, und natürlich das Finanzamt. Das Finanzamt findet jeden, auch nach Jahrzehnten noch. Mein Vater hatte keinen Sinn für Buchhaltung und schon gar keine Zeit dafür. Ich weiß noch, dass wir als Kinder zu

Hause manchmal Plastiktüten voller Bons sortieren und auf so einem mittelgroßen Taschenrechner mit knatternder Papierauswurfmechanik, der beim Addieren immer summte, tage- und monateweise zusammenrechnen mussten. Auf ein paar Bons, zu denen es passte, zum Beispiel zu Frühlingsrollen, musste nachträglich »A H« für Außer Haus geschrieben werden, das war dann eine andere Mehrwertsteuer. Übrigens hat mein Vater, glaube ich, die Bezeichnung »Frühlingsrolle« erfunden, im besten Sinne des Wortes, das heißt also, diesen mit gemischtem chinesischen Gemüse und Hackfleisch gefüllten, frittierten Teigrollen ihren Namen gegeben. Zumindest erinnere ich mich an so etwas, zuzutrauen wäre es ihm allemal.

Unser Restaurant war eines der ersten am Ort, in den Anfangszeiten bestand sogar Krawattenzwang, ein Habitus, der heutzutage auf heftiges An-die-Stirn-tippen stoßen würde. Aber mein damaliger Lateinlehrer erinnerte sich noch daran. War man unbedachterweise ohne Krawatte unterwegs, so konnte man von uns eine für die Dauer des Besuchs ausleihen.

Genau genommen war das noch vor unserer Zeit, zu unserer Zeit wurde gerade die U-Bahn unter den Ringen gebaut, wodurch der Ring zu einer Art unüberwindbarem Fluss wurde, den man nur an bestimmten Stellen überqueren konnte. Heute hat sich die Asphaltdecke über der Baustelle geschlossen wie die Erde über der alttestamentarischen Rotte Kora, und nichts erinnert mehr an sie, nur noch die blauweiß beschilderten U-Bahn-Abgänge. Die Bekannten und Freunde meiner Eltern, die damals noch in Bergisch Gladbach lebten, begründeten ihr Wegbleiben mit den schlechten Parkmöglichkeiten in der Innenstadt und erklärten das zu einem ernsten Handicap für das Geschäft. Aber was für eine Ahnung hatten denn die. Sie waren wie Frösche, die über den Nachbarteich quaken, an dem sie nie gewesen sind. Ich war damals noch viel zu klein, um die Lage und das Potential des Geschäftes überhaupt einschätzen zu können, die Bedeutung des Wortes »Potential« selbst war mir fremd. Ich erinnere mich noch, dass der erste Eindruck der war, dass ich von der Rückbank unseres Opels den Schriftzug der Leuchtreklame einer Spielhalle sah, die sich direkt neben unserem Lokal befand. Ein Cowboy, mit ausgebeulter Jeans, besporten Westernstiefeln, blauem Hemd, brauner Weste, einem Halstuch und natürlich einem Cowboyhut. Daneben das Wort »FLIPPER«, das in blauen Buchstaben auf die Leisten des weißen Leuchtkastens geheftet war, wie auf altmodischen Kinoanzeigen, womit, wie ich dachte, der kluge Delphin meiner Lieblingskinderserie, von der ich heute noch in Bruchstücken die Titelmelodie singen kann, gemeint war. Irritiert und etwas enttäuscht zog ich meinen ausgestreckten Zeigefinger wieder zurück, als mein Vater, mit der knappen Bemerkung, das sei etwas anderes, mir nicht erlaubte, die Spielhalle zu betreten.

Dass wir einen Opel hatten, das weiß ich, allerdings habe ich vergessen, was für einen, damals habe ich es noch gewusst. Ich durfte beim Kauf die Farbe aussuchen, mein Vater hatte mich mitgenommen, ich war vielleicht sechs und mit dieser Entscheidung leicht überfordert, wenn auch nicht so überfordert wie später mit seinem toten Körper, obwohl ich auch manchmal für ihn einen Lottoschein ausfüllen durfte, was mehrere ähnlich wichtige und weit reichende Entscheidungen erforderte. Ich weiß noch, dass ich mir die vorgelegte Farbskala ansah und dann auf den Werbekuli des Autoverkäufers wies, der neongrün und schwarz war. Auf die Nachfrage, ob ich tatsächlich diese Farbe meinen würde, nickte ich nur stumm.
Mein Vater zögerte nicht eine Sekunde, obwohl die Signalfarbe sogar achtzig Mark mehr kostete, weil man sie nachts und nicht nur nachts besser sah. Nicht einmal, als wir vom Balkon meiner Tante in Heidelberg, seiner Halbschwester, die Pianistin und etwas vornehm war, das neue Auto begutachteten und sie einzig die Farbe etwas grell fand, ließ er sich etwas anmerken. Als wir dann das neue Auto abholen konnten, fuhr das Auto immer nur vorwärts und nicht rückwärts, was aber, um es aus der Parklücke bewegen zu können, dringend notwendig gewesen wäre. Seit der Zeit weiß ich, dass man beim Opel den Ring am Schaltknauf hochziehen muss, bevor man den Rückwärtsgang einlegen kann.

Ich habe angefangen, den »Traum der roten Kammer« zu lesen. Mein Vater sagte immer, wenn er den Bildungsgrad eines Chinesen einstufen sollte, er habe noch nicht einmal den Traum der roten Kammer gelesen, ein Muss für jeden bildungsbewussten Chinesen. Ich glaube, meine Mutter hat das Buch auch nicht gelesen, und es hätte auch nichts genutzt, wenn sie es später gelesen hätte. Es hat ja auch nichts genutzt, dass sie die Wahlverwandschaften, das Deutschlandlied, Walther von der Vogelweide und die gesammelten Werke Shakespeares gelesen hat. Sie war und blieb, in den ungefähren Worten meines Vaters, dumm und ungebildet.
Dass ich es nicht gelesen haben konnte, war schon klar, ich konnte ja nicht einmal Chinesisch.
Im Bett dachte ich über einen Film nach, einen deutschen Film, der in China gedreht worden ist und in München beziehungsweise Shanghai und der Berglandschaft entlang des Jang-tse spielt. Ein Mann, der einen gestohlenen Buddha bei sich trägt und diesen verkaufen will, träumt immer wieder Dinge, die tatsächlich passieren werden. Traum und Realität vermischen sich, so ähnlich wie im ersten Kapitel des Traums der roten Kammer. Ein Mönch aus einem taoistischen Kloster, das an den Felswänden über dem Fluss zu hängen scheint, begegnet ihm immer wieder im Traum und scheint ihn schon zu kennen, bevor

sie sich überhaupt begegnet sind. Als Zuschauer ist man sehr geneigt zu glauben, dass es etwas wie Vorsehung und Schicksal gibt, und mit einem Mal wurde mir bewusst, dass ich niemals mehr mit meinem Vater über meine Lektüre würde sprechen können, wie wir es in manchen, seltenen Momenten getan hatten. Ich sah ihn vor mir, in seiner Druckerei stehend, mit seiner Brille über einen Montagetisch gebeugt, das Gesicht und die Brille von der Lampe unter der Glasplatte beleuchtet. Wir hatten zwei von diesen Montagetischen, einen gekauften und einen aus Spanplatte, Neonröhre und Glasplatte selbst gebauten. An beiden klebten rings um den Rand zahllose Streifen Tesafilm zum Wiederverwenden. Oder ich sah ihn vor der Heidelberger Offsetmaschine mit einem Pinsel über die Druckplatte gebeugt, um die winzigen Flecken wegzuretuschieren, eine Arbeit, die ich ihm manchmal, wenn ich dazukam, abnahm, so wie ich es am liebsten mit allen Arbeiten getan hätte, wenn es irgendwie geholfen hätte. Ich konnte ihn nicht ansprechen, so als sähe ich ihn in einem Traum, oder wie durch eine unsichtbare Wand.
Einmal fragte er mich, auf ein Foto an der Wand deutend, warum denn wohl die Berge diese eigenartige Form hätten. Es war ein Foto von der Gegend um Guilin, die wegen ihrer aussergewöhnlichen Schönheit berühmt ist. Aufgrund von Erosion ragen dort die Berge wie Zuckerhüte steil in die Höhe und spiegeln sich in den ruhigen Fluten des Li Flusses, mal oben rund und dann wieder seltsam ausgezackt. Als ich antwortete, weil Gott Humor habe, musste er lachen.

An manchen wolkenlosen Tagen, im Winter wie im Sommer, wenn die Sonne hinter den Häusern verschwindet und noch nicht untergegangen ist, hat der Himmel eine blassblaue Farbe von großer Intensität und Weite, die aber nicht in die Tiefe geht, sondern ganz flach und raumlos hinter den Baumkronen oder Fernsehantennen liegt, und die Westfassaden der Häuser stehen in zarten Pastelltönen, wie etwa Hellgelb, Rosa oder Grau dagegen, ganz friedlich. So wie heute. Es erinnerte mich an einen Kalender oder Reiseprospekt mit Landschaftsfotografien aus China, von dem mein Vater mir die zurückgewiesenen Exemplare zeigte. Er hatte ihn gestaltet und gedruckt und beim Vierfarbauftrag fast ganz auf Rot und Schwarz verzichtet, sodass die dargestellten traditionellen Hofhäuser mit ihren vereinzelten runden Fenstern und großen Holztüren in den sonst meist fensterlosen, langen, mit Ziegeln gedeckten und verputzten Mauern, oder ein abgebildeter Park mit geschwungenen, hölzernen und steinernen Fußgängerbrückchen und den ins Wasser hängenden Zweigen einer auf einem bizarren Felsen verwurzelten Trauerweide, in blassem Grüngelb schimmerten. Mein Vater fand diesen reduzierten Farbauftrag sehr schön und meinte, dass dadurch die Stimmung der Bilder sehr schön wiedergegeben wurde. Insgesamt bevorzugte er weniger satte Farben, so als wollte er, wenn zum ersten Mal ein Druckbogen über die Druckwalze gelaufen war und die Farbe sich noch nicht ganz auf der Walze verteilt hatte, sagen: »Aber das ist doch auch sehr schön!« Außerdem sparte man damit Farbe. Sein Kunde war allerdings anderer Meinung.

In zwei Tagen ist Weihnachten. Beim Durchsehen unserer Postkartenbestände fiel mir eine Postkartensammlung in die Hände, die mein Vater mir geschenkt hat. Er hat sie wohl einmal von einer seiner vielen Chinareisen mitgebracht. Sie ist betitelt mit »Suzhou Garden« und leider nicht mehr vollständig. Ich habe einzelne Karten daraus verschickt, was ich jetzt sehr bedaure. Das Titelbild zeigt einen chinesischen Pavillon mit daran anschließendem Wandelgang, gedeckt mit grauen moosbewachsenen Ziegeln, die Unterkonstruktion aus kunstvoll geschnitzten Querbalken und schlichten Pfosten, umgeben von hohen, fremdländischen Bäumen und einem Lotusblumenteich voller hochschießender Blätter und zartrosa Blüten, deren Blütenblätter sich in unbekümmert asymmetrischen Neigungen weit und weniger weit öffnen, so als hätten sie soeben modernen Tanz erfunden, obwohl ihre Urahnen bereits in derselben Weise zahllose begabte und unbegabte Tuschemaler in stumme Bewunderung zwangen. Ich bin ebenfalls in den Anblick dieser Postkarte versunken, mit einem Gefühl von China wie beim Lesen von Jim Knopf und Lukas der Lokomotivführer. Dabei fließt chinesisches Blut in meinen Adern, ich habe ein natürliches Erbrecht auf die kulturellen und landschaftlichen Güter Chinas, noch dazu, wo dort noch immer der Kommunismus herrscht und alles dem chinesischen Volk gehört. Und also auch mir, oder dann doch nicht mir? Ich kann doch noch nicht einmal die auf der Postkartenhülle in roter Siegelschrift prangenden Zeichen lesen. Doch eines davon kenne ich, es heißt »Lin« und besteht aus zwei Zeichen für Baum oder Holz und bedeutet Wald.

Mein Vater war ein hervorragender Kalligraph. Dazu bedarf es sämtlicher Tugenden, die auch für das vollkommene Beherrschen des Schwertkampfes nötig sind, wie etwa Ausdauer, Präzision, Selbstbeherrschung, ein klarer Verstand, ein ruhiger Geist, Kraft, Mut und Eleganz.
Leider hatte er niemals mehr die Zeit, um richtige Tusche-Reispapier-Kalligraphien anzufertigen, aber selbst seinen mit Kugelschreiber verfassten Notizen sah man sein kalligraphisches Können noch an, und jeder, der zum ersten Mal eine Handschrift meines Vaters in den Händen hielt, lobte die Schönheit seiner Zeichen.
Dabei zeigte er so wenig natürliche Aggressivität, dass er sich selbst in eine Gefängniszelle mit der gleichen Freundlichkeit und Bescheidenheit hätte einlie-

fern lassen, wie in ein Krankenhaus. Er wäre so freundlich und bescheiden gewesen, dass die zuständigen Beamten sicher allesamt bedauert hätten, dass die Justizmaschinerie nun ein weiteres unschuldiges Opfer gefunden habe. Aber obwohl ich meinen Vater immer als den sanftmütigsten und liebevollsten Menschen kennen gelernt habe, mit meiner älteren Schwester stand er seit frühester Kindheit auf Kriegsfuß. Ich erinnere mich noch gut an einen Abend, da war sie allerdings schon bald erwachsen, als sie zu spät nach Hause kam; vor Wut über ihr ungebührliches Verhalten, sie war nämlich meist keineswegs einsichtig und hatte einen heimlichen Freund, was mein Vater an ihren erröteten Wangen ausmachen zu können glaubte, vor Wut prügelte er so fest mit einem Besen auf sie ein, dass zunächst der Besenkopf sich polternd und gegen Wände schlagend löste und schließlich sogar der Besenstiel zerbrach, was meinen Vater nicht hinderte, mit dem halben Besenstiel weiter zu schlagen.
Und natürlich wurde auch meine Mutter immer Opfer seiner wüsten Beschimpfungen. Mein Vater konnte tatsächlich sehr jähzornig sein, aber die Einzigen, die das jedes Mal abbekamen, waren meine Schwester und meine Mutter, im Grunde eigentlich nur meine Mutter. Wenn etwas schief lief, dann war immer sie schuld. Meine Mutter war schließlich so verschreckt, dass sie, aus Angst vor einem Wutausbruch meines Vaters, heimlich ein komplettes Kaffeeservice neu kaufte, weil ihr eine Tasse zu Bruch gegangen war.
Sie war im Grunde die Ursache all seines Scheiterns.
Natürlich war sie es nicht in Wirklichkeit; niemals kann eine Person die alleinige Ursache für das Unglück einer anderen Person sein. Doch für meinen Vater war es so. Wäre sie nicht gewesen, hätte sie ihn nicht gezwungen, zu heiraten, weil sie mit meiner Schwester schwanger war, hätte sie ihn nicht verführt, wäre sie ihm nicht nach Deutschland nachgereist, hätte er nicht für sie und die Kinder sorgen müssen, hätte sie rechtzeitig eingewilligt, in die Stadt zu ziehen und ihn im Restaurant zu unterstützen, wäre sie nicht in allem einfach nur dumm wie eine Sau gewesen, das ist übrigens anscheinend eine chinesische Redewendung, ich habe sie jedenfalls immer nur in dieser Anwendung meines Vaters gegenüber meiner Mutter gehört, dann wäre alles nicht so gekommen, wie es gekommen ist.
Mein Vater hätte promoviert, das Haus hätte nicht verkauft werden müssen, das Restaurant wäre eine einzige Goldgrube gewesen, und die Druckerei und der Verlag hätten meinem Vater die wohlverdiente Anerkennung unter allen Chinesen und schließlich auch in der ganzen Welt gebracht.
Ein winziger Vorgeschmack dieser Anerkennung erschien einmal in einer Zeitschrift für Übersee-Chinesen. Endlich, nach vielen Jahren seines Schaffens, war ein Artikel über meinen Vater erschienen, über seine Zeit in Deutschland, seinen Werdegang, die Schwierigkeiten, die er zu überwinden hatte, den von ihm

gegründeten Verlag und die Druckerei und alle seine Verdienste. Stolz zeigte er mir den Artikel, ein Foto von ihm in der Druckerei war auch abgebildet. Auf diesen Artikel hin hatten sich sogar Leute von der Botschaft bei ihm gemeldet, um ihm ihre Ehrerbietung und Anerkennung auszudrücken. Und auch andere Chinesen hatten bei ihm angerufen und ihm gesagt, dass sie ja nie gewusst hatten, wie sehr und unter wie vielen Schwierigkeiten sich mein Vater um die chinesische Kultur verdient gemacht hatte. Leider konnte ich den Artikel nicht lesen, und so habe ich ihn auch nicht um eine Kopie gebeten. Heute ist dieser Artikel irgendwo in dem Haus verschollen, das mein Vater in der Eifel kurz vor seinem Tod gekauft hat. Frau Guo wohnt noch dort mit meiner kleinen Halbschwester, aber ich möchte sie nicht anrufen.

Ein alter Freund meines Vaters bzw. unserer Familie hat uns anlässlich einer Geschäftsreise kürzlich einen Besuch abgestattet. Ich hatte ihn schon viele Jahre nicht gesehen, obwohl ich mich stets gut an ihn erinnerte, er war auch nicht zur Beerdigung meines Vaters gekommen, warum weiß ich eigentlich auch nicht genau, ich habe versäumt ihn danach zu fragen, wahrscheinlich hat er mir sogar von sich aus den Grund genannt, und weil ich ihm sein Fernbleiben auch grundlos verziehen hätte, habe ich mir den Grund nicht gemerkt. Ich habe ihn vom Bahnhof abgeholt, er sah eigentlich mit seinen über siebzig Jahren immer noch genauso aus wie damals mit vierzig. Als wir ein paar Tage später bei seiner Abreise wieder am Bahngleis standen und auf seinen Zug warteten, unterhielten wir uns über frühere Zeiten. Er sagte, wenn man älter würde, würde man doch anfangen, über sein Leben nachzudenken.
Er bereute noch immer, dass er damals nicht mit einem bestimmten Mädchen ausgegangen war, er wusste noch genau ihren Namen, und hielt es für einen seiner größten Fehler, dass er seine jetzige Frau geheiratet hätte. Schon lange seien sie nicht mehr glücklich und seine Frau führe ein strenges Regiment zu Hause, dem auch er sich zu beugen hätte. Dabei hätte sie ihn damals gar nicht haben wollen, und er hatte sie überredet, nicht nach Spanien auszuwandern, sondern ihn zu heiraten. Er hatte ihr damals, bei ihrer Hochzeit, sogar gesagt – da sein Taufspruch: »Und alles was ihr tut, das tut von Herzen, als für Gott« gewesen sei –, das täte er jetzt nicht für Gott, sondern allein für sie. Manchmal würde er denken, das sei nun die Strafe dafür, dass er das damals gesagt hätte.
Ich habe ihm gesagt, er solle sich nicht länger deswegen grämen, und sicher, wenn er seine jetzige Frau damals nicht geheiratet hätte, sondern eine andere, dann würde er das heute auch bedauern. Und er könnte ja überhaupt nicht wissen, ob er mit der anderen Frau glücklicher geworden wäre. Ich würde ehrlich gesagt nicht glauben, dass es an den Frauen liegen würde, sondern eher an ihm

selbst. Und er sei ja heute kein anderer als damals. Und die Ursache für sein Unglück läge sicher auch in seinem Charakter.

Ich wusste, dass ich ihm das sagen konnte, denn wir redeten miteinander, wie früher mein Vater und ich. Meinem Vater hätte ich das auch sagen können, natürlich hatte er andere Schwächen als sein Freund, und er hätte sanft seine vom Arbeiten mit der Druckerschwärze gegerbte Hand an meine Wange gelegt und mir Recht gegeben.

Ich erinnere mich noch, dass er mich einmal, ich war noch in der Grundschule, fragte, ob ich wüsste, was eine Hellebarde sei. Ich erklärte es ihm, und als ich fragte, warum er das habe wissen wollen, meinte er, er habe nur einmal sehen wollen, wie groß mein Wortschatz sei. Ich glaube, es hat ihn doch beeindruckt, dass ich es wusste.

Auch Onkel W. hat mir meine offenen Worte nicht übel genommen. Im Gegenteil, ich glaube, es hat ihn gefreut. Er sagte mir, seine Aufgabe sähe er nur darin, seine restlichen Jahre in gewisser Treue weiter für die Kinder und seine Frau da zu sein, und für alle das Geld zu verdienen, so als könnte er damit irgendeine Schuld abarbeiten.

Kathrin Schmidt
Brendels Weg nach Molauken

Brendel, der alte Wumsbart, war wieder unterwegs. Seine gratigen Ohren stachen in den Wind, sein Mantel ein wildes Segel, sein Rucksack ein Harmbeutel. Die rissigen Häute, in denen sein Körper steckte, waren an verschiedenen Stellen, oberflächlich und in der Tiefe, entzündet, es eiterte aus ihm heraus und roch. Brendel, auf dem Weg nach Molauken, liebte den Gestank seines Körpers, der ihn sich seiner selbst gewahr werden ließ: Er spürte daneben nicht viel. Ein paar verlassene Gedanken beweinten in Brendels Kopf ihre Einsamkeit oder liefen ihm aus den Augen davon. Er verlangsamte von Zeit zu Zeit seinen Schritt und drehte sich ein paar Mal um sich selbst.
Geschlossenen Auges wählte er dann die Richtung des Fortgangs, so dass sein Weg zum Zickzack geriet durch Gräben und Pfützlöcher, Buschwerk und Kothaufen. Zäune geboten ihm Einhalt und Haustüren, wenn er durch Dorf oder Stadt trieb. Nur nachts war Brendel unterwegs, seit Wochen verschlief er die Tage in Autowracks oder einfach nur in einer Mulde am Weg.
Er war weit gekommen, glaubte er. Im Sommer des Jahres war ein junger Kerl in die Wohnung unter der seinen gezogen und hatte begonnen, ihn zu besuchen, ihm gelegentlich Essen zu bringen. Brendel wusste, dass er den Kerl, zwanzig mochte er sein und arbeitete als Kraftfahrer eines Transportunternehmens, eigenhändig erschossen hatte damals, er glaubte das Gesicht plötzlich präzis zu erinnern. Brendel ahnte hingegen immer noch nicht, was der Junge vorgehabt haben mochte mit seinen Aufmerksamkeiten. Es schien ihm möglich, dass er sich hatte bedanken wollen bei ihm für den kurzen Prozess damals. Aber Brendel wollte keinen Dank. Brendel liebte die Ruhe und darum das halbe Jahrhundert, das sich zwischen ihn und jenen Jungen geschoben hatte. Wäre der nicht eines Tages vor seiner Tür gestanden mit einem Schüsselchen Suppe und einer Flasche Wein in der Hand, die er zum Einzug mit dem neuen Nachbarn zu leeren gedachte, hätte er, Brendel, nicht aufbrechen müssen. Aber er hatte die Suppe gelöffelt und wenig später seine Wohnung verlassen. In Richtung Molauken, wie er glaubte, und hatte dabei alle Orientierung verloren. Brendel zitterte.
Während er zum Morgengrauen nach Kippen stocherte im Dreck und mit der Taschenlampe den Rucksack und die vier, fünf Beutel durchsah, die ihm nach dem Verlust des großen braunen Pappkoffers geblieben waren, fiel ihm wieder mal Irmintrauds letzter Ausweis in die Hände. Eine Wucht. Noch im Schwarzweiß der kleinen Photographie floss ihr das Haar leuchtend rot über die Schul-

tern hinab ins Ungewisse. Er, Brendel, wusste, dass es sich bis über Irmintrauds Hüften ergossen hatte am Tag dieser Aufnahme. Er war mit ihr ins Studio Wilfroth gefahren nach Anklam, sie hatte ihr bestes, das safrangelbe Kleid angezogen und eine Korallenspange über das linke Ohr geheftet, um den Blick ins Objektiv frei zu haben. Als er sich in den Graben legte neben der Straße, schob Brendel den Ausweis, nachdem er alles Erinnern an Irmintrauds Schönheit zwischen die Seiten gepackt hatte, unter dem Gürtel seiner schmutzstarrenden Hosen hindurch in das bisschen Unterleibswärme, das ihm geblieben war. Gut sollte es ihr gehen bei ihm, und im Einschlafen fühlte er die roten Haarwellen um seine Hüften, wärmte sie ihn also. Brendel hörte die drei jungen Männer nicht, die über die Wiese jenseits der Straße lärmend auf ihn zuzutorkeln schienen.

Der Junge rauchte und hörte laute Musik, als es an seiner Tür klingelte. Eine spillerige Alte, die Füße in glänzenden Kinderstiefeln, den kleinen Körper in ein gut sitzendes Kaschmirmäntelchen verpackt, bat um Entschuldigung, ehe sie ihn nach Brendel fragte, von dem sie seit Wochen nichts mehr gehört und deshalb die weite Fahrt von Glauchau auf sich genommen habe, nach ihm zu sehen. Besonders die letzten paar Kilometer von Anklam in dieses gottverlassene Kaff seien die Pest gewesen, so schlechte Busverbindungen, dass sie den halben Tag an der Haltestelle habe stehen müssen. Er bat sie, obwohl es nicht zu seinen Gewohnheiten zählte, Fremde mit seiner Unordnung zu konfrontieren, herein. Nahm ihr das Mäntelchen von den Schultern, bat sie, die Stiefel an den Füßen zu behalten. Sie aber wollte ein bisschen Schwung in den Blutstau des Alters bringen und die Sohlen dehnen und spannen, die Waden massieren, damit sich die Beine nicht eines Tages doch noch öffneten, wie es ihre Ärztin in Aussicht gestellt hatte für den Fall ihrer fortdauernden Passivität. Die Zugfahrt sei anstrengend gewesen, im Abteil habe sie nicht gewagt, ohne Schuhe ein paar gymnastische Übungen zu machen für die erschlafften Venen, und als der Junge in der Küche das erbetene Wasser ins Glas füllte, wunderte er sich ebenso über sein eigenes, eifriges Entgegenkommen wie über die Distanzlosigkeit der alten Dame, die inzwischen im Chaos seines Wohnzimmers ein Plätzchen freigeschaufelt hatte für ihr Bemühen. Beinahe wäre er über ihre sich hebenden und senkenden Schenkel gefallen, als er zurückkam mit dem Wasser und sie auf dem Boden liegend fand, mit vergnügtem Gesicht und einer Entschlossenheit gegen das Altern zwischen Augen und Haaransatz, wie sie Brendel mal hätte gebrauchen können, der alte Wumsbart. Um den ginge es ja wohl hier, oder? Der muss wohl unterwegs sein, sagte der Junge leichthin. Brendel habe sich eines Tages ohne ein Wort des Abschieds auf und davon gemacht, eine Nachbarin und die Verkäuferin des Dorfbäckers hatten ihn mit seinem braunen Pappkoffer losziehen sehen, an der Bushaltestelle vorbei Richtung Wald. Das musste jetzt an die acht, neun Wochen zurückliegen. Er versuchte sich zu erinnern, kramte dabei ein paar erfolglose Klingelattacken an Brendels Wohnungstür aus seinem Gedächtnis und ein Gespräch mit der ehrenamtlichen Seniorenbetreuerin, vor allem aber berichtete er der Dame von einem zu hoch frankierten Kuvert, in dem ihm Brendel den Schlüssel zu seinem Briefkasten sowie die Nachricht per Post geschickt hatte, dass bis zu seiner Wiederkehr Miete, Strom und Wasser bezahlt und dass die Grünpflanzen zur Pflege auf einige weibliche Personen des Ortes verteilt worden seien. *Bis zu seiner Wiederkehr.* Der Junge griff den Karton aus dem Regal, in dem er an Brendel gerichtete Post aufbewahrte. Brendel hatte viel Post bekommen seither, jedenfalls mehr, als der Junge in einem ganzen Jahr erhielt. Er hatte sich nicht die Mühe gemacht, die Kuverts nach Absendern durchzusehen. Die alte Dame fischte ihre eigenen, an Brendel gerichteten Karten und Briefe der letzten Zeit schnell und zielsicher aus dem Haufen und ging kommentarlos dazu über, sie laut vorzulesen. Der Junge war längst in den Sog dieser Stimme geraten, ehe ihm hätte einfallen können, gegen die nicht erbetene Verfügung über seine Zeit und die Störung der gewöhnlichen Geräuschkulisse zu protestieren.

Bad Sülze, den 31.8.19..

Lieber Gustav,

mein Herz geht immer noch nach Dir. Aber findet Dich nicht. Wie ist die Freude groß, dass nach so vielen Jahren endlich doch Post kommt, ich glaube es nicht. Werde Dir antworten, wenn ich von Reha zurück bin. Hatte Schlaganfall im Juni, verstehst?
Lass mal von Dir hören wieder, wünscht sich
Deine Reni

Glauchau, den 18.10.19..

Ach lieber Gustav,

ich komme von Kur, dort keine Post von Dir. Zu Hause auch nicht. Was ist??? Hast nach so vielen Jahren Dich aufgerafft, mir zu schreiben, ist aber nichts bei rausgekommen an Kontakt. Dabei war Dein Brief so viel versprechend für mich. Ach Gustav. Nimm doch den Stift.
Ich werde jetzt erst mal Dir schicken meinen Antwortbrief der letzten Wochen,

hab' ich auf Kur geschrieben für Dich, wenn langweilig war. War oft langweilig, ist ein langer Brief geworden:

14.9.
Es ist schön, nach so vielen Jahren wieder von Dir zu hören. Ich bin ja niemals umgezogen mehr nach 55, wo der letzte Brief von Irmintraud kam. Bin immer hier in Glauchau in der Rühlandtstraße geblieben, eine welkende Immobilie. Wie ist Dir eingefallen, wieder mal an Deine alte Reni paar Zeilen zu schreiben? Dieser Tage muss Irmis fünfundsiebzigster Geburtstag gewesen sein, ich weiß noch, wie wir immer nach Molauken hinüberfuhren Ende Oktober von unserer Stellung in Bischkehnen her, und meist noch paar Astern in den Gärten standen für Irmi. Hab ja damals nicht wissen können, dass Du mich mal eintauschen wirst gegen meine beste Freundin, waren ja damals schon verlobt, Du und ich. Trotzdem habe ich die Irmi immer gern behalten in meinem Kopf, das kannst Du mir glauben. Und ich habe es ihr hoch angerechnet, dass sie mich mitnahm auf die Flucht, wie ich so schlecht laufen konnte mit dem eingeklemmten Nerv, wo unser Gustav so früh schon draufsaß, der Kleine. Hast Irmi und mich fast gleichzeitig in Hoffnung gebracht, Gustav, und keins ist geblieben. Meins starb, wie Du ja weißt, noch im Bauch. Wird Irmi Dir ja später erzählt haben, ich hatte man nicht mal mehr Gelegenheit, den Kleinen Gustav Alfred zu nennen, wie wir vereinbart hatten. Wir haben ihn in einen Karton gepackt und verbuddelt unterwegs. Irmis Junge lebte paar Wochen mit uns beide Frauen, hieß denn wirklich auch Gustav Alfred, wir hatten ihn lieb und haben ihn doch begraben müssen, das war schon in Glauchau, die halbe Stadt ist hinter dem Sarg her, weil Irmi der Schwarm aller Männer und Schrecken der Ehefrauen war mit ihrer roten Schönheit, und alle wollten sie sehen und wissen, womit sie zu rechnen hatten nach Gustavchens Tod. Irmi hat immer nur Dich in ihrm Kopf gehabt, so dass ich dann bald die Scheidung eingereicht hab, als niemand Dich für tot erklären wollte. Den ich dann geheiratet habe nach Ellinors Geburt, war eigentlich auch aus gewesen auf Irmintraud, nahm aber mich, als Irmi immer nur Alfred rief im Traum und eines Tages wirklich Nachricht kam, dass Du noch lebst. Da war ich froh, dass die Scheidung schon entschieden und ich schon eines anderen Frau war, und immer noch seh ich Dein Gesicht, wie Du die sächsische Landstraße hochkommst mit Deine zerrissene Klompen anne Füße und wie Du mich lieb umarmt hast und meinen Mann und Ellinorche, und wie Du dann hin bist zu Irmi und ihr fortgingt in die Anklamer Gegend, ein Herz und eine Seele, und die Leute weinten Euch nach. Das war schön. Dass man noch immer so auseinander gehen kann im Guten und wieder sich finden auf andere Art, das hat mir an uns gefallen. Leider hast dann kaum noch Dich gemeldet, Gustav, warst

wohl so ganz versunken in Irmintrauds schöne Gravur und Haarflut, das kann ich verstehen, bin auch manchmal mit dem Gesicht in ihre rote Seide gegangen zum Trost, und wenn ich dann mit den Händen die Locken strich, dachten wir beide an Dich, Gustav, und was Du wohl wirst gemacht haben damals in Molauken, als man den Russen schon hörte und wir als Frauen uns aufmachen mussten, westwärts. Womöglich hast uns Molauken retten wollen für Irmi und mich und die beiden künftigen Gustavs, Du warst grad man dreiundzwanzig und hattest uns beiden Kinder gemacht, mein Gott, warst schon ein feiner Mann in dem Alter damals. Zum Glück, dass wir Freundinnen waren.
Jetzt, wo Irmi lang tot ist, meldest Dich wieder. Ich hatte noch oft an Euch geschrieben und paar Mal auch Antwort bekommen von Irmi. Dass keine Kinder mehr waren und Du ihr immer bist treu geblieben in Eurer Zeit. Meiner ist auch jetzt schon tot und liegt hier in Glauchau unter der Erde. Vielleicht könnten wir unsere alten Tage zusammentun und was Schönes noch rausholen aus dem Leben. Was meinst, Gustav, wär das was für uns beide? Und noch mal nach Molauken hin, das wollte ich schon. Irmi wollte das nicht, ich weiß es von ihr selbst. Sie hatte Schluss gemacht mit der ganzen alten Heimat, glaube ich, ja. Aber uns beide lass hinfahren und nachschauen, was wir gelassen haben. Soll ja jetzt ganz gut schon möglich sein, und ist ja polnische Seite, wo unser Gustavche liegt. Ach, geht mir alles durchnander, was ich erzähle. Habe so viel an Irmintraud denken müssen und unseren langen Weg. Wird sie Dir auch alles viele Male erzählt haben, was. War so traurig, die Irmi, wie ihr Gustav meinem ins Sterben folgte. Haben wir drei kein Glück gehabt miteinander. Damals wenigstens. Ich habe ja noch zwei Mädelchen, die auch jetzt längst groß sind und eine Großmutter aus mir machten. Ellinor kennst ja als Säugling, sie lag mir im Arm, als zurückkamst. Drei Tage nach Eurer Hochzeit kam dann noch Helga dazu. Wird Irmi Dir ja berichtet haben. Jetzt mach ich mal erst die Buttermilch, für die Verdauung, melde mich bald wieder, in Liebe –

16.9.
Habe jetzt Zeit. Geht weiter.
Du fragst, lieber Gustav, ob noch Wärme in mir ist nach Dir. Ja, ist. Haben uns ja Gott sei Dank nie müssen böse sein in den Jahren. War manchmal traurig, dass meine ganze Pracht nur ein Achtel von Irmintrauds Glanz abgab, das hat dann eben so kommen müssen, dass Du sie wolltest und ich Dich nie wieder kriegte nach Deinem Genesungsurlaub. Haben wir wenigstens das Gustavche gehabt aus der Zeit, wenn auch vergeblich ----

Die Alte, das hatte der Junge inzwischen bemerkt, las eher sich selbst als ihm vor, was sie Brendel geschrieben hatte vor Wochen. Seine Gedanken gingen auf

und davon. Nie hatte er so etwas Verrücktes erlebt wie diese magere Kreatur, die ihn ohne alle Scheu in die albernen Strudel längst vergangener Liebesgeschichten hineinzog und dabei ihre lächerlichen Schienbeinchen auf- und abbewegte oder im Storchenschritt durch sein Zimmer stakste. Zwischendurch setzte sie sich auf den Boden oder legte sich auf den Teppich. Dabei las sie in gleich bleibender Tonhöhe und stetem Rhythmus. Der Junge musste an die kleine goldene Uhr am Arm seiner Mutter denken. Diese erstaunliche Uhr war so alt wie seine Großmutter, deren Mutter wiederum das gute Stück zur Geburt ihres ersten Kindes erhalten hatte. Von ihrem Mann. Eher, so vermutete der Junge, würde das Blut seiner Mutter sein Puckern und Pochen aufgeben, als dass der gleichmäßige Puls der Zeit, der in jener Metallkapsel an ihrem Handgelenk schlug, ins Stolpern geriete. Allerdings musste die Uhr allabendlich aufgezogen werden. Der Junge überlegte jetzt, wer den Sprechapparat der Alten aufgezogen haben mochte für diesen Auftritt.
Er hörte ihr zu und erinnerte sich an jenen Abend in Brendels Küche, als er sich als neuer Nachbar vorgestellt hatte mit Wein und Suppe. Der alte Mann hatte ihn widerwillig, wie der Junge meinte, hereingebeten und ihm einen Platz auf der Küchensitzbank angeboten. Die halsstarrige Stille hatte er damals auf Brendels sicher schon lange währende Einsamkeit geschoben und das Schweigen erwidert. Ein oder zwei Tage nach dieser ersten Bekanntschaft hatte Brendel den Jungen dann gebeten, einen der wertvollen alten Truhenschränke aus seinem Wohnzimmer zu einem Antiquitätenhändler nach Schwerin zu bringen. Er hatte sich neben ihn gesetzt auf die Fahrerbank und wieder die ganze lange Strecke über geschwiegen, die ja doch, dachte der Junge, eine Fahrt zueinander hätte sein können, immerhin hatte er seinen Chef lange bekniehen müssen, ihm den Transporter für eine private Tour auszuleihen. Darüber ärgerte er sich schließlich, als er beiläufig mitbekam, wieviel Geld Brendel für den Schrank erhielt, wie sorgsam er die Scheine in seine Gürteltasche zählte und ihm lediglich die Benzinrechnung bezahlte.
Für alte Kerle hatte sich der Junge nie interessiert.
Als er an jenem stillen, kühlen Spätsommerabend zu ihm hinaufgegangen war, hatte nur die Gewohnheit, sich erwartet zu fühlen, den Jungen bewegt. Er wohnte hier nicht ganz freiwillig, er war der Nähe seiner Eltern ausgewichen, die in einem der Nachbardörfer die Jahre bis zur Rente zählten. Die Jahre der Rente würden sich von jenen davor dadurch unterscheiden, dass die beiden nicht länger schlecht bezahlte Beschäftigungsmaßnahmen würden fürchten müssen. Diese Furcht war etwas wunderbar Verbindendes, das sie, Mann und Frau, die einander den Tag über zwischen windschiefen Karnickelbuchten, Hühnerkotpfützen und dem verfallenden Stall belauerten und wortlos zur Strecke zu bringen trachteten, wenigstens zum Abend auf einer braunen Cord-

couch zusammenführte. Dort saßen sie dann und warteten auf die Heimkehr der erwachsenen Kinder und mussten auf diese Weise nicht wahrhaben, dass sie über kurz oder lang nichts mehr würden fürchten müssen als jeder den anderen. So war das, und dem Jungen, der für den Zustand seiner Eltern nur selten treffende Worte zu finden imstande war, spürte die Drohung sehr genau. Sie hatte ihn dazu gebracht, die braune Cordcouch zu meiden und die alternden Eltern darauf, die, einer dem anderen nur um den Radius eines Bierglases entfernt, doch niemals mehr zusammenkommen konnten. Solange er noch gewachsen war, hatte ihm das nichts ausgemacht, aber nun, da er seit einigen Jahren neue Schuhe nicht mehr kaufte, weil ihm die alten zu klein geworden waren, spürte er, wie seine Lebenszeit aus einem Leck seines Körpers rieselte, und er hatte Angst, dass von ihm, harrte er aus, nicht viel bleiben würde als eine Tropfspur auf dem billigen Teppich im Wohnzimmer seines Elternhauses.
Es war gut gewesen, dass Brendel ihn nicht im Mindesten erwartet hatte. So war es leichter geworden, später noch einige Male hinaufzugehen und ihm etwas zu essen zu bringen oder eine Zeitung, die er unterwegs gekauft hatte. Beim dritten Mal hatte Brendel zu sprechen begonnen, aber ihre Unterhaltungen waren nicht besonders ergiebig geraten, schon weil der Junge für Brendels Begriffe nichts wirklich wusste und damit auch jene Löcher nicht stopfen konnte, die er mit jedem Wort aus seinem Mund in die verbrauchte Luft riss, so dass Brendel, von der sich ausbreitenden Leere gequält, den Jungen nach einiger Zeit gebeten hatte, ein andermal wiederzukommen und ihm für heute seine Ruhe zu lassen.
Natürlich konnte der Junge nicht ahnen, dass Brendel ihn erkannt hatte.
Die Alte machte unterdessen Anstalten, auf dem Sofa im Zimmer des Jungen einzuschlafen. Eigentlich war er froh darüber, schloss die Tür und setzte sich in die Küche. Dort stand auch das Fernsehgerät, das er nun einschaltete. Hin und wieder wunderte er sich noch über die Selbstverständlichkeit, mit der die Alte die Kluft zwischen sich und ihm beinahe aus dem Stand übersprungen hatte mit ihren kurzen Beinchen und den kuriosen Avancen, die sie Brendel, mit dem sie vor langer Zeit, als es den Jungen noch gar nicht gegeben hatte, verheiratet gewesen war, heute noch nachschleppte. Auch der Junge hatte einmal ein Mädchen geschwängert, noch in der Schulzeit war das gewesen, und er erinnerte sich mit Erleichterung an die frühzeitige Fehlgeburt. Vor sieben, acht Jahren hatte es hier beinahe zum guten Ton gehört, sehr früh ein Kind zu bekommen und sofort nach Erreichen der Volljährigkeit zu heiraten. Seine Eltern hatten sich das für ihn auch so gedacht, doch verband ihn nichts als ein dumpfes, ungutes Erinnern mehr mit jenem Mädchen, so dass er nicht recht verstand, wovon in den Briefen der Alten an Brendel die Rede sein mochte. Machte ein Mann zwei Frauen gleichzeitig ein Kind und verließ die ihm Ange-

traute bald nach der Hochzeit um einer andern willen, war das in seinen Augen nicht gerade ein Grund, ihm lebenslang nachzutrauern. Andererseits hatte die Alte offenbar auch gar nicht getrauert, sondern andere Kinder bekommen mit einem anderen Mann, von dem sie noch dazu gar nicht schlecht sprach. Und waren nicht die beiden Frauen, die von Brendel mit je einem sterbenden Gustav gesegnet worden waren, Freundinnen geblieben? Ihm gab es Rätsel auf, es wäre ihm lieber gewesen, er könnte in dieser Geschichte klare Fronten ausmachen, wie es üblich gewesen war, solange er denken konnte. Er rauchte nun wieder. Die Sonne ließ den lilafarbenen Reflex des Zifferblattes seiner Armbanduhr über die Küchenwand wandern. Zum ersten Mal spürte der Junge jetzt, dass er hoffnungslos überholt worden war, dass die vier Wände seines Elternhauses nicht die wirkliche Grenze gewesen waren, über die er hätte hinweggehen müssen, sondern dass die umbrafarbene Kleinlichkeit der Cordcouch von außen in sein Elternhaus eingedrungen und es für ihn nicht mehr auszumachen war, wo sich ihr Ursprung befinden mochte. Er steckte noch immer im Inneren einer Blase, und die Luft, die er eben durch die Nasenflügel einzog, hatte er schon unzählige Male geatmet, war verbrauchte, stockende, gestaute Luft, die sich nur innerhalb aller Kleinlichkeit regenerierte, und als er sich an das geöffnete Fenster stellte und hinausschaute auf das frisch verputzte Gutshaus, in dem vor zwei, drei Jahren ein Hotel eröffnet hatte, begann er zu weinen.

Brendel fror. Es war die letzte Empfindung, die er noch ausmachen konnte in sich, ehe der Schlag seinen Kopf tief in eine Schlammpfütze beförderte. Einer der drei jungen Männer trat drei-, viermal nach, immer zum Leib hin, auf Beine und Füße, was Brendels Kopf glücklicherweise wieder aufs Trockene rollen ließ. So blieb er liegen, und die drei zogen weiter, einen von ihnen, er war Brendel sehr nahe gekommen, weil er selbst in den Dreck gefallen war beim Treten, hatte Brendels aasiger Geruch ins Kotzen getrieben. Kurz darauf kotzten die beiden anderen nach. Übel war ihnen ohnehin schon gewesen, vom Goldbrand, den sie zum Frühstück in einer seit langem ungenutzten Bushaltestelle abseits des nahe gelegenen Dorfes getrunken hatten. Als Brendel zu sich kam, hörte er noch das Würgen, das aus ihren Hälsen aufstieg, er zitterte, biss sich die Lippen blutig, um nicht laut werden zu müssen in seiner Not. Er griff in die Hosen nach Irmintraut, zog sie auch wirklich aus dem Schlamm, der ihn ganz und gar durchdrungen zu haben schien, er rieb das Bild, bis es einigermaßen trocken anmutete, konnte aber durch den blutigen Schleier vor seinem Gesicht nicht erkennen, ob von Irmis Schönheit wirklich noch etwas übrig geblieben war für ihn. Aufzustehen versuchte er erst, als er die Männer in sicherer Entfernung wähnte. Es würde lange hell bleiben. Anständigerweise hatte der Herbst noch keinen Frost ausgeschickt, Leute wie ihn zu jagen. Wenn er es genau bedachte, würde er vielleicht lieber sterben wollen, eigentlich auf der Stelle, dann erübrigte sich die Suche nach einer Waschgelegenheit. Am besten wäre wohl, wieder zu jener Tankstelle zurückzukehren, deren Inhaber ihn vorgestern ganz redlich behandelt und ihn zum Schlafen sogar in sein Büro genommen hatte, auf eine Luftmatratze, unter eine wollene, unbezogene Decke, die er nach all seinem Umherziehen in den letzten Wochen immer wieder hatte an die Nase pressen müssen: Ein frischer Geruch von Waschmittel ging von ihr aus, dass er eigentlich schon hatte beschließen wollen, einfach nach Hause zu gehen und den Jungen zur Rede zu stellen. Dann aber war er doch wieder weitergezogen, denn der Tankstellenpächter hatte ihm in seiner Güte eine Wohlfahrtstante auf den Hals gehetzt, die ihn am liebsten gleich mitgenommen hätte in eine Läusepension. Einige dieser leidigen Unterkünfte hatte er bereits die Ehre gehabt kennen zu lernen, sie wurden, wenn er schlafen gehen wollte, zumeist geschlossen und öffneten erst wieder, wenn er ohnehin unterwegs war. Nützten ihm also nichts.

Übrigens wusste Brendel, dass Molauken sich keineswegs da befand, wo es einmal gelegen hatte. Er vermutete es meist ganz in der Nähe, spürte, wie es ihm Zeichen gab und plötzlich verschwand hinter der Kloßmasse tief fliegender Novemberwolken. Brendels Zickzackwanderung glich dem Spiel eines kleinen Kindes, das es noch nicht verstand, die höchstmögliche Geschwindigkeit seiner Vaterfigur mit den Entfernungen der Verstecke zu verrechnen, die im Umkreis in Frage kamen, und das in seinem planlosen Eifer des Versteckens, des Suchens und Findens, von einer zur anderen Grenze seines Fühlens geworfen wurde. Als die Zeit *bis zu seiner Wiederkehr* eben erst angebrochen war, als er noch genügend Geld in den Taschen gehabt hatte, sich Fahrkarten zu kaufen, war Brendel längere Strecken mit der Bahn gefahren, hatte sich in Berlin tagelang in der Nähe des Ostbahnhofs herumgedrückt, ehe er in der Gewissheit, in die falsche Richtung gefahren zu sein, wieder zurück in den Nordosten des Landes aufbrach. Sein späteres Fahnden hatte sich dann auf die Gebiete der nördlichen Uckermark, die Insel Usedom, die Haffregion der Oder beschränkt, die er in jüngeren Jahren mit Irmintraud während zahlreicher Wanderungen erkundet hatte, die er aber nun nicht mehr wieder erkannte und sich nur mit Mühe an den Ort seines jeweils gestrigen Aufenthaltes zu erinnern vermochte. Nur wenn er schlief, kam er ans Ziel und erkannte alles wieder: Die lange Einfahrt ins Dorf über die geteerte Allee, zu deren Seiten Obstbäume standen und ihm ihre Früchte zuschanzten. Die Kirche, vor deren Portal sich die Straße aufspaltete in zwei Strähnen, die hinter dem Friedhof wieder in eins liefen. Es kam sogar vor, dass er die nackte Irmintraud mitten auf die Straße legte im Traum, den Kopf aufs Portal zu, dass er ihr glühendes Haar scheitelte und um Kirche und Friedhof schnürte, ehe er es schließlich zu einem Knoten band im Nacken des Kirchhofs. Hatte er die aus Molauken hinausführende Straße mit Irmis Haar blockiert, kroch er tief in den Knoten hinein und machte sich seine weiteren Bilder aus diesem Versteck heraus. Den Milchladen sah er und den Gemüseverkaufsstand vor Wernickes Hof. Zwischen der Straße und den Wohnhäusern zu ihren Seiten lag jeweils ein breiter Streifen Land. Wo Kinder spielten, hatten sie den Rasen in den Boden gestampft, Brendel sah die nackten Füße fliegen und nach dem Ball treten, er hörte die Gänse, die vor den Häusern in provisorischen Gattern die heiße Luft schnetzelten mit ihrem Geschnatter. Oft sah er von weitem Reni kommen und zog sich dann tiefer in den Haarschober zurück. Wenn Reni vorübergegangen und nicht mehr zu sehen war, kroch er aus seinem Versteck und lief gegen Irmis Haarwellen an. Vor dem Kirchenportal paarte er sich mit der schläfrigen Geliebten, schwitzte dabei, sah ihre nur halb geöffneten Augen, und wenn er ihr beim Aufstehen half, im Traum, kam es ihm so vor, als habe Reni ihnen zugesehen dabei, als habe sie sich versteckt gehalten hinter einem Busch, einem Zaun. Wenn Brendel erwachte, meinte er manchmal einen gaukelnden Rockzipfel in der Ferne wahrzunehmen, und immer zappelte dieser Rockzipfel in der Farbe des Kleides, das Reni am Tag nach ihrer Hochzeit getragen hatte. Wenn Brendel erwachte, hielt sich Molaukens Geruch noch lange in seiner Nase, hielten seine gratigen Ohren noch eine Weile Irmis verschlafenes Stöhnen gefangen und das Geräusch nackter, auf geteerter Straße davonlaufender Frauenfüße.

Brendel spürte, dass er sich das Blut aus dem Rachen schlucken musste, um wieder frei atmen zu können, auch wenn die Vorstellung, dass sich das Blut nun in seinem Magen zu schaffen machte, Ekel hervorrief. Wut schien aus seinen nassen, stinkenden Hosen in ihn einzudringen und ihn sich einzuverleiben. Er wusste, dass er es nicht mochte, vereinnahmt zu werden, und er begann umständlich, seine Kleider abzulegen. Aus einem der Beutel holte er eine andere, wiederum stinkende Hose hervor und ein kariertes Hemd, das einzige, das er bislang geschont hatte für seine Ankunft in Molauken. Mit dem schmutzstarrenden Unterhemd rieb er sich notdürftig ab, zog dann die trockenen Sachen an, den Mantel darüber, und begann zu laufen. Nichts verrauchte. Er bewegte sich mit aller Kraft, die er in sich auftun konnte, und sah doch von ferne aus wie ein torkelndes Boot: Das brüchige Segel seines alten Mantels lieferte ihn dem Wind aus. Es war eine Mühe gewesen, das Segel über die Schulterblätter zu werfen und vor der Brust mit einer Büroklammer fest zu schließen. Wo einmal Knöpfe geglänzt hatten auf dem dunklen Stoff, gähnten nun ausgefranste Löcher, und durch eines dieser Löcher hatte Brendel die aufgebogene Klammer geschoben, sie durch das zugehörige Knopfloch des linken Mantelflügels geführt und beide Enden des Drahtes miteinander verdreht. Sich allem zu überlassen, schien Brendel auf einmal die leichteste Art voranzukommen, er wunderte sich noch, darauf nicht früher gekommen zu sein, als er schon in die andere Richtung gewebt wurde, jenen Weg zurück, den er gestern genommen hatte, und mit jedem Schritt zurück meinte er wieder, Molauken näher zu sein als je zuvor. Er war lange nicht mehr am Tag unterwegs gewesen. Die Sonne, obzwar nicht hochstehend und noch dazu von Wolken verhangen, stanzte ihm helle, schmerzende Flecken in die Netzhaut, hin und wieder musste Brendel stehen bleiben, um seine Fäuste tief in die Augenhöhlen zu pressen. So wurde ihm für den Moment wohler, wenn er jedoch die Hände wieder herabsinken ließ, verstärkte sich der Schmerz, und Brendel blieb nun immer öfter stehen, weil die Abdrücke seiner Fingerknöchel ihm als schwarze Punkte die Sicht nahmen. Stunden vergingen, ehe er Anklam erreichte von Westen her, und hier, wo alle Geschäftigkeit des nachmittäglichen Betriebes, des Einkaufens und Verweilens in Ladenpassagen, des gemeinschaftlichen Biertrinkens vor den Imbissbuden und Kaufhallen, und selbst des drängenden Autoverkehrs!, nicht darüber hinwegtäuschen konnte, dass die Bewegtheit der Stadt allenfalls die Behäbigkeit teilnahmsloser Provinz kurzzeitig kaschierte, hier kam es Brendel: Ja, er hatte den Jungen erschossen damals. Im Sommer vierundvierzig hatte er Reni während eines Genesungsurlaubes von der Front ein Kind gemacht und sie geheiratet. Wochen später war der Blitz in den jungen Brendel eingeschlagen, und dieser Blitz war ihm schon jahrelang an Renis Arm begegnet: Irmintraud, der er so sehr verfiel, dass er seinen Genesungsurlaub hatte benutzen wollen, wie man ein festes Schilfgeflecht ausrollte über dem Gurgeln und Brodeln bedrohlicher Sumpfniederungen: Man teile es in zwei Stücke, warf eines über den schwankenden Grund, lief bis ans Ende, rollte das zweite vor sich aus und zog das erste wiederum hinter sich ein, um es erneut auszuwerfen, wenn man das zweite passiert hatte. Der erste Teil seines Urlaubs war noch ganz und gar Reni, der zweite dann Irmintraud, und sein Glück war gewesen, dass die beiden Frauen ihm abwechselnd über die Zeit halfen, die er zu überwinden versuchte. Sie hatten ihn gemeinsam versteckt in der Scheune eines verfallenden, überstürzt verlassenen Gehöftes. Reni war ein paar Mal als Frau eines Deserteurs verhört und bedroht worden, und als die sichtbare Tatsache ihrer Schwangerschaft ihr einen gewissen Schutz hätte gewähren können, bedurfte sie dessen schon nicht mehr: Alles löste sich auf, verging in einem bitteren Taumel in Richtung Westen, auf den sie Brendel nicht hatten mitnehmen können, denn Brendel war nicht nur ein gesuchter Deserteur gewesen, sondern einfach verschwunden. Irmintraud hatte ihm sehr viel später erzählt, wie sie am Tag ihrer Flucht noch einmal zur Scheune gelaufen war in der Dämmerung des heraufziehenden Tages und nach ihm, Brendel, hatte schauen wollen, und wie ihr ein toter Junge vor die Füßen gefallen sei, als sie die Leiter aus dem Versteck geholt hatte, um zu ihm, Brendel, hinaufzuklettern, und wie sie dann geschrien hatte und dem Jungen ins Gesicht geschaut, noch in der Rage ihres Aufbruchs habe sie sehen müssen, dass es ein guter Junge gewesen war, einer, der nicht wusste, womit er den Schuss seines Mörders hätte verdient haben können, und der darum sehr verwundert dreinschaute noch im Tod – ein Ausdruck übrigens, der auch dann nicht aus seinem Gesicht gewichen sei, als Irmintraud ihm die Lider heruntergestrichen und die Waffe in die Hand gedrückt hätte, die wenige Meter entfernt lag. Brendel erinnerte sich jetzt, dass in seinem Geist Reni und Irmi und seine Vorgesetzten und seine Kameraden und der Führer und die Zeit des Erwachsenseins nicht nach- und nebeneinander damit beschäftigt gewesen waren, ihre jeweiligen Vorzüge zu betonen und um seine Gunst zu werben, sondern alle hatten sich miteinander verschlungen und in ununterbrochen röhrendem Kauderwelsch einer gewaltigen Brunft an Brendels Verstand gezerrt, den sie zusammenschlugen und wieder aufgehen ließen wie einen warm gehaltenen Teig, und als der Teig dabei gewesen war, Brendels Kopf zu verlassen, durch Augen, Mund und Nase davonzugehen, war der Junge dazwischengekommen von irgendwoher. Nach kurzem Handgemenge hatte er, der Stärkere, dem Jungen die Pistole entwendet und ihm durch den Kopf geschossen, er hatte den Lauf der Waffe da aufgesetzt, wo einmal die pulsierende Fontanelle des Jungen dessen Mutter zu nassen Küssen verlockt hatte. Er, Brendel, hatte den kaum erwachsenen Jungen erschossen, wie man sein Spiegelbild erschoss, er hatte den in seiner Angst leicht verblassten Blick seines Gegenübers für seinen eigenen genommen und war hin- und hergeworfen worden von den in ihm widerstreitenden Impulsen. Über der plötzlichen Stille in seinem eigenen Kopf, die er für nichts anderes hatte halten können als für die Spiegelung der Stille im Kopf seines getöteten Gegenübers, war er eingeschlafen, und als ihm nach dem Erwachen bewusst wurde, was er getan hatte, war er davongelaufen. Mit jedem seiner Schritte war er fortan auf Irmi zugegangen und auf die Zeit des Erwachsenseins, die er mit ihr verbringen wollte. Es war ihm gelungen, ihre Fährte aufzunehmen, und er war ihr gefolgt, ohne sich zu offenbaren – zu eng hielten ihm Reni und Irmi zusammen. Erst als Reni wieder verheiratet war, hatte er, der für eine Weile einen anderen Namen getragen hatte, gewagt, Gustav Brendels Wiederkehr anzukündigen, und war schließlich jene sächsische Landstraße heraufgekommen, an deren vorläufigem Ende ihm Reni ihre neugeborene Tochter vorstellte und Irmi an seinen Hals sprang, und später war er mit Irmi in den Norden gezogen, das wusste er noch genau, dazu hätte es der Erleuchtung auf dem Bahnhofsvorplatz von Anklam nun wirklich nicht bedurft. Und dieser Junge aus der Wohnung unter der seinen, sah Brendel jetzt sehr deutlich, spiegelte in seiner untröstlichen Erwartung Brendels und dessen Opfers fünfzig Jahre zurückliegende Begegnung, und Brendel, der sich jetzt über das saubere Hemd strich, begriff, wo er war.

Bettina Grack
Gastspiel

Der erste Anruf nach Wochen erreichte sie am Montag in der Unterwäscheabteilung eines Kaufhauses am Kurfürstendamm. Fellingers Stellvertretung bestätigte die Arbeitsunfähigkeit der ersten Besetzung und fragte nach, ob sie jetzt definitiv für das Gastspiel in Tel Aviv zur Verfügung stehe. Im Gesprächsverlauf divergierten die Gagenvorstellungen derart, dass Simone ihrer einstigen Arbeitsstätte, dem Stadttheater K., noch in der Umkleidekabine, einen Fuß gegen das Wandbrett vor dem Spiegel gestemmt, eine Absage erteilte.

Am Sonnabend, dem Abreisetag, wacht Simone, kurz bevor der Wecker klingelt, auf und geht ins Bad. Für gewöhnlich würde sie zum Duschen das Radio aufdrehen; jetzt, in der Stille unter dem Wasserstrahl, fällt ihr nach und nach der Traum von heute Nacht wieder ein.
Tom steht über das Spülbecken gebeugt und löffelt einen Joghurt, als Simone, in ein Handtuch eingewickelt, in die Küche kommt.
»Setz dich doch hin«, sagt Simone.
»Bist du sicher, du willst nur Kaffee, kein Müsli«, fragt Tom.
»Nur Kaffee«, sagt Simone, »die drei Esslöffel bitte gehäuft, du weißt schon, und das Wasser muss beim Draufgießen noch richtig kochen.«
»Wieso eigentlich«, fragt Tom.
»Habe ich von Borchart gelernt«, sagt Simone.
Borchart sei der, der nicht mitfliege nach Israel, das wisse Tom doch. Der habe mal auf der Probe seinen Kaffee weggeschüttet und sie angeschrien, wenn das Wasser nicht kochend heiß sei beim Aufbrühen, schmecke der Kaffee Scheiße! Das habe man in der Deutschen Demokratischen Republik gelernt. Und in ihrer Rolle als Regieassistentin habe Simone das natürlich nicht nur beherzigt, sondern gewissermaßen auch verinnerlicht.
»Hast du fertig gepackt«, fragt Tom und nimmt eine neue Milchtüte aus dem Kühlschrank.
»Soll ich den Kaffee doch besser selbst machen«, sagt Simone und stellt das Radio an. Der Wetterbericht meldet Höchstwerte bei 17 Grad. Über Pfingsten müsse mit kräftigen Regenschauern gerechnet werden, für die Jahreszeit sei es zu kalt.
Borchart ist einer, der sich durchzusetzen weiß. Während der letzten Vorstellung Anfang Mai in K., in der Simone als Zweitbesetzung der Herta bereits eingesprungen war, hatte er ihr hinter der Kulisse zugeflüstert, auf das Gastspiel

komme er nicht mit. »Muss Fellinger mich eben umbesetzen«, sagte er: »Ich habe Verantwortung!« »Was meinst du mit Verantwortung«, fragte Simone. »Drei Kinder und eine Frau«, sagte Borchart.
»Der steht schief, irgendwie, der Kühlschrank«, sagt Tom, »darum quietscht der so. Müsste man mal was drunterschieben.«
»Wer ist man«, fragt Simone. Tom zuckt mit den Schultern. Dann schlingt Simone von hinten die Arme um Tom, das Handtuch löst sich und fällt auf den Boden. Simones Haut ist noch eiskalt vom Duschen. »Davon kann man auch tot umfallen«, ruft Tom und kämpft sich frei.

Im dünnsten seiner Hemden steht er in der Mitte der Straße vor dem hellgrauen Himmel und winkt, so scheint es Simone, immer langsamer. »Geh jetzt«, hatte er geflüstert, als das Taxi vorfuhr, seine Augen waren mit einmal voll Wasser gewesen und ganz rot. Er setzt sie in den Wagen, wirft die Tür zu. Drückt seine Hand gegen das Fenster, im selben Moment kommt sie sich vor wie von der Stadt abgekapselt. Den Ellenbogen auf der Rückenlehne aufgestützt winkt Simone zurück. Der Taxifahrer fragt, wohin sie fliege, und sie dreht sich nach vorne.
»Nach Tel Aviv«, sagt Simone, »oder nein, der Flug geht über Wien, also nach Wien.«
»Finden wir«, sagt der Taxifahrer.
Vielleicht, denkt Simone, läuft Fellinger ihr schon im Hotel über den Weg. Sicher hat er seiner Frau von dem Telefonat erzählt. Am Frühstückstisch werden sie Simones Benehmen auseinander genommen haben, während sie ihm ein Brötchen mit Butter und Marmelade geschmiert hat; Fellingers Frau, berühmt für ihre kalten und warmen Buffets auf den Sommerfesten. Das ganze Ensemble versammelte sich alljährlich im Garten hinter dem Haus, ließ sich die Aufläufe, Braten und Süßspeisen schmecken und trank die Weißweinflaschen leer, die Fellinger aus einer unerschöpflichen Kühltruhe holte. Nur beim Anstehen vor der Gästetoilette bedauerte man unter vier Augen die mitgebrachten Blumengebinde, die auf dem Treppenabsatz abgelegt und inzwischen am Verdursten waren.
Auf der Schlossbrücke klatschen die ersten Regentropfen gegen das Fenster. Spätestens heute Abend würde sie Fellinger treffen, wenn er bei den Garderoben vorbeikäme, um die Schauspieler zu bespucken.
»Was machen Sie in Tel Aviv«, fragt der Taxifahrer.
»Theater spielen«, sagt sie.
»Auf Hebräisch«, fragt der Taxifahrer. Wider Willen muss sie lachen. Letztes Jahr im November sei er auch in Tel Aviv gewesen, sagt der Taxifahrer, das meiste des Israel-Programms sei wegen der Unruhen gestrichen gewesen.

Simone nickt. Die Scheibenwischer laufen auf höchster Stufe, schieben heruntergefallene Lindenblüten an die Ränder der Windschutzscheibe.
»Was spielen Sie in Tel Aviv, was Modernes?«
»Ja, ja, gewissermaßen, ein Stück von Thomas Bernhard.«
»Was denn?«
»Es heißt *Heldenplatz*.«
»*Heldenplatz*. Kenne ich.«
»Sie kennen Thomas Bernhard?«
»Kam auch im Fernsehen, *Heldenplatz*. *Vor dem Ruhestand* ist doch auch von dem. Bringen ja auf 3sat immer die Stücke. Ist doch ein großes Stück, mit viel Personen«, sagt der Taxifahrer.
Simone zählt. »Warten Sie, zwei, vier, fünf, ungefähr zehn werden's schon sein.« *Zehn zwölf dreizehn Koffer und die Taschen*. Der Vers der Zittel klingt in ihrem Kopf wie eine Melodie an.
Früher sei er öfter ins Deutsche Theater gegangen, sagt der Taxifahrer, in den *Wallenstein* zum Beispiel, acht Stunden habe der gedauert. In *Philotas* sei sie elf Mal gewesen, ruft Simone, mindestens! Kenne er, sagt der Taxifahrer, habe er auch gesehen.
Es gießt in Strömen. Der Himmel und der Volkspark Jungfernheide sind zu einem einzigen dunklen Grün verschwommen. Die Thermoskanne rollt auf der Ablage zwischen den Vordersitzen sachte hin und her. »Das wird ein Wochenende«, sagt der Taxifahrer, »extra ein Häuschen gemietet draußen bei Werder, alles eingekauft fürs Grillfest, und jetzt können wir nicht zurück, jetzt sitzen wir fest die Feiertage in dem Scheißwetter!«

Der zweite Anruf am Montag war vom Intendanten persönlich gekommen.
»Simone, grüß Sie, Fellinger, das ist aber eine Freude, dass ich meine letzte Verhandlung quasi mit Ihnen führe, in fünf Minuten ist meine Verabschiedung, da hab ich einen schweren Gang vor mir, jetzt lassen Sie uns rasch Ihren Vertrag klären! 3000 wollen Sie, ach geh, hören Sie doch auf, das wären 1500 Abendgage, so viel kriegt nicht mal die Fischer, kommen Sie, Simone, wir wissen doch beide, dass Sie die Situation ausnützen wollen. Seit Tagen versuchen wir rauszukriegen, wo die Schumacher steckt, ich hätte die Schumacher gerne engagiert, die liegt im Schwarzwald im Spital, also ich gebe Ihnen 1800 für beide Vorstellungen, die Reise bekommen Sie umsonst, wann kommen Sie umsonst nach Israel, Simone? Nicht netto! Brutto! Ach hören Sie doch auf, Simone, das zeigen Sie mir, wie Sie in Berlin mehr verdienen über Pfingsten, lügen Sie doch nicht so frech, bloß weil Sie die Rolle paar Mal gespielt haben, meinen Sie, Sie können mich erpressen, das hätte ich nicht von Ihnen erwartet, Simone, da sieht man mal wieder, wie sich jemand wie Sie auf einmal beneh-

men kann, und das bei all dem, was Sie mir zu verdanken haben! Nein, keine Bedenkzeit, wenn ich Ihnen 3000 geben würde, wie sollte ich dann der Kugler noch in die Augen schauen. Ich kratze jeden Pfennig zusammen, das wissen Sie doch, Simone. Simone, meine Verabschiedung beginnt gleich, ich muss mich jetzt umziehen gehen, meine Mannschaft steht vor der Tür, die wollen mich auf meinem Gang da runter begleiten, also Simone, hören Sie, ich lass Ihnen 1900 in den Vertrag schreiben, brutto, ich stell Sie jetzt durch!«

Auf den Bildschirmen, die tonlos über den Sitzreihen hängen, bewegt eine CNN-Nachrichtensprecherin die Lippen. Der Flugkapitän sagt durch, links könne man ausgezeichnet auf die Südspitze von Rhodos hinuntersehen. Simone überlegt kurz, den in Folie eingeschweißten Kopfhörer auszupacken und sich die Nachrichten anzuhören. Wahrscheinlich werden die Kopfhörer nach Gebrauch ungereinigt wieder eingeschweißt, denkt sie, eine Reinigung wäre viel zu aufwendig, streng genommen müsste ja jede einzelne Ohrmuschel mit einem Läppchen abgerieben werden. Sie zieht das Schulheft mit dem untereinander abgeschriebenen Rollentext aus ihrem Rucksack, 32 Sätze im ersten Akt, Zwischenrufe in die den Akt beherrschende Suada der Zittel. Simones Aberglauben erzwingt das bis zur Idiotie wiederholte Abfragen. Die zwei Sätze im letzten Akt behält sie auch so, sie lauten *Ja Herr Professor*.
Auf einer neuen Heftseite notiert Simone den Traum von heute Nacht.
Sie liegt auf dem Fußboden in einem Haus und sieht bis in den Dachstuhl hinauf. In das Dach sind große Fenster eingebaut. Auf einmal fallen Steine wie dichte Schneeflocken weit von oben aus dem Himmel herunter. Sie sieht hoch und denkt, die Steine müssten im nächsten Augenblick durch die Fenster schlagen. Schon kracht das Glas. Sie robbt über den mit Glassplittern gespickten Flur in ein helles und ganz leeres Zimmer. Die Terrassentür steht weit offen, und der Wirbelsturm draußen ist so stark, dass sie alle Kraft aufbieten muss, um die Tür zuzudrücken. Dabei fegt der Wind sie fast aus dem Haus. Unter größter Anstrengung hält sie sich am Türgriff fest. In den Garten hinausgeschleudert zu werden, bedeutet den Tod. Endlich schafft sie es, die Tür zuzuziehen, und sieht im Wald draußen ein Feuer ausbrechen; einen Hauch von Feuerschein, der sich sturmschnell zwischen Baumgestrüpp bewegt und auf das Haus zukommt.
Entgegen ihrer Absicht, einsilbig zu antworten, erzählt Simone der Frau, die offensichtlich nur deshalb mit ihrem Mann die Plätze getauscht hat, um sich mit Simone zu unterhalten, ausführlich von dem bevorstehenden Gastspiel. Die Frau äußert sich mit großer Bewunderung über den Schauspielerberuf, sagt, dass sie eine geborene Hörbiger sei, weitläufig verwandt mit dem Theaterclan, und dass ihre Nichte, bis sie einen Bauern geheiratet und eine glückliche Bäuerin geworden sei, immer Schauspielerin habe werden wollen. Die Frau

sagt, sie und ihr Mann erfüllten sich jetzt einen jahrelangen Wunsch, indem sie eine zweiwöchige Pilgerreise durch Israel unternehmen würden. Solange sie unterwegs seien, werde ihre Pension im Ötztal von den beiden Töchtern geführt. Ob sie keine Angst habe, fragt Simone, ausgerechnet jetzt nach Israel zu reisen, freiwillig reise man doch nicht in eine solche Krisenregion. Nein, sie habe keine Angst, sagt die Frau, ihr Herr Pfarrer, der die Reise leite, kenne sich aus, dem vertraue sie sich vollkommen an. Dann fragt sie, ob sie Simone duzen dürfe, und sagt: »Ich bin Rosemarie.«

Gelegentlich, wenn auch mit der Zeit seltener, meint Simone, Fellinger irgendwo in der Stadt zu sehen, sie erkennt ihn zuerst an seiner Größe und dem weißen Haar, das in starren Rinnen über den Kopf gekämmt ist. Er steigt die Treppe aus dem U-Bahnschacht hinauf, oder er ragt aus einer Schlange heraus. Er geht auf der Straße vor ihr her, bedächtig, nie in Eile, die Aktentasche schlenkert kaum merkbar an der Seite, aber in dem abgewetzten Leder steckt die Last seines Amtes, scheint es Simone.

Einmal hatte das Theater mit *Heldenplatz* in Winterthur gastiert. Eine der Schauspielerinnen war, als man ihr Fehlen eine Stunde vor Beginn der Vorstellung bemerkt und sie schließlich angerufen hatte, tatsächlich bei sich zu Hause gewesen. Die Schuldfrage blieb ungeklärt. Das Kostüm passte Simone wie angegossen, nur den Text konnte sie nicht. Sie war als Abendspielleitung mitgefahren. Fellinger befahl via Telefon, sie solle ohne Buch auftreten, das Buch in der Hand zerstöre die Illusion, die wichtigsten Passagen könne sie in den verbleibenden zwanzig Minuten auswendig lernen, die Olga sei doch eine kleine Rolle, für den Rest gebe es schließlich die Souffleuse.

»An welcher Pilgerstätte soll ich für dich beten«, fragt die Frau. Simone fällt kein Name ein. Unter ihnen taucht scharf abgegrenzt vom Meer die sandfarbene Küste Israels auf.

»In Betlehem«, sagt Simone zögernd.

»In Betlehem«, sagt die Frau, »werde ich ein Gebet für dich sprechen, Simone!«

2.6.2001 16.43 h SMS Simone an Tom: 7. Stock, Blick: Meer Strand Skyline. Reck abgereist – Fell. spielt. Bis 17.55 h im Hotel: 0097235215555. Zi 720 verbinden. Gestern Nacht 21 Tote Bombe 1 km von hier. Gleich Probe. Mon Dieu! S.

Simone rückt den Kasten mit dem Schuhputzzeug zurecht. Dann setzt sie sich hinter das Bügelbrett auf die alten Lederkoffer. Sie hat ihren Lieblingsputzlappen schon in der Hand, sie knetet ihn durch, je schwärzer die Hände, desto besser.

Der Inspizient lässt den Vorhang einsetzen. Heute spielt Simone die Herta

zum letzten Mal. Die Kugler sei nie traurig gewesen, wenn sie ein Stück zum letzten Mal gespielt habe, hat sie gestern in der Pause in der Kantine gesagt, auch den tollsten und größten Rollen habe sie nie eine Träne nachgeweint: vorbei und weiter.
Die Requisite kommt auf die Bühne, schaltet das Bügeleisen ein und geht wieder. Der Vorhang ist unten. Der Einlass läuft. Laut Goertz, der hier die Reiseleitung macht, hat das Theater 1000 Plätze. Der Einlassdienst durchsucht jedes einzelne Handtäschchen nach Bomben, hat er gesagt. Das Bügeleisenkabel schlägt Beulen unter dem roten Bodentuch, das von den zahllosen Absatzstreifen längst verdreckt ist. Der Fehler von gestern wäre ihr nicht passiert, wenn vor der Vorstellung nicht diese Unruhe gewesen wäre, die Reden vom Bürgermeister, dem Theaterdirektor und Fellinger und wer weiß, von wem noch. Noch mal wird ihr das nicht passieren. Die Kugler war für einen Moment so aus dem Konzept gebracht, dass sie abgehen musste, um sich bei der Souffleuse Hilfe zu holen.
Nach dem Gastspiel werden sie das Bühnenbild verschrotten. Das Theater in K. wechselt den Intendanten. Die Kugler kommt auf die Bühne. Wenn die Kugler die Zittel spielt, erkennt man sie an ihrem Stöckelschuhschritt schon von weitem. Vor jeder Vorstellung kontrolliert sie ihre Requisiten. Sie leckt die Fingerspitze ab und hält sie an das Bügeleisen, sie klappt den Leiterstuhl auf und wieder zu, sie schaut nach Nadel und Faden in der Tischschublade, und sie zählt den Stapel Hemden auf dem Stuhl neben dem Tisch durch. Der Sicherheitscheck der Kugler beruhigt irgendwie auch Simone.
»Das glaub ich nicht«, ruft die Kugler in Richtung Inspizientenpult, »die Hemden sind schon wieder nicht vorgebügelt!« Der Streit, wer die Hemden vorzubügeln hat, die Garderobe oder die Requisite, ist seit der Premiere ungeklärt. Wenn bei dem Hemdenberg, den die Kugler im ersten Akt bügeln muss, die Hemden nicht vorgebügelt sind, bekommt sie sie unmöglich glaubhaft weggebügelt. Ein Dutzend Oberhemden und 60 Seiten Text in 45 Minuten.
Der Inspizient beruft die Garderobe ein und die Kugler stellt sich hautnah hinter den Vorhang, streift ihr Kostüm glatt, breitet die Arme aus, fängt an zu hecheln und stößt dabei den Atem aus, so laut, dass man ihn im Parkett hören könnte. »Lach nicht«, sagt sie, »mit der Übung hole ich mir die Leute noch aus dem dritten Rang.«
Kein Zufall, denkt Simone, dass Goertz gestern im Gespräch mit Eva, der Souffleuse, vor dem Hotel stand, als sie aus dem Taxi gestiegen war. Schön, dass sie da sei, hatte er Simone begrüßt und gleich gefragt, ob sie keine Nachrichten gehört habe. Nein, sie habe keine Nachrichten gehört, sagte Simone, im Geist noch mit dem ruppigen Taxifahrer beschäftigt, der sie durch ein graugelbes waste land in die Stadtmitte gebracht hatte, begleitet von einem

hektischen Redestrom aus dem Autoradio. Irgendwann war die Skyline von Tel Aviv aufgetaucht, eine Phalanx metallisch blinkender Hochhäuser, in die die Schnellstraße sich mehr und mehr hineingewunden hatte.
Goertz deutete mit dem Arm irgendwo hinter den Hotelkasten. Einen Kilometer entfernt sei letzte Nacht eine Bombe hochgegangen, in einer Diskothek am Strand, 21 Tote, viele Verletzte, alles Jugendliche, sagte er. Viele russische seien darunter gewesen, ergänzte die Souffleuse.
Jetzt komme es aber erst, Reck sei gleich heute früh mit der ersten Maschine zurück nach Deutschland geflogen, sagte Goertz. Simone starrte auf die nassen Haare der Souffleuse, die ihr Leinenhemd an den Schultern dunkel gefärbt hatten. Hauptdarsteller abgereist, dachte sie, die Vorstellungen fallen aus, ich bin umsonst angereist, ich kann umkehren. »Verstehe«, sagte Simone, und im selben Moment: »Fellinger spielt!« Goertz und die Souffleuse grinsten. Es sei ja wahrscheinlich ein Glück, meinten sie, dass Simone keine Nachrichten gehört habe, sonst wäre sie am Ende gar nicht erst gekommen, und dann hätten sie ernstlich in der Klemme gesessen. Recks Abreise werde von den Kollegen respektiert, behauptete die Souffleuse, sie müsse jetzt ins Theater, Recks Textbuch für Fellinger präparieren, der sei schon dort und übe. Um 18 Uhr Probe Durchlauf Dritter Akt, um halb neun Vorstellungsbeginn. Aber Simone solle doch erst mal baden gehen, schlug sie vor, sie selbst habe sich kaum trennen können vom Wasser, das Meer sei herrlich!

2.6.2001 16.45 h Anruf von Tom auf Simones Hotelzimmer. Er spielt ihr eine Nachricht vor, die kurz nach ihrem Aufbruch zum Flughafen auf den Anrufbeantworter gesprochen worden war:
»Hier Uwe, Goertz, Uwe, hallihallo Simone, wollt nur mal fragen, ob bei dir alles im Lot, hihihi, ich hoffe, ich seh dich dann später.«

Nachdem Simones Lampenfieber gestern Abend der Konzentration beim Spielen gewichen war, fiel ihr plötzlich, inmitten des Bergs von ungeputzten Schuhen, der falsche Satz aus dem Mund. Sie sagte: *Selbstmörder bekommen kein kirchliches Begräbnis* statt *In Lissabon hat er sich immer Hemden gekauft*. Die Kugler wusste daraufhin nicht weiter und ging ab, während Simone sich zu der Dose Schuhcreme hinunterbückte, etwas davon auf ihren Lappen schmierte und einen weiteren Schuh des Selbstmörders zur Hand nahm. Und wenn die Kugler nicht zurückkommt, dachte sie, ich stehe hier und putze durch, bis der Vorhang fällt. Sekunden später trat die Kugler, in ein Taschentuch schneuzend, wieder auf und machte weiter.
Gebadet hatte Simone dann doch erst heute früh in einem Body, den Franziska, die Olga, ihr gestern Nacht noch ausgeliehen hatte. Tatsächlich war das Wasser

herrlich klar und kühl gewesen, sie war weit hinausgeschwommen, bis die Angst vor möglicherweise gefährlichen Strömungen sie zum Umdrehen zwang. Am Strand rief eine alte Dame, die mit den Füßen schon im Wasser stand und gerade dabei war, eine Taucherbrille aufzusetzen, Simone freundschaftlich Guten Morgen zu. Sie stutzte einen Moment, bevor sie Fellingers Frau erkannte und zurückgrüßte. Ein paar Meter weiter drehte Simone sich noch einmal um und schaute der Frau von Fellinger nach, wie sie gemessen, die Taucherbrille nun fest auf dem Kopf, ins Meer schritt.

3.6.2001 15.28 h SMS an Tom: Beachballspieler bis hoch ins Zimmer zu hören: Klock-Klock. Eben: Geschwader Kampfflugzeuge jagt entlang der Küste übers Meer. Klock-Klock. Kuss, S.

Fellinger saß, als Simone gestern Abend ins Theater gekommen war, in einer der Garderoben hinter der offenen Tür. Sie sah, wie er in einem Haufen zerfledderter Zettel las, der vor ihm auf dem Tisch lag, und erkannte Recks altes Rollenbuch, seitenweise mit Leuchtmarker angestrichen. Sie klopfte an die Tür und sagte: »Guten Abend, Herr Fellinger.«
»Simone«, Fellinger richtete sich auf und drehte sich halb zu ihr um. Er drückte ihr fest die Hand: »Gut, dass Sie gekommen sind.«
Simone nickte. Dann holte sie ihr Buch aus dem Rucksack und hielt es ihm hin. »Wollen Sie nicht meins nehmen, vielleicht ist das besser zu handhaben als das von Reck«, sagte sie.
»Ach«, sagte Fellinger erstaunt, »das Buch haben Sie dabei!« Er nahm das Büchlein, dessen eingerissener roter Schutzumschlag mit Tesafilm geklebt war, und blätterte es langsam durch. Die Kugler steckte den Kopf in die Tür und warnte ihn, bloß nicht zu langsam zu lesen, sonst würden die Leute einschlafen, vor allem im zweiten Akt.
»Meinen Sie«, fragte Fellinger, gab Simone das Buch zurück und bedankte sich: »Nehmen Sie's, die Eva hat mir ja nun Recks Buch zurechtgemacht, das wird schon recht sein.«

Der Sitz auf den Koffern ist hart, Simone steht auf. Sie greift unter ihr Kleid und zieht die Strumpfhose hoch. Dass die Strumpfhose gut sitzt, ist das A und O. Der Inspizient kommt auf die Bühne gelaufen. »Es geht los«, flüstert er, »ausverkauft!«
Simone geht, den Schuhputzlappen in der Hand, vor das Fenster. Im Saal wird es dunkel, der Tageslichtscheinwerfer wird auf hundert Prozent gezogen, Simone stellt sich auf die Zehenspitzen und guckt zum Fenster hinaus. Der Vorhang hebt sich.

Jochen Schmidt
Bezirksspezialistenlager

I
Meine einzige schulische Sternstunde war der Wettkampf um den Titel des Rechenkönigs. Dabei musste man nicht nachdenken, nur rechnen. Die Lehrerin schrieb eine Aufgabe an die Tafel: 5*3-7+1, und ich wusste meist als Erster das Ergebnis, weil die anderen noch an den Zeichen herumrätselten, die zwischen den Zahlen standen. Auf diese Art gewann ich meine erste eigene Apfelsine und ich durfte am Ende der Stunde neben der Rechenkönigin stehen. Wegen dieses Talents dachten die Lehrer, ich sei mathematisch begabt, was sich als verhängnisvoller Irrtum erweisen sollte, den ich mir aber gerne gefallen ließ. Eines Tages erfuhr ich nämlich durch Zufall, dass Anne seit einer Weile in die mathematische Schülergesellschaft der Humboldt-Universität ging. Meine Eltern fragten mich, ob ich der Meinung sei, Anne sei besser in Mathe als ich. Der Meinung war ich natürlich nicht. Sie schrieb zwar zugegebenermaßen einwandfrei ovale Nullen, man fand die Stelle, an der der Füller angesetzt hatte, erst nach langem Suchen, und ihre Zweien hatten einen elegant geschwungenen Fuß, sie schrieb auch immer nur eine Zahl in jedes Kästchen und zog mit Lineal einen Strich unter die Zwischenlösung und zwei unter das Ergebnis. Ja, sie machte sogar noch die Probe, die man sich so gerne schenkte – wenn man wusste, dass das Ergebnis stimmte, warum sollte man dann riskieren, sich bei der Probe zu verrechnen? – Aber war sie deswegen besser in Mathe als ich? Wie denn, sie war doch ein Mädchen! Na also, sagten meine Eltern, solltest du dann nicht auch in die MSG gehen? Dann könntest du später auf die Matheschule und vielleicht doch das Abitur machen. Der Direktor hier hat schon deine Schwester nur zähneknirschend delegiert, noch einen Schmidt lässt er nicht durch. Und ohne Abi kannst du nicht studieren und wirst Hilfsarbeiter beim Gleisbau. Willst du dein Leben lang mit lauter Steffen Hülsmanns arbeiten müssen? Das war ein überzeugendes Argument, ich erklärte mich bereit, in die MSG zu gehen, dann würde ich bei unseren Indianerspielen also an zwei Tagen fehlen. Montags musste ich ja schon immer heimlich zur Christenlehre schleichen.
Am nächsten Donnerstag fuhr ich mit meiner Mutter zur Humboldt-Universität. Sie gab mich in einem trübe beleuchteten Raum ab und suchte nach der Kursleiterin. Es wurde ein harter Nachmittag für meine Mutter, denn man schickte sie zum Chef der MSG, und dieser Herr zeigte sich sehr entrüstet darüber, dass sie offenbar meine, seine Schülergesellschaft sei ein Selbstbedie-

nungsladen für ehrgeizige Mütter. Nein, nein, hier dürfe nur die Crème de la crème Berlins teilnehmen, überhaupt würden die jungen Mathematiker von ihren Schulen delegiert, wenn das bei ihrem Sohn nicht geschehen sei, habe das sicher seine Gründe.

Am Ende gewährte er mir aber eine Bewährungszeit, Fräulein May, unsere Lehrerin, sollte nach ein paar Wochen über mein Schicksal entscheiden. Fräulein May entschied positiv, nicht weil ich irgendein Talent an den Tag legte, sondern weil sie von mir nichts zu befürchten hatte. Denn die Crème de la crème Berlins war ein lärmender Haufen von übermütigen Bengeln, angereichert mit ein paar verschüchterten Mädchen, die in der ersten Reihe saßen. Ich war geschockt. Ich saß eingezwängt zwischen abgenutzten schrundigen Holzbänken in einem staubigen Raum und starrte an die kreideverschmierte Tafel. An der Decke blinkten müde Neonleuchten und draußen war es stockfinster geworden. Neben mir saß ein pickliger, stiernackiger Knabe mit unglaublichen Muskeln, der entweder geistig gestört war oder einen Sprachfehler hatte. Es war Sascha, ein Russe. Er und sein Nachbar boten einander Schläge an und unterhielten sich dabei über ihre Rekorde im Kugelstoßen und im Klimmziehen. Vor mir saß ein kleiner Knabe, dem ein Schneidezahn fehlte und der »Obst« genannt wurde. Ein anderer, der sich einen Ohrring aus Silberfolie gebastelt hatte, war damit beschäftigt, die Kreidestücke und die knochentrockenen Schwämme auf eine Leiste über der Tafel zu werfen, damit Fräulein May nichts zum Schreiben vorfände und die Stunde sich verkürzte. Ich verhielt mich still und hatte Angst zu versagen. Das sollte sich zwei Jahre lang nicht ändern. Aber wenigstens machte ich nichts kaputt.

Am Ende der Stunde bekamen wir Hausaufgaben, und ich versuchte die nächsten Tage verzweifelt, wenigstens eine der drei Aufgaben zu lösen. Meistens ging ich irgendwann zu meinem Vater, der gerne mitknobelte. Er war Germanist und wollte, dass es sein Sohn mal besser hätte als er. Einmal bekam er nach seitenweisen Rechnungen den Satz des Pythagoras heraus, schaffte es aber nicht mehr zu rekonstruieren wieso. Wenn ich Anne fragte, wie weit sie mit den Aufgaben war, gab sie mir nicht den kleinsten Hinweis, das war schließlich gegen die Regeln. Ich hasste sie dafür, obwohl ich sie ja eigentlich liebte.

Am schlimmsten waren die zahlentheoretischen Aufgaben, bei denen man mit geschickter Fallunterscheidung mehrere Lösungen finden konnte. Meine einzige Lösung fand ich einmal, weil ich eine Woche lang krank im Bett lag und so lange mit dem Taschenrechner Zahlentabellen erstellte, bis ich durch Probieren mit riesigen Zahlenreihen auf eine Lösung stieß. Erst nach einem Jahr bekam ich zufällig mit, dass ich in der E-Gruppe saß, es gab noch die A- bis D-Gruppe. A waren die besten, E die schlechtesten der Crème de la crème von Berlin. Ich hätte eigentlich zur O-Gruppe gehört, und Anne zur P-Gruppe.

Ich fuhr jede Woche mit der alten gelben Straßenbahn vom Bahnhof Schönhauser zur Friedrichstraße. Manchmal nahm ich auch die U-Bahn und verzweifelte, weil ich es nicht schaffte, die Straße Unter den Linden zu überqueren. Auf dem Rückweg durfte ich manchmal im Auto fahren, denn Annes Vater arbeitete im ZK der SED und nahm uns in seinem Citroën mit nach Buch. Sein Auto hatte ein blinkendes Ökonometer, unser Trabi hatte nur ein rotes Lämpchen, das man fast nie in Aktion sah und wenn, dann musste man ganz stille sein, weil der Papa sonst auszurasten drohte. Aber auch im Citroën von Annes Vater hatte ich Angst, etwas Falsches zu sagen, denn einerseits durfte ich meine systemskeptische Familie nicht verraten, andererseits musste ich mich als gute Partie empfehlen. Einmal erzählte er begeistert von einer Technikmesse. Die Japaner hätten dort kleine silberne Scheiben vorgeführt, die man mit Marmelade beschmieren konnte. Wenn man sie wieder sauber wischte und die Scheibe in ein spezielles Gerät steckte, kam Musik heraus. Er war ganz angeregt davon, seine Arbeit machte ihm offensichtlich Spaß. Heute arbeitet er für eine Firma im osteuropäischen Außenhandel und hat ein noch größeres Auto.
Die MSG war nicht das Richtige für mich, aber was sollte ich tun, ich wusste nicht, was ich wollte, und wenn ich es gewusst hätte, hätte ich mich auch nicht getraut es zu machen. Die anderen benahmen sich freier. Einmal ging der Junge mit dem Alu-Ohrring unserem Fräulein May so lange auf die Nerven, bis sie ihn vor die Wahl stellte, entweder endlich den Mund zu halten oder die MSG für immer zu verlassen. Er grinste, nahm seine Tasche und ging zur Tür. Die anderen johlten, als er sich noch einmal umdrehte und winkte. Ich hätte es wie er machen sollen, aber ich wollte ja nicht mit Steffen Hülsmann beim Gleisbau arbeiten.

II
Ich hatte keine Lust, mit dem Russen, dem Zahnlosen – und den noch Begabteren – in ein Bungalowlager zu fahren. Aber dann hörte ich, dass im zentralen Pionierlager »Kalinin«, in dem die MSG im Sommer ihr Bezirksspezialistenlager durchführte, auch Franzosen gesehen worden seien. Das war natürlich ein unschlagbarer Anreiz, dem ich mit 14 nicht widerstehen konnte. Auf einer vorbereitenden Elternversammlung wurden die Eltern aufgefordert, den Kindern Materialien für eine im Lager anzufertigende Wandzeitung zum Thema »UdSSR-DDR-Raumfahrt« mitzugeben. Natürlich begann meine Mutter zu Hause gleich zu wühlen und förderte haufenweise Fanartikel von Sigmund Jähn und Waleri Bykowski zu Tage. Meine Eltern waren immer Feuer und Flamme, wenn ich etwas basteln sollte. Die meisten meiner jährlichen Exponate in der »Galerie der Freundschaft« und bei der »Messe der Meister von Morgen« hatte in Wirklichkeit mein Vater zusammengeklebt. Zum Beispiel die

Katzenpuppe aus Pappmaché mit Glaskugelaugen und Hasenfell, mit der ich bis zum Stadtbezirk delegiert wurde. Aber auch den Heißluftballon, mit dem ich den »Preis des Direktors« gewann.

Im Lager war es mir natürlich zu peinlich, die Bilder von Sigmund Jähns Raumschiff herauszurücken. Deshalb bekam ich ein schlechtes Gewissen, weil meine Mutter sich so auf meine Wandzeitung gefreut hatte. Sie wurde dann von Obst gestaltet und hatte nicht mehr viel mit Raumschiffen zu tun. Es war eine Strafaufgabe, da er sich nachts bei den Mädchenbungalows in entlegenen Gebieten des Lagers herumgetrieben hatte. Am Abreisetag, als ich stundenlang unter den Kiefern herumsaß und auf die Busse nach Königswusterhausen wartete, während vor meiner Nase ein drei Jahre älterer Knabe stand und unermüdlich mit einer frühreifen Blondine aus meiner Gruppe knutschte, versuchte Obst mich zu überreden, mit ihm und seinem großen Bruder nach Prag zu trampen. Es gelang mir, ihn abzuwimmeln, er war mir zu unberechenbar. Vielleicht habe ich ihm sogar eine falsche Adresse gegeben. Eine der Gelegenheiten in meinem Leben, bei denen ich es verpasste, meinen vorgezeichneten Lebensweg durch eigene Beiträge zu modifizieren.

Im Lager verfolgten einen überall zwei Dinge: das Stück *Oxygène* von Jean-Michel Jarre, das vor jeder Ansage aus den Lagerlautsprechern dröhnte, und ein ganz bestimmter Küchengeruch. Eine Mischung aus Muckefuck und labbriger Erdbeermarmelade mit ein bisschen Bohnensuppe. Schon beim Aussteigen aus dem Bus schlug mir der Geruch entgegen, und ich hoffte, dass diese Zeit bald vorüber sein würde. Es gab in diesen Lagern immer jede Menge Verhaltensgestörte, mit denen man das Zimmer teilen musste und die sich nur furzend fortbewegten. Schlimmer war bloß, dass jeden Morgen drei Stunden Matheunterricht im Wald durchzustehen waren. Die Gruppen verteilten sich unter den großen Kiefern. Solange Fräulein May noch nicht da war, bewarf man sich mit Kienäpfeln, und es gab immer großen Zeck darum, wer die Tafel raus- und reintragen musste. Denn nicht in jeder Gruppe fand sich ein autistisches Genie, das so etwas freiwillig tat, obwohl es auch dabei mit Kienäpfeln beworfen wurde.

Dann begann eine dieser langweiligsten Stunden, die sich nur ein krankes Hirn für ein gesundes ausdenken konnte. Es ging um Kombinatorik, Permutationen, weiße und rote Kugeln, die irgendwo rausgenommen werden sollten, Till Eulenspiegel, der die Schuhe einer ganzen Stadt durcheinander gebracht hatte; wir sollten ausrechnen, wie hoch die Wahrscheinlichkeit war, dass er seine eigenen aus dem Haufen herausfischte. Ich verstand wenig. Das wäre vielleicht eher möglich gewesen, wenn ich nicht unter Gleichaltrigen gesessen hätte, die alles sofort verstanden oder sowieso schon wussten, so dass ich mich eher angehalten fühlte, Verständnis zu simulieren, als mir Mühe zu geben. Warum sollte ich es schwerer haben als die anderen? Ich wartete ungeduldig die Zeit ab und schielte an der Tafel vorbei in die Ferne, wo die glücklichen Franzosen ihre Freiheit genossen, Tischtennis spielten, Mädchen an die Bäume fesselten oder sich einfach nur prügelten. Sie mussten entweder aus verwahrlosten Pariser Vororten stammen, oder ihre Eltern waren in der kommunistischen Gewerkschaft, was machten sie sonst in den Ferien in der DDR? Manche behaupteten, jemanden zu kennen, dem es gelungen sei, bei ihnen Geld zu tauschen. Ihre Turnschuhe glichen Fabelwesen. Beim Solidaritätsfest, bei dem »die kleinen Mathematiker« einen Stand aufbauten, an dem man für eine Mark beim Schach gegen sie verlieren durfte, verkauften die Franzosen zerfledderte Comic-Hefte, die ihnen aus den Händen gerissen wurden. Wir waren ganz scharf darauf, ihren Müll nach weiteren Schätzen zu durchwühlen. In ihrem Gebäude ging es drunter und drüber, es soll sogar zu Fällen von Geschlechtsverkehr gekommen sein. Wir dagegen wetteiferten jeden Tag um den Titel »Sauberstes Zimmer«.

In der Schule hatte ich für Französisch noch nie etwas getan. Ich hatte sogar lange dafür gebraucht, die vielen Akzente ernst zu nehmen, und sie in den ersten Klassenarbeiten einfach weggelassen. Trotzdem hatte ich natürlich mein Wörterbuch ins Lager mitgenommen. Ich konnte »sein« und »haben« im Singular konjugieren und »gestern« von »morgen« unterscheiden. Das reichte, um mich als Dolmetscher anzubieten. Ich fragte einen, ob er seine Turnschuhe gegen meine alten Puma-Schuhe tauschen wolle, er warf mit einem Stein nach mir. Sie kamen eben von einem anderen Stern. Am meisten beeindruckte mich allerdings, wie gut die kleinen Schwarzen unter ihnen auf der Disko breakten. Ich hatte ja selbst immer meine Ausrüstung an. Die weißen OP-Handschuhe traute ich mich zwar nicht anzulegen, aber Puma-Turnschuhe, Pluffhose und Schirmmütze waren mit von der Partie. Damit bewaffnet wurde ich sogar manchmal selbst für einen Franzosen gehalten. Das war mir natürlich nicht unrecht, und ich tat so, als ob ich nicht verstünde, was das hübsche Mädchen da gerade auf Deutsch zu mir sagte. Erstaunlich, als ich noch Deutsch konnte, war ich nie mit einem Mädchen ins Gespräch gekommen.

Es war eine Französin, die mich aus meinem präpubertären Winterschlaf aufschreckte. Sie hieß Bérangère und fragte mich: »*Je t'aime, tu veux sortir avec moi?*« Ich konnte das nicht bejahen und nicht verneinen, da ich es nicht genau verstand. Gut, sie liebte mich, aber wir waren doch schon draußen, warum sollte ich mit ihr rausgehen? Am nächsten Tag, als der Groschen endlich fiel, war es schon zu spät. Ich saß gerade beim Essen und bewunderte Obst, der es schaffte, ein zweites Broilerbeinchen zu bekommen, indem er eine tote Fliege auf seinen halb abgeknabberten Broiler legte und sich beim Küchenchef beschwerte. Da rief mir Bérangère von weitem zu: »*Je t'aime*

plus!« Ich sah im Wörterbuch nach, »*plus*« konnte alles Mögliche heißen, aber da sie Hand in Hand mit einem Knaben ging, war es es eher wahrscheinlich, das es in dem Fall »nicht mehr« hieß und nicht »noch mehr«. Das ging ja fix bei denen.
Die etwas auf sich hielten, hatten schon bei der ersten Disko ein Mädchen an der Hand, und manche brachten es in den zehn Tagen auf mehrere dramatische Beziehungen. Ich spielte lieber Tischtennis oder schüttelte Brauseflaschen, bis es aus ihnen wie aus Sektflaschen dampfte. Aber eines Tages, ich versuchte gerade, einen Federball höher als die Kiefern zu schlagen und bewunderte von weitem eine Volleyball spielende Gruppenleiterin in kurzen Turnhosen, bauten sich vor mir zwei Französinnen auf und fragten mich, soviel verstand ich inzwischen, mit welcher von ihnen ich denn nun gehen wolle. Nur mit großen Skrupeln entschied ich mich für die hübschere; es tat mir Leid, die andere so einfach abzuweisen. Aber mit beiden könne ich nicht gehen, erklärten sie mir auf meine Nachfrage hin. Plötzlich hatte ich meine eigene Freundin. Es war mir etwas unheimlich, wie schnell das gegangen war nach all den Jahren. Danach musste ich Hand in Hand mit ihr durch den Wald gehen. Ich war darauf nicht vorbereitet und hielt mir meine Tischtenniskelle vors Gesicht, wenn wir jemandem begegneten. Sie drang aber darauf, dass wir uns auch abends verabredeten. Wozu sollte das gut sein? Leider fehlten mir die Worte, um mich herauszureden. Ich legte mir meine französischen Sätze immer stundenlang zurecht und brachte sie dann doch nicht verständlich hervor. Manchmal antwortete auch sie auf meine Fragen mit »*plus*«, ich sah im Wörterbuch nach und fand jetzt sogar zehn verschiedene Bedeutungen. Sie hatte auch noch nie etwas von Marx, Engels und Lenin gehört, damit fielen die meisten Gesprächsthemen weg, immerhin fand sie es komisch, dass unsere Zigaretten »Cabinet« hießen, was in ihrer Sprache »Klo« bedeutete.
Eines Abends musste ich sie in ihren Bungalow begleiten, wo ein Deutscher mit blonden Strähnen auf einem Doppelstockbett lag, wild mit Bérangère knutschte, kurz aufschaute, mich begrüßte und weitermachte. Ich musste drunter auf Samanthas Bett Platz nehmen. Sie legte sich hin, vielleicht war sie ja schon müde. Eine eifersüchtige kleine Französin knipste das Licht immer wieder an, und ich hoffte, dass es bald Morgen würde, es war aber noch nicht mal acht Uhr abends. Eine französische Leiterin kam herein und wollte uns rauswerfen, doch sie wurde von den Mädchen wild bestürmt. Sie sah mir in die Augen, las darin, dass für Samanthas Jungfräulichkeit keine Gefahr bestand und ging wieder. Mein ehrliches Gesicht musste sie an Tintin erinnert haben. Samantha wollte jetzt, dass ich sie auch küsse, aber ich wollte nicht unter Bérangère und dem Deutschen liegend mit ihr knutschen, während das Licht jederzeit wieder angeknipst werden konnte. Ich konnte sie dazu bewegen, mit

mir hinauszugehen, zu den Sternen. Dort gab es dann keine Ausreden mehr. Der ziemlich langwierige Vorgang bestand darin, ihre Zunge in meinen Mund zu lassen und sie ab und zu in ihren zurückzuschieben. Ihre Spucke roch nach Spucke und ihre Zunge war kalt und glatt wie ein Fisch. Manchmal blinzelte ich in diesen endlosen Stunden, sah ihre geschlossenen Augen unter meinen, und es war mir als blinzele sie zurück. Ich kam nicht auf den Gedanken, meine Hände in trockeneren Körperregionen auf die Reise zu schicken, ich dachte nur daran, wie lange ich wohl höflicherweise warten müsse, bevor ich sie abschütteln dürfte. Nachher lief ich fluchend durch den Wald und spuckte, um diesen perversen Geschmack loszuwerden. Auf meinem einsamen Rückweg, vorbei an den patrouillierenden Nachtwachen, traf ich Mumpi, der auch nicht schlafen konnte. Wir stellten fest, dass wir die gleichen Puma-Turnschuhe trugen und wurden sofort Freunde. Es war ja verboten, um die Zeit hier herumzustreifen. Aber das war jetzt ein Abenteuer, unter dem Sternenhimmel in einer Sommernacht die Lagergesetze zu brechen. Wir gingen zur Außenwand des Speisesaals, wo immer auf Knopfdruck Zitronentee aus kleinen Hähnen floss, es war schließlich nicht irgendein Ferienlager, sondern das zentrale Pionierlager »Kalinin«. Am Teeausschank trafen wir auf die Frühreife aus meiner Gruppe und ihren Knutschkumpan. Mumpi fragte sie: »Lädt er dich schon zum Tee ein?« Das war genau mein Humor. Ich berichtete ihm von meinem furchtbaren Erlebnis mit der französischen Spucke, und wir fachsimpelten über Computer, Tischtennis und Samantha Fox. Am Ende stellten wir fest, dass wir im nächsten Jahr nicht nur an dieselbe Schule gehen würden, sondern sogar in dieselbe Klasse. Ich hatte ja schon ein erstes Treffen mit meinen zukünftigen Mathematiker-Mitschülern hinter mir, und es hatte mir vor Schreck die Sprache verschlagen, dass ich vier Jahre lang zu dieser Zombietruppe gehören solle. Mumpi war zu dem Treffen nicht erschienen, da er sich den Fuß gebrochen hatte. Ich atmete auf, wenigstens ein Mensch in meiner Klasse, der mehr auf Depeche Mode als auf Billy Joel stand, der sich die Haare wusch, keinen Schnurrbartflaum trug, und der einem nicht auf FDJ-Versammlungen erklärte, dass man doch nicht immer Westmusik hören müsse, schließlich gäbe es auch gute Lieder von DDR-Gruppen, zum Beispiel »Das Buch« von den Puhdys.
In den folgenden Tagen ging ich Samantha aus dem Weg, so gut es ging. Wenn ich sie in der Essensschlange sah, versteckte ich mich eine halbe Stunde hinter dem Gebäude. Wenn sie nach mir fragte, ließ ich ihr ausrichten, der Lagerleiter halte mich mit Permutationen im Haus fest. Ich erinnere mich noch, dass sie kurze rote Hosen trug, ich erinnere mich nicht, damals festgestellt zu haben, dass sie einen schönen Hintern hatte, woran ich mich jetzt zu erinnern glaube. So ist das mit den Erinnerungen.

Wenn ich andere Franzosen traf, fragten sie mich, ob ich mit ihr »*au lit*« gegangen sei. Ich hatte aber mein Wörterbuch nicht dabei und zuckte mit den Achseln. Daraufhin befeuchteten sie ihre Zeigefingerspitzen, legten sie aneinander und drehten die Finger in entgegengesetzter Richtung. Das hieß auf Französisch Geschlechtsverkehr haben, falls jemand das mal vorhat und nicht so gut Französisch kann.

Irgendwann fragte ich Samantha, ob sie sauer auf mich sei, weil ich mich so rar mache. Ich fragte: »*Est-ce que tu es aigre?*«, was auf Englisch heißen würde: »*Are you acid?*« Sie verstand erst nach langem Rätseln. Zum Abschied schrieb sie mir mit unleserlicher Schrift ihre Adresse auf einen kleinen Zettel. Sie hatte anscheinend gerade erst schreiben gelernt.

Viele Jahre später, aber noch vor dem Mauerfall, habe ich einmal von ihr geträumt. Ich fuhr in dem Traum nach Frankreich in eine Kleinstadt mit grauen Betonhäusern und suchte Samanthas Wohnung. Ich fand sie in einer Art Armenviertel, mit auf der Straße herumfliegenden Zeitungen. Samantha erwartete mich dort seit Jahren in einer engen, schmutzigen Wohnung voller kleiner Geschwisterkinder. Plötzlich wollte ich sie auch küssen. Das war das erste Mal, dass ich im Westen war, wenn auch nur im Traum.

Christoph Wilhelm Aigner
Verhindert Waldbrände!

Wer vom waldumstellten Ort Wiepersdorf in der Mark Brandenburg hinausstrebt in die stämmige Natur, muss vor Eintritt in diese ein Schild zur Kenntnis nehmen mit der Aufschrift: »Verhindert Waldbrände!«

Das lässt den Fremdling stutzen. Wie soll er sich verhalten? Er wollte eigentlich müßig gehen, also nichts tun in der Waldesruh. Nun wird er, ante portas quietatis, aufgefordert zu verhindern.

»Verhindert Waldbrände!« Das ist eher ein Befehl. »He, ihr da!« wird man angeschnauzt.

Der Fremde ist von Natur aus vorerst nicht nachtragend. Er weiß, er ist nicht irgendwo, sondern in Preußen, und überlegt, ob überhaupt er, der Einzelne, gemeint sein kann oder ob dieses »Verhindert!« mehr für Wandergruppen gedacht ist.

Bei ihm zu Hause im fernen Österreich stünde auf so einer Tafel im höchsten Fall »Bitte um keinen Waldbrand«. Und zwar ohne Rufzeichen. Eventuell anstelle einer Interpunktion Dürers betende Hände. Das wäre klar und höflich. Dieses Anschnauzen durch »Verhindert Waldbrände!« ist ohne Interpretation gar nicht zu verstehen. Ein Waldbrand an sich kann nämlich niemals verhindert werden.

Wenn der Waldbrand auftritt und als solcher identifiziert wird, ist er bereits ein Waldbrand. Ein Waldbrand ist erst ein Waldbrand, wenn der Wald brennt. Nur als brennender kann der Wald als Waldbrand identifiziert werden. Wo kein Waldbrand, da ist vorerst nur Wald. Erst wenn der Wald brennt, ist er in seinem ganzen Wesen Waldbrand. Dann kann er nicht verhindert werden. Man kann versuchen, ihn zu löschen. Das ist etwas anderes. Wenn dies gewünscht wäre, müsste es auf dem Schild heißen: »Löscht Waldbrände!« Es heißt aber ausdrücklich: »Verhindert Waldbrände!«

Und zwar mehrere.

Aber wie viele?

Mindestens zwei jedenfalls. Die Obergrenze dürften alle bis auf einen sein. Denn es steht ausdrücklich nicht auf dem Schild: »Verhindert alle Waldbrände!« Einen muss man auf jeden Fall übrig lassen. Dazwischen hat man freie Hand.

Der Fremde blickt um sich und entdeckt gewissenhaft keine Waldbrände. Wenn er nun zwei bis fast alle Waldbrände verhindern soll, muss zuerst ein Waldbrand vorhanden sein. Denn mehrere ohne einen, zumindest den ersten, ist unmöglich. Ein Waldbrand scheint also frei zu sein. Wahrscheinlich als Anschauungswaldbrand.

Der österreichische Waldspaziergänger weiß in seinem tiefsten Herzen, dass man einen Waldbrand nicht vorsätzlich anzettelt. Ihm passiert der Waldbrand lieber. Er schreitet gleichsam träumend durch den Wald, lässt ein entflammtes Streichhölzchen fallen und wandelt schlafwandlerisch sicher vor den lodernden Bäumen zum ehemaligen Wald hinaus.

Es scheint völlig sinnlos zu sein, dem wie abwesend in den Wald tretenden Österreicher mit Aufforderungen oder gar Befehlen kommen zu wollen. Gerade vor Befehlen wird der Österreicher besonders träumerisch. Ein österreichisches Schild für den Österreicher in Österreich könnte bestenfalls etwas erreichen, wenn es einen Hinweis andeuten würde, der Waldgänger möge sich eventuell selber höflich fragen, ob es nicht hätte sein können, dass zufällig ihm ein Waldbrand ausgekommen wäre. Es sei aber nicht persönlich gemeint. So ein Schild müsste auch mit der Schrift zum Wald hin angebracht sein. Der Österreicher nimmt es nach seinem Waldgang zur Kenntnis oder nicht. Von vornherein nimmt der Österreicher gar nichts zur Kenntnis. Er besinnt sich im Nachhinein. Der Österreicher per se ist ein Nachdenker. Der Deutsche hingegen vermutet von vornherein in jedem Spaziergänger einen Brandleger und fordert gewissermaßen seine Waldgänger auf, die anderen als potenzielle Pyromanen zu betrachten. So gesehen bekommt das unwirsche »Verhindert Waldbrände!« noch einen höflichen Charakter.

Der Deutsche misstraut dem Einzelnen und drückt es allgemein aus. Er wendet sich an die anderen und meint dich. Der Deutsche hat das Grundwissen voraus, dass jeder, der den Wald betritt, dies mit dem Vorsatz tut, Feuer zu legen, und er geht somit viel aufmerksamer durch den Wald. Der Deutsche, der seine Kiefern abschreitet und sie kalten Augs auf Brennbarkeit prüft, muss verhindern, dass ihm ein Pyromane zuvorkommt.

Der Sinn des Schilds »Verhindert Waldbrände!« wird dem Fremden immer klarer. Es wendet sich an den potenziellen Waldbrandverursacher, den deutschen Waldspaziergänger, der als Brandstifter in den Wald hineintritt, verhindert wird und als inspirierter Naturfreund den Wald verlässt.

Da der Deutsche immer und bei allem der Erste sein möchte, wird man aus dieser Prämisse nicht ganz falsch deduzieren, dass er auch bei der Waldbrandlegung nicht hintanstehen will. Er muss den Brandleger, der ihm zuvorkommen möchte, mit allen Mitteln zu verhindern suchen, so dass die deutschen Wälder vor deutschen Pyromanen wimmeln, die einander observieren und einander an der Ausübung ihrer geheimsten Wünsche hindern.

Über den Fremdling, der noch immer sinnierend vor dem Schild steht, hat sich die Dunkelheit ausgebreitet. Er wird umkehren, Wiepersdorf betreten um die Erfahrung reicher, dass der Österreicher denkt und der Deutsche lenkt.

Annette Pehnt
Matt und Flex

Matt und Flex gehen nebeneinander durch die Schrebergärten. Flex reicht Matt bis ans Knie. Er ist schmal, strähnig und ockerbraun mit einzelnen dunkelbraunen Haaren. Seine Ohren sind an den Spitzen farblos. Eine ungewöhnliche Zunge besitzt er, mit knotigen Verschlingungen, als kreuzten sich Bindfäden auf der weichen feuchten Oberfläche. Auch Matt ist schmal und kurz, vielleicht müsste man ihn sogar kleinwüchsig nennen, aber niemand käme auf solche Gedanken. Denn Matt ist besessen, und Besessenheit macht groß.
Wenn Matts Besessenheit die Oberhand hat, und das geschieht oft, schrumpft Flex neben ihm auf die Größe eines Kaninchens zusammen. Handlich und leicht stinkend trottet er neben Matt her, ist nicht wählerisch, was das Futter und den Schlafplatz angeht, und schiebt Matt manchmal die Schnauze in die Kniekehle, eine Berührung, auf die Matt nicht mehr verzichten kann.
Auch Matt ist nicht wählerisch, wenn die Besessenheit die Oberhand hat. Die Besessenheit lastet auf ihm wie eine fette Person, die beide Beine um seine Schultern geschlungen hat und ihr ganzes Gewicht auf seinem Kreuz ablädt. Sie ist eine Last, und Matt geht, wenn sie besonders schwer wiegt, leicht vornübergebeugt und federt in den Knien, um das Gewicht abzufangen. An solchen Tagen quellen seine Augen leicht aus den Höhlen, als presste die Besessenheit ihm mit ihren dicken Fingern die Schädeldecke zusammen und die Augen hätten keinen Platz mehr dort, wo sie eigentlich sitzen sollten.
Eine fette Person ließe sich allerdings verjagen. Ein Tritt in das schwammige Gesäß, ein gezielter Biss von Flex, und sie würde sich davonmachen, nicht eben schnell, mit viel Murren und Zetern und dem breithüftigen und doch fast zierlichen Gang, den sehr fette Personen manchmal haben.
Aber Matts Besessenheit lässt sich nicht abschütteln. Sie quetscht ihm den Schädel zusammen, kriecht durch seine Innereien, sorgt für heiße Wallungen, Zähneknirschen und heftige Durchfallattacken, die sich nur besänftigen lassen, indem Matt ihnen nachgibt, ganz gleich, wo er ist. Er hat schon hinter blühenden Forsythien im Stadtpark gehockt, die Hose umschlackert die Fußgelenke; Flex Wache haltend am Kiesweg, auf dem müde Mütter Kinderwagen schoben und Wespen verscheuchten. Matt konnte sie durch die Zweige sehen und duckte sich noch tiefer, schließlich war er kein Penner und hätte sich lieber woanders erleichtert, und da die Besessenheit mit dem Durchfall abklang, schämte er sich seiner Zügellosigkeit.

Klopapier hat er immer dabei, seit er besessen ist, auch andere Dinge, die den Zustand manchmal lindern können: Lektüre zur Ablenkung und Kräuterbonbons mit einem unangenehmen Fenchelgeschmack, die ihn so ekeln, dass er sich auf den süßlichen Belag auf seiner Zunge konzentrieren muss, zumindest einige Sekunden lang, und im schlimmsten Fall zählt jede Sekunde, die ihn abbremst und den Herzschlag leicht verlangsamt. Er ruft nach Flex, wickelt mit zitternden Händen Fenchelbonbons aus dem Papier, und wenn es abklingt und er flach atmend auf einer Parkbank oder in einem Bushäuschen oder auf der Wiese hinter den Schrebergärten sitzt, Flex zwischen den Knien, ist er stolz, sich gesteuert und dieser unbändigen Kraft einen Riegel vorgeschoben zu haben.

Er schlägt die Beine übereinander, schaut auf Flex' farblose Ohren und hofft, dass Leute vorbeikommen, die ihn dort sitzen sehen können, einen Mann, der mit seinem Hund einen Spaziergang macht und sich ein wenig auf einer Bank ausruht. Dann weicht der Stolz allmählich einem Schamgefühl, wie weit ist es mit ihm gekommen, dass er stolz darauf ist, auf einer Bank zu sitzen, wie kann es sein, dass er sich so gehen lässt, es ist eine Krankheit, er muss Hilfe suchen, so kann es nicht weitergehen.

Er denkt an seinen Freund Rick, der mit seinem Rennrad in eine Straßenbahnschiene geraten, auf das Kopfsteinpflaster gestürzt und mit einer Schädelverletzung durch die Straßen getaumelt ist, bis ihn einer aufgesammelt und in die Klinik gefahren hat. Danach wurde er seltsam, neigte den Kopf zur Seite, während Matt mit ihm sprach, als ob er in der Ferne Geräusche oder eine Musik hören könnte, und einmal rief er Matt aus der Irrenanstalt an, rat mal, wo ich bin, sagte er, wollte aber nicht abgeholt werden, die helfen mir hier, ich komm erst wieder, wenn ich richtig im Kopf bin. Damals hatte Matt noch ein Telefon.

Ganz richtig ist Rick aber nie wieder geworden. Matt hat ihn schon lange nicht mehr gesehen, er hörte auf, sich zu rasieren, bald wuchs ihm der Bart bis auf die Hemdknöpfe, und sein Rennrad nahm er auseinander und hängte die einzelnen Teile in seiner Mansarde an die Wand. Du siehst aus wie ein Penner, sagte Matt manchmal zu ihm, so wie Moni es damals zu ihm gesagt hatte, aber das machte Rick nichts aus, seine Augen verschwanden fast hinter den ungekämmten Locken und den wuchernden Koteletten, ja und, sagte er nur.

Wenn Matt auf der Bank sitzt und die Leute ihn im Vorübergehen flüchtig mustern, das tun sie bei jedem, muss er sich versichern, das hat nichts mit mir zu tun, sieht er sorgenvoll an sich herab und nimmt sich vor, etwas zu unternehmen, Heilung zu suchen oder es irgendwie aus sich herauszuprügeln. Schließlich bin ich nicht irre, sagt er laut und beißt sich sofort auf die Lippen. Nur Irre reden laut auf Parkbänken, aber er hat ja Flex, und die Mütter und die alten Damen mit ihren Gehmaschinen denken sicher, er spräche mit Flex.

Solange ich weiß, dass ich besessen bin, habe ich doch noch alle Tassen im Schrank, denkt Matt. Wenn niemand in der Nähe ist, nimmt er Flex' Gesicht zwischen seine Hände und erklärt es ihm, ich weiß, was mit mir los ist. Dabei stimmt es nicht, Matt hat keine Ahnung, was mit ihm los ist, er merkt nur vorher und hinterher, wie es ungefähr um ihn steht.
Doch wenn er sich würgend vornüberbeugt und an seinem Haar reißt, um nicht zu schreien, dann weiß er gar nichts, er weiß nur, dass er es nicht aushalten kann, und dann streckt er sich und schreit doch und packt mit den Händen die Hautfalten am Bauch, zerrt daran, als ob er sich auseinander ziehen wollte, und er sieht nichts mehr und hört nichts mehr und rammt sich die Fingernägel in die Haut.
In einem Kaufhaus für Herrenbekleidung harrte er einmal fast eine Stunde hinter dem anthrazitfarbenen Vorhang einer Umkleide aus, die Faust zwischen die Zähne gerammt, und starrte auf die gebügelten Hosenbeine, die davor auf und ab flanierten, bis die Besessenheit sich, höhnisch, wie ihm schien, schlagartig verflüchtigte wie selten, sie war einfach weg, und er setzte sich erschöpft auf die winzige Bank, lehnte den Kopf gegen die gummiartige Wand der Kabine und vermied den Blick in die Spiegel, die links und rechts im künstlichen Licht vibrierten. Flex musste draußen warten, er war das Warten gewohnt, hockte zuverlässig auf seinen dünnen Hinterbeinen, auch Stunden später, und biss sich die Zecken aus dem Pelz.
Rick, als er noch richtig im Kopf war und auch die anderen, fragten ihn anfangs oft, was hast du denn, was ist es denn. Moni nahm ihn richtig in die Mangel, sie setzte sich ganz dicht neben ihn und hielt seine Hände, die unruhig zuckten, er konnte es kaum ertragen, so festgehalten zu werden, aber sie dachte wohl, so könnte sie etwas aus ihm herauspressen. Sie hielt ihr Gesicht nah an seine Augen, er konnte sie riechen, ein Geruch nach Avocadocrème und Mittagessen, und sprach tiefer als sonst, hör mal, was machst du für Sachen, du musst darüber sprechen, wir glauben alle, du brauchst Hilfe. Das war noch ganz zu Anfang.
Matt wusste nicht, was er sagen und ob er überhaupt versuchen sollte, es zu erklären. Er drehte sich halb von Moni weg, aber sie ließ seine Hände nicht los, sie hatte den Griff eines Tierarztes, wieso Hilfe, sagte er. Ich bin doch nicht bekloppt. Du bist von Sinnen, sagte Moni und drückte erst seine rechte, dann seine linke Hand, du brüllst auf offener Straße, du kommst nicht mehr zu unseren Abenden, du gehst nicht ans Telefon, du hast dir sogar einen miesen kleinen Köter zugelegt. Das ist kein mieser Köter, sagte Matt, die Hälfte aller Deutschen besitzt Haustiere. Willst du die alle einsperren.
Moni erhob sich halb und stand über ihm. Schon spürte Matt ein leichtes Brennen in der Speiseröhre, das der Besessenheit manchmal vorausging. Es muss

doch einen Grund geben, sagte Moni und roch nach gebratenen Zwiebeln, denk mal nach, einen Auslöser, früher warst du doch nicht so. Es passiert einfach, sagte Matt, und da ist sie dann. Wer, sagte Moni. Ich meine, es, sagte Matt. Ich verstehe kein Wort, sagte Moni, gehst du denn noch zur Arbeit.

Matt war kaum noch dort gewesen, seit er Flex geholt hatte. Hunde waren in der Bibliothek verboten. Ein paar Tage lang hatte Matt an seinem Platz gesessen, neben der Lichtschranke, und den Studenten auf die Jacken geguckt, wie es seine Aufgabe war. Die Studenten durften keine Bücher klauen, keine Lebensmittel und keine Haustiere in den Lesesaal mitnehmen, genau wie Matt. Die Studenten und er, fand er plötzlich, saßen in einem Boot. Er winkte sie durch, auch wenn sich ihre Jacken an der Brust flaschenförmig ausbeulten. Einen dünnen, vergilbt aussehenden Studenten hielt er an, beugte sich über die Theke und flüsterte ihm zu, wir sitzen in einem Boot. Das war tröstlich gemeint, aber der Student erschrak und machte einen Satz nach vorn, und die Sprudelflasche unter seiner Jeansjacke rutschte ihm aus dem Arm. Matt musste aufwischen und bekam einen strengen Verweis.

An seinem Platz konnte Matt der Besessenheit vorläufig standhalten, aber er wusste, dass Flex unten an den Fahrradständern auf ihn wartete und wollte ihm nicht zu viel zumuten, denn Flex war der Einzige, dem das Schreien und Schwitzen und der Durchfall nichts ausmachten. Den musste er sich warm halten. Also ging er nicht mehr zur Arbeit. Die Arbeit lag mir nicht, sagte er zu Moni. Moni wurde wütend und fing an, ihm zu drohen. Sie beugte sich über ihn und schrie, du wirst noch zum Penner, willst du das, aber Matt konnte nichts mehr sagen, weil das Brennen zum Würgen und sein Nacken kalt wurde.

Nach Moni kam noch Rick, dem nichts einfiel, er aß das Konditorgebäck auf, das Moni mitgebracht hatte, und als Gudrun die Gute klingelte, konnte Matt nicht aufmachen, weil er zitternd und hechelnd unter der Dusche hockte, um die Besessenheit mit kochendem Wasser zu vertreiben. Damals dachte er noch, man könnte ihr mit einfachen Hausmitteln beikommen. Als er verbrüht aus dem Bad kam und Flex vor die Tür ließ, fand er einen Zettel, den Gudrun die Gute ihm unter die Matte geklemmt hatte, und einen Strauß Tulpen. Die Tulpen stopfte er gleich in den Müll. Schließlich war er nicht krank. Dachte er damals.

Nach Monis Besuch hatte Matt Angst, sie könnte ihm auf die Pelle rücken. Zu der Besessenheit, die ihn nun in regelmäßigen Abständen heimsuchte, kam die Angst, Moni schlüge Alarm und schickte ihm gestählte Krankenpfleger auf den Hals, die so stark wären, dass sie ihn mit einem Nackengriff in die Knie zwingen könnten, oder schlimmer noch, ein Seelenklempner lauerte auf ihn im viel zu grell beleuchteten Treppenhaus, das Matt immer die Augen zusammen-

kneifen ließ, und wie sollte er sich geblendet seinen Feinden stellen. Oder jemand vom Tierschutz könnte ihm Flex unter fadenscheinigen Gründen entwenden, die eine oder andere Zecke findet man bei jedem Hund, wenn man es darauf anlegt.
Moment mal, sagte sich Matt, ich bin ja nicht verrückt, mir will ja keiner was, Moni ist kein Racheengel, obwohl ich ihr damals übel mitgespielt habe, ein Jahr lang hat sie auf mich gewartet, und dann habe ich sie doch nicht genommen, und dafür lässt sie mich jetzt ein Jahr lang zappeln, möglich wäre es, aber so ist sie doch nicht. Da Matt nie über früher nachdachte, früher nicht und jetzt erst recht nicht, wo er mit der Besessenheit mehr als genug zu tun hatte, hörte er schnell wieder damit auf. Stattdessen ging er einfach nicht mehr an die Tür, wenn jemand klingelte. So ersparte er sich viele Ängste. Irgendwann gaben sie es dann auf.
Rick wurde komisch im Kopf, Moni hatte einfach genug, Gudrun die Gute heiratete, bekam ein Kind und dicke Brüste. Matt sah sie einmal von weitem in der Stadt. Sie schob den Kinderwagen mit einer Hand und wirkte heiter. Obwohl sie sich vielleicht gefreut hätte, ihn zu sehen, wollte Matt ihr nicht zu nahe kommen, weil Flex kleine Kinder nicht mochte. Sonst war er stets duldsam, aber wenn Kinder mit ausgestreckten Händen auf ihn zurannten, wurde er noch dünner als sonst und jammerte.
Als Matt niemanden mehr kannte, machte das Telefon keinen Sinn. Es war zwar schön, es als Möbelstück und Erinnerung an früher ab und zu in die Hand zu nehmen, aber Matt musste nun sparen. Auf die Wohnung wollte er nicht verzichten, denn er war ja kein Penner, morgens holte er die Milch aus dem Kühlschrank, und die Butter bewahrte er in einer Butterdose auf, das wäre ohne Wohnung nicht möglich. Außerdem könnte die Besessenheit so plötzlich weichen, wie sie gekommen war, und wie stünde er dann da ohne Wohnung.
In der Wohnung sind auch die Bücher, die er allerdings nur noch selten anrührt, weil er entweder besessen oder so erschöpft ist, dass sie ihm nach vier oder fünf Seiten aus der Hand fallen, und die Hemden, die er immer noch bügelt, wenn auch nicht zwischen den Knöpfen. Die Wohnung kann er nicht aufgeben, auch Flex wäre dagegen, er beklagt sich nie, aber Matt sieht ihm an, dass die Warterei im Nieselregen oder in Kaufhäusern ihm oft zu schaffen macht, und in der Wohnung hat Matt für ihn einen Gummiknochen bereitgelegt wie für einen ganz normalen Hund, den nimmt er zwischen die Pfoten und sabbert auf den Teppich.
Dann kommt ein Tag, an dem Matt durch die Stadt geht wie früher. Er hat seinen Notfallrucksack mit den Fenchelbonbons und der Lektüre zu Hause vergessen, und es macht ihm nichts aus, weil die Besessenheit sich weit und breit nicht blicken lässt, Matt kann sogar lachen bei dem Gedanken an Durchfall

hinter Rhododendren und Schreie in der Fußgängerzone. Er lacht ein bisschen vor sich hin und sieht den Leuten ins Gesicht, fast hofft er, Rick oder Gudrun die Gute oder sogar Moni zu treffen und sie zu Bananenmilch einzuladen, eine Zeit lang war ich komisch, könnte er sagen, sicher, aber das ist vorbei, Schwamm drüber. Flex' Fell sieht im Junilicht fast hellbraun aus, und Matt riecht die Linden, ein Geruch nach Sirup ist das, von dem man nicht genug kriegen kann. Er bleibt stehen, legt den Kopf in den Nacken und riecht mit weit geöffneten Nasenflügeln, bis sich die Leute nach ihm umdrehen. Das bin ich ja gewöhnt von euch, ruft er ihnen zu und lässt sich beim Riechen nicht stören. Flex sitzt neben ihm, lässt seine knotige Zunge aus dem Maul hängen und sieht zu.

An der Ecke kurbelt ein Frauchen von der Heilsarmee an einer Drehorgel, und aus den Kaufhäusern wehen seifige Klänge. Heute geht es, sagt Matt zu Flex. Ab und zu bleibt er stehen, tut so, als müsste er die Schuhe binden, und horcht, ob sich die Besessenheit in seinen Innereien bemerkbar macht, aber nichts regt sich. Bis die Straßenlaternen angehen, laufen Matt und Flex durch die Stadt. Ich könnte meine Arbeit wieder aufnehmen, sagt Matt zu Flex. Flex ist vor einem Griechenlokal stehen geblieben und starrt durch die Schiebetür.

Drinnen sitzt Rick auf einem Barhocker, eine Kapuze halb über den Kopf gezogen, und dreht eine Papierserviette zwischen den Fingern. Der Grieche hobelt Fleischspäne von einem riesigen Fleischkegel ab, der sich dampfend um die eigene Achse dreht. Matt steckt den Kopf durch die Tür, Rick, ruft er, es ist doch Juni. Rick dreht sich langsam um und zieht sich die Kapuze von den Haaren; sein Bart ist noch länger und an den Zipfeln gelblich geworden. Der darf nicht rein, ruft der Grieche über die Theke und zeigt auf Flex. Flex schlüpft an Matt vorbei zur Theke und starrt auf den Fleischkegel.

Matt stellt sich neben Rick, mir gehts wieder gut, Rick, sagt er, seit heute. Er spürt ein leichtes Ziehen in der Speiseröhre. Rick schaut durch seine Haare an ihm vorbei. Seit heute, Rick, sagt Matt.

Mirko Bonné
Die Liebe der Riesen

Wenn es nach uns gegangen wäre, so würde es die Liebe vielleicht noch gar nicht geben, ja noch nicht einmal die Freundschaft.
Zum Glück ist aber die Erfindung der Liebe auch ohne meine Freunde und ganz ohne mich gelungen. Wo fand sie statt? In unseren Wohnungen nicht.
Eine Zeit lang tobte ein wilder Kampf um Mitbewohner unter uns. Da wir uns davor scheuten, Aushänge zu entwerfen und Abreißzettel überall dort zu befestigen, wo viele Leute vorüberkommen, die dich schon beim Ankleben missbilligend mustern, reichten wir uns die Mitbewohner lieber untereinander weiter. Ich nehme an, es ist der Lauf der Dinge, dass wir irgendwann, zunächst sicher versehentlich, doch dann auch bewusst und schließlich ganz offen begannen, uns diese wenigen, wenn nicht einzigen Interessenten an unseren leeren Räumen streitig zu machen.
Immerhin aber lernte ich so Marc und Franziska kennen.
Heute sind wir in alle Windrichtungen davongeflogen. Der eine lebt in Florenz, einem anderen ist der Erfolg zu Kopf gestiegen, eine Freundin ist bei einer Bootsregatta in den Kanal gefallen und ertrunken. Von den meisten habe ich nichts mehr gehört. Man trifft sich an einer Kölner Straßenecke, auf dem Vorplatz des Bahnhofs Zoo, grüßt, lässt grüßen und geht weiter. C'est la vie, Sellerie.
Die kleine Gemeinde dürrer Fliegen, die an unseren schmuddeligen Netzen kleben blieb... ein in unserer Clique gern zitiertes Bild, das Marc nicht gekannt hatte, als er bei Jan ausgezogen war. Sein Zettel mit der schaurig schönen Aufschrift »Habe dir was Lebendiges hinterlassen« bezog sich auf eine Obstschale. Jan, soeben aus dem Urlaub in Finnland zurückgekehrt, fand die Schale schwarz von auf den verrotteten Pfirsichen hockenden Fruchtfliegen vor und rief mich an: in einer Wolke aus Insekten stehend, wie er sagte.
Ich gestand ihm auf der Stelle, dass Marc in der Zwischenzeit mein leer stehendes Zimmer bezogen hatte, verschwieg allerdings, dass ich es gewesen war, der Marc angeboten hatte, zu mir zu ziehen und dass mein Angebot in Jans Wohnung gefallen war. In Jans Abwesenheit hatte Marc dort eine praktisch ununterbrochene Abfolge von Partys abgehalten, und eines Abends war ich in eine dieser Hasch-und-Orangensaft-Orgien hineingeraten.
»Ich bin froh, dass dieser Schmutz jetzt bei dir haust«, sagte Jan am Telefon. Natürlich war er gekränkt. Sein Rennrad war zuschanden gefahren, sein Eskimoschmuck verschimmelt, Jan hatte alle seine Zimmerpflanzen in den Bio-Müll geworfen.

»Und Franziska?«, fragte er. »Ist er immer noch mit Franziska zusammen?«
Hier berührte Jan endlich das eigentliche Problem. Denn wer Marc nicht mehr hatte, der hatte auch Franziska nicht. Marc wohnte nun bei mir, und an jedem Wochenende besuchte ihn – und damit mich – Franziska, die in Marcs Heimatstadt im Harz die Handelsschule besuchte, bis sie volljährig sein und zu Marc und mir in die Großstadt ziehen würde. Es war rührend.
Ich sagte: »Ja, mein Lieber. Sie sind noch zusammen. Ich verstehe genauso wenig wie du, was sie an ihm findet. Heute kommt sie übrigens. Ich hole sie gleich vom ZOB ab. Marc muss ja das ganze Wochenende arbeiten.«
»Das ist bitter«, presste Jan noch heraus.
»Ja, heftig«, sagte ich gewandt seiner schwarzen Laune die giftige Farbe reichend. »Aber nach den Fruchtfliegen hat er es verdient. Soll er schuften, was! Während wir das herrliche Wetter genießen. Was machst du? Gehst du baden?«
»Ja, baden, vielleicht. Und du?«
»Ich werde Marc sagen, dass er dich anrufen soll. Oder warte. Wolltest du mit Franziska sprechen?«
»Ich? Nein«, sagte er, und bald darauf legten wir auf.
In Marcs Zimmer herrschte wildes Durcheinander. Ich hob das Federbett vom Boden auf, bahnte mir einen Weg zum Schreibtisch und begann, in der Schneise stehend, Schmutzwäsche und Unrat vom Teppich zu klauben. Wie Marc lebte, war mir egal, nicht aber, welchen Eindruck Franziska von meiner Fürsorge bekam. Sie machte, für ihr junges Alter, einen gepflegten Eindruck. Sie kam aus gutem Haus. Ihre Mutter hatte angerufen, bevor Franziska zum ersten Mal seit Marcs Umzug zu ihm gefahren war. Ihre Mutter hatte zunächst mit Marc geredet und dann mich, seinen neuen Vermieter, zu sprechen verlangt.
»Dies soll keine Überwachung sein, ich möchte Sie nur einmal persönlich gesprochen haben. Ich liebe meine Tochter sehr«, hatte sie zu mir gesagt, und ich hätte antworten können: »Kein Wunder.« Stattdessen hatte ich das abgespult, was eine Mutter erwarten konnte: »Machen Sie sich keine Sorgen, die beiden sind vernünftig, und wenn nicht, bin ich auch noch da.«
Ich schnürte einen Müllsack zu, wusch mir die Hände, zog mich an und nahm in der Aussicht, in Kürze Franziska für mich allein zu haben, im Treppenhaus zwei Stufen auf einmal. Jetzt war alles vorbereitet. Fragte sich bloß, für was. Ich hatte keine Ahnung, was ich vorhatte. Ich lief einem blauen Band nach, das sich weich in der Hand anfühlte, von dem ich aber nicht wusste, woran es festgemacht war oder wer es mir hinhielt. Ich fühlte mich einsam und rannte, das blaue Band durch die Hand laufen lassend, durch die Straße, in der mein Klinkerblock stand. Seit ich den Plan gefasst hatte, Marc und Franziska zu mir zu holen, ging es mir besser. Insgeheim war ich wieder jung wie die beiden, und

richtig, einmal war ein blaues Band kreuz und quer über den Hof des Gymnasiums gespannt gewesen, ein schön anzuschauendes Luftlabyrinth für die Abilehrer bildend, denen man damit auf harmlose Weise eigentlich nur vor Augen geführt hatte, dass man sich auch nach bestandener Prüfung weigerte, voll und ganz vernünftig zu sein.
Bei den Mülltonnen am Parkplatz traf ich meinen Hausarzt. Er erzählte, dass es meiner Etagennachbarin nicht gut gehe. In der Nacht sei der Notarzt bei dem alten Ehepaar gewesen. Ich stand an meinem Auto, wusste nichts zu antworten und sagte schließlich, eher um wegzukommen: »Ich mag die beiden. Es wäre schade, wenn einer von ihnen sterben würde.«
»Einer wird den Anfang machen müssen«, gab Dr. Lechner zurück, zog die Brauen nach oben und die Mundwinkel nach unten, was wohl soviel heißen sollte wie: Das zu sagen ist zwar nicht nett, aber die Wahrheit, und deshalb sage ich es.
Ich stieg ein.
»Sie haben einen neuen Mitbewohner, wie man hört!«, sagte er auf dem Bürgersteig stehen bleibend.
Und ich sagte durch die offene Seitentür: »Ja, aber der ist jung!«
Marc war überall in der Stadt gegenwärtig, zumindest für mich, der ich wusste, dass die Riesenplakate, die für eine neue Generation von Brillen warben, in der Großfotofirma hergestellt wurden, in der Marc als Fahrer und Packer angestellt war.
Bevor ich zum Busbahnhof kam, rief ich Marcs Handy an, um sicherzugehen, dass er beschäftigt war.
Er meldete sich und fragte nach Franziska. »Uh, mir geht die Hose!«, sagte er. Ich tröstete ihn mit der Aussicht auf den Joint am Abend, ein Computerspiel, eine Steinofenpizza.
»Alles klar«, sagte er. »Es ist auch okay hier. Und die Schnitte, von der ich dir erzählt habe, ist Tatsache eingestellt worden. Du sagst aber Franziska nichts, klar?!«
Marc übte eine mir unerklärliche Sogwirkung auf Frauen aus. Ich hatte es erlebt, als einige Tage zuvor meine Schwester zu Besuch gekommen war, um die Feier zur Silberhochzeit meiner Eltern zu besprechen. Sie hatte mich zur Seite genommen und regelrecht zu stammeln begonnen, um an »Infos über den Süßi« zu gelangen.
Der Süßi roch nach Schimmelpilz und kaltem Rauch und ich hatte seine Designer-Unterhosen vom Teppichboden abreißen müssen und in den Müll getragen.
»Du sollst mal bei Jan anrufen«, sagte ich in das Handy und wartete die Reaktion ab.

Die lautete standesgemäß: »Jan? Kenne ich keinen.«
»Fruchtfliegen-Jan. Eskimoschmuck-Jan.«
»Ach, der.«
»Der Bus kommt«, sagte ich. »Ich sehe sie schon. Ja, da ist sie. Soll ich ihr etwas ausrichten?«
Marcs Stimme wurde sanft: »Küss sie auf den Hals von mir. Superzärtlich, okay?«
Franziska stand im Schutz eines Bushaltestellenhäuschens und beobachtete den langsameren Verkehr. Sie hatte einen knielangen Regenmantel an. Ich lenkte den Wagen in die Busbucht, stoppte, entriegelte die Beifahrertür, rief sie und sah, wie sie staunte und mich zuerst nicht erkannte, weil sie mich nicht erwartete. Dann konnte sie mein Gesicht zuordnen und lächelte mit kurzen Pausen. Sie beugte sich ins Auto, ich erzählte von Marcs Arbeitswochenende. Sie stieg ein und bedankte sich, und ich fuhr los.
Es war eine der letzten Wochen in einem völlig verregneten Sommer, und endlich war das Wetter besser. Die Sonne schien, eine leichte Brise ging, das Laub an den Bäumen der kleinen Parks, an denen wir vorbeikamen, wurde rot und gelb und schickte das Licht in alle Richtungen davon. Ich setzte die Sonnenbrille auf und fragte Franziska, ob sie Hunger habe.
»Nein, ich habe zu Hause noch gegessen«, sagte sie.
»Was gab es denn?«
»Ich weiß es nicht mehr.«
»Wollen wir etwas trinken?«
Franziska verneinte meine Fragen oder antwortete ausweichend. Ich fuhr zur Wohnung. Sie ging gleich in Marcs Zimmer, schloss die Tür und kam erst wieder zum Vorschein, als ich am frühen Abend mit Kochen begann. Sie blieb in der Tür stehen, legte den Kopf schief und fragte mit ausdrucksloser Miene, ob sie helfen solle.
Sie hatte den Salat kaum zur Hälfte zerrupft, als Marcs Schlüssel ins Schloss fuhr, die Wohnungstür aufflog und Prinz Pferdeschwanz hereinsegelte.
»Na, Baby, nicht weinen. Ich bin ja da!«, sagte Marc, drückte sie hintenüber und zwang sie in einen Draculakuss. Franziska machte »Mmmpf« an seinem Mund.
Und zu mir sagte er: »Danke, Alter. Was gibt's 'n außer Salat? Ich will Blut!«
Franziska quiekte und rannte vor ihm davon in sein Zimmer.
Nach dem Essen machte ich die Küche sauber, telefonierte mit meiner Schwester (»Grüß mal deinen süßen Typen!«) und arbeitete an meiner Übersetzung weiter: »Les inventeurs d'amour«.
Derweil war der wirkliche Erfinder der Liebe an diesem Abend am Küchentisch zu Gange. Marc baute nach allen Regeln der Kunst eine Tüte. Dabei

bekam er sein sanftestes Gesicht. Ich holte mir ein Glas Wein aus der kühlen Flasche und fragte mich, als ich ihn so glücklich dort sitzen sah, ob meine Schwester wohl kiffte. Franziska kam herein. Sie war barfuß und hatte nur ein T-Shirt und ein goldenes Höschen an, setzte sich auf Marcs Schoß und sah ihm zu, wie er krümelte, faltete, zwirbelte und leckte. Sie durfte anzünden und den ersten Zug nehmen. Beide grinsten mich an.

»Ihr seid klasse«, sagte ich und verzog mich an den Schreibtisch.

Sie gingen duschen. Irgendwann klopfte es und der nackte Marc stand in meiner Tür, blutrote Augen, seligstes Grinsen, nass von Kopf bis Fuß.

»Ich baue noch einen für die Nacht. Willste? Ich hätte auch Bock auf 'n Spacespiel.« So schön es manchmal war, mit Marc um die Wette durchs All zu gleiten und den high score weiter und weiter in nicht für möglich gehaltene Bereiche zu treiben ... ich merkte doch, und rechnete es ihm hoch an, dass er mir einen Gefallen tun wollte, dass er nur an Franziska denken konnte und daran, dass sie morgen noch da wäre und dann wieder fünf Tage lang nicht.

Am Morgen war ich als Erster wach und machte Frühstück in der Küche. Marc stöhnte wegen seiner Migräne, die ein veritabler Kater war: Während Franziska geschlafen hatte, hatte er noch gespielt (»Level 14!«) und dabei zwei Glas Bourbon geleert. Bourbon und Grüner Afghane ... warum das, wenn die geduschte und duftende nackte Franziska in seinem Bett lag?

Franziska saß am Tisch, mampfte ihre Brötchenhälfte und sagte so lange nichts, bis Marc zur Uhr sah und aufsprang. Er fragte, ob er den Wagen haben könne. Ohne lange zu überlegen sagte ich: »Nimm ihn.« Schließlich waren Franziska und ich dann weniger mobil oder doch wenigstens weniger flexibel, was übersetzt hieß: Wir würden zu Hause bleiben.

»Habt ihr eigentlich mein Plakat gesehen?«

»Plakat?«, fragte Franziska mit vollem Mund.

Ich sagte, dass wir einen Spaziergang machen und sicherlich eines der Brillen-Plakate dabei entdecken würden.

»Die Verkantungsidee ist von mir«, sagte Marc kryptisch. Dann war er weg, und die bis in die Haare fahrende und kein bisschen knistern wollende Spannung zwischen Franziska und mir ging von neuem los. Madame verschwand in Marcs Zimmer, und ich hörte den Fernseher durch die Wand, an der mein Bett stand.

Ich hatte keine Lust, an den Schreibtisch zu den Erfindern der Liebe zu gehen. Ich lag da, tastete meinen Leib nach Auffälligkeiten ab und starrte dabei vor mich hin wie jene Brillenriesen auf dem Plakat, das Marc verkantet hatte. Es war Sonntag. Der letzte Sonntag im Sommer. Die Riesen entdeckten die Liebe. Ich schlief ein.

Ich wachte auf, weil Franziska mir etwas zurief. Sie stand in der Tür, im unveränderten T-Shirt und goldenen Höschen, und sagte: »Du, ich glaube, da passiert was Schlimmes nebenan.«
Ich wickelte mich in die Bettdecke und ging nachsehen. Durch den Türspion sah ich, dass die Wohnungstür meiner Nachbarn offen stand. Sanitäter stellten eine Stofftrage ab, und zwei Ärzte beugten sich über die alte Frau, die im Flur auf dem Boden lag und mir das Gesicht zuwandte. Ihre Augen waren geschlossen, die Zunge hing ein Stück aus dem Mundwinkel und hinterließ einen Speichelfleck auf dem Teppichboden.
»Was ist?«, fragte Franziska. »Feuerwehr?«
»Ich glaube, meine Nachbarin ist gestorben.«
»Wann? Jetzt gerade?«
»Als ich geschlafen habe. So sieht es aus.«
Sie berührte mich am Arm. »Lass mich auch mal sehen.«
Ich trat zurück, und sie schlüpfte vor mich an die Türe und sah auf Zehenspitzen stehend durch das kleine silberne Auge.
Ich roch ihr Haar. Ich ging nicht weiter zurück, sondern drückte mich, lehnte mich eigentlich nur von hinten an sie, spürte ihre Haut, als ich die Bettdecke öffnete, damit ich sie mit hineinnehmen konnte, weil es kalt war und unter der Tür die Zugluft durchkam.
»Was ist mit dem Mann?«, fragte sie. »Wo ist der?«
Sie drehte sich um. Damit stand sie plötzlich so dicht vor mir, wie wir beide es nicht erwartet hatten. Zu meiner Verblüffung tat sie nichts, um wegzuschlüpfen.
Wir standen in meine Decke gehüllt an der Tür, hinter der meine Nachbarin tot auf dem Teppich lag. Ich fasste sie um und zog sie zu mir heran. Sie hob ihr Kinn und hielt mir den leicht geöffneten Mund hin.

Marion Titze
Der Maler

Früher hatte er die vier Treppen ohne abzusetzen mit beiden Kohleeimern geschafft. Jetzt ging er nur noch mit einem und machte obendrein eine Pause.
Das Heizen hatte zeitig begonnen in diesem Jahr. Anfang November schon Schnee. Er hatte oft daran gedacht, dass vier Treppen einmal ein Problem sein könnten, aber immer so, als läge es in weiter Ferne.
Die Wohnung befand sich im letzten Stock, Seitenflügel, Blick auf den jüdischen Friedhof. Er lebte fast wie ein Vogel. Bei geöffnetem Fenster konnte er den Schnee von den Ästen streifen, und manchmal war es schwer, nicht zu vergessen, wer er war, ein Zweibeiner mit einem Kachelofen. An den Wänden ein paar Bilder: sein Hund, als er noch lebte, Imke, als sie noch lebte.
Er dachte: Es werden Staaten beseitigt und neue errichtet, aber das alles bedeutet nichts, doch wenn du eines Tages statt der beiden Kohleeimer nur noch einen schaffst, ist das Leben nicht mehr das, was es war.
Eine Amsel hüpfte ans Fenster, vielleicht jene vom Sommer, die mehrmals am Tag erschienen war, manchmal Beute im Schnabel. Schließlich war ihm die Zahmheit des Tiers unheimlich geworden. Er stellte die Tasse mit dem Tee auf seinen Schreibtisch, zwei angebrochene schwarze Flaschen Sherry standen schon darauf, der Tisch reichte von der einen zur anderen Wand, etwas mehr als die Spanne seiner ausgebreiteten Arme.
Vor ein paar Tagen war der alte Herr Döring gestorben. Es geschah selten, dass jemand noch in der eigenen Wohnung starb. Für die Leichenträger brachte das in dem schmalen Treppenhaus nichts als Unannehmlichkeiten, wie bei der Lieferung eines Klaviers. Eigentlich unmöglich, als Klavier hier herein- und als Toter hinauszugelangen. Dabei war der Herr Döring schon mehrmals auf der Straße umgefallen und ins Krankenhaus gefahren worden, aber er ist immer wieder zurückgekehrt. Einmal waren sie einander auf der Treppe begegnet. Aus Angst, der Alte könnte jetzt, in eben diesem Augenblick, wieder stürzen, war er selbst hingefallen, und der Herr Döring hatte besorgt den Kopf geschüttelt: Na na, junger Mann, Ihre Einfühlung ist zu groß. Daraufhin war er gleich noch einmal gestolpert, obwohl er die Treppe hinaufging, während Herr Döring herunterkam, die Hand tastend am Geländer, nicht mehr rasiert, mit dem Blick, der besagte, es ist nicht leicht, ein alter Mann zu sein, und dass man es weiß, macht es auch nicht besser.
Wie sich herausstellte, hatte er eine Menge Bücher besessen. Nun war ein Anti-

quar gekommen und trug sie in Koffern und Körben zum Laderaum seines Autos.
Vom Küchenfenster aus sah er eine Weile zu, während das Teewasser kochte. Dann blickte er zu dem Karton, auf dem in blauen Buchstaben »Bananas« stand. Aufzubewahren bei 58 Grad Fahrenheit oder 14 Grad Celsius. Nun waren Bücher in dem Karton, er vermutete, dass sie seit Imkes Tod nie ausgepackt worden waren. Es fiel ihm beim besten Willen nicht ein, wer damals die Wohnung aufgelöst hatte. Er fühlte, dass er zu dünn angezogen war. Grippewelle, erste Fälle auch in Berlin. Früher hat er oft im Café gearbeitet. Auch Briefe geschrieben: Eigentlich kennen wir uns erst seit kurzem, begann einer der ersten Briefe. Ich schreibe Dir aus der hintersten Ecke eines Cafés. Ich liebe Cafés, ich liebe diese Straße.
Sie schrieb ihm auch, er war der Adressat ihrer Lieben, ohne je in Betracht gekommen zu sein. Die Ehe, davon war sie überzeugt gewesen, mache die Männer zu Brüdern, weshalb sie nie heiraten würde. Sie stürzte sich in Affären und zog ihr Kind allein auf. Plötzlich hatte dieses Kind, erwachsen, kahl rasierter Schädel, mit dem Bücherkarton vor seiner Tür gestanden. Daniel Gabriel. Oder Jean Luc. David Emanuel oder wie diese Jahrgänge hießen, Exotik, wenigstens auf dem Einwohnermeldeamt.
Noch hatte er sich nicht getraut, den Karton zu öffnen. Stattdessen nur gedacht: In meiner Generation konnte man als Junge noch Hans heißen.
Kürzlich war ein Galerist bei ihm aufgetaucht.
Schöne Aussicht haben Sie hier, verlautbarte er mit Blick auf den Friedhof.
Ja, man sollte Geld dafür nehmen.
Er bot ihm einen Sherry an.
Und Sie?, fragte der Galerist.
Nicht am Tag, antwortete er. Und schon gar keinen Sherry.
Was den Gast zu verwundern schien.
Das war Julias Sherry, Julia ist sein Modell. Er hatte Lust, es dem Galeristen aufzutischen, der kein Modell hatte, vermutlich auch keine Frau, aber drei Alimentekinder, so sauer konnte das Leben kommen.
Romantisch, wie Sie hier wohnen, sagte der Galerist.
Ja, alles Außenwände, besonders im Winter.
Er bot dem Gast noch einen Sherry an, obwohl er keinen Grund hatte, seinen Sherry zu verschenken.
Während des Gesprächs saß er wie in der Oper, erster Aufzug. Wohlan hör und schweige. Er wartete auf den Schlusschor.
Ich will Sie nicht drängen, sagte der Galerist. Hier ist meine Telefonnummer. Wir hören voneinander, so machen wir es, zögern Sie nicht zu lange.
Nun steckte der Zettel mit der Telefonnummer schon ein paar Wochen auf

einer Hutnadel in der Tapete. Er betrachtete die Zahl. Imke hatte Zahlen, die sich durch drei teilen ließen, bevorzugt.

Schon ein paar Mal hatte er erwogen, die Nummer, die, wenn man sie addierte, tatsächlich durch drei teilbar war, zu wählen. Aber er wünschte sich ein Gespräch mit dem Anrufbeantworter und keines mit dem Galeristen. Nach dem Motto: Kann ich Ihrem Anrufbeantworter eine Nachricht hinterlassen? Aber ich bin doch selbst am Apparat, gerade zur Tür herein, Sie haben Glück.

Aber nein, Glück ist teilbar durch drei, und »Sprechen Sie nach dem Pfeifton« die einzige Aufforderung, die noch Sinn hat. Das verstehe ich nicht, würde der Galerist, der doch Jackson Pollock verstand, sagen.

Ja dann verbinden Sie mich endlich mit Ihrem Anrufbeantworter. Nach dem erlösenden Pfeifton würde er der Maschine erzählen, was er vor dem Besuch des Galeristen nicht gewusst hatte: Wissen Sie, das sind unschuldige Bilder, würde er sagen. Man kann sie nicht verkaufen. Ihr Galerist wird das nicht verstehen, ich selbst verstehe es auch erst, seit ich bemerke, dass es nichts Unschuldiges mehr gibt. Ich schlafe kaum schlechter seit dieser Einsicht. Es war kein Umsturz, es war Osmose. Oh, ich wünschte, ich hätte einen Tritt bekommen, an den ich mich erinnern kann. Folgerichtig, wie man sie früher bekam, richtige Tritte mit richtigen Folgen.

Er nahm die Notiz mit der Telefonnummer endgültig von der Wand. Wenn er die Vorwahl dazuzählte, war sie auch nicht teilbar durch drei.

Wenn es morgen nicht regnet, wenn ich in der ersten Nacht etwas träume ... Der kindische Aberglaube von Imke: Wenn ich fünf Jahre schaffe, wenn aber nicht.

Dann will ich zu Hause sterben. Und mit meiner Brille. Und nicht verbrannt, und die Katze soll eingeschläfert werden.

Imke ist nicht eingeschlafen, sie ist erstickt. Im Krankenhaus Berlin Buch, Station vier, Zimmer 11, neben der Teeküche.

Er ist der Letzte gewesen, der sie noch einmal kurz sah. Sie bat ihn, ihr die Hände einzucremen. Es war sonntags, zwei Stunden vor der Besuchszeit. Als ihre Eltern kamen, war sie bereits tot. Es hat ihn Jahre beschäftigt, wie die Ärzte das fertig gebracht haben, die Mutter daran zu hindern, die Tochter noch einmal zu sehen.

Wahrscheinlich wurde gesagt, dass es besser so sei. Und wir haben noch im Schmerz gehorcht.

Er hätte sich gern eines Augenblicks erinnert, wo jäh und unwillentlich, triebhaft und urkundenkleinlich sich in ihm ein Nein gebildet hätte. Jener Pfingstsonntag hätte so ein Tag sein können. Er hätte sich nicht von Imke trennen lassen wie von einem Gespenst. Aber er war in Eile gewesen, damals, in einer

zwanghaften physischen Eile. Es war ein kalter Nachmittag, obwohl die Sonne schien. Sicher hat er etwas Blödes gesagt von »auf der Sonnenseite liegen«, glaubend, über eine der Wortbrücken zu gehen, die Imke zu bauen verstand. Ihr Charme, ihr Tun als ob. Wäre er nicht so mit sich selbst beschäftigt gewesen, hätte er sehen müssen, dass das Legende war und das Ende aller Legenden.
Sie lag allein im Zimmer, die Bettnachbarin war gerade gestorben, das dritte Bett hatte Pfingsturlaub. – Noch einmal Wochenende daheim, bemerkte Imke sarkastisch, sofern sie überhaupt zwischen den Anfällen zu sprechen imstande war. Ihr Blick zeigte, so ist es hart, unverdient, und ich bin nicht einverstanden damit.
Und vielleicht war es dieser Mangel an Einverständnis, der die Ärzte bewog, ihren Körper sicherzustellen wie einen Dämon, zehn Minuten vor Ankunft der Eltern hinauszuschieben, die Luft roch noch nach ihren eingecremten Händen. Die blaue Dose stand auf dem Fensterbrett, gekauft von eigens dafür beschafften Devisen. Daran zu denken, wie diese Eltern, die ihr Leben lang an nichts anderes als an Marx und Engels geglaubt hatten, in ihrer äußersten Not an Niveacreme glaubten und das Westgeld für eine große Dose beschafften, obwohl es den Vater die Stellung hätte kosten können.
Er hat sie nie gemalt. Die Fotos hat eine Fotografin gemacht. Wie er gelesen hatte, kann das Wissen um ein baldiges Ende Jahrzehnte innerlich kompensieren.
Als Maler hat ihn das immer beschäftigt, wie viele Gesichter in einem bereitlagen. Wie die Züge, die man heute sah, schon vor zehn Jahren darin beschlossen waren, als doch jedes dieser Gesichter noch ein ganz anderes Leben vor sich glaubte. Er saß nächtelang in den Kneipen, um zu studieren, was nun mit den Gesichtern geschah. Doch kam gar nichts dabei heraus, eher blockierte es ihn. Er dachte: Wie die Form mich nicht findet und ich nicht nach ihr suche.
Manchmal bekam er ein Angebot. Das Kochbuch von Markus Wolf zu illustrieren zum Beispiel. Der Geheimdienstchef mit seinen Teigtaschenrezepten. Er hätte nicht sagen können, was abstoßender war, die Macht oder das Abdanken der Macht. Zwischen ihren Befehlen und ihren Kochbüchern lag wie eine Zote die Zeit. Er hatte eine Folge von Blättern radiert: den Kopf einer alten legendären Bühnenschauspielerin, die Diskrepanz zwischen ungebrochenem Herrscherblick und machtlos eingefallenem Mund. Oder die schmale Rumänin mit dem Magengeschwürantlitz, die gewaltige Schmach zu leben. Am überraschendsten waren die Männer. Die Körper scheinen nach einem Epochenende einzusinken, Ankunft der Schultern beim Zwerchfell, Vollbart bis unter die Augen, und, pendelnd zwischen Starrsinn und Wahn, die Pupillen. Er musterte die Blätter und Skizzen. Bei aller Absurdität des Geschauten, glaubte er, einen fremden Rest Liebe darin zu sehen. Er sah nach dem Ofen, schloss die

obere gusseiserne Tür, prüfte mit dem Handrücken die Wärme der Kacheln. Das Fenster zum Friedhof hatte er selbst eingebaut, das Loch in die Wand gemeißelt, nahezu geräuschlos, um kein Aufsehen zu erregen. Er streute Vogelfutter auf das Fensterbrett, im Sommer flogen manchmal Fledermäuse herein. Manchmal kam Julia.
Er dachte, Berlin lieben jetzt die, die erst seit kurzem hier sind.

Claudia Klischat
Vom Fisch bespuckt

Im Davonmachen sind wir gut.
Christoph redet sich davon. Ich schweige. Mutter trinkt. Sie trinkt mit Frauen aus der Siedlung, beim Pokern, bis sie alle nackt sind. Und die Zwillinge liegen unter dem Tisch und schlafen. Und womöglich gibt es uns gar nicht, irgendwie beruhigt mich das.
Dass wir am Harsberg wohnen, etwas außerhalb der Stadt, in zwei Zimmern, und der Toilette im Erdgeschoss, ist reiner Zufall. Ein Versehen, sagte Vater letztes Jahr im Winter, bevor er starb. Er hing an einer Birke, und der ganze Harsberg war in dieser Nacht davor gestanden. Mutter klammerte sich an Vaters Beine und schrie, bis ein Nachbar aus der Menge trat und mit einem Messer das Seil durchschnitt. Nachdem der Arzt gegangen war und Mutter die Schlaftablette geschluckt hatte, sagte Christoph, das mit dem Versehen, darüber sollten wir noch einmal nachdenken. Wir waren uns einig. Ein Zufall fällt vom Himmel, trifft den, der es verdient.
Später haben wir nicht mehr darüber gesprochen.

Die Menschen sitzen hier auf Holzbänken im Hof, mit Bierdosen und warten. Sie warten auf den Regen, um ihre Holzbänke unter das Hausdach zu stellen. Viel mehr bewegen sie sich tagsüber nicht. Nachts werfen sie Teller, manchmal auch Möbel. Ab und an verschwindet einer, aber nie für lange, taucht wieder auf, und keiner fragt, wo er gewesen ist. Deshalb ist es hier leicht, sich davonzumachen. Niemand weiß, dass wir uns an das Meer arbeiten.
Christoph in der Färberei. Ich auf dem Parkplatz.
Die Fahrer sehen alle gleich aus, wie sie aus den LKWs steigen, sich strecken, Ausschau halten und rauchen. Sie sind gekommen, um eine Pause einzulegen. Im Sommer laufen sie in weißen Unterhemden und Jeanshosen herum. Im Winter tragen sie grüne Parker oder karierte Hemden. Außer der Rothaarige, der seinen LKW vor dem Toilettenhäuschen parkt, er trägt immer dasselbe schwarze Hemd. Er riecht nach verbranntem Gummi und Schmieröl. Sein Rücken ist vernarbt, Akne vermute ich. Er mag mein kurzes Haar und das Blond. Wenn er lächelt, zieht er seine Oberlippe über das Zahnfleisch. Seine Zähne stehen schief. Heute sieht er müde aus.
Zehn Stunden Autobahn, sagt er und legt seinen Kopf in den Nacken. Stumm steigen wir in seinen LKW. Das Bett hinter dem Fahrersitz ist schmal aber

bequem. Wir sitzen gebeugt und schauen einander an, irgendwie vertraut. Ich lasse meine Finger knacken.
Die rechte Seite ist es heute, sagt er und zieht sein durchgeschwitztes Hemd über den Kopf. Mehr sagt er nicht. Er holt das japanische Öl aus dem Stauraum unter dem Beifahrersitz hervor und reicht es mir. Ich warte bis der Rothaarige auf dem Bauch liegt und seine rechte Wange an das schwarze Herzkissen schmiegt. Dann fange ich an, massiere seinen Nacken. Der Druck meiner Daumen ist sehr männlich, kraftvoll.
Du bist noch recht jung, sagt er plötzlich.
Dann sagt er nichts mehr. Nachdem er sein verschwitztes Hemd wieder angezogen hat, zahlt er.
Nächsten Monat fahre ich eine Tour nach Sizilien.
Das ist gut, sage ich.

In der Färberei stehen die Maschinen still. Das Gebäude ist aus Backstein. Christoph fährt jeden Nachmittag durch das Gewerbegebiet im Süden. Er sieht wie ein Maler aus, wie er so dasteht in seinem weißen, verschmutzten Kittel. Und die Tuben und Dosen schließt, wie einer, der noch nie etwas anderes getan hat, und die Farbe in seinem Gesicht und an den Händen ist angetrocknet. Ich muss lachen. Die Färberei hat heute die Maschinen auf Gelb gestellt.
Lach nicht so blöd, sagt Christoph.
Nächsten Monat fahren wir an das Meer, sage ich.
Scheiß Idee mit dem Meer. Einfacher Scheißdreck. Abbrennen sollte man die Scheiß Bude hier.
Scheiße, das Wort ist wie eine Befreiung, wie ein unsichtbarer Schlag gegen eine Wand. Wir haben es von Vater gelernt. Wir mögen es.
An der Haltestelle hat sich Christoph wieder beruhigt. Er sitzt in seinem Rollstuhl und macht Kunststücke auf zwei Rädern. Den Rollstuhl hat Christoph auf dem Flohmarkt letztes Jahr im Herbst gekauft, ihn grün angesprüht, weil er ein Zeichen setzen wollte. Christoph spielt gerne behindert, und wenn er in einem Jahr wählen darf, wählt er Fischer. Weil Vater ein Rechter war, ist Christoph begeistert von Fischer. Fischer kommt von Fisch und Fische sind für die Eskimos so etwas wie Elefanten für die Inder, und ein Inder ist ein Buddhist, und ein Buddhist ist gut für die Welt, deshalb ist Joschka der richtige Mann. Christoph hat eine Logik, die ich nicht jeden Tag verstehe. Oft spricht er auch nur wegen dem Davonreden, ohne Sinn, denke ich. Insgeheim.

Ich schäle Orangen, mache Schnitten mit Butter und stelle die Radieschen und das Salz auf den Tisch. Mutter jammert Tränen, ohne Grund. Seit Tagen hat sie nichts gegessen. Ich lege das Verdiente, das vom Rothaarigen, auf den Tisch. Das ist das letzte Mal, sage ich. Christoph fährt zur Tankstelle und bringt braunen Tequila, Hot Dogs und Erdnüsse mit. Ein Grund für Mutter, nicht mehr zu weinen. Der Tequila wird kalt gestellt. Die Zwillinge klammern sich an Christophs Bein, wollen Hot Dog. Mutter und ich spülen Gläser, in kaltem Wasser, für die Frauen, die gleich kommen werden, um zu feiern. Mir ist nicht wohl hier, sagt Mutter, wenn der Sommer kommt, fängt es wieder zu stinken an. Das stinkt von unten heraus, etwas ist falsch mit der Kanalisation. Ich sage, Zitrone, du musst Zitrone in das Klo hängen. Wie hängen? Fragt Mutter. Am besten mit dem ganzen Baum, sagt Christoph, oder du nimmst die Nadeln von einer Fichte. Christoph lacht. Und Mutter auch, sie sagt, Klugscheißer, und schmeißt Christoph das Geschirrtuch ins Gesicht. Und irgendetwas macht mich nervös, irgendetwas, das schon immer in Christoph und Mutter ist. Vielleicht ist es die Laune, so ein Schwanken. Auf und Ab.

Der Rothaarige hat heute eine Frau mitgebracht.
Ihre Hände sind scheu, feucht. Der Daumen, kurz, beliebig, nichts Besonderes. Abgekaute Fingernägel. Zu wenig Kraft, sage ich.
Die Frau spricht nicht wie die Leute von hier. Sie kommt aus dem Westen, aus dem Rhein-Main-Gebiet. Eine Sängerin, ohne Dach überm Kopf, sagt der Rothaarige. Er ist enttäuscht. Wenn da zu wenig Kraft ist, tut mir Leid, sagt er, dreht sich um und steigt in seinen LKW. Die Frau und ich stehen im Regen. Der Rothaarige blinkt auf die Autobahn.
Und nun, sagt die Frau.
Und nun was, sage ich.
Die Frau ist einen halben Kopf kleiner, und ich schätze, ein paar Jahre älter als ich, Anfang zwanzig. Ihre Beine glänzen braun. Die Augenränder sind so dunkel wie die Augen selbst. Seit Tagen nichts geschlafen, sagt sie. Sie spricht wie Christoph, ohne Pause, spricht nun von Sizilien und dem Meer. Er hat es versprochen, wiederholt sie in einem fort.
Ich bilde mir ein, Sizilien und das Meer gehören ihr nicht.
Sie weiß nicht, wohin sie gehen soll.
Sie wird ruhiger, als Christoph mit seinem Rollstuhl kommt, um mich abzuholen. Er hat Mitleid mit ihr. Er glaubt, die Frau ist wunderschön, wenn sie erst einmal zur Ruhe gelangt. Er mag sie. Sie ist auf der Suche.
Auf welcher Suche? Frage ich.
Das würde ich nicht verstehen, sagt Christoph. Er spricht wieder von den Fischen und den Eskimos und davon, dass er nach Arizona will.
Dass er nach Arizona will, ist mir neu.

Ich frage, was die Fische und die Eskimos mit Arizona gemein haben. Dort würden die Fische fliegen, sagt die Frau, die sich nun Conny nennt. Christoph versteht. Er redet weiter. Die Frau und Christoph reden gemeinsam.
Ich sage, Fische sind langweilig, genauso langweilig wie die Menschen auf den Holzbänken in unserem Hof.
Du hast wohl noch nie einen Fisch fliegen sehen? Fragt die Frau.
Aber du! Sage ich.
Ich glaube, Christoph und die Frau sind vom Fisch bespuckt und Mutter auch. Christoph hat die Frau mit nach Hause geschoben. Sie saß im Rollstuhl, hat geschlafen, mit offenem Mund.
Mutter sagt, für ein paar Tage kann die Frau bleiben. Es dauert nicht lange und Christoph macht der Frau Geschenke, Kleider und Windbeutel mit Vanilleeis.
Ich denke an den Rothaarigen.
Er hat die Frau auf den Parkplatz gestellt. Ein Versehen!
Es ist schwierig zu begreifen, dass Christoph mit einem Mal nicht mehr weiß, wo Sizilien liegt. Er geht nicht mehr zur Arbeit. Die Farben machen krank, sagt er und schmeißt einen Zwilling in die Luft und fängt ihn wieder auf. Ich habe noch nie einen Menschen gesünder erlebt. Tag und Nacht kleben Christophs Augen an der Frau.
Im Hof haben die Nachbarn das Fleisch auf den Grill gelegt. Die Familie aus dem ersten Block hat ein ganzes Schwein geschenkt bekommen. Die Zwillinge laufen nackt hintereinander her, im Sandkasten. Ich wühle in den neuen Kleidern. Das Amt war letzte Woche großzügig. Ich greife zwei Paar Jeans heraus und ein weißes und ein blaues T-Shirt. Ich pfeife nach den Zwillingen. Sie wollen mich nicht hören. Mutter macht ein zufriedenes Gesicht in die Sonne. Unser Gast sitzt auf der Holzbank wie angenagelt neben Mutter und schüttelt das Ketchup in der Flasche, um es auf die Pappteller neben dem Nudelsalat zu verteilen. Ich stehe mit den Kleidern in der Hand am Hauseingang. Es ist noch viel zu kalt, die müssen sich was überziehen, sage ich. Die kommen schon, wenn sie frieren, sagt Mutter. Christoph zieht seine Schuhe aus, wirft sie durch die Luft und fängt sie wieder auf. Mit ausgestreckten Armen lässt er sich in den Rasen fallen.
Du bist scheiß spießig, schreit er in den Himmel.
Und du bist ein Angeber, sage ich.
Lass doch, flüstert Mutter. Immer noch hält sie ihr Gesicht in die Sonne. Ihre Augen geschlossen, die Wangen rot. Auf ihrer Nase geplatzte Äderchen. Ich lege die Kleider auf den Boden und laufe über den Rasen in den Sandkasten. Die Zwillinge kreischen. Ich greife nach ihren Handgelenken und ziehe sie hinter mir her zum Hauseingang. Hört ihr jetzt auf zu schreien, sagt Mutter. Sie

öffnet ihre Augen und schiebt sich an der Frau vorbei. Die Hunde der Nachbarn bellen. Die Zwillinge werden lauter. Mutter entreißt sie mir, nimmt sie unter ihre starken Arme, einen links und einen rechts. Wie zwei Kartoffelsäcke trägt sie die Zwillinge ins Haus. Ich bücke mich, hebe die Kleider auf. Hinter der Wohnungstür wird es still. Ich klettere durch das Küchenfenster. Unter der Decke, in ihrem Bett vergraben, liegen die Zwillinge. Mutter stapft an mir vorbei nach draußen. Ihr Haar hängt wirr von ihrem Kopf. Bist du schon wieder durch das Fenster geklettert, fragt sie. Ich sehe unter die Bettdecke. Wir nehmen Christophs Rollstuhl und fahren eine Runde um den Block, sage ich. Ohne Worte ziehen sich die Zwillinge an. Der eine das blaue, der andere das weiße T-Shirt. Im Rollstuhl sitzen die Zwillinge aufeinander. Sie mögen es, wenn ich den Rollstuhl leicht nach hinten kippe und im Kreis drehe. Habt ihr schon mal Fische fliegen sehen, frage ich. Beide lachen.
Fische können nicht fliegen, nur Vögel, sagt einer.
Ich weiß, sage ich.

Bald ist es dunkel. Unser Gast hat sich wichtig gemacht, steht auf dem Biertisch und singt mit der Ziehharmonika. Die Besoffenen liegen unter Vaters Baum, klatschen noch immer, und die Frauen ziehen mit ihren Mündern, in unserer Küche, bei offenem Fenster, das Fleisch aus den Orangenscheiben, lecken Zimt und kippen braunen Tequila. Mutter wird anhänglich, drückt mir die Luft aus dem Körper. Ich sage nichts, setze mich zu den Zwillingen auf das Fensterbrett und suche Christoph. Er hebt unseren Gast vom Tisch. Die Frau hört auf zu singen und vergräbt ihren Kopf in Christophs Achselhöhle. Ich habe sie kein einziges Mal, seit sie hier ist, beim Namen genannt.
Jetzt steht sie da am Fenster, mit Christoph, sieht mich an, wie eine Freundin.
Ich schlage ihr ins Gesicht.
Rechts, links. Links, rechts. Dann auf die Nase.
Die Frau wehrt sich nicht.
So viel Kraft, sagt sie.
Christoph starrt mich an, stumm. Dann verstummen die Frauen in der Küche. Noch nie habe ich die Frauen so still erlebt. Nur mehr die Feierlaune der Männer ist zu hören, draußen unter dem Baum.
Plötzlich fragt Mutter: Was steckt bloß in deinem Kopf? Ihre Stimme kommt aus dem Bauch.
Nur Vögel können fliegen, sage ich.
Sei still, sagt Mutter, sonst fliegst du gleich wohin.
Ganz vorsichtig lass ich mich vom Fensterbrett gleiten. Christoph nimmt die Frau an der Hand, fängt an zu reden, ich kann ihn nicht verstehen. Er macht

sich davon mit der Frau, geht über den Rasen, durch den Sandkasten. Ich bin mir sicher, Christoph wird heute nicht so bald wiederkommen. Die Frauen feiern weiter. Ich denke an den Rothaarigen und trage die Zwillinge in ihr Bett.

Arne Roß
Das Begräbnis

Es regnete den ganzen Tag. Morgens hörte ich, wie das Wasser, das aus der undichten Regenrinne fiel, im Hinterhof aufklatschte, als habe es Knochen, die dabei zerbrächen. Ich blieb im Bett liegen. Am Abend hatte mein Nachbar, den ich Hugo nennen sollte, geklingelt, um mir mitzuteilen, dass die Frau vom alten Conrad am nächsten Tag endlich beerdigt werde; Herr Conrad wünsche meine Anwesenheit, ich hätte immer so freundlich von seiner Lotte gesprochen. Und obwohl Herrn Hugos Stimme, die hohl klang, rasch ermüdete, wollte er noch schwatzen; er behauptete jedes Mal, ich sei nie zu Hause, und vielleicht wollte er seine Chance nutzen. »Wir duzen uns ja auch«, sagte er, dessen Nachnamen ich mir nicht merken konnte, weil er einem Vornamen glich wie ›Andreas‹ oder ›Friedrich‹. »Komm auf jeden Fall«, sagte er, »wir werden die Einzigen sein, außer dem Mielchen vielleicht – Familie hat er ja nicht.« Ich nickte und hörte seiner Rede zu, die zu keinem Ende führte, denn es gab genug Ungerechtigkeit. »Oder weißt du, was er mit ›Frikassee‹ gemeint hat?«, fragte er auf einmal und stutzte, als hätte ich seine Nachricht nicht nötig gehabt.
Wenn es regnete, war von unserem Haus aus, einer alten Schule, kaum etwas von der Stadt zu erkennen. Häufig sah man nur den Stumpf des Fernsehturms, und man glaubte, dass sich seinetwegen Fetzen lösten von den tief hängenden Wolken. Auch vernahm ich ein Zischen; unablässig zerteilten die Reifen der Autos das Wasser auf der Straße. Geschärft traf dieses Geräusch auf die Fassaden der neuen Häuser, schwang sich zwischen ihnen hoch und kam über die Gewerbehöfe, über das Grasdach, durch das geöffnete Fenster zu mir, und bevor schlechte Gedanken die Ruhe in meinem Kopf zu durchschneiden begannen, stand ich auf und schloss das Fenster, das heißt, ich glaube, dass ich es schloss, damals, an diesem regnerischen Julitag vor sechs oder sieben Jahren.
Herr Hugo war Polizist, doch sah ich ihn nie in Uniform. Wenn er einmal nach Hause kam, trug er zu einer groben, olivgrauen Kordhose, die am Gesäß zu weit geraten war, ein dunkelgraues Jackett über seinem blauen Pullover. Das rechte Glas seiner dicken, schwarz umrandeten Brille hatte Schlieren, denn während er redete, rückte er die Brille, indem er mit drei Fingern der rechten Hand auf das Glas fasste und den kleinen Finger abspreizte, zurecht, obwohl sie gar nicht verrutscht war – jetzt aber kam ihm das Nahe wieder schärfer vor, und er konnte aufhören zu schwitzen, seine untersetzte Gestalt aufrichten und sich gemütlich über den Bart streichen, als er meine Hand im Vorraum der Kapelle gar nicht mehr loslassen wollte.

Manchem schönen Morgen hörte ich seine Verletzlichkeit an. Tau glitzerte auf dem Grasdach gegenüber. Manche Leute schienen heizen zu wollen und die Sonne hatte Mühe beim Aufgehen; sie verdächtigte den Westen der Stadt, Wolken aufzuscheuchen, bevor sie, die Sonne, noch aufgehört hatte, die Schornsteine zu berühren und den Schlot des Heizkraftwerks, den man bald darauf abriss, und die Hochhäuser am Rande des Stadtzentrums und die Kirchtürme, die aussahen, als litten sie unter der Fassade. Und hörte ich nicht auch etwas wimmern? Vielleicht fing es ja deshalb an zu regnen.
Selten habe ich erlebt, dass es in unserer Stadt ununterbrochen regnete. Einmal hörte ich einen Mann mit Regenschirm sagen: »Das ist jetzt der letzte Schauer, dann hört es auf.« Er sah die Bewölkung an einer Ecke des Himmels aufbrechen, wo die Nachbarin, zu der er vor der Post gesprochen hatte, nichts als ein Einerlei, das jetzt zur Hoffnung aufstieg, zu sehen glaubte. Trotzdem nahm ich einen Regenschirm mit. Allerdings hatte ich Einwände. Mir lag nichts ferner, als die Natur auszusperren, doch war es eine entsetzliche Vorstellung, mit durchnässten Kleidern und Schuhen der Trauerfeier nur beiwohnen zu können, nicht aber, ohne zu sterben, in diesen Dingen zu wohnen.
Aber Herr Conrad war kein großer Mann!
»Der Schorsch!« Herr Hugo reichte mir die Hand. »Das ist mein Nachbar«, sagte er mit seiner hohl klingenden Stimme zu einer Frau, die sich schwer atmend auf der Bank im Vorraum der Kapelle niedergelassen hatte. »Und er ist fast nie zu Hause«, fügte er hinzu und stellte mir die Frau vor. »Das Mielchen, meine Lebensgefährtin.« Wir reichten uns die Hände; ihre Hand war weich und sie entglitt mir, bevor ich sie drücken konnte. »Das Mielchen hat's schwer«, sagte Herr Hugo in ihr Keuchen. »Aber das Fränzchen hat's schwerer«, setzte er hinzu, »ihr habt Charlotte zusammen die Augen zugedrückt?« Ich schaute ihn an. Im selben Moment schob sich die Hand des Bestattungsunternehmers zwischen uns. »Ich nehme an, Sie sind die Nachbarn der Verstorbenen – guten Tag, Sie können gleich hinein«, sagte er und verschwand in der Kapelle. »Das ist nur der Vizechef«, raunte Herr Hugo.
Hatte man je breitere Hände mit breiteren Fingern und Nägeln gesehen? Und Franz Conrads Gesicht? Wie die Quadratur des Kreises? Sein Gesicht hatte eine durchlässig erscheinende, vergilbte Haut, aus der in der Unterkiefergegend einige Bartstoppeln sprossen, und über seinen blauen Augen lag ein milchiger Schleier. Schlohweißes Haar klebte ihm auf der breiten Stirn, denn es war trotz des Regens wärmer geworden, fast drückend, und Franz trug über seinem schwarzen Anzug, der ihm zu groß geworden war, noch einen Sommermantel. Bei aller Breite seiner Gestalt – was hatte ihn krumm gemacht in letzter Zeit, oder plötzlich, schon vor Lottes Tod?

Es wurde nicht viel geredet. »Das sind dann wohl alle, Sie können jetzt hereinkommen«, sagte der Vizechef. Franz stand als Erster auf, er trottete voraus, ohne eine Miene zu verziehen; er hätte genauso gut aufstehen können, um einkaufen zu gehen. Wir nahmen hinter ihm, auf der rechten Seite der Kapelle, Platz, er musste wohl allein sitzen. Die ganze Zeit behielt er den Hut auf, dessen Grau dunkler geworden war durch die Nässe, und er kramte in seinen Taschen. Aber ich, der ich noch hinter Herrn Hugo und seinem Mielchen saß, von dem ich nicht mehr weiß, ob es die ganze Zeit weinte, konnte nicht erkennen, ob er etwas fand; und ich erschrak. Der Vizechef hatte die Urne, die vielleicht braun war und aus Plastik, genommen und nichts anderes gesagt als diesen einen Satz, der mir später gefiel: »Wir gedenken der Charlotte Conrad, sie hat viel für die Gesellschaft getan.« In der Stille, die folgte, hörte Herr Conrad auf zu kramen, Herrn Hugos Hals rötete sich und das Mielchen sah schräg von der Seite ärgerlich aus. Wir standen auf. Wir folgten dem Vizechef, der die Urne wie ein Baby im Arm hielt, hinaus ins Freie; der Regen war stärker geworden.

Genau genommen handelte es sich bei dem Friedhof am Wasserturm um mehrere Kirchhöfe, deren trennende Mauern irgendwann durchbrochen worden waren, um den Trauergemeinden den Weg von der Kapelle zu den anderen Friedhöfen über den Bürgersteig abzukürzen oder zu ersparen. Wir gingen nun über den ersten dieser Friedhöfe, dessen Grabfelder nach Süden hin leicht anstiegen. In der Mitte teilte eine prächtige Lindenallee – ja, diese Pracht, wenn die Linden blühten und wochenlang ihren Duft verströmten, wenn der Honigtau den Weg beträufelte und wenn die Blütenblätter herabtrudelten oder vom Wind heruntergeschüttelt wurden und sich sammelten oder zu Blütendünen verwehten, bis es zu regnen begann und Laub und Honigtau sich in eine zähe, kotähnliche Masse verwandelten, die, wenn sie zerspritzte, von keiner Urne abzukratzen war – den Friedhof in zwei Hälften, auf denen sich neumodische Gräber zwischen die Erbbegräbnisse des 19. Jahrhunderts drängten. Es sah danach aus, als müssten wir, die wir, da Franz plötzlich unbedeckt durch den Regen ging, darauf verzichtet hatten, unsere Regenschirme aufzuspannen, noch eine Weile gehen, bis wir ans südliche Ende des Friedhofes gelangt wären, eine Gelegenheit, zu Franz Conrad, der hinter dem Vizechef ging, aufzuschließen, was in Wahrheit gar nicht schwierig war, und zu fragen, weil es sein musste, wie es passieren konnte, dass Charlotte, obgleich hinfälliger geworden in letzter Zeit, auf einmal tot war.

Ja gewiss, Mielchen war eine große Frau Mitte fünfzig mit schmalem Kopf, der einem langen, zum Brustbein sich kegelig ausweitenden Hals aufsaß; und von da, von einer Oberweite, die sie zu ersticken drohte, aus, ging alles in die Breite, ins Fett auf den lädierten Hüften, in die massigen Oberschenkel, und zuletzt hatten ihre Gesundheitsschuhe genauso etwas Zierliches wie der spärliche Dutt auf ihrem Kopf. Da bemerkte Herr Hugo – obwohl er Franz eben noch nach den genaueren Umständen von »dem Tod deiner Lotte« gefragt hatte, eine Antwort aber nicht abwarten wollte –, ich solle ihn doch endlich duzen, er bestünde darauf. »Haben wir das nicht längst abgemacht?«, wiederholte er, indem er den Kopf leicht zur Seite drehte, umso tun zu können, als spräche er über die Schulter zu mir. Dabei entging uns, wie aus dem Strom der von Herrn Conrad als Antwort dahingemurmelten Wörter wieder das Wort »Frikassee« fiel.

Herr Hugo, der bei der Polizei schnell in den Innendienst versetzt worden war, kam nur ein- oder zweimal in der Woche nach Hause, um, wie er sagte, in seiner alten Wohnung nach dem Rechten zu sehen. Die übrige Zeit verbrachte er bei Mielchen in einer Wohnung am südöstlichen Stadtrand, und selbst, wenn er es gewollt hätte: In seiner Wohnung, in der die Möbel zweireihig standen, wäre für eine Rückkehr kein Platz mehr gewesen. Allerdings schaffte ich es eines Tages hineinzukommen. Da meinte er sich entschuldigen zu müssen und sagte: »Ich schaue sowieso nicht mehr aus den Fenstern, da kann ich sie auch als Wände benutzen.« Aber er hatte doch einen Spalt zwischen zwei Schränken gelassen, durch den ich in den Innenhof schaute, auf die Mülltonnen, auf die Blütenkörner des Götterbaums, die zu jener Zeit anfingen, entsetzlich zu stinken, und als ich meinen Blick am Götterbaum hochwandern ließ und auf dem Dachfirst ein Taubenpärchen sah, lag auf diesen Wesen ein Licht, das das Heranrücken einer Wetterfront versprach, der ich am liebsten einen gebührenden Empfang bereitet hätte. Aber Herr Hugo hatte damals andere Sorgen, er sprach von einer großen gesellschaftlichen Ungerechtigkeit, die ihm widerfahren sei, und es kann sein, dass er auch diesmal, während er sprach, meine Hand nicht mehr losließ. Daran erinnerte ich mich, als wir vor einem Stück Rasen ankamen, das so groß war wie das kleinere der beiden Zimmer von Herrn Hugo, der, wie als Beruhigung in Mielchens Schluchzen, sagte, ich sei Bibliothekar und könne gut flüstern.

Von der kleinen Schaufel, die mich an eine Kratzhand erinnerte, ließen wir ein paar Häuflein Erde auf die Urne fallen. Es klang hohl und leer. Ich hörte noch, wie der Vizechef, nachdem er allen die Hand gedrückt hatte, Anweisung gab, das Loch zuzuschaufeln und das herausgestochene Stück Rasen wieder einzulegen. Und Mielchen sagte, indem sie ihr Taschentuch in einer schwarz glänzenden Handtasche verstaute, die sie die ganze Zeit unter die Achsel geklemmt hatte, es sei Frau Conrad vielleicht einerlei, aber sie, Mielchen, würde nie im Leben diese Wiese, auf der man wahrscheinlich nicht nur Frau Conrad verscharrt habe, wiederfinden.

Franz Conrad gehörte zu den ältesten Mietern in unserem Haus. Er, den Herr Hugo, obwohl über zwanzig Jahre jünger und nur selten Gast bei seinem alten

Nachbarn, »Fränzchen« nannte, war im Südosten der Republik aufgewachsen, wo er, am Rande einer großen Stadt, als Flugzeugtechniker gearbeitet hatte, eine Tätigkeit, die ihn, bis auf drei Wochen am Ende, vor einem, wie er sagte, »Gestellungsbefehl« bewahrt hatte. Nach dem Krieg konnte er in seinen alten Beruf nicht mehr zurückkehren, er floh in die Hauptstadt, wo er eine Zeit lang – wie er Herrn Hugo einmal vormachte – von der Hand in den Mund lebte, bis es ihm gelang, als Hausmeister und Pförtner Fuß zu fassen. Außerdem übernahm er für Bekannte und deren Freunde Klempnerarbeiten, so auch in unserem Haus, wo er jahrelang der Arbeit eines Hauswarts nachgegangen war. Eines Tages jedoch, er war schon über achtzig, verursachte er in seiner Wohnung einen Rohrbruch, sei es dadurch, dass er bei einer kleineren Reparatur ein größeres Loch schlug, oder dadurch, dass er Dinge in die Toilette geworfen hatte, die nicht hineingehörten. Tagelang versuchte er diesen Schaden auf eigene Faust zu beheben, bis die Hausverwaltung, weil immer mehr Wohnungen unseres Hausstrangs in Mitleidenschaft gerieten, eingriff und Herr Conrad mit einer kleinen Abfindung und einem neuen Rohr aus seiner Verantwortung als Hauswart entlassen wurde. »Aber«, sagte Mielchen auf dem Weg zum Gasthaus Dietz, wohin Franz Conrad uns zum Leichenschmaus geladen hatte, »Charlotte hatte ja frühzeitig ihre Stelle als Ärztin aufgeben müssen«. Herr Hugo nickte, meinte jedoch, das sei eine ganz andere Geschichte, wie sie jetzt darauf käme.

Das Gasthaus Dietz, wo Franz Conrad jeden Tag seinen Mittagstisch bekam und sich zuletzt den Rest der immer nur zur Hälfte aufgegessenen Mahlzeiten für Charlotte einpacken ließ, befand sich am anderen Ende der Markthalle. Das Gasthaus hatte in unserer Gegend einen guten Ruf, mittags saßen hier Schüler und greise Damen Tisch an Tisch, Marktleute speisten neben Studenten, Ehepaare mittleren Alters tranken bei den Handwerkern am Tresen ein Bier und die Angestellten aus den Läden der nahe gelegenen Einkaufsstraße sahen den Akademikern zu, wie sie beim Essen in Papieren wühlten. Auch gab es den einen oder anderen Gast, der die ganze Zeit nichts anderes tat als zu warten und die Leute zu beobachten, von denen die Jüngeren, sobald es das Wetter zuließ, eher draußen unter der Markise saßen. Die Bedienungen des Gasthauses hatten etwas überaus Freundliches, waren aber niemals zuvorkommend. Ihr direktes, aufmunterndes Wesen erinnerte an die bestimmte Art gewisser Krankenschwestern, von denen es immer weniger gibt. Unsere kleine Gesellschaft nahm den erstbesten Tisch an der Wand, die die Markthalle zum Gasthaus hin abschloss. Der Tisch befand sich neben einer Konsole, auf der alte und verstaubte Haushaltsgeräte standen, eine Kaffeemühle, leere grüne Flaschen verschiedener Größen, vielleicht eine Vase oder ein verrostetes Bügeleisen. Daneben hingen Reproduktionen alter Stadtansichten, die die ganze Länge der

Wand einnahmen und sich, unterbrochen von anderen Konsolen, im Hintergrund des Speisesaals verloren. Unser Tisch war, zusammen mit drei anderen Tischen, von einem Holzzaun umfasst, der abends, wenn es an der Zeit war zu tanzen, die Tanzfläche, auf der unser Tisch jetzt stand, vom übrigen Speisesaal abtrennte. Zum Gasthaus gehörten auch ein paar Fremdenzimmer, von denen kaum einer wusste, wo genau sie lagen; hinter dem Tresen aber, in einer Vitrine, hingen Schlüssel, die mit Nummernschildchen versehen waren, und es schien, als würden dort über Hundert von ihnen funkeln.
Franz Conrad saß an der Wand, ihm gegenüber Herr Hugo und Mielchen. Der Platz neben Franz blieb frei. Solange wir auf das Mittagessen warteten, sprachen wir über die Nachbarschaft. Wahrscheinlich klagte Herr Hugo über sein gestörtes Verhältnis zur neuen Hauswartsfrau, die ihm, wie er meinte, nicht aus Zufall im Treppenhaus begegne. »Wie asozial die ist, merkt man auch daran«, sagte Herr Hugo, »dass sie behauptet, die Hausordnung verbiete, dass Möbel vor den Fenstern stehen. Für den Fall eines Falls«, höhnte er, aber plötzlich versagte ihm die Stimme, und das Lächeln, das er der Bedienung, die das Essen brachte, schenken wollte, misslang. - Es gab Schnitzel, Salat, Kartoffeln; Franz Conrad aber bekam statt eines warmen Essens, das er sich für zu Hause einpacken lassen wollte, einen gewaltigen Eisbecher, der sein Gesicht, zumal er tief in seinen Stuhl gesunken war, zur Hälfte verdeckte.
Da sprach er, als er den letzten, schon fast geschmolzenen Klumpen Vanilleeis herausgefischt und den abgeleckten Löffel zusammen mit einer jener kleinen bunt schillernden Lamettapalmen in das leere Glas gesteckt hatte, wieder dieses Wort aus, das wie »Frikassee« klang. Im gleichen Moment aber trat die Bedienung an den Tisch, denn Mielchen hatte ihr gewunken. »Für alle ein neues Bier«, sagte sie, »und den Schnaps gleich dazu.« Herr Hugo stieß ihr vorsichtig in die Seite. »Ach was, das Bein«, erwiderte sie da, »das vergessen wir heute mal.«
»Sie hat ja keine Luft mehr gekriegt«, sagte Franz Conrad zu seinem leeren Eisbecher.« Jetzt kam keine Bedienung. »Und da musste ich es machen.« »Aber Fränzchen«, entgegnete Herr Hugo, »du hast den Knochen doch rausgeholt.« Er sah sich um und flüsterte: »Weißt du denn nicht, dass du sofort zur Stelle gewesen bist und sie befreit hast?! Du hast mir doch selbst gesagt, dass er dir den Knochen nochmal gezeigt hat, bevor er ihn mit deiner Erlaubnis weggeschmissen hat.« Jetzt hob Franz Conrad seinen Kopf, wie er ihn nie zuvor gehoben hatte. »Was weißt denn du vom Wegschmeißen, Hugo«, sagte er über den Tisch hin und hielt die Stellung für einen Moment. »Du bist einfach zu spät gekommen«, flüsterte Hugo mit einem Seitenblick auf Mielchen, und er sah nicht, wie über Franz Conrads Gesicht der Zorn zog. »Was wisst ihr denn davon; wer weiß, was er gesehen hat oder was ich ihm erlaubt habe.« Es

kostete ihn große Mühe, so zu reden. »Meine Finger fühlten sich an wie eine Schere, die nicht mehr schneiden konnte. Und deshalb ist sie gestorben«, sagte er mit einiger Befriedigung. »Den Knochen wollte ich durchdrücken, aber er hing schon zu tief drin. – Warm war es da«, fügte er hinzu. »Aber Fränzchen«, flüsterte Hugo noch leiser, weil er die Bedienung auf unseren Tisch zusteuern sah, »er hat mir doch selbst gesagt...« »Nun lass ihn doch in Ruhe«, warf Mielchen ein, »ihr werdet schon wissen, wie es gewesen ist. Gib mir das Geld.« »Kapern«, murmelte Franz Conrad, »Kapern, nichts als Kapern.«
Er ließ sich das Hühnerfrikassee einpacken und steckte die verknotete Plastiktüte in seinen blauen Einkaufsbeutel. Wir anderen warteten am Ausgang auf ihn, aber er ging, nachdem er auf der Toilette gewesen war, zurück zum Tisch, wie um nach dem Rechten zu sehen – das rosa Tischtuch, das gerade von der Bedienung glatt gestrichen wurde, Salz- und Pfefferfass, die verstaubten Dinge auf der Konsole, vor denen er sich zu verneigen schien. Auch sein Blick in die Augen der Bedienung, die ihm auf dem Weg zu einer neuen Bestellung ein »Wiedersehen!« zurief, hatte etwas Endgültiges. Er ließ sich Zeit für den Weg zu uns, er sah, wie sich die Tür zur Markthalle öffnete, ohne dass jemand hereinkam, und er erkannte den Obststand und die alte Uhr, die über den anderen Marktbuden an den Stahlträgern des Daches hing. Unser Angebot, wegen des schlechten Wetters für den Nachhauseweg ein Taxi zu teilen, schlug er aus; er wollte allein sein, ohne dass er es gesagt hätte, sahen wir es ihm an. Er wollte noch am Kanal spazieren und zum Hafen gehen. Nachdem er jedem von uns lange die Hand geschüttelt hatte, machte er sich auf. Er schaute, während er den Weg zum Friedhof einschlug, nicht mehr zurück, um uns in unserer Unschlüssigkeit zuzuwinken. Vor dem Friedhofstor blieb er stehen und fragte sich, wann er vergessen haben werde, wo Lottes Grab sei. Er ging sogar ein paar Schritte die Einfahrt hinauf, hielt aber inne, als er an der Friedhofsgärtnerei vorbeikam. Dort kaufte er einen Blumenstrauß, und der Gärtner hielt ihn eine Weile fest mit einer Art Fürsorglichkeit, die darin bestand, dass er ihn fragte, ob er bei diesem Wetter etwa ohne Mütze losgegangen sei. Er unterbrach den Gärtner, der sich über das gesundheitsschädliche Wetter ausbreitete, indem er die Hand hob, grüßte und ging. Vom Friedhof war es nicht weit bis zum Kanal. Diesmal nahm er den Weg, der zwischen den Fahrbahnen durch eine Grünanlage führte. In jenem orangefarbenen Abfallkorb neben dem Denkmal, von dem er nie gewusst hatte, für wen es da stand, versenkte er das Essen, das ihm die schöne Bedienung eingepackt hatte. Jetzt erschien ihm ein Spaziergang zum Kanalhafen plötzlich nutzlos zu sein. Er überquerte den Kanal und ging geradeaus weiter zur Untergrundbahn, die hier zwischen den beiden Seiten des inneren Stadtrings auf stählernen Stelzen stand. Der Nachmittagsverkehr wirbelte das Regenwasser auf und erfrischte sein Gesicht; er wusste, dass er nicht

nass sein würde. Und so wartete er noch, bevor er zu seiner Wohnung abbog, eine U-Bahn ab, die in der Kurve des Viadukts über ihm vorbeizog und quietschte. Den Rest des Weges erledigte er fast behende. Diesmal nahm er zwei Treppenstufen auf einmal; innehalten musste er nicht, doch er dachte, es sei besser, nichts zu überstürzen und für einen Moment vor der Wohnungstür auszuruhen. Dann schloss er auf. Er sah gleich, dass er in seinem Zimmer das Fenster offen gelassen hatte und dass auf dem Linoleum eine kleine Pfütze entstanden war. Der feuchte Fleck an der Wand unter dem Fenster jedoch kam woandersher. Eine Weile stand er da und hörte dem Regen zu, der sich nun schauerartig verstärkte; und das Wasser aus der undichten Regenrinne fiel tiefer. Es erinnerte ihn an die Blumen, die er gekauft hatte, aber er fand keine Vase und ließ schließlich Wasser ins Küchenwaschbecken laufen. Die Blumen legte er so hinein, dass die Blüten wenigstens über den Rand ragten und ihn, wenn er am Tisch saß, durch die Küchentür ansahen. Erst jetzt zog er sich aus; Mantel, Jackett, Weste, Hose, sein Hemd. So schlüpfte er in sein zerkämpftes Bett und schlief sofort ein. Bilder durchzogen seinen Kopf, ohne dass er sie fassen konnte. Einmal, ganz kurz, schien ihm eine Art Tanzszene etwas sagen zu wollen. Vielleicht sah er einen Eingang zu dem, was er verstehen wollte. Oder er befand sich schon drin. Gleichzeitig wusste er, wenn er aufwachen würde, sollte er vergessen haben, was er verstanden hatte. Tatsächlich fiel ihm, nachdem er, wie er enttäuscht sah, nur zehn Minuten geschlafen hatte, nicht mehr ein, was er im Traum verstanden hatte. Auch regnete es noch immer, und er setzte sich auf, um durch das geöffnete Fenster zu sehen, was von der Stadt übrig war. Den Stumpf des Fernsehturms erblickend, juckte ihn etwas am Kopf. Er zog langsam seine Hand unter dem zerwühlten Bettzeug hervor, streckte seinen breiten, noch erdverschmierten und krummen Zeigefinger aus, als würde er den Lauf einer Pistole nachahmen, und kratzte sich. Aber das, was ihn juckte, steckte tiefer drin, mitten im Ohr.

für stirlitz

David Wagner
Die blautransparente Wasserpistole

Die Geschichte habe ich verfärbt behalten, Bilder und Ausschnitte vom ersten Tag an, da ich sie und ihre beiden Kinder auf dem Parkplatz vor dem Supermarkt kennen lernte. Wir lernten uns kennen, weil wir einen Sommerunfall, einen Blechschaden hatten. Ihre ältere Tochter hat später immer wieder davon gesprochen, hat gesagt, »das erste Mal haben wir uns bei dem Unfall gesehen«.
Am Tag nach dem Unfall fuhr ich noch einmal aus der Stadt aufs Land hinaus, wie ausgemacht wollte ich sie besuchen, um die Sache mit der Versicherung zu klären. Das Haus lag auf einer Anschüttung nicht weit hinter dem Flussdeich, aus dem Wohnzimmerfenster musste man über die Krone hinwegsehen können. Ein Haus, das sich gut verkaufen ließe, reetgedeckte Häuser lassen sich immer leicht verkaufen, dachte ich und klingelte an der Gartentür.
Das Mädchen, das ich am Vortag auf der Rückbank des Wagens hatte sitzen sehen, öffnete mir, es trug Schwimmflügelchen an beiden Oberarmen und rief: »Mama, der Mann, der unser Auto kaputtgemacht hat, ist da.«
Die Mutter, sie trug ein Bikinioberteil und einen langen Wickelrock, den sie sich vielleicht gerade erst umgebunden hatte, kam mit dem Baby auf dem Arm an die Tür, bat mich herein und führte mich ins Wohnzimmer. Vom Fluss hinter dem Deich sah ich nichts. Die Terrassentür, eine große Schiebetür, stand offen, der Rasen vor dem Fenster war frisch gemäht. Das Baby auf ihrem Arm gluckste. Ob mein Auto sehr kaputt sei, fragte sie. »Es fährt noch«, antwortete ich, da kam das Mädchen mit einer Wasserpistole auf mich zu, rief: »Hände hoch«, und schoss.
Auf dem Esstisch lagen zwei Bananen, geöffnete Briefe und ein aufgeschlagenes Fernsehprogramm. Eine der Programmzeitschriften, die den Tageszeitungen beiliegen. »Nicht hier drinnen, Maria«, hatte das Mädchen, vier oder fünf Jahre alt, sich anhören müssen. Von der Schiebetür lief es den Abhang der Anschüttung hinunter und wieder hinauf – und sprang mit Anlauf in das Planschbecken unter der Schaukel.
Das Wohnzimmer, dachte ich, wirkt wie aus einem Katalog möbliert, die Frau im Wickelrock wollte kaum zu den gedrechselten Zierknöpfen der Stuhllehnen passen. Ich wusste nicht, was ich sagen sollte, und war froh, als sie fragte, »wollen Sie etwas trinken?«. Sie brachte Wasser, und obwohl mir einfiel, dass der Grund meines Besuchs doch die Schadensregelung unseres kleinen Zusammenstoßes, unserer Stoßstangenkratzerei, meiner eingebeulten Beifahrertür

gewesen war, sagte ich: »Die Sache ist gar nicht so schlimm.« Und nach einer Pause: »Außerdem, es ist bloß ein Dienstwagen.«
»Ach ja? Was machen Sie denn?«
»Ich arbeite für die Immobilienabteilung einer Bank. Ich suche, schätze und entwickle Projekte. Und manchmal kontrolliere ich unsere Investitionen vor Ort.«
Das Baby drehte seinen Kopf, klammerte sich um den Hals seiner Mutter, lachte.
»Und Sie?«, fragte ich und ärgerte mich, kaum dass ich die Frage gestellt hatte. Ich sah ja, was sie machte.
»Ich kümmere mich um meine Kinder«, sagte sie und ging in den Garten, ich folgte ihr. Wir setzten uns auf eine Bank, auf der die halb gefüllte, blautransparente Wasserpistole lag, mit der die Tochter mich beschossen hatte.
»Eigentlich bin ich Photographin. Es gibt ein Labor im Keller, aber in letzter Zeit bin ich kaum zum Arbeiten gekommen.« Sie strich dem Baby über den Kopf und sagte: »Immerhin, ich photographiere die Kinder.«
Ich nahm die Pistole in die Hand, schaute auf das Wasser, das im Kolben schwappte, und dachte, nun müsste ein Satz über den Vater der Kinder fallen. Die Frau aber sagte: »Mein Vater hat uns das Haus gebaut und fertig eingerichtet zur Hochzeit geschenkt. Eine nur halb gelungene Überraschung. Für die Kinder ist es besser als in der Stadt, hier haben sie den Garten, die Schaukel, das Planschbecken. Und die Rutsche.«
Ich schätzte das Haus auf sieben-, vielleicht achthunderttausend. Und spielte mit der Wasserpistole in meiner Hand. Die Frage, wo ihr Mann sei, was er mache, lag mir auf der Zunge. Ich hatte nicht das Gefühl, er sei nur an diesem Tag nicht da oder bloß für eine Woche verreist. Die Frau neben mir sah nicht geschieden aus. Sie sah nicht aus wie eine Frau, von der man sich scheiden lässt – obwohl, auch meine Ex-Frau hatte nie so ausgesehen. Ich schaute auf das Bikinioberteil, fragte eine Ersatzfrage und zielte mit der Wasserpistole auf einen Kirschbaum. Wie früher schnitt der Schiebeabzug aus weißem Plastik in die Haut der Zeigefingerkuppe. Der Wasserstrahl, der aus der Düse trat, tröpfelte kurz vor der Schaukel ins Gras. »Zehn Monate«, antwortete sie. »Sie ist zehn Monate alt.«
Maria, das Mädchen, das noch immer Schwimmflügelchen trug, kam angelaufen und schoss mit einer zweiten Wasserpistole, die sie im Planschbecken gefüllt hatte. Ich sprang auf, wollte zum Spaß in Deckung gehen – da hatte sie mich schon, ein Stück über dem Rippenbogen, getroffen. Ich fing an zu röcheln, griff mir an die Brust, sank auf die Wiese und stellte mich tot. Aus meinen halb geschlossenen Augen sah ich einen kleinen Signalfarbenputto jubeln. Und ich dachte einen Augenblick: Ich bin gestorben, ich bleibe hier.

Als ich die Augen öffnete, krabbelte das Baby auf mich zu. In der Hand hielt es eine Wäscheklammer, die zwischen seinen Fingern sehr groß aussah. Von da, wo ich lag, von so weit unten, wirkte auch das Baby auf dem Rasen groß. Ich machte die Augen wieder zu und hörte in die Verschlusszeit hinein das Windrad, das sich im Beet vor der Terrasse drehte.
»Wollen Sie vielleicht mit uns essen?«, hörte ich die Mutter, sie bückte sich nach ihrem jüngeren Kind und ging zurück ins Haus. Ich dachte, vielleicht bin ich schon zu lange geblieben. Sie setzte das Baby in den Wipper, der im Esszimmer stand, und ging weiter in die Küche, das Kind umklammerte meinen ausgestreckten Zeigefinger mit vier Fingern und sagte »dra dra dra«. Ich antwortete ihm, nahm mit der freien Hand mein Telephon aus der Jacketttasche und schaltete es aus. Ich wollte nicht mehr angerufen werden, nicht aus dem Büro und nicht von irgendwoher sonst. Das Baby lachte.
»Haben Sie Kinder?«, fragte die Mutter, als sie wieder hinter mir stand.
»Nein. Ich war verheiratet, Kinder aber gibt es keine.« Was in diesem Augenblick auch für mich so klang, als ob ich mir Kinder gewünscht hätte. Für meine Frau war es nie in Frage gekommen. Sie hat gleich nach unserer Scheidung wieder geheiratet, ihr neuer Mann hat erwachsene Kinder.
Zum Abendbrot gab es Brot und Käse und Schinken und Tomatensalat, »alles, was ich gestern eingekauft habe«, sagte die Frau, die mir in die Beifahrertür gefahren war. Sie hatte ein enges, schwarzes T-Shirt über ihr Bikini-Top gezogen, das Baby saß im Hochstuhl, verschmierte sich den Mund und lachte. Und ich dachte: Ein Abendbrot, wie ich es Jahre nicht gegessen habe. Maria schaute mich an, legte den Kopf schief und fragte: »Mama, bleibt der Mann bei uns?«
Später, die Mutter brachte die Kinder ins Bett, ging ich ins Bad und betrachtete die rosafarbenen Kacheln, die Sprossenfenster und die Goldknöpfe über dem weißen Schleiflack der Badezimmerschränke. Die Messingringe neben dem Waschbecken, in denen Handtücher hingen, sahen aus, als müssten große Schiffe an ihnen vertäut werden. Und weil ich durch die offene Kinderzimmertür hörte, dass die Gute-Nacht-Geschichte noch nicht zu Ende war, ging ich in die Küche, stellte die Teller in die Spülmaschine und spülte die Salatschüssel. Dann nahm ich ein Geschirrhandtuch und trocknete ab.
Irgendwann an diesem ersten Abend, dem Abend, den ich so sommergrün und blau behalten habe – wir saßen bei offenen Türen und Fenstern und einer Flasche Wein im Wohnzimmer neben dem Babyphon –, irgendwann an diesem Abend, ich weiß nicht, ob wir uns schon geküsst hatten, erzählte sie, ihr Mann sei Kriegsberichterstatter gewesen. Und vor über einem Jahr in Jugoslawien erschossen worden. Und das Einzige, was ich in die Stille, die dieser Mitteilung folgte, hineindenken konnte, war: Sein zweites Kind, das ich hin und wieder

durch das Babyphon husten hörte, hat er nie gesehen. Meine Ehe habe viel unspektakulärer geendet, erzählte ich ihr, sie, da waren wir bei der zweiten Flasche, hörte zu oder darüber hinweg – an diesem Abend und später. Ich kam oft und blieb und hatte bald Kindersitze im Auto, wir machten Ausflüge und fuhren zusammen in Urlaub. Maria sagte von Zeit zu Zeit, »das erste Mal haben wir uns vor dem Supermarkt, bei dem Unfall gesehen«, und mich streifte nur gelegentlich der Gedanke, ihre Mutter könnte mir absichtlich in die Beifahrertür gefahren sein. Das Baby bekam ein Bobby-Car, und die Kameras lagen immer öfter im Wohnzimmer oder in der Küche, und auch wenn manchmal eine Hand von mir oder mein Hinterkopf auf einem ihrer Bilder zu sehen war: mir blieb das Gefühl, bloß zu Besuch, mehr oder weniger zufällig mit aufs Bild geraten zu sein. Hin und wieder träumte ich, die Tür der Dunkelkammer im Keller ginge auf, ihr Mann träte heraus und fände mich in seinem Ehebett.
Wir schauten uns Häuser an, manchmal dachte auch sie, es wäre besser umzuziehen – dann aber gefiel ihr keines, und sie sagte, »mein Vater hat das Haus für uns gebaut, ich kann jetzt nicht einfach ausziehen«. Und ich wohnte weiter in einem fremden Leben, wie hineingezaubert in die Zimmer, durch die Maria schrie: »Rumdrehen! Kassette rumdrehen!«
Als ich mich zwei Jahre später in meinen Wagen setzte und, so kam es mir vor, wieder abfuhr, ging Maria schon in die Schule. Ich hatte längst ein anderes Auto, und das Baby war kein Baby mehr, es konnte laufen und fast immer sagen, was es wollte. Manchmal denke ich, ich hätte sie, die Frau, mit der ich den kleinen Unfall hatte, und ihre Kinder bloß im Fernsehen gesehen. Oder es kommt mir vor, als sei es gar nicht meine, sondern irgendeine andere, fehlfarbig eingespielte Erinnerung.
Ich spiele sie mir immer wieder vor.

Anke Stelling
So klein

I
Befolge die Regeln.

Svenja auf Biggis vierzigstem Geburtstag. Obwohl Svenja Biggi nicht kennt, empfindet sie großes Mitleid. (Regel: Sie ist nicht du. Wer aber ist sie dann?) Vierzig. Um Gottes Willen.
Biggi kommt in einer hellen engen Jeans an die Tür.
»Ich bin Svenja«, sagt Svenja und gibt ihr die Hand, »herzlichen Glückwunsch.«
Chrisse drängt sich vor und nimmt Biggi in den Arm.
»Schön«, ruft er, »schön!«
Svenja starrt auf Biggis Kopf, der jetzt in Chrisses Halsbeuge liegt. Dauerwellen hat sie auch. Svenja überlegt, ob sie irgendjemanden kennt, der sich in den letzten fünf Jahren Dauerwellen hat machen lassen. Selbst Svenjas Großmutter haben sie die Schwestern im Pflegeheim abgeschnitten. Svenja schämt sich ihrer oberflächlichen Gedanken und versucht, den Blick auf etwas anderes zu richten.
Chrisse hat Svenja mit zu Biggis Geburtstagsparty aufs Land genommen. Das Land ist das, auf dem Chrisse aufgewachsen ist: schöne Hügel, Kühe. Das Haus ist Biggis Haus, zumindest die eine Hälfte. Svenja hat versäumt, im Auto noch mal nachzufragen. Vielleicht ist es Biggis Elternhaus, oder sie hat es sich gekauft, um in der Heimat zu bleiben. Vielleicht ist Biggi aber auch gar nicht von hier, sondern erst später zu Chrisses Clique gestoßen. Chrisse ist Svenjas Freund, zumindest die eine Hälfte. (Regel: Er gehört dir nicht. Wem aber gehört er dann?)
Die Freundinnen haben aufgehört, Svenja zu warnen. (Regel: Nach der dritten Warnung liegt die Verantwortung wieder allein bei dir selbst.)
In der Küche stehen Leute um den Herd, und auf dem Herd steht ein riesiger Topf Chili con carne. Ein Typ holt mit den Zähnen Bohnen vom Kochlöffel, keucht und schneidet Grimassen.
»Die sind immer noch nicht durch«, ruft er, dann erkennt er Chrisse und schwenkt den Kochlöffel. »Nein!!«
Chrisse und der Typ umarmen sich, Biggi übernimmt den Löffel. Svenja sieht auf das grau melierte Haar neben Chrisses Ohr und lauscht dem Schulterklopfen. Sie ist nur ein Mitbringsel. Sie kennt hier niemanden. Sie muss eine gute

Figur machen, damit Chrisse es nicht bereut, sie mitgenommen zu haben. (Regel: Du bist auf dem Prüfstand. Immer und immer wieder.)
»Tom«, sagt Chrisse und löst sich. Er legt Svenja eine Hand in den Rücken, sie lehnt sich dagegen, also nimmt er sie wieder fort. »Das ist Svenja.«
Er lässt sie stehen und geht weiter ins Wohnzimmer.
»Ach so«, sagt Svenja zu Tom. »Du bist das also.«
Tom lacht, Svenja sieht auf seine Zähne. So schön wie Chrisse ist er nicht, aber ausreichend, selbstverständlich; Svenja versucht, den Gedanken zu streichen. Sie schämt sich, aber sie kann nicht anders. Was tut sie hier?
»Dass du mitgekommen bist«, sagt Tom. »Das hätte ich mich nicht getraut.«
»Stimmt«, sagt Svenja, »jetzt, wo du's sagst –«
Tom lacht noch mal.
»Du gefällst mir«, sagt er. »Naja, klar. Der Chrisse.«
(Merke: Du bist nicht nur ein Mitbringsel, du bist auch eine Trophäe. Du bist alles Mögliche. Zum Beispiel ohne Führerschein gefangen zwischen Hügeln, die du noch nie zuvor gesehen hast.)
Über Tom hat Svenja schon einiges gehört. Er ist Chrisses ältester Freund und angeblich der Einzige, der halbwegs mit ihm Schritt halten kann, zumindest hier auf dem Land. Laut Chrisse hat er über tausend Frauen gehabt. Wenn er jetzt vierzig ist und mit sechzehn angefangen hat, denkt Svenja, macht das tausend durch vierundzwanzig. Svenja teilt hundert durch fünfundzwanzig und vertut sich mit dem Rest.
»Willst du was trinken?«, fragt Tom.
Svenja nickt. Auf dem Tisch liegt eine gepunktete Wachstuchdecke. Die Balken, die das Haus zusammenhalten, sind zu sehen und dunkel gebeizt. Svenja meint, die Herkunft jedes einzelnen Geschirrteils bestimmen zu können. Sie sieht Biggi, die mit ihrem ungepflegten VW-Kombi zu Ikea fährt und sich in der Selbstbedienungshalle nicht zurückhalten kann: all die Sitzkissen und Karaffen und hölzernen Besteckkästen. Svenja trinkt ohne abzusetzen ihr Glas aus und lässt sich sofort nachschenken. Sie kann sich nicht bei Biggi entschuldigen. Biggi würde nicht wissen, wofür.
(Regel: Zwar kann niemand deine Gedanken lesen, aber atmosphärisch strahlt alles nach außen ab.)
»Und wer bist du?«, fragt Svenja die einzige Frau in der Herdgruppe.
»Toffi«, antwortet die Frau. »Ich bin Biggis große Schwester.«
Toffi, ja. Die Frauen enden alle auf -i, das ist Svenja schon früher aufgefallen, wenn Chrisse erzählt hat. Zu Toffi speziell fällt ihr nichts ein. Sie hätte die Chance, alles über sie aus erster Hand zu erfahren, aber wenn Chrisse nichts über Toffi erzählt hat, ist sie auch nicht wichtig. Hier nicht und für Svenja nicht.

Vielleicht nirgends und für niemanden. Svenja versucht, diesen Gedanken zu streichen.
»Wo kommt denn der Name her?«, fragt sie.
»Von Toffifee«, sagt Toffi. »Ich bin das Toffi, Biggi ist die Fee. War ein Witz von unserem Vater.«
Am Küchentisch ist ein Stuhl frei geworden. Svenja überlegt. Wenn sie sich jetzt hinsetzt, kommt sie so schnell nicht mehr aus der Küche raus. Dann gehört sie fürs Erste zu Toffi, Tom und dem Blonden im Jeanshemd, der direkt aus der Schüssel Kartoffelsalat in sich reinschaufelt. Vielleicht ist das nicht schlecht. Vielleicht sind sie eine wackere Mannschaft. Aus dem Wohnzimmer, in das Chrisse verschwunden ist, sind Musik und laute Stimmen zu hören. Es hat Svenja noch nie gut getan, mit Chrisse in einer Mannschaft zu sein. Wenn Chrisse einen ihrer Spielzüge beobachtet, versagt Svenja regelmäßig. Sie setzt sich hin.
»Guck mal, wir haben dieselbe Uhr«, sagt sie zu dem Typ im Jeanshemd.
»Die gleiche«, antwortet der mit vollem Mund und guckt auf ihr Handgelenk, »hmmhm.«

2
Nimm das Spiel an.

Biggi kommt mit dem Buch, das Svenja ihr eingepackt hat, und dem Geschenkpapier in der Hand zurück in die Küche.
»Danke«, sagt sie, und Svenja sagt: »Kennst du noch nicht?«
»Nein«, sagt Biggi. Sie legt das Buch auf einen Stapel Altpapier neben dem Geschirrschrank. Svenja weiß, dass das nicht so gemeint ist, dort liegen noch andere Geschenke.
Biggi bleibt eine Weile unschlüssig vor Svenja stehen.
»Komm doch mit rüber«, sagt sie dann.
»Danke«, sagt Svenja, »ich warte auf das Chili.«
Biggi lächelt und zuckt mit den Schultern. Svenja fragt den Typ im Jeanshemd nach seinem Namen.
»Konni«, sagt er und hat ganz blaue Augen.
Schon lange war Svenja ihrer Tanzstundenzeit nicht mehr so nah wie in diesem Moment. Schlagartig will sie Konni für sich haben, obwohl sie ihn weder kennt noch attraktiv finden würde, säße er irgendwo anders als hier in der Küche. Sie nimmt die Schultern zurück und schlägt ein Bein unter.
»Und, Konni? Was machst du so?«
Konni hört nicht auf, Kartoffelsalat zu essen. Trotzdem sieht er Svenja an.

Svenja wird schwindlig. Obwohl sie noch nicht mal gekostet hat, weiß sie genau, warum Konni nicht aufhören kann zu essen; sie spürt die Essiggurken auf der Zunge und seine Gier im Hals, sobald eine Ladung runtergeschluckt ist. Anfassen will sie ihn. Und auch Kartoffelsalat essen.
»Ich hab eine Baufirma«, sagt Konni.
Am Herd dreht sich einer um und lacht.
»Baufirma, ja? Glaub dem kein Wort. Maurer isser.«
Svenja guckt nicht hoch.
»Krieg ich auch eine Gabel voll?«, fragt sie.
Konni nickt gütig und lädt ihr was auf.
Wie viele Frauen Chrisse gehabt hat, weiß niemand, oder niemand redet darüber, jedenfalls nicht mit Svenja. Tausend waren es nicht, das hat Svenja aus einem Stirnrunzeln gelesen, als sie Chrisse direkt gefragt hat. (»Hast du auch tausend Frauen gehabt?« Pause, Chrisse runzelt die Stirn. Svenja zählt leise: Eins, zwei, drei, vier, fünf, sechs, sieben, acht – eine lange Pause, und sie ist noch nicht mal bei zehn. Chrisse winkt ab.) Zuerst hat Svenja gedacht, dass es ihr egal sei, aber dann stellte sich heraus, dass, unabhängig davon, wie viele es tatsächlich waren, alle es hätten sein können: Svenjas Freundinnen, Svenjas Mutter, die Bäckereifachverkäuferin, die Referentin vom Kulturamt, die beiden Sachbearbeiterinnen in Chrisses Krankenkassenfiliale. Einfach alle hätten oder würden, und alle, das sind weit mehr als tausend.
»Eigentlich züchte ich Wüstenwarane«, sagt Konni.
»Was für Dinger?«
Der am Herd dreht sich wieder um.
»Zeig's ihr schon, los!«
Konni winkt ab.
»Was denn?«, fragt Svenja.
»Er hat einen auf dem Rücken. Wunderschön. So groß.« Der am Herd zeigt etwas an, das unmöglich auf Konnis Rücken passen kann.
»Reptilien«, sagt Konni, »wie Krokodile. Schwer zu züchten. Hoch empfindlich. Aber niedlich.«
»Zeig schon!«, sagt der Typ am Herd.
»Später vielleicht.«
Svenja nickt und bekommt noch eine Gabel mit Kartoffelsalat.
»Wie heißt du?«, fragt sie den Typ am Herd.
»Das ist Hasso«, sagt Konni. »Der heißt wie sein Hund.«
»Ehrlich?«, fragt Svenja.
Hasso nickt und zieht sich einen Stuhl ran. »Nur dass ich keinen Hund habe.«
»Mich hast du«, sagt Toffi und setzt sich auf Hassos Knie.
Hasso tätschelt ihr den Oberschenkel.

»Das ist mein Ex-Mann«, sagt Toffi zu Svenja. »Wir sind immer alle trotzdem noch befreundet. Genau wie Tom und Susu. Und Biggi und Lars.«
»Wo is'n Lars?«, fragt Hasso.
»Holt Caspar vom Kino ab.«
Eine Mannschaft. Svenja erfährt einiges, wovon Chrisse ihr bisher noch nichts erzählt hat. Dass Biggis Ex-Mann Lars übergangsweise wieder hier wohnt, aber Tom auch, weil Susu es organisiert hat. Dass Caspar auch hier wohnt und deshalb – das muss sie sich selbst zusammenreimen – wohl Biggis Sohn und Lars' Ex-Sohn ist und trotzdem immer noch mit beiden befreundet. Lars und Caspar kommen prompt zur Tür rein und geben Svenja die Hand. Svenja kann sich nicht erinnern, wann sie das letzte Mal einem Sechzehnjährigen die Hand geschüttelt hat.
»Wo is'n Biggi?«, fragt Caspar, und Svenja ist neidisch. Das rechtfertigt jede Dauerwelle, wenn man einen so großen Sohn hat und von ihm mit Spitznamen angesprochen wird. Sie will auf jeden Fall Caspar in ihrer Mannschaft haben.
(»Ich bin ein Mann mit Kind«, hat Chrisse ganz zu Anfang zu Svenja gesagt, »und das ist eine Vergangenheit, gegen die du nicht ankommst. Da sind schon andere dran gescheitert.« »Was ist das Problem?«, hat Svenja gefragt. Soviel sie wusste, hat Chrisse das Kind vor einem halben Jahr zum letzten Mal gesehen. »Das Problem ist, dass ich eine Vergangenheit habe und du nicht.« »Wohl, hab ich wohl!« Seitdem ist Chrisse im Vorteil. Ein Kind mit Svenja will er nicht. Warum auch, dann läge sie ja gleichauf.)
Caspar verschwindet im Wohnzimmer. Er trägt diese riesigen Hosen und scheint auch sonst unumstößlich sechzehnjährig und großartig zu sein. Svenja hofft, dass Chrisse da drin irgendetwas macht, das Caspar abschreckt. Küssen vielleicht oder boxen, je nachdem. Einen Fehler, der Caspar zurücktreibt in die Küche zu Lars und Tom. Dass sie selbst keine Rolle spielt bei seiner Entscheidung, ist Svenja klar. Es ist ein Kampf unter erwachsenen Männern um die Gunst des männlichen Nachwuchses. Bestimmt nimmt Chrisse die Herausforderung an. (»Du darfst nicht so sehr wollen«, sagt Chrisse zu Svenja, wenn sie unter seinen Augen einen Spielzug versaut. Das ist wahr, aber sie kann daran nichts ändern. Zumindest nicht in Bezug auf Chrisse.) Svenja hofft, dass Chrisse Caspar unbedingt will.
»Guter Typ, der Junge«, sagt sie probehalber zu Konni und Hasso.
Die nicken. »Caspar? Caspar ist in Ordnung.«
Svenja stellt sich vor, dass sie eine Tochter hätte. Unumstößlich sechzehnjährig und bauchfrei, mit einem ironisch-duldsamen Grinsen für Chrisse, der nur zu Besuch wäre und ihr deshalb nichts zu sagen hätte. Vielleicht will Konni ja ein Kind.

»Diese Wüstenkrokodile«, fragt sie ihn, »hast du die bei dir in der Wohnung?«
»Hat er«, sagt Hasso. »Deshalb ist es da immer schön warm.«

3
Spüre die Dynamik des Unaufhaltsamen.

»Das Chili ist fertig!«, brüllt Tom.
Die Küche füllt sich, und Svenja verliert den Überblick, weil sie ihren Stuhl nicht aufgeben will.
»Soll ich dir was mitbringen?«, fragt Konni.
»Ja. Ich halt dir den Stuhl frei.«
Chrisse legt ihr eine Hand in den Nacken. »Alles klar bei dir? Willst du Chili?«
Svenja spürt ihn bis hinunter ins Steißbein.
»Danke, ich krieg schon.«
Tausend Frauen, und Tom schöpft Chili. Hinter Chrisse meint Svenja, sich selbst zu sehen, aber sie sitzt ja hier und hält Konni den Stuhl frei.
(Das passiert ihr öfter, seit sie mit Chrisse zusammen ist, dass sie sich selbst sieht. Sie geht zum Beispiel an seiner rechten Seite, mit ihrer Hand in seiner, und sieht, wie sie links von ihm ein Stück vorausläuft und wild gestikuliert. Oder sie trifft ihn durch Zufall auf der Straße und sieht sich ihm um den Hals fallen, während sie in Wirklichkeit stehen bleibt und verhalten winkt.)
Chrisse wickelt sich eine von Svenjas Haarsträhnen um den Finger und streicht mit dem Knöchel über ihren Hals. »Geht's dir wirklich gut?«
»Ja.«
»Schön.« Er nimmt die Hand weg und rückt zum Herd vor.
(Auch dass sie anderen Männern den Stuhl freihält. Seit sie mit Chrisse zusammen ist, hält sie ständig anderen Männern den Stuhl frei.)
Das Chili ist scharf, und Konni hat ihr kein Brot mitgebracht, deshalb kippt Svenja eine Menge Rotwein hinterher. Es wird immer leichter, sich mit Konni zu unterhalten. Und Hasso ist zunehmend begeistert.
»Lass uns tanzen«, sagt er zu Svenja.
Drüben hat jemand Iggy Pop aufgelegt. Hasso wirbelt Svenja knapp an den Balken vorbei, die auch im Wohnzimmer frei stehen.
»Wunderbar«, ruft er.
Svenja tritt einer Frau auf den Fuß.
»Das wollte ich nicht«, sagt sie und fasst ihr zur Entschuldigung an die Hüfte.
Hasso nimmt das als Aufforderung, Svenja an die Hüfte zu fassen und zu sich ranzuziehen. Svenja legt ihm die Arme um den Hals.
»Das war eindeutig zu intim«, flüstert sie betrunken in sein Ohr.

»Wieso denn? Wir tanzen doch nur.«
»Nicht wir. Wie ich die Frau angefasst habe. Das mach ich immer, wenn ich Frauen gegenüber ein schlechtes Gewissen habe. Zuviel Küssen und Streicheln.«
Hasso nimmt dieses Bekenntnis als Aufforderung, seinerseits zu küssen und zu streicheln.
Svenja taucht weg.
(Das passiert ihr öfter, seit sie mit Chrisse zusammen ist. Niemand scheint diesen Umstand ernst zu nehmen. Niemand will Svenja als vergeben betrachten. Wo ist Konni hin?)
Konni hat sich nicht von der Stelle gerührt. Er isst Chili und hat inzwischen Schweiß auf der Stirn und Tränen in den Augen. Chrisse füttert Toffi mit einem Kaffeelöffel direkt aus dem Topf.
»Ist es jetzt so weit?«, fragt Svenja und geht neben Konni in die Hocke. Ihren Stuhl hat jemand weggenommen.
Konni kaut. Svenja meint, nichts besser zu kennen als die Bewegung seiner Kiefermuskeln. Es dauert, bis er runterschluckt.
»Von mir aus«, sagt er teilnahmslos.
Svenja erschrickt und ist schlagartig nüchtern. Er will nicht. Es ist ihm egal. Er kann ihr seine Tätowierung zeigen, aber er kann es genauso gut bleiben lassen. Wie gern hätte sie ihrerseits mal wieder ein solches Gefühl der Gleichgültigkeit. Des Desinteresses. Der Trägheit.
(Seit sie mit Chrisse zusammen ist, will ihr das nicht mehr gelingen. Sie kann nicht stillhalten, und jede Kleinigkeit ist äußerst brisant.)
Svenja wird rot und richtet sich wieder auf.
»Lass gut sein«, bringt sie heraus.
Chrisse füttert immer noch.

4
Wiederhole im Stillen das Ziel des Spiels.
Mach es zu deinem eigenen Ziel.

Svenja findet das Badezimmer und schließt von innen ab. Pinkeln ist gut, vor allem, wenn sonst nichts mehr geht. Svenja seufzt, das ist auch gut. Sie seufzt lauter. »Ahh«, macht sie, »auahh.« Eine Menge Shampooflaschen und Cremetuben und Schmuckkästchen und Parfümproben drängeln sich auf den Ablagen und sind ebenso krampfhaft um Aufmerksamkeit bemüht wie sie selbst.
»Ist ja gut«, sagt Svenja, »nützt ja alles nichts.« Sie nimmt eine Haartönung vom Badewannenrand und liest die Gebrauchsanweisung. Wenn sie etwas

sicher weiß, dann, dass es keinen Sinn hat, sich zu verändern. Das hier ist ein hübsches Bad. Rotes Noppen-PVC und blaue Handtücher. Sie könnte ewig drinbleiben. Es fühlt sich an wie ein Kindernachthemd, warm, bunt und muffig. Wenn jetzt noch jemand käme und ihr die Hand auf den Kopf legte.
»Lieber Gott. Wann kommst du?« Sie hat vergessen, wen sie damit meint. Chrisse vielleicht? Chrisse ist irgendwo im Gewühl, wie immer. Oder er geht die Straße entlang, Hände in den Taschen, große Schritte, nach außen gekehrte Fußspitzen. Er geht nicht wie jemand, der eine Hand übrig hat.
Es wummert gegen die Tür.
»Was'n los da drin?«
Svenja steht auf und zieht die Hose hoch. Gegenüber der Kloschüssel steht ein Spiegel, damit sie sich dabei zuschauen kann. Schön sieht es aus. Schimmernd. Vielleicht hat er ja doch eine Hand frei. Sie hat schon lange nicht mehr gefragt.
»Chrisse? Tanzt du mit mir?«
Chrisse nickt und schiebt sie vor sich her ins Wohnzimmer. Bauch und Brust, darüber Pullover. Svenja weiß genau, wo sie festhalten muss, als es losgeht. Chrisse summt in ihr Ohr, Chrisse dreht sich, und irgendwo dahinten gibt es wahrscheinlich einen Autoskooter und Zuckerwatte. Es ist nicht dasselbe wie eine Hand auf dem Kopf, aber wendig und aufregend und schnell vorbei.
Danach sitzt Svenja auf dem Sofa und sieht den anderen Tänzern auf die Füße. Ihr Kopf ist schwer, sie legt ihn auf der Rückenlehne ab. An der Decke laufen auch Balken entlang. Hier stürzt nichts so schnell ein. Alle sind immer trotzdem noch miteinander befreundet, warum sollte sie die Ausnahme sein? Ganz bestimmt würde Chrisse sich an ihren Namen erinnern, wenn sie ihn jetzt danach fragte.

5
Hör auf, nach einer Auszeit zu jammern.

Chrisse hat die Schlafsäcke aus dem Auto geholt, und Svenja liegt auf Caspars schwarzem Spannbetttuch. Zu ihren Füßen leuchten die Standby-Lämpchen seiner Stereoanlage. Chrisses Schlafsack liegt leer und schlaff neben ihr und riecht nach feuchtem Nylon.
»Ich komm dann«, hat Chrisse gesagt und sie auf die Wange geküsst.
Schon lange war Svenja ihrer Grundschulzeit nicht mehr so nah. Chrisses Schlafsack ist die Klassenkameradin, die sie überredet hat, über Nacht zu bleiben, dann aber sofort eingeschlafen ist, anstatt noch zu reden oder zu kichern oder zu spielen, dass sie Waisenkinder unter Deck eines Schaufelraddampfers sind. Svenja liegt wach und hat Heimweh. Im Zimmer ist es viel zu warm und

zu dunkel wegen der geschlossenen Rollläden. Sie dreht sich auf den Bauch und nimmt ihre Brüste in die Hand. Draußen passiert noch was, aber sie ist nicht mehr dabei.
So klein ist sie.
Sie könnte wieder aufstehen und nachsehen gehen.
Vielleicht hat Caspar ein Heft unter der Matratze.
Sie streckt den Po hoch. »Fasst du mich an?« Bestimmt nicht. Jetzt nicht. Heute nicht. Morgen vielleicht, aber nicht, wenn Svenja will.
»Du darfst nicht so sehr wollen.«
Svenja weint. Sie ist noch keine vierzig. »Du Küken«, sagen Biggi und Toffi, ihre neuen Freundinnen, die sie noch nicht dreimal gewarnt haben, »was hast du denn erwartet?«
Svenja steht auf und wickelt sich in ihren Schlafsack.
Drüben tanzt Chrisse mit Toffi. Als er Svenja sieht, lässt er los und kommt zur Tür.
»Ja sag mal«, sagt er und zieht besorgt die Augenbrauen zusammen, »kannst du nicht schlafen?«
Svenja schüttelt den Kopf. Er legt ihr den Arm um die Schulter und führt sie zum Sofa.
»Hier legst du dich hin und schaust noch ein bisschen zu. Wenn du eingeschlafen bist, trag ich dich rüber.«
Svenja gehorcht. Der Sofabezug kratzt unter ihrer Wange, ganz anders als die abwischbare Oberfläche vom Schlafsack. Drüben an der Wand sitzt Hasso mit einer Flasche zwischen den Füßen und macht sich die Fingernägel sauber. Chrisse küsst Toffi beim Tanzen, seine Hand gleitet unter ihren Pullover. Svenja wartet, dass ihr die Augen zufallen. Irgendwann ist es so weit.

6
Du bist freiwillig dabei.

(»Warum tust du das?«, hat Svenja schon öfters gefragt. Was ›das‹ ist, wagt sie nicht zu sagen. Wie kann Chrisse es also wissen?
»Ich tue nichts«, antwortet er dementsprechend. »Ich lebe nur.«
»Da muss es doch was geben, wonach du dich richtest.«
Dann lacht er. Und Svenja vergisst alles, wonach sie selbst sich bisher gerichtet hat. Alles: bis auf Chrisse.)
Svenja wacht davon auf, dass Chrisse den Reißverschluss seines Schlafsacks öffnet. Bevor sie etwas sagen kann, ist er aufgestanden und zieht den Rolladen ein Stückchen hoch.

»Zeit fürs Frühstück«, sagt er.
Er schlüpft in seine Hosen und geht hinaus.
Svenja wartet. Sie kann sich nicht erinnern, wie sie zurück in Caspars Zimmer gekommen ist, was bedeutet, dass es nicht Chrisse gewesen sein kann, der sie gebracht hat. Svenja hat keine von Chrisses Berührungen je vergessen. Sie sieht sich im Zimmer um. Die Rauhfasertapete ist nicht sauber verklebt, bestimmt haben Lars und Biggi das selbst gemacht. Jetzt sitzen sie beim Frühstück. »Möchtest du ein Ei?«, wird Biggi fragen, und dann aufstehen und eines für Svenja aufsetzen. Bestimmt trägt sie heute Morgen Hausschuhe zu ihren Jeans. »Danke«, übt Svenja und strampelt sich den Schlafsack von den Beinen. Die Beine schimmern und sind noch warm von der Nacht. Es ist schade, sie unberührt auskühlen zu lassen.
(Vielleicht fragt sie irgendwann nochmal. Heute nicht mehr. Jetzt gibt es Frühstück, danach werden sie ein bisschen beim Aufräumen helfen. Dann die Fahrt zurück, die schönen Hügel. Chrisses Stimme, mit der er zu jedem Hof eine Geschichte erzählt. »Und dort? Was ist dort passiert?« So klingt Svenjas Stimme. Das ist alles, was sie zu sagen hat.)

Nadja Einzmann
Warum er lebte

Warum er lebte? Aus einem einzigen Grund. Weil seine Eltern in einem schlecht gelüfteten Zimmer in einer dunklen Nacht zueinander gekrochen waren. Mehr ließ sich dazu nicht sagen. Und hätte man ihn gefragt, er hätte auf jeden Fall »Nein« gesagt, »Nein danke. Wozu in diese Welt, warum nicht lieber in das Nichts.«

Dürftig war seine Kindheit gewesen, armselig, von den drallen Wirtschaftswunderjahren hatte er wenig zu spüren bekommen. Und weil er auch keine Liebe zu spüren bekam, von seinem Vater nicht, der nur zur Arbeit ging, und von seiner Mutter nicht, die schon in den ersten Jahren die meiste Zeit im Bett verbrachte, las er was er konnte, als er dann lesen konnte und eine Familie gab es nicht mehr für ihn. Er begann mit Karl May, irgendwann las er Schopenhauer, dann Lenin. Ihn musste die Mutter nie um Ruhe bitten wie seine anderen Geschwister, er saß still in einer Ecke und las, während sie starb. Jahrelang starb sie, und schrie dabei, und der Vater kam von der Arbeit nach Hause und sagte kein Wort. Vier Kinder und eine todkranke Mutter in einer Zweizimmerwohnung. Es ist ein Wunder, dass er seine Gehirnzellen aus dieser Kindheit hat hinüberretten können in ein späteres Leben.

Er hätte auch in der Gosse landen können, und viele prophezeiten es ihm. Als er dann *Bafög* bekam und eine Wohnung hatte, trank er sein erstes Bier schon kurz nach dem Aufstehen. Und nachts trat er manchmal vor die Kneipentüre, steckte sich den Finger in den Hals, kehrte zurück »Und weiter geht's«. Dick wurde er, der früher ein halbes Handtuch gewesen war, und hatte eine Säuferleber, da war er noch nicht fünfundzwanzig. Stützen konnte ihn keiner und keiner ihm helfen. Zwei Freunde hatte er noch aus der Schulzeit. Und an Frauen war nie Mangel. Hätte man ihn gefragt, er hätte sich als *ladies' man* bezeichnet. Sah er eine sitzen in einer Kneipe alleine, sprach er sie an und meist mit Erfolg. Nur, was konnte man mit Frauen schon teilen, die Einsamkeit nicht und nicht die Dunkelheit.

Ich bin Marxist, hätte er gesagt in dieser Zeit, aber was seine Augen leuchten machte, waren Gespräche über Schlachten und soldatische Tugenden. Er hörte Nächte hindurch Militärmusik, und wer zum Hohenfriedberger-Marsch nicht mit ihm aufstand, der wurde nicht mehr eingeladen. Die meisten blieben von

von selbst weg. Wer ihn besuchte, musste ihn mögen. Er gab nichts auf Sauberkeit, die Kohle ließ er sich direkt in die Küche liefern, um sich den Weg in den Keller zu sparen. Feiner Kohlestaub lag auf allen Möbeln und hatte sich in den Teppich getreten. Ein Hund war ihm geblieben von einer früheren Geliebten, der war so hoch wie ein Kalb und lag immer irgendwo herum, auf dem Sofa und in seinem Bett, und stand stets im Weg, wenn wer zur Toilette wollte oder aus der Wohnung, schnappte nach dem Gerichtsvollzieher. Nur wo seine Bücher standen war Ordnung, und der eine oder andere Bleistift lag auch da schon akkurat und parallel neben seinen Stapeln Papier.
Vielleicht wäre er gerne Bukowski geworden, aber den gab es schon. Er schrieb, wenn er nicht las, bis in die Nacht hinein Erzählungen, trunkene, blutige, zur Uni ging er nie. Er hätte nichts anzufangen gewusst mit diesen Kindern, die da studierten, und die Dummheit der Professoren und die Hässlichkeit der verwaschenen Betontürme hielten ihn fern.
Irgendwann machte er seinen Abschluss, da war er älter als die meisten, er bestand mit Auszeichnung, ein Seminar hatte er nie besucht.

Wann es angefangen hatte und ob es Liebe gewesen war? Irgendwann lernte er ein Mädchen kennen, blond und blauäugig und aus solider Familie. Eine, die bisher über jeden Abgrund getragen worden war und die ihre Stirn in ratlose Falten legte, wenn er von Nietzsche sprach und von der Umwertung aller Werte. Sie rauften sich zusammen mit einigem Geschrei, er warf ihr vor, dass sie naiv sei und verwöhnt, und sie griff sich mit spitzen Fingern Apfelkrotzen unter seinen Kommoden hervor und warf sie aus dem Fenster. Sanfte blonde Löckchen ringelten sich um ihre Ohren, und wenn er ihre Hand fasste, war sie weich und warm.
Er fand sich auf dem Standesamt in seinem fünfunddreißigsten Jahr. Die beiden Familien, ihre und seine, beäugten einander misstrauisch über den breiten Graben der gesellschaftlichen Stellung hinweg. Und sein kleiner Vater, langweilig und grau, stand am äußersten Rande, eingeladen, aber nicht willkommen.

Niemals Kinder, das war seine Bedingung gewesen, Kinder und kleine Tiere fand er so unnötig wie schwer erträglich. Im zehnten Jahr seiner Ehe wuchs der Bauch seiner Frau unter ihren geblümten Kleidern. Sie nahm Schwangerschaftsurlaub und dann Erziehungsurlaub, ihre Wangen leuchteten rosig, sie strahlte von innen heraus und war sehr weiblich. Da war er schon in Lohn und Brot und arbeitete als Lagerverwalter. Jeden Morgen früh um vier stand er auf und las über die Schlacht bei Gettysburg und den Dreißigjährigen Krieg, las bis er zur Arbeit musste um halb sechs. Bloß noch einmal in der Woche trank er, und dann auch nur vier Stunden, um zehn war er so müde, dass er sofort ins

Bett ging. Seine Schuhe standen in Reih und Glied und seine Bücher so ordentlich in den Regalen, dass es ihm sofort aufgefallen wäre, wenn ein Fremder sie berührt hätte. Nichts Überflüssiges lag mehr herum in seiner Wohnung, und Besuchen sah er mit Unbehagen entgegen.

Als sein zweites Kind über die Taufschale gehoben worden war, seine Frau, evangelisch, hatte es sich so gewünscht, saß er abends mit den Taufgästen, die Zunge schon schwer von Bier, und sagte: »Dieses Leben, wozu eigentlich? Ich bin nicht gefragt worden. Ich hätte Nein gesagt. Und ihr doch auch.«

Seine Frau, dicker geworden nach dem zweiten Kind, saß dabei, lächelte und kraulte ihm den Nacken.

Thorsten Krämer
Der letzte Beatle

Eine Wolke schiebt sich vor die Sonne, an dem ansonsten strahlend blauen Himmel, und er wendet den Blick ab von diesem ungewöhnlich großen Toilettenfenster, hin zur Rolle mit dem Klopapier, die an einer Seite aus der Fassung gesprungen ist. Er reißt ein Blatt ab und tupft sich den Schweiß von der Stirn. Ein Blick auf die Uhr, seit genau fünf Minuten befindet er sich jetzt in der Kabine. Er hat es sich zur Gewohnheit gemacht, sich nicht länger als zehn Minuten auf der Toilette aufzuhalten, um keine Aufmerksamkeit auf sich zu ziehen, also wird es jetzt langsam Zeit anzufangen. Aus der Brusttasche seines Hemdes holt er die in Papier eingeschlagene Klinge, den Mull aus seiner Hosentasche legt er griffbereit auf das niedrige Fenstersims. Er knöpft das Hemd bis zum Bauchnabel auf, tastet mit der Hand über seine Brust. Direkt über dem Herzen findet er eine gute Stelle. Er setzt die Klinge an und schaut zum Fenster. Die Sonne strahlt warm auf sein Gesicht, und er weiß, dass das Blut, das jetzt in einzelnen Tropfen träge aus dem Schnitt hervorquillt, ungefähr die gleiche Temperatur haben dürfte.
Jeden Tag vergisst er aufs Neue den Namen der Brotverkäuferin, dabei genügt ein Blick auf das brotförmige Schild an ihrer Schürze, um ihn zu erfahren. Wahrscheinlich ist es gerade diese ständige Verfügbarkeit, die sein Gedächtnis zu entlasten scheint und es in Wahrheit doch schleichend zersetzt. Auch er trägt so ein kleines rechteckiges Schild, mit dem er für jeden, der mit ihm spricht, aus der Anonymität heraustritt, während er natürlich nie den Namen seines Gegenübers kennt. Aber sowieso spricht keiner mit ihm. Denn eigentlich darf er gar nicht wahrgenommen werden. Bilal, sein Chef, hat es ihm einmal erklärt: Wir Security-Leute, sagte Bilal, dürfen nur von denen gesehen werden, die abzuhalten unsere Aufgabe ist. Alle anderen sollten uns nur unbewusst wahrnehmen, denn wenn wir denen auffallen, dann höchstens negativ, als Bedrohung, als Kontrollinstanz, Big Brother is watching you oder wie es dann heißt. Und so bemüht er sich, präsent zu sein ohne aufzufallen, wenn er als wandelnder Nachname seine Wege durch die Passage geht.
Also sind wir der Große Bruder, denkt er, während er aus dem Fenster nach unten schaut, also haben wir die Macht. In einem Hinterhof spielen zwei Jungen Fußball, sie schießen immer abwechselnd gegen eine Mauer und versuchen, den Ball möglichst schnell zurückzuspielen. Er stellt das Fenster auf Kippe und betätigt den Abzug. Einige Kollegen haben mit dieser Macht schon ihre Probleme gehabt, Bilal musste jemanden entlassen, der sich von einem

Betrunkenen hatte provozieren lassen. Wie dumm manche Leute sind. Er blickt sich ein letztes Mal in der Kabine um, dann öffnet er die Tür. Am Waschbecken steht ein älterer Herr, ein Rentner wohl im grauen Blouson, der ihn mit einem kurzen Nicken grüßt. Er kennt den Mann nicht, es ist sicher die Uniform, die ihn zu dem Gruß veranlasst hat. Ein starker Tabakgeruch geht von dem Rentner aus, und er wartet, bis der andere die Toilette verlassen hat, ehe er sich selbst die Hände wäscht.

Gestern stand in der Zeitung, George Harrison werde bald sterben; heute heißt es, das Gegenteil sei der Fall. Auch gut. Dann ist die Frage, wer der letzte Beatle wird, eben wieder offen. Wenn es nach ihm ginge, sollte Ringo alle anderen überleben, der Beatle also, der nachweislich die geringsten Verdienste um die Musik der Fab Four vorzuweisen hat. Das wäre doch eine schöne Ironie, denkt er und erzählt es der Brotverkäuferin. Die sagt dazu, dass sie noch lieber als die Beatles nur Bryan Adams mag. Er trinkt seinen Kaffee und hört zu, wie sie schwärmt.

Große Räume, kleine Räume. In der leeren Wohnung war er überrascht, wie klein die Zimmer plötzlich wirkten, als sei mit den Möbeln auch jeder Maßstab entfernt worden. Stattdessen waren es nun seine Erinnerungen, die jeden Raum ausfüllten, überfüllten. In den Toiletten dagegen spürt er manchmal eine Weite, die vielleicht nur sein Körper in Erwartung des Schmerzes ihm suggeriert, oder aber etwas in ihm hat sich verändert, auch wenn er das selbst nicht wirklich glaubt. Einige Kabinen sind so schmal, dass er mit den Ellenbogen gut die Trennwände erreicht, auf diese Weise die Gucklöcher verdeckend, die dort oft hineingebrochen sind.

Es sind immer die Musikstudenten, die – entgegen den entsprechenden Verbotsschildern – ein paar Mark dazuverdienen wollen. Sie stellen sich mit ihren Geigen und Cellos und Querflöten vor die Apotheke oder ein Schuhgeschäft und denken, sie seien etwas Besseres als zottelige Gitarristen in zerrissenen Jeans. Dabei macht er da – wie die anderen Wachleute – keinerlei Unterschiede. Straßenmusik ist Straßenmusik, ob sie vom Blatt gespielt wird oder aus dem Gedächtnis, die Leute müssen die Passage verlassen und bekommen im Wiederholungsfall ein Hausverbot, da gibt es keine Diskussionen. Einmal musste er wegen einer nicht mehr ganz so jungen Sopranistin sogar die Polizei holen. Zwei Beamte nahmen dann mit stoischen Gesichtern ihre Personalien auf, während die Sängerin mit falschem ungarischen Akzent von der Freiheit der Kunst schwadronierte. Als sie schließlich abgeführt wurde, warf sie ihm einen wütenden Blick zu, als sei sie eine Hexe und könne ihn verzaubern. Er sah ihr hinterher und setzte dann seinen Weg fort. Es ist immer so, das hatte er da schon gelernt, dass die Machtlosen das größte Spektakel veranstalten.

Eine Fliege vor dem Fenster, die er mit der Hand wegscheucht. Er schließt die Tür und lehnt sich einen Moment dagegen, bis sich sein Atem beruhigt hat. Auf dem Deckel der Toilette sind gelbe Flecken von ausgedrückten Zigaretten, auf dem Boden hinter der Schüssel einige Kotspritzer. Er setzt sich auf den Toilettendeckel. In der Kabine neben ihm wird der Abzug betätigt, jemand zieht sich die Hose hoch und schließt auf. Er wartet, bis der andere sich die Hände gewaschen hat, hört, wie die Tür nach draußen ins Schloss fällt. Er ist allein jetzt, hat alle Zeit der Welt. Er legt die Hände auf die Knie, mit den Handflächen nach oben, atmet ein, atmet aus. Nach ein paar Minuten wirft er die Krawatte über die linke Schulter und knöpft sich das Hemd auf. Aus seinem Portemonnaie holt er die sorgfältig eingeschlagene Rasierklinge hervor, zieht das Metall vorsichtig aus seiner Umhüllung. Er tastet über seine Brust, vorbei an den noch nicht ganz abgeheilten Wunden zu einer Stelle mit intakter Haut. Während er die Klinge führt, atmet er ruhig weiter. Einzelne Blutstropfen werden in dem feinen Schnitt sichtbar, die tupft er mit einem Papiertaschentuch weg. Als kein Blut mehr nachkommt, knöpft er das Hemd wieder zu, wischt die Klinge ab. Er blickt aus dem Fenster, das auf einen tristen Hinterhof geht, auf dem er noch nie jemanden gesehen hat.
Die Erinnerungen haben nicht lange gehalten. Während die Möbel, als er sie noch hatte, mit der Zeit voll staubten und so noch an Präsenz gewannen, fanden seine Erinnerungen schon bald keinen Halt mehr an den kahlen Wänden, auf dem kalten Boden. Und mit den Erinnerungen verschwand auch die Zeit selbst, bis allein die Gegenwart übrig blieb. In einer fortgesetzten Gegenwart zieht er seitdem durch die Passage, und schon die ersten Minuten nach Dienstschluss liegen wie unter einer schwarzen Wolke. Wenn er erst einmal die Uniform ausgezogen hat, bleibt nur noch Schlaf.
Durch das weit über seinem Kopf auf Kippe stehende Milchglasfenster dringt entfernter Straßenlärm in die Kabine. Mehrere Autos hupen anhaltend, wie bei einem Hochzeitskonvoi. Er holt das Rasiermesser aus seiner Brieftasche und jetzt, bei diesem aggressiven Kunstlicht, bemerkt er, dass die Klinge an einem Ende schon etwas schartig ist. Er nimmt das Messer in die linke Hand, krempelt mit der anderen den linken Hemdsärmel hoch und wechselt dann das Messer zurück in die rechte Hand. Er führt einen vier Zentimeter langen Schnitt an der Innenseite des Oberarms, dort wo kein Muskel unter der Haut liegt. Das Blut tritt hier leichter aus und er braucht schon bald ein zweites Taschentuch. Nach ein paar Minuten aber hört auch diese Blutung auf, das Blut gerinnt an der offenen Wunde.
In der ausgeräumten Wohnung bekam er zum ersten Mal seit langem wieder Sehnsucht nach einer Gitarre. Als Kind hatte er spielen gelernt, er hatte sich die Akkorde selbst beigebracht, indem er zum Radio so lange auf dem Instrument

herumprobierte, bis es einigermaßen harmonisch klang. Das erste Stück, das er auf diese Weise gelernt hatte, war »Get Back« von den Beatles gewesen. Es bestand aus bloß zwei Akkorden, die zudem mit wenigen Fingern leicht zu greifen waren, A und E. In dem leeren Raum, in dem schon seine Schritte laut widerhallten, hätte er gerne den Klang der Gitarre gehört, aber auch die war, wie alles andere, längst nicht mehr da.

Helles Neonlicht blendet ihn, als er durch die Tür zur Toilette tritt. Es riecht nach Duftöl, Boden und Wände sind peinlich sauber. Er geht in die einzige Kabine und schließt hinter sich ab. Ein anderer Mann kommt in die Toilette, er hört, wie er den Wasserhahn aufdreht und sich die Hände wäscht. Der Mann hustet laut, spuckt dann aus. Das Wasser läuft noch einen Moment weiter, während bereits das Gebläse des Handtrockners anspringt. Er wartet, bis der andere wieder fort ist, dann zieht er den Reißverschluss seiner Jacke ganz herunter. Er öffnet das Hemd, rollt das darunter liegende T-Shirt hinauf bis unter das Kinn. Die Klinge liegt schon in seiner Hand bereit. Er zieht einen zwei Zentimeter langen Schnitt über der linken Brustwarze, dann noch einen etwas längeren das Brustbein entlang. Er achtet darauf, dass beide Schnitte nahe genug beieinander liegen, so dass er sie gleichzeitig mit einem einzigen Taschentuch abpressen kann. Ungern hat er Blutflecken an seiner Kleidung. Sobald kein Blut mehr nachkommt, zieht er sich wieder an, wirft das Taschentuch in die Kloschüssel und spült es hinunter. Er schließt die Kabine auf und tritt an das Waschbecken. Ein weiterer Mann betritt die Toilette, nickt ihm stumm zu und geht in die Kabine, die er soeben verlassen hat. Er wäscht sich die Hände mit dem Stück Seife, das in einer Schale auf dem Becken liegt. Der Trockner springt an, sobald er seine Hände darunter hält.

Für kurze Zeit schien ihm die leere Wohnung wie das Sinnbild eines Neubeginns, einer zweiten Chance für sein Leben, das noch gar nicht richtig begonnen hat. Aber jeder Sinn, den er aus dieser Lage schöpfen wollte, verflüchtigte sich bald wieder. Eines Tages saß er in einer Pause auf der Kundentoilette von Karstadt und war wie gelähmt von der Vorstellung, die Toilette wieder verlassen zu müssen. Minute um Minute verfolgte er den Weg des Sekundenzeigers um das Ziffernblatt seiner Armbanduhr herum, unfähig, einen einzigen klaren Gedanken zu fassen. Irgendwann war ihm bewusst geworden, dass man ihn nur mit Gewalt wieder in die Welt außerhalb der Toilettenkabine zurückbringen könnte, und wer außer ihm selbst wäre schon bereit gewesen, diese Gewalt aufzubringen? In seiner Hemdtasche hatte er ein Paar Rasierklingen, die er am selben Morgen in der Drogerie gekauft hatte. Mit einer dieser Klingen zog er einen Schnitt in den linken Unterarm, dort, wo man sich kneift, wenn man zu träumen meint.

Vor einer der Boutiquen steht ein Penner und starrt gierig auf die lebensgroßen

Fotografien halbnackter Mädchen, die dort im Schaufenster hängen. Es ist nur eine Frage der Zeit, bis sich der erste Passant von diesem verwahrlosten Mann belästigt fühlen wird. Also spricht er ihn schon jetzt an, bittet ihn freundlich weiterzugehen und nicht den Verkehr aufzuhalten. Die junge Verkäuferin in der Boutique lächelt ihn dankbar an, als der Penner sich mit seinen Plastiktüten davonmacht.

Schon von weitem erkennt er das Stück. Ein junger Mann in roten Cowboystiefeln steht vor der Apotheke und spielt auf der Gitarre »Get Back«. Er weiß, er muss ihn darauf aufmerksam machen, dass in der Passage Musizieren nicht erlaubt ist, aber er setzt seine Schritte so langsam, dass er nicht vor dem Ende des Songs bei dem Mann ankommt. Der Musiker zeigt sich einsichtig, ohne große Diskussion nimmt er das wenige Geld, das er in einem alten Hut gesammelt hat, hängt sich die Gitarre über die Schulter und geht zum nächsten Ausgang. Die Gitarre ist eine alte Höfner, dasselbe Modell, das auch er als Kind gehabt hat.

In der Passage stellt sich heute das Spielkasino Bad Neuenahr vor. Unter der großen Glaskuppel ist ein Roulettetisch aufgebaut, und überall hängen filzgrüne Fahnen mit dem Wappen des Kasinos. Die Leute gucken neugierig, aber kaum einer bleibt stehen. Über Funk spricht er mit Bilal, der ihm von dieser Aktion nichts gesagt hat, und jetzt weiß er nicht, ob es hier auch um echtes Geld geht und also erhöhte Wachsamkeit angesagt ist. Nein, natürlich nicht, sagt Bilal, sonst hätte ich dir schon was gesagt, also zerbrich dir bitte nicht meinen Kopf. Sie beenden das Gespräch und er geht rüber und schaut sich den Spieltisch noch einmal genauer an. Erst jetzt fällt ihm auf, dass in der Rouletteschüssel noch nicht einmal eine Kugel liegt.

Beim Metzger sieht er den jungen Mann mit der Gitarre wieder. Er isst eine Schweinshaxe, die er in der rechten Hand hält. Auch er bestellt eine Haxe, fängt ein Gespräch mit dem Musiker an. Sie reden über ihre Lieblingsstücke, Open Tunings und Gitarrenkoffer, und er hört sich Wörter sagen, die ihm lange nicht mehr über die Lippen gekommen sind. Sie diskutieren darüber, welches das beste Beatles-Album ist, und er erzählt ihm von seinen Gedankenspielen über den letzten Beatle. Der Musiker lacht und sagt, mit den Beatles werde es so enden wie mit Elvis, nämlich gar nicht. Dann nagt er das letzte Fleisch von seiner Haxe ab und fragt: Kannst du mir was Geld leihen?

Bei der Arbeit ist er ständig unterwegs. Er hat schon Baustellen bewacht, das war etwas ganz anderes. In der Passage geht er immerzu von einem Geschäft zum nächsten, von einer Etage in die andere. Seinen Arbeitsraum kreuzen und queren täglich Tausende von Leuten. Dabei ist die Passage im strengen Sinne nicht einmal öffentlich, daran denkt im Alltag niemand, aber wenn er jemandem ein Hausverbot erteilt, merkt derjenige sehr schnell den Unterschied.

Kleine Räume, große Räume. Etwas an den Toiletten zieht ihn immer wieder dorthin zurück. Sie sind für nur einen einzigen Zweck ausgelegt, und doch machen die Menschen dort die seltsamsten Dinge. Zu Hause hat er sich kein einziges Mal geritzt, da spürt er dieses Verlangen auch gar nicht. Es ist nicht nur der Schmerz, den er sucht, sondern auch die Geborgenheit der Kabine mit ihren membranartigen Wänden, die den Geräuschen fremder Körper keinen Widerstand leisten, aber dem Blick verbergen, was hinter ihnen geschieht. Er teilt seinen Arbeitsplatz mit täglich wechselnden Komparsen, er ist jeden Tag in einer anderen Zelle für sich: die Intimität öffentlicher Toiletten.
Ein unangenehmer Geruch steigt ihm in die Nase, der nicht nur der übliche Klogeruch ist. Er stößt die Tür zu den Kabinen auf und sieht sofort den roten Cowboystiefel, der unter der letzten Tür hervorguckt. In der Nachbarkabine steigt er auf die Schüssel und blickt über die Trennwand. Der junge Mann liegt reglos da, die Nadel steckt noch in seinem Arm, die Gitarre lehnt an der Tür. Über Funk alarmiert er erst die Polizei, dann seinen Chef. Es dauert ewig, bis die Polizisten kommen, und als sie endlich da sind, liegt auch er bewusstlos auf dem Boden.
Als er wieder zu sich kommt, befindet er sich in einem Krankenzimmer, eine junge Ärztin macht sich Notizen in einer Akte. Sie blickt auf und sieht, dass er wach ist. Er richtet den Oberkörper auf; jetzt erst bemerkt er, dass man ihm das Hemd ausgezogen hat. Wie lange machen Sie das schon, fragt die Ärztin. Er zieht sich schweigend an. Wegen der Ohnmacht brauchen Sie sich keine Sorgen zu machen, Ihr Kreislauf ist nur etwas schwach gewesen, erklärt die Ärztin, aber wegen der Schnitte gebe ich Ihnen eine Überweisung an einen Psychologen. Sie zieht ein Papier aus der Akte und hält es ihm hin. Sie sollten sich wirklich helfen lassen, sagt sie und steckt die linke Hand in die Tasche ihres Kittels. Er nimmt die Überweisung und steckt sie in seine Brieftasche. Als seine Füße den Boden berühren, spürt er, wie ihm immer noch schwindlig ist. Aber natürlich ist es Ihre Entscheidung, sagt die Ärztin.
Bilal gibt ihm ein paar Tage frei, aber er will lieber arbeiten. Er wird noch einmal verhört und muss auch auf der Wache seine Aussage wiederholen, dann ist die Sache für die Polizei erledigt. Nach zwei Tagen wird die Toilette, in der der Musiker gestorben ist, geschlossen und renoviert. Er geht auch nach dem Abschluss der Umbauten dort nicht mehr hin. Eine Zeit lang lässt er seine Rasierklingen zu Hause und macht auf der Toilette nur das, wozu sie eigentlich da ist. Immer wieder holt er die Überweisung der Ärztin hervor und sucht schon in den Gelben Seiten nach einem Psychologen in der Nähe. Als er einmal in einer Praxis anruft, springt nur der Anrufbeantworter an. Während er der Ansage zuhört, verstärkt der Telefonhörer sein eigenes Atmen, das ihm fremd und alt vorkommt. Kurz vor dem Beep legt er auf.

Am Schaufenster eines leer stehenden Ladens entdeckt er ein Plakat: *Der Weg zur Erleuchtung*. Ein schon älterer Mann mit kurzen Haaren schaut darauf friedlich nach rechts, aber man kann nicht sehen, was er dort sieht. Es geht um einen kostenlosen Vortrag mit anschließender Möglichkeit zur Meditation. Ohne sich das kleiner Gedruckte anzuschauen, reißt er das Plakat ab. Das Papier löst sich ganz leicht, als so widerstandslos erweist es sich, dass er im ersten Moment überrascht ist, unter dem Gesicht des Mannes sein eigenes Spiegelbild zu erblicken. Er schaut sich in die Augen, die diesen Blick ins Unendliche hin und her reflektieren.
Das Oberlicht geht an, geht aus. Er wundert sich, dass der Wackelkontakt noch immer nicht behoben ist, dann öffnet er die Tür zur linken Kabine. Dort hat sich offenbar vor kurzem jemand erbrochen, er geht gleich weiter zu der ganz rechts gelegenen Kabine. Die ist in Ordnung, und so schließt er hinter sich ab und setzt sich auf den geschlossenen Klodeckel. Er krempelt den linken Ärmel hoch bis zur Schulter und holt die Klinge aus seinem Portemonnaie. Setzte er den Schnitt nur ein einziges Mal an einer anderen Stelle, wäre auch dies eine Art, Schluss zu machen. Er nimmt die Armbanduhr ab und legt sie auf die Klopapierrolle. Auf seinem Unterarm treten die Adern deutlich hervor, die Haut fühlt sich beim Darüberstreichen hart und wächsern an, die Haut, die doch zu beiden Seiten durchlässig sein sollte. Er nimmt die Klinge, hält sie lange in der Hand. Das Oberlicht geht aus, geht an.

Terézia Mora
Sensenmann

Der Sensenmann ist nicht so knochig wie man denkt. Er ist ein rosiger, bauchiger Mann. Sein Werkzeug in der Hand steht er in der Mitte der Wiese, die er schon zur Hälfte gemäht hat, und schaut zu mir herüber. Ich stehe im Wald.

Er ist anders, als ich ihn in Erinnerung hatte. Der Wald. Kein richtiger, ein kleines Dreieck Wildwuchs nur, ein Zwickel, übrig geblieben zwischen verschnittenen Feldern und verlassenen Obstplantagen. Das Ende der Welt.

Wohin gehst du? Ans Ende der Welt! Jenseits des geteerten Wegs, wo einem nichts mehr privat gehört, außer den Pilzen unter den kollektiven Kuhfladen – da von keinem planwirtschaftlichen Nutzen, ist man geduldet, sie zu pflücken, wenn die Jahreszeit dafür da ist. Ich flüchtete meist schon vorher, im regenlosen Hochsommer, man war verschickt, die Welt ein Dreieck zwischen zwei Straßen und einem Bahndamm, jenseits davon ging kaum ein Kind, obwohl sie noch zum Dorf gehörten: Felder und Plantagen und der Wald, die äußerste Grenze. Dort suchte keiner nach mir, und wenn ich meine Flucht beendete, wie ich sie immer beendete, und ins Dorf zurückkehrte – nicht der Hunger trieb mich heim, Hunger war immer schon nebensächlich, mit dem Erreichen des Waldes war es einfach vorbei, der kindlichen Kränkung Genüge getan –, schien überhaupt keine Zeit vergangen zu sein. Die Sonne stand an derselben Stelle, der Nachmittag – es war meist Nachmittag – der gleiche Dreiuhrnachmittag, mein Verschwinden von niemandem bemerkt. Der Wald der angehaltenen Zeit. Eine Schleife, die man machen konnte, hinaus, um am annähernd selben Punkt wieder zurückzukehren, mit dem Unterschied, dass es wieder möglich war – was? Irgendwas. Vergessen.

Ob es wohl noch so stimmt, dass die Zeit stehen bleibt am Ende der Welt, und was das dann bedeutet, ob ich werde tun können, wofür ich hergekommen bin, daran dachte ich auf dem Weg hierher, während ich durch die knietiefen Radabdrücke der Traktoren stiefelte. Klüfte kreuz und quer, kein Fußbreit Land, auf dem man gut gehen könnte, überall diese tiefen Eindrücke, die gute Lößerde, weiß geworden in der Hitze und hart wie Fels, keine Fußspuren, nichts sehen, nur hören wie die trockene Schuppenschicht der Oberfläche unter den Schritten wegbröselt, knirsch, knirsch, kam ich in den Wald, als wanderte ich durch eine Salzwüste.

Hinter abgesacktem Maschendraht standen zu beiden Seiten Apfelbäume in strengen Reihen, flach wie Kruzifixe, die Äste zur Seite gereckt, ineinander verwachsen, jeder für sich könnte vermutlich gar nicht stehen. Antibäume, experimentelle Züchtung, wer weiß wozu, das Institut gibt es nicht mehr, überall auf der Welt machen sie neue auf, aber dieses hier zu, keine Apfelbaumoptimierung mehr, überaltert sind sie, die Bäume, obwohl sie immer noch aussehen wie Teenager, mit glatten, grünen Stämmen. Alte Jungfern, tragen keine Früchte mehr, keine von diesen winzigen, runden, an den Polen etwas eingedrückt wie die Erde, und ein wenig bläulich waren sie auch, rotblau, kleine Planeten zwischen pikantem Laub. Sehr hartes Fleisch, ich weiß noch. Aber jetzt ist keine einzige Frucht mehr zu sehen und das im August. Spezieller Zuchterfolg. Andererseits habe ich nicht wirklich hingesehen, ich habe extra nicht hingesehen. Diese Apfelbäume waren für mich immer wie Personen, ein Pflanzen-KZ hinter dem trockenen Zaun. Ich heftete meinen Blick auf den Weg.

Und jetzt. Der Wald ist weiter draußen, als ich erwartet habe. Bis man angekommen ist, hat man fast schon vergessen, weshalb man überhaupt losgegangen ist. Und auch sonst ist alles anders. Es gibt kaum starke Bäume; Akazien und Birken, nur gut, um sich an ihnen zu kratzen, taugen noch nicht einmal als Blickschutz. Wie wenn man eine Stelle zum Pinkeln sucht, nirgends schien es unübersichtlich genug zu sein, ich wanderte herum, umkreiste den holunderbewachsenen Krater in der Mitte, den ich ebenfalls vergessen hatte, obwohl ich den Wald nur seinetwegen kenne. Als es noch keine Tonnen gab, landete hier der nicht misthaufentaugliche Müll des Dorfes. Großvater, ein Fahrrad und ein sackvoll Saure-Sahne-Becher. Mein Wald ist ein illegaler Müllabladeplatz außer Betrieb. Das habe ich vergessen. Aber es zählt ohnehin nicht.
Was zählt und was schlimmer ist: Ich habe vergessen, dass es keine echten Bäume darin gibt. Wütend rassele ich durchs trockene Geäst bis ich wieder am Rand stehe. Weder vor noch zurück. Hinter mir die Halde, das nutzlose Holz, und vor mir der Sensenmann. Ich habe ihn schon seit einer Weile gehört, ohne zu wissen, was es ist, den gleichmäßigen Takt der Sensenschwünge, wie das Herz schlägt, die Uhr. Die Zeit bleibt nicht stehen, der Sensenmann mäht sie um, ich sehe ihn und bin empört.

Ich stehe unter dem einzigen Baum, der geeignet wäre, die Äste sind dick genug und ragen nicht so steil in die Höhe wie bei den anderen in gegenseitiger Bedrängnis. Ein waagerechter Ast streckt sich hinaus über die Wiese, wie gemacht, der Stamm narbig, mit den Ausbuchtungen ehemaliger oder nie gewachsener Äste: eine Trittleiter, einladend. Aber der Baum selbst steht zu sehr am Rand, zu einsehbar, wenn der Sensenmann erst das brusthohe Gras weggemäht hat. Wer konnte das ahnen. Seit Tagen ist es heiß und seit heute auch noch schwül, alles hält sich in den Häusern auf, wer konnte damit rechnen, dass es einen gibt, der am Dreiuhrnachmittag anfängt, die flaue Wiese zu mähen. Sensenmann.

Ich schaue ihm zu, was anderes kann ich sowieso nicht tun. Die Zeit ist nicht stehen geblieben, der Sensenmann mäht sie um, dennoch ist es unmöglich. In meinem grünen Wanderrucksack ist ein Seil aus Hanf, Großvaters altes Hanfseil aus dem Schuppen, die Schlinge ist noch nicht geknüpft, plötzlich fällt mir auch das ein: Wie knüpft man eine Schlinge?
Ich stehe da, bis zu den Knöcheln in papiertrockenem Laub, woher kommt dieses ganze Laub im August, am Rand aufgehäufelt, als wollte es den Wald nicht verlassen, ein richtiges Lager, aber ich will mich nicht hinlegen. Es knistert, obwohl ich regungslos dastehe, als würde es von einem knöcheltiefen Wind bewegt, während in Kopfhöhe die Luft immer noch steht. Ein leises, dumpfes Geräusch, das sofort wieder zurückfällt zwischen die Blätter. Der Sensenmann hält dennoch inne, als hätte er etwas gehört. Stehen da Aug in Auge.

Was für eine Farce. Ich bin hergekommen, um mich zu erhängen, und jetzt kann ich es nicht tun, nicht so, mit dem Sensenmann, der mich anschaut. Als wollte er mich verhöhnen. Steht da, als würde er sich nie wieder rühren, vielleicht wegen der Schwüle, die jetzt oder hier noch drückender geworden ist. Es ist nicht die Zeit, die stillsteht, nur das Wetter. Jedesmal am höchsten Punkt des Sommers gibt es diesen Tag, diesen angehaltenen Atem, an dem alles stehen bleibt wie im Stillwasser, um von da aus rückwärts zu laufen. Die Zeit, in der alles da ist, was bis dahin möglich war, und für alles Weitere ist es zu spät. Die Dorfbewohner ziehen sich zurück in die Häuser, rühren sich nicht, sprechen nicht. Nur ich bin jedes Jahr um diese Zeit durchgedreht, schon als Fünfjährige, und er hier scheinbar, der Sensenmann.

Wir haben also etwas gemeinsam, trotzdem denke ich feindselig an ihn. Vielleicht, wenn ich Glück habe, bleibt er tatsächlich für immer so, trocknet aus, wird zu einer harmlosen Vogelscheuche auf der Wiese, aber was wird bis dahin aus mir, die ich mich auch nicht bewegen kann und sogar den Atem anhalte? Bevor ich ersticke, hole ich Luft. Auch der Sensenmann rührt sich: Er wischt sich die Stirn. Jetzt erst spüre ich, wie feucht auch mein Körper ist, das macht mich zusätzlich nervös, wieso wird mein Körper feucht? Ich reibe die Finger aneinander, sie rutschen, ich denke an das Seil. Der Sensenmann fängt wieder

zu mähen an, schneller als eben, als hätte er es plötzlich eilig, als könnte auch er nicht mähen, so, mit mir, die ich ihn beobachte.
Aber ich beobachte ihn gar nicht. Ich habe es auch nicht mehr eilig. Ich lasse den Rucksack aus den Fingern gleiten, mich hinterherfallen, ins Laub, schließe die Augen, wohin ich auch falle, egal. Schulter, Kopf landen am harten Baumstamm, egal, egal. Weder vor noch zurück. Wohin, woher, keine Ahnung. Mein Plan war schlecht und ich habe keinen anderen. Vielleicht bleibe ich einfach hier liegen.

Wie bin ich hier gelandet? Es ist eine lange, komplizierte Geschichte oder eine kurze und banale, ich bin mir nicht sicher.
Ich bin hier gelandet, weil ich irgendwann die Fähigkeit verloren habe, zuzubeißen. Vor etwas mehr als einem Jahr habe ich damit aufgehört, feste Nahrung zu mir zu nehmen oder auch nur irgendetwas anzufassen, das lebendiger Körper ist oder war.

Deine Sorgen möchte ich haben, sagte Mutter. Zu allem. Deine Sorgen. Dabei hatte ich wirklich Sorgen. Ich wäre beim Abitur durchgefallen, hätte man einen Prüfungsteil nicht für ungültig erklärt, weil irgendwo im Land die Fragen schon vorher gehandelt wurden. Ein landesweiter Skandal, der mich rettete und mir die Note bescherte, die ich im Jahr davor hatte: genügend. Mutter aß wie ein Scheunendrescher, ihre Zähne blitzten, war schließlich alles teuer genug, auch Großmutter bemühte sich, vor Eifer ließ sie das beschmierte Messer auf den samtgepolsterten Sessel neben sich fallen, als gerade der Oberkellner in der Tür erschien – er lächelte, ich kann nicht sagen wie. Ich saß auf dem Ehrenplatz, weder ein Fenster noch eine Tür im Rücken, konnte alles genau sehen, die Mütter, Paten und Tanten, sie aßen und sahen nicht, dass ich mitten in der Suppe aufgehört hatte. Vielleicht liegt es am Mond, dachte ich, und schaute in die Ebbe in meinem Teller. An den Rändern, hingespült, die Gemüsestückchen und irgendetwas Sandiges war auch dabei, ich hörte es knirschen.

Und so geht es seitdem weiter. Inzwischen habe ich gelernt, vieles flüssig zu bekommen, was vorher fest war, mir mangelt es an nichts, endlich lebe ich allein, niemand merkt etwas. Seitdem ich studiere, habe ich keinen einzigen Leistungsnachweis erbracht, auch das hat keiner gemerkt, und wollte ich mich nächstes Jahr für die Zwischenprüfungen anmelden, würde es mich nicht wundern, wenn sich auch dann nichts herausstellte.

Mutter sagte, mir würden die Zähne aus dem Mund fallen, wenn ich die Karotten nicht esse, und ich erschrak furchtbar, als ich sechs wurde. Inzwischen aber bin ich ausgewachsen und sowas kann mir keine Angst mehr machen. Nichts im Mund, nur weiches Fleisch, daran ist nichts Schreckliches. Ich habe eine Methode gefunden, möglichst zu vermeiden, dass sich die Zähne in meinem Mund berühren: Ich stemme die Zungenspitze gegen den vorderen Gaumen und hebe so das Obere vom Unteren ab. Dadurch sehe ich aus, als würde ich schmollen und als wäre ich dumm, aber auch das ist egal. Ich schaue in keinen Spiegel.

Die Zahnprophylaxe ist Mutters Beruf, sie hantiert mit Metall, Pasten, Schmirgelpapier in fremden Mündern herum, auch in meinem. Vierteljährlich eine Sitzung. Vorher putze ich mir die Zähne, was ich sonst nicht tue, es ist auch nicht nötig. Mutter bringt es nicht zur Sprache, dass meine Zähne vernachlässigt wären. Sie führt mir mit ihrer gummibehandschuhten Hand vor, wie ich das Zahnfleisch massieren soll, damit es sich nicht zurückzieht. Fünfundvierzig Minuten dauert die Behandlung. Sie ist es gewohnt, dass ich dabei würge, auch das bringt sie nicht zur Sprache. Sie empfiehlt mir zu gurgeln. Gute Zähne sind wie eine gute Mitgift, sagt sie. Dasselbe über Sprachkenntnisse. Wie eine gute Mitgift. Lernen muss man, sonst endet man als Ackergaul, die Hände das Negativ des Hackenstiels und kaum mehr einen Zahn im Mund. Das Alter in den Dörfern. Mutter hat es hinter sich gelassen, sie arbeitet mit filigranen Werkzeugen, mit beiden Beinen im Leben, nur Fremdsprachen konnte sie keine lernen. Ich ja, aber ich radebreche absichtlich. Es kommt mir zu anmaßend vor, eine gute Aussprache zu haben, dabei sind Sprachen das Einzige, was ich kann. Tie-äjtsch. Englisch mache einem besonders viele Runzeln um den Mund, weiß ebenfalls meine Mutter.

Großmutter ist voller Runzeln, ihr schmales Gesicht noch schmaler, weil die Zähne hinter den Wangen fehlen, die Prothesen schmerzen, dann lieber ohne, wir essen dieselbe Pampe, mehlige Kartoffeln, aufgelöst in der Hühnersuppe. In meiner Erinnerung war sie immer schon so, dabei ist sie kaum vierzig Jahre älter als ich. Ich schaue sie mir an, stelle mir vor, doppelt so alt wie jetzt auch schon so runzlig und zahnlos zu sein. Auch daran finde ich nichts Unangenehmes. Deswegen bin ich zu ihr gekommen. Weil sie keine Zähne mehr hat und dieselbe Pampe isst wie ich. Und sie kann Eier kochen, in denen alles gleichmäßig weich ist, das Weiße wie das Gelbe, dünn wie Suppe, man kann sie austrinken.

Ich weiß nicht, was ich gedacht habe. Dass sich auf diese Weise nichts herausstellt, oder vielleicht alles. Noch vor dem offiziellen Beginn der Ferien bin ich abgereist in die selbst gewählte Verschickung, seitdem bin ich hier. Sitze mit Großmutter in der Küche und löffle, was zu löffeln geht. Ob und was ich sonst

vorhatte zu tun, habe ich vergessen. Ich habe vergessen, womit ich mich sonst während der Ferien auf dem Dorf beschäftigt habe. Wie ich auch vergessen habe, womit ich mich überhaupt je beschäftigt habe. Dort, am Festtagstisch, habe ich es plötzlich vergessen, wie man nach einer Prüfung alles wieder vergisst, als wäre mein Leben nur eingepaukt. Ich habe meine Pläne vergessen und wie man isst.
Ich habe das Jahr hinter mich gebracht und bin mit dem Sommer zu Großmutter auf die Chaiselongue gezogen. Ich mache mir nichts aus Hitze, landwirtschaftlicher Arbeit oder dem Rest des Dorfes. Ich verbringe die Tage dösend im dunklen Zimmer.

Großmutter gebe ich eine ungefähre Schätzung über den Tag meiner Abreise, aber ich selbst bin mir überhaupt nicht sicher, ob es je wirklich dazu kommen wird. Ich sehe mich nicht wieder zum Bahnhof gehen, ich sehe mich auf der Chaiselongue liegen im nach Kleidern und Kompott riechenden Großmutterzimmer und mir durch die Muster des Vorhangs die schwankenden Silhouetten der Pflanzen im Garten ansehen. Hat das Semester nicht längst schon wieder angefangen, fragt Großmutter. Doch, sage ich. Dabei bleiben wir. Großmutter hält über nichts lange Reden, auch das mag ich an ihr.

Daran glaubte ich mehrere Wochen. Und dann kam doch alles anders. Ich lernte diesen Jungen kennen.
Der Sommer war da fast schon vorbei, durch das Nichtstun bin ich schlaflos geworden, durch die vielen Eier schwer, ein Wolf, jemand hat mir Steine in den Bauch genäht, also entschloss ich mich eines Nachts, als die guten Bauern schon schliefen, doch noch ein paar Schritte zu tun. Ich schlich mich aus dem Zimmer, in dem Großmutter schlief. Das Tor quietscht beim Öffnen, also kletterte ich darüber. Über Tore zu klettern, das vergisst man nicht. Mein Elan hielt dann aber doch nicht weiter vor als bis zum Ende unserer Straße. Dahinter kenne ich mich nicht mehr aus, und überall bewegte sich etwas, Tiere in den Büschen oder Vergewaltiger, ich bekam Angst, wie immer im Dunkeln – das wusste ich nicht mehr, in der Stadt ist es nie dunkel. Nach Hause zurück wollte ich auch nicht, also stand ich auf der leeren Kreuzung herum, bis ich selbst jemandem hätte Angst machen können. Dann tat ich doch, was ich mir lediglich als Ausrede ausgedacht hatte: Ich ging an den Ort, den ich unter normalen Umständen, früher oder jetzt, ganz bestimmt gemieden hätte: die Kneipe, in der die Dorfdiskos stattfinden.

Eine Stunde stand ich dort am Rand der Tanzfläche und sah den anderen zu. Die Mädchen waren wie die, mit denen ich zur Schule gegangen bin, schöne, dumme Mädchen, ich verachte sie genauso und bewundere sie, Sexbomb, Sexbomb, sie wackelten mit den Hüften, ich habe keine Hüften, ich sah zu. Zunächst hielt ich auch ihn für eine von ihnen, obwohl er groß ist, aber warum nicht, es gibt so große Mädchen mit langen blonden Haaren, und auch seine Bewegungen waren mädchenhaft, er schüttelte sich und kreiste den Nabel, eine Art Bauchtanz, es sah schon merkwürdig aus, denn etwas dicklich ist er auch. Eine Walküre, ein Riesenbaby und ein Mann. Die Mädchen bildeten einen kichernden Kreis um ihn. Ich kicherte nicht, ich kann nicht kichern, aber ich lächelte auch, denn ich dachte, er macht das extra, mit den Mädchen wie ein Mädchen zu tanzen, er macht sich lustig über sie und sie denken, es ist umgekehrt. Er sah mich und brachte mir eine Cola. Diät, sagte er und grinste. Ich trank die Cola, aber nicht durch den Strohhalm, das braucht zuviel Sog. Der Junge sah mir dabei zu und erzählte, was er so macht.

Er ist Maler, oder nein, er studiert Grafik.
Die einzige Kunst, die ich beherrsche, ist, mit den Ohren zu wackeln. Jedesmal, wenn jemand auf meine Segelohren zu sprechen kommt, führe ich es vor. Mit mir, nicht über mich.
Der Junge lacht.
Er fragt, ob er mich zeichnen dürfe.
Ich glaube, er meint meine Ohren, und sage, warum nicht.
Aber er sagt, es ginge nicht darum, wirklich mich zu zeichnen. Es ginge um irgendwelche Verhältnisse. Wie lange meine Arme, meine Schenkel, wenn mein Rumpf etcetera. Ich müsste dafür auch nicht nackt sein. Ein String-Bikini täte es auch. Wegen der Pobacken.
Nein, sage ich.
Ich brauche keine Angst zu haben, sagt er. Er sei schwul, aber selbst wenn er es nicht wäre …
Ich denke darüber nach, was dieses »selbst wenn« bedeutet. Ob er mich nur beleidigt hat, um meine Aufmerksamkeit zu erregen. Wer feilscht, der kauft, sagt Großmutter.
Ich eigne mich eben am besten, sagt er. Ich sei so dünn, man könne »die Knoten« so gut sehen. Aber, feilscht er weiter, er könne auch eine andere fragen.
Nein, sage ich. Ich mache es.

Wir verabredeten uns für den nächsten Morgen. Die Stunden, die bis dahin von der Nacht noch übrig waren, verbrachte ich wachend im Laubengang. Na? sagte Großmutter, als sie um halb sechs vorbeikam. Zu warm, sagte ich. Sie nickte.

Als ich bei ihm ankomme, steht er schon am Tor und überreicht mir eine Eistüte. Eine dunkelrote Fruchtsorte. Sie wird schmelzen in dieser Hitze – wir sind in seinem Schuppen verabredet, am Ende des Gartens, dort sind wir ungestört –, er bietet mir an, die Eistüte wieder ins Haus zurückzubringen, in den Tiefkühler, und sie mir später wiederzugeben, wenn ich gehe, mein Eis, er wollte es mir nur zeigen. Ich lache. Er spendiert mir Eis wie einem Kind, er zeigt es mir, und später, wenn ich brav gewesen bin, bekomme ich es wieder. Hübsche Zähne, sagt er. Das sei ihm schon gestern aufgefallen.
Ich höre auf zu lachen, nehme ihm das Eis weg. Ich mag es ohnehin mehr, wenn es weich ist, sage ich. Ich lege die Eistüte neben mich in den Staub. Während der Sitzung berühre ich sie manchmal, ich spüre, sie behält ihre Form, aber innen ist sie schon nach kurzer Zeit ganz weich. Ich kann das schmalere Ende aufbeißen und den Inhalt einfach austrinken. Ich stelle mir vor, wie ich es ihm vorführe wie ein Kunststück.

Ich habe keinen String und keinen Bikini, ich ziehe meinen Schlüpfer so gut es geht zwischen die Pobacken und sitze oben ohne da während er zeichnet. Das Licht, das durch die Ritzen der Bretterwand hereinfällt, tigert meine Haut. Er sitzt auf einem Holzspalteklotz, ich lehne an einem anderen. Auf meinem liegt eine blaue Arbeitsjacke, auf seinem die dazugehörige Hose, damit wir uns keine Splitter einreißen. Unter mir zwei Getreidesäcke aus Plastik, damit ich nicht im Staub sitzen muss. Er zeichnet mit Tusche, das Fläschchen steht neben ihm auf dem Boden, ich sehe, wie der Staub hineinrieselt.

Wir arbeiten stumm. Manchmal kommt er zu mir, arrangiert meine Gliedmaßen um, das ist alles. Es wird immer wärmer und schwüler, ich schwitze auf die Plastiksäcke. Ihm scheint es nichts auszumachen, er ist immer noch vollständig angezogen wie zu Anfang.
Irgendwann geht er hinaus und ich schaue mir den Zeichenblock an. Ich bin tatsächlich nicht zu erkennen: Striche, Dreiecke, Kreise. Ich kann nicht einmal feststellen, ob er wirklich zeichnen kann. Und wenn nicht, was heißt das dann?
Er kommt zurück mit einem Metalleimer, das Wasser ist aus dem Brunnen, was zu essen hat er auch dabei, Butterbrote mit Paprikaschoten, aber ich will nichts essen. Ich tauche meine Fingerspitzen vorsichtig in das Wasser und beträufle meine verstaubte Haut. Er isst, ich schaue ihm verstohlen auf den Mund. Er hat einen großen Mund, wie alles an ihm groß ist, seine Hände, seine Knie. Ich denke daran, dass sein Schwanz auch groß ist und werde rot. Aber das kann er bei dem Licht im Schuppen nicht gesehen haben.
Ich nehme das schmale Ende der Eistüte in den Mund. Meine Zähne treffen auf

Pappe. Ich nehme die Eistüte wieder aus dem Mund. Houdini lebendig begraben. Der Sargdeckel ist präpariert, aber da ist auch noch das Gewicht der Erde, das hat er nicht bedacht. Die Nägel sollen ihm geblutet haben, als er sich endlich durchgegraben hatte. Ich starre auf meine eigenen, während sie versuchen, die Pappe abzulösen. Darunter ist weiche Waffel, die könnte ich schaffen. Ich merke, dass der Junge mir zuschaut, während er langsam an seinem Brot weiterkaut. Ich werde nervös, meine Finger zittern, die Nägel sind weich, knicken um, ich lege die Eistüte wieder in den Staub.
Der Junge schaut mich mit offenem Mund an, man sieht das zerkaute Brot in seiner Maultasche, ich kann nicht hinsehen.
Stimmt was nicht?
Nein, sage ich. Aber ob es noch lange dauert.
Ich atme geräuschvoll aus, um zu zeigen: Es ist heiß.
Von hinten, sagt er. Von hinten müsste er mich noch zeichnen.
O.K., sage ich und drehe mich um.
Ich kauere auf den Knien, schaue mir den Holzblock an. Er lässt sich nicht stören, macht sich hinter meinem Rücken weiter an seinem Brot zu schaffen. Ich sage laut, was ich gar nicht sagen will, ich sage es, um seine Geräusche nicht zu hören:
Studierst du wirklich Grafik?
Das Kauen hört auf.
Nein, sagt er nach einer Weile.
Und kaut weiter. Ich kauere da, mit dem Rücken zu ihm. Er schluckt.
Comics, sagt er. Ich zeichne Comics. Sie haben gesagt, ich soll noch ein Jahr üben und dann wiederkommen. Aber wenn ich das gesagt hätte, wärst du nicht mitgekommen.
Nein, wäre ich wohl nicht. Er ist mit dem Essen fertig: das kleine Klatschen, wenn er die Hände gegeneinander schlägt, um die Krümel abzuschütteln.
Was jetzt? Machen wir weiter oder nicht?
Die Stimme hinter mir hört sich barsch an. Er nimmt mir übel, dass er mir die Wahrheit sagen musste. Um ihn zu besänftigen zucke ich mit den Achseln.
Meinetwegen. Eine Rückenansicht noch.
Er kommt auf mich zu, nimmt die Eistüte. Er sagt, er bringe sie für die Zeit wohl doch lieber ins Haus, sie sei ja schon ganz weich. Seine Stimme ist wieder freundlich, er ist mir für meine Solidarität dankbar. Er will auch etwas für mich tun.
Nein, sage ich.
Aber es ist schon ganz flüssig.
Das macht nichts, sage ich.
Jetzt, wo er nicht mehr isst, kann ich ihn ansehen. Ich plane, ihn beschwichtigend anzulächeln. In seinem Mundwinkel glänzt Fett und ein vergessener

Krümel. Ich schaue wieder in den Staub und sage auf einen Atemzug: Ich kann nichts Festes essen. Und ich kann dabei auch nicht zusehen. Oder -hören. Ich weiß nicht, wieso es so ist. Es ist eben so. Es ist O.K. Mir fehlt nichts. Jetzt sind wir quitt. Er schaut mich an, wieder steht sein Mund offen. Ich drehe mich um, nehme meine alte Position ein, mit dem Rücken zu ihm. Er murmelt etwas, ich verstehe es nicht. Es ist auch nicht wichtig. Was kann man schon sagen. Ich rühre mich einfach nicht. Wir sind nicht zum reden hier. Schließlich kommt er zu mir, richtet das Höschen, zieht es an den Seiten höher, hängt es in die Hüftknochen ein und geht wieder zurück an seinen Platz. Wir arbeiten.

Es geht nicht, sagt er nach einer Weile.
Ob ich das Höschen ganz ausziehen könnte.
Ich tue es, ohne mich dabei umzudrehen und kauere mich wieder hin. Ohne Höschen ist es noch wärmer. Ich denke an die kühle Tusche.
Ob ich mich auf die Unterarme stützen könnte. Dafür muss ich etwas näher an ihn heranrücken, damit meine Arme nicht in den Staub geraten. Ich stütze mich auf die Unterarme, meine Scham gleitet auseinander. Nein, denke ich und bleibe so. Ein kleines Geräusch, wenn er den Pinsel am Rand des Tuschefasses abstreift. Ich kauere da, das Licht fällt ein, meine Ohren leuchten, die kleinen Spitzen meiner Brüste zeigen auf den Staub. Dreiecke. Im Sitzen Kreise.
O.K., sagt er. Du kannst dich wieder umdrehen.
Ich tue es und stoße fast mit ihm zusammen. Ich falle auf den Hintern. Dann sitze ich nur da und schaue ihn an. Er steht vor mir, sein Schwanz ragt aus der Hose. Ich rieche die Hose, ihren bitteren Geruch, sehe die kleinen grünen Flecken von Pflanzen, die ihn berührt haben. Ich starre die Hose an, nicht den Schwanz. Er greift nach meinem Kinn, um meinen Kopf in die richtige Position zu drehen. Ich halte gegen.
Was denn, sagt er. Ist doch flüssig. Er lacht. Ist doch genau richtig für dich.

Ein Minimum an Selbstachtung, sagt Mutter. Bis ich am Tor angelangt bin, bin ich in das Kleid geschlüpft, ich renne nicht nackt über die Straße, nur barfuß, meine Sandalen baumeln in meiner Hand, ich merke es erst, als der Untergrund wechselt: von Mutterboden in heißen, gerillten Beton. In der einen Hand die Sandalen, in der anderen die Eistüte. Ich habe sie mitgenommen, sie mit meinen Kleidern zusammengerafft und mitgenommen, als gehörte sie zu mir. Sie ist rutschig und weich, sie ekelt mich an, ich will sie wegwerfen, aber ich traue mich nirgends, ich will nicht, dass sie in irgendeinem Straßengraben liegen bleibt, verräterisch, es ist ein Dorf, jeder wüsste, wessen Eis das ist. Ich trage es bis nach Hause und werfe es in die Mülltonne.

Ich weiß nicht, ob mich jemand auf der Straße gesehen hat, ich habe niemanden gesehen, nichts, ich habe die Tore durchgezählt wie als Kind, um nach Hause zu finden: eins, zwei, drei, vier, fünf, sechs, sieben, acht, die Mülltonne trägt den Familiennamen, abholbereit am Straßenrand, Deckel auf, Eis rein, das Tor quietscht so laut, jeder in der Straße muss es gehört haben, aber es rührt sich niemand.

Großmutter ist nicht zu Hause. Ich stehe in der Mitte des Hofes. Die Tiere schauen mich in der Dreiuhrschwüle desinteressiert an. Die Sandalen baumeln noch in meiner Hand. Erst jetzt merke ich, dass ich mein Höschen nicht dabeihabe. Die Eistüte habe ich mitgenommen, aber das Höschen irgendwo verloren, im Schuppen, in seinem Garten, auf der Straße. Ich breche in Tränen aus. In der unbewegten Luft ist das nicht zu hören, ich höre mich selbst nicht weinen. Also höre ich auf. Ich versuche, mir den Rest vorzustellen: den Abend, die Nacht, den nächsten Morgen. Und ich will nichts wissen vom Rest, dem Abend, der Nacht, dem nächsten Morgen. Mit Sperma im Mund aufwachen. Weiche Eier zum Frühstück. Das würde ich nicht mehr aushalten. Ich gehe in den Schuppen und stöbere so lange zwischen Großvaters hinterlassenen Drähten und Stricken, bis ich ein geeignetes Seil finde.

Endlich ein korrekter Schluss, eine Entscheidung, die eines Mannes würdig ist. Das habe ich tatsächlich so gedacht: Eine Entscheidung, die eines Mannes würdig ist. Ein Minimum an Selbstachtung. Deine Sorgen möchte ich haben. Die Straßen sind leer. Niemand merkt, dass ich in den Wald gehe.
Und dann stand ich unter dem Baum, endgültig lächerlich geworden.

Erschöpft wie ich war, bin ich wohl in der Schwüle eingeschlafen. Ich wache auf, weil sich das Laub um mich herum bewegt. Als würde es jemand berühren. Ich denke an den Sensenmann und bekomme Herzklopfen. Was will ich hier? Nichts, ich bin nur ein müder Wanderer. Teile dein' Wein und Speck mit mir. Ich öffne die Augen. Niemand da. Es ist der Wind, der den Wald klappern lässt, den Sand zwischen den gefallenen Blättern aufwirbelt. Damit er mir nicht in die Augen fliegt, stehe ich auf.

Als wäre nichts gewesen. Der Sensenmann steht da. Immer noch oder schon wieder. Schaut zu mir herüber. Oder gar nicht zu mir. Er schaut in den Himmel, der sich hinter dem Wald aufgetürmt hat, jetzt sehe ich es auch: Es zieht herauf wie Rauch, als stünde es dahinter in Flammen, aber es steht nichts in Flammen, es ist eher kühl, als würde eine Wasserwand in den Himmel aufsteigen.

Und dann regnet es schon, große Tropfen auf die mickrigen Blätter und durch sie hindurch bis auf mein heißes Schädeldach. Der Sensenmann steht immer noch da, als könne er sich nicht dazu entschließen, diesen Regen ernst zu nehmen, obwohl es schon schüttet. Erst als es blitzt, lässt er die Sense fallen und macht sich mit eingezogenem Hals unter dem Donner quer über die Wiese zurück zur Holzhütte am Rand, an der sein Fahrrad lehnt.
Der Regen ist plötzlich so heftig, dass er kaum vorwärtskommt. Der Sensenmann ist fürs Schnelle nicht gemacht, seine Bewegungen, als würde er durch einen Alptraum gebremst, er hat Gummistiefel an, das merke ich erst jetzt, Gummistiefel in der Hitze, er hebt sie hoch über die abgeknickten Halme, seine runden, dicken Knie, als würde er durch ein Moor waten.

Er hat die Hütte fast schon erreicht, als der Blitz einschlägt. In die Hütte oder das Fahrrad, das ist nicht genau zu sehen, als es kracht und zischt, mache ich die Augen zu. Ich denke an den Baum, den höchsten am Waldrand, was wäre, wenn mich jetzt, wo alles fast schon vorbei ist, einfach der Blitz treffen würde. Aber der Blitz trifft mich nicht, ich weiß die ganze Zeit, dass er nicht mich trifft, er trifft die Hütte oder das Fahrrad. Es ist das Fahrrad, es wird hell für einen Moment, das sehe ich mit einem Auge, während ich mich in die Furche zwischen Waldrand und Wiese rollen lasse. Ich kauere da, höre noch andere Blitze und andere Donner, immer weiter weg, und schließlich nur noch das Geräusch, das der immer sanfter pladdernde Regen auf meinem Rücken macht. Da erst fällt mir der Sensenmann wieder ein.

Ich kann die Hütte sehen, das umgefallene Fahrrad mit dem quer gestellten Vorderrad, es hat eine Acht, selbst das kann ich sehen, nur den Sensenmann nicht. Ich renne über die Wiese, zuerst durch das hohe Gras, dann durch das von ihm bereits gemähte. Die flach liegenden Halme sind rutschig, ich knicke in Furchen ein, stolpere über den Holzgriff der Sense, falle fast über ihn.
Er liegt mit dem Gesicht nach unten in der Wiese. Ich drehe ihn um. Er ist schneeweiß, auf seiner Stirn kleben abgeschnittene Grasstückchen, sonst ist er unverletzt. Ich tätschele sein altes, weißes Gesicht. Sagen kann ich nichts, ich tätschele ihn nur, klatsch, klatsch, es hört sich absurd an unter dem Regen. Wir reden die ganze Zeit kein Wort, hocken, liegen da, die eine tätschelt, der andere wird getätschelt. Mir werden die Finger taub, ich höre auf, er ist sowieso schon bei sich. Ich helfe ihm, sich aufzusetzen, lehne ihn gegen meine Knie. Er ist schwer, ich muss mich hinsetzen, was ich vermeiden wollte, es ist unangenehm kalt und nass, andererseits bin ich sowieso schon völlig durchnässt.
Es werden schon nicht alle Tropfen auf dich fallen, sagte Großvater, wenn wir – wie immer ohne geeignete Kleidung – in einen Regenguss geraten waren. Nicht

alle Tropfen, denke ich, während ich in der Wiese sitze mit dem schweren Oberkörper des Sensenmannes auf meinen Schienbeinen und ihm ab und zu den Regen von der Stirn wische.

Ich kenne diesen Mann. Er ist derselbe, der bei Großmutter die Scheiße aus dem Plumpsklo holt. Großmutter trennt Festes von Flüssigem: Das englische Klosett ist für kleine Geschäfte, Gäste und Kranke reserviert, alles, was als Düngemittel fungieren kann, landet im Plumpsklo im Garten. Und irgendwann, wenn die Grube voll ist, kommt dieser Mann, hebt die Steinplatte mit dem verrosteten Eisenring neben dem Häuschen hoch und holt alles heraus. Er ist der Sensenmann, der Mann fürs Grobe, er mäht, er düngt mit Menschenkot. Abends riechen seine Haare danach: nach Heu oder nach fremder Leute Ausgeschiedenem. Er hat schönes Haar, weiß und lockig wie Engelshaar. Ich streiche darüber. Wann sonst, denke ich, werde ich die Gelegenheit haben, einem fremden, alten Mann übers Haar zu streicheln. Wann sonst, denke ich und mir fällt mein Rucksack ein, den ich unter dem Baum habe liegen lassen.

Der Sensenmann ist wach, aber er reagiert auf nichts, seine schweren Arme liegen wie gelähmt neben seinem Körper. Wir bleiben so, bis der Regen aufhört und jemand mit einem Auto vorbeikommt. Wir geben keine Zeichen, dennoch hält es an, und der Fahrer scheint, obwohl wir immer noch nicht reden, sofort zu wissen, was los ist. Er hat ein altes, riesiges Funktelefon in seinem Wagen, damit alarmiert er andere Fahrer. In wenigen Minuten ist der Feldweg voll, der Sensenmann und ich werden eingesammelt.
Sie bestehen darauf, mich zu fahren, obwohl ich laufen kann, sie tragen mich förmlich zum Auto, jemand hält mich fest am Oberarm und zieht mich in die Höhe, als drohte ich zusammenzubrechen, dadurch wirkt mein Gang tatsächlich unsicher, dabei habe ich bloß Mühe, Bodenkontakt zu halten. Sie behandeln uns beide gleich, sie helfen auch beim Aussteigen. Der knapp Entkommene wird in einen Rettungswagen gelegt, seine mutmaßliche Retterin auf die Chaiselongue bei Großmutter.

Es dauert nicht lange, nur so lange wie es braucht, einen Napfkuchen zu backen, dann kommen sie. Ich sitze im Bett und höre mir an, wie sie Lebensmittel in unserer Küche abladen. Die soeben gebackenen Kuchen, Selbsteingewecktes. Anschließend kommen sie der Reihe nach auch zu mir herein und schauen sich an, wie ich im Bett sitze. Sie kommen nur bis zur Schwelle, bewundern mich von weitem, wie ich mit angezogenen Knien unter der bestickten Decke sitze, ein Kopf, zwei Schultern, Segelohren, ein wenig Haare. Sie handeln alle gleich und wie selbstverständlich, als wüssten sie, dass sich das

so gehört: Die Zeugin eines Blitzschlags auf Händen tragen, ihr Lebensmittel bringen und in angemessener Entfernung auf der Schwelle stehen bleiben. Ich habe doch gar nichts getan, will ich sagen, aber ich kriege den Mund nicht auf. Auch das bemerkt niemand, man ist nicht auf Kommentare von mir aus, die Situation ist sonnenklar, jeder weiß, was zu tun ist. Ich zum Beispiel habe im Bett zu sitzen, weil ich nass geworden bin. Mir fehlt nichts, aber ich bleibe im Bett, um nicht bei dem Essen in der Küche sein zu müssen. Ich spitze die Ohren, ob Großmutter etwas sagt, dass sie sagt, das sei alles unnötig, ich sei so gut wie abgereist, übermorgen, spätestens am Tag danach, was soll aus den ganzen Speisen werden. Aber sie sagt nur: Danke, Danke.
Niemand fragt, was ich draußen auf den Feldern zu suchen hatte. So bin ich eben, spaziere sinnlos herum und nehme seit über einem Jahr nur flüssige Nahrung zu mir.

Ich zermansche Kartoffeln und Möhren in der Suppe, das Fleisch fasse ich nicht an, obwohl ich Fleisch mag, aber es lässt sich nicht zermanschen. Die Suppe färbt sich orangefarben, zwischendurch ab und an ein grüner Streifen. Ich mache alles zu einem unappetitlichen Brei und löffle ihn auf oder auch nicht. Großmutter kann nicht mit ansehen, was ich da mache, sie geht aus der Küche, ich kann den Teller unbemerkt im Garten auskippen. Ich kratze Erde darüber, ich dünge die Pflanzen, Kartoffeln zu Kartoffeln, Möhren zu Möhren, und denke, jetzt verführe ich sie zu Kannibalismus. Darüber bin ich plötzlich so verzweifelt, dass ich unter den großen Dillpflanzen sitzen bleiben und weinen muss. Der mit Erde beschmierte Teller liegt in meinem Schoß. Großmutter kommt und sagt: Ich weiß auch nicht, was ich mit dir anfangen soll. Fahr zurück zu deiner Mutter.

Draußen wird es schon dunkel. Durch das Fenster sehe ich den Dill, der hoch steht, aber ich bin nicht mehr so klein, dass ich mich unter seine Schirme setzen könnte. Jetzt sind nur noch die Bäume größer als ich. Ich steige aus dem Bett, gehe in die Küche.

Ich bin so verzweifelt, Großmutter. Ich sehe einen Baum und denke Baum und es ist mir unerträglich. Ich sehe Fleisch, denke Fleisch und es ist mir unerträglich. Ich habe gute Zähne und Sprachkenntnisse, aber was soll ich tun, wenn ich nichts auf der Welt fassen kann. Ich wache auf und ich gehe schlafen mit dem Gefühl der Scham. Ich habe alles vergessen, Großmutter, von einem Tag auf den anderen, meine Pläne, sogar meine Vorlieben. Das Einzige, das ich noch habe, ist meine Scham. Ich trinke sie früh, mittags und abends, aber es ist, als wollte ich den Ozean aussaufen, um mich anschließend zu Tode zu kotzen, es nimmt einfach kein Ende. Und jetzt, neulich, hat mich jemand dazu gebracht, meine Scham vor ihm zu öffnen, und wollte, dass ich seine austrinke, weil das genau die richtige Nahrung für mich sei. Und weil ich nicht zubeißen konnte aber auch nicht mehr trinken, wollte ich mir die Kehle abschnüren, aber umsonst bin ich ans Ende der Welt gelaufen, der Blitz hat den Sensenmann getroffen und nun bin ich wieder hier, und, Großmutter, wieso bringen diese Frauen Essen, Festes und Flüssiges, als wäre es das Natürlichste auf der Welt, und es stimmt nicht, niemand möchte meine Sorgen haben, noch nicht einmal ich.

All das sage ich nicht. Ich sitze in der Küche mit Großmutter. Ich gieße Kompottsaft über den Kuchenboden und zermansche ihn bis er ganz weich ist. Der Löffel stößt an die untere Zahnreihe: Ein metallischer Schmerz fährt durch meinen Kiefer, klingt in den Ohren. Ich schluchze und löffle weiter. Großmutter sagt nichts, sie sitzt neben mir am Tisch und zermanscht mit der Kuchengabel das Bisquit im Saft und nimmt es portionsweise in den Mund. Ich schluchze und zermansche ebenfalls den Bisquitboden im Saft, er schmeckt so süß, dass es nach nichts schmeckt, nach Krümeln, nach Speichel, ich schluchze und esse, schluchze und esse.

Brav, sagt Großmutter und schnalzt mir mit der Zunge wie dem guten Ackergaul. Brav.

Roy Kummer
Dietzmanns Katze

Alles begann damit, dass ich bei einer Maklerfirma anrief und einen Besichtigungstermin für eine Wohnung in der Elisabethstraße verabredete. Das Treffen sollte am übernächsten Tag, einem Donnerstag, um dreizehn Uhr stattfinden. Da ich dringend darauf angewiesen war, eine Wohnung zu finden, die angemessene Größe und günstige Miete mit einer zentralen, aber dennoch ruhigen Lage verbinden sollte, stand ich eine halbe Stunde vor der verabredeten Zeit in der richtigen Straße vor dem Haus mit der Nummer sieben.
Sieben war immer meine Glückszahl. Ich wurde an einem Siebenten geboren, bekam an einem Siebenten meinen ersten Kuss und durfte, wenn ich mich richtig erinnere, jeweils an Siebenten auch alle möglichen anderen, angenehmen Dinge zum erstenmal tun.
Ich nutzte die Zeit, um die Fassade des Hauses von der gegenüberliegenden Seite der baumlosen Straße aus zu betrachten. Man hatte den schnörkellosen Altbau vor einiger Zeit rekonstruiert, ohne großen Aufwand, wie mir schien. Doch wirkte er, vielleicht auch durch das Grau der umliegenden Gebäude, besonders freundlich. Es gab keinen direkten Eingang zur Straße, sondern nur eine Art Durchgang, der wohl einst als Toreinfahrt gedient hatte. In der ersten Etage gähnten gardinenlose Fensterlöcher, hinter denen ich die Wohnung vermutete, die man mir zeigen, und die ich bei Gefallen gleich anmieten wollte. Alle anderen Fenster deuteten darauf hin, dass die Räume hinter ihnen bewohnt wurden.
Hinter einem Fenster in der dritten Etage saß aufrecht, wie die in Kitschläden allgegenwärtigen Porzellankatzen, eine schwarzweiße Katze, die zu mir heruntersah. Sie hatte ihre Vorderpfoten nach Katzenart gestreckt nebeneinander gestellt und die Ohren interessiert nach vorn gerichtet, so dass ich glaubte, sie könne durch die Scheiben hindurch hören, wie ich sie leise begrüßte. Das war natürlich Unsinn, denn beide Fenster des Zimmers, in dem sie sich befand, waren geschlossen. Noch größerer Unsinn war, dass ich mir einbildete, die Katze habe verstanden, was ich ihr sagte, denn sie legte kurz den Kopf schräg, erhob sich vollständig aus ihrem Sitz, wandte mir die Seite zu, streckte sich, buckelte gemütlich und verschwand dann, indem sie in das Zimmer sprang. Dieser Bewegungsablauf wirkte so arriviert, dass mir die Katze eingebildet vorkam. Freilich, sie wohnte bereits in dem Haus, von dem ich annahm, dass ich auch in ihm wohnen wollte und hatte mir damit etwas voraus. Wahrscheinlich aber war ich der Katze einfach gram, weil sie nicht sitzen geblieben

war, um mir die Zeit bis zum Eintreffen der Maklerin zu verkürzen. Es sage ja keiner, eine ruhig dasitzende Katze sei nicht zur Kurzweil geeignet. Jedenfalls gab es sonst nichts in der Straße, das meine Aufmerksamkeit hätte erregen können. Nur einmal trieb eine Windböe eine leere Tüte über den verwitterten Asphalt.
Ich lief noch ein paar Minuten auf und ab, wobei ich immer wieder aus den Augenwinkeln zu dem Fenster emporschaute, hinter dem die Katze gesessen hatte. Sie blieb verschwunden.
Ich wandte mich um, als ein hochtourig gefahrenes Coupé in die Straße einbog und schwungvoll, entgegen der Fahrtrichtung, vor Nummer sieben eingeparkt wurde, was weiter keine Schwierigkeiten bereitete, weil die Straße ziemlich leer war. Eine junge Frau stieg aus, um zunächst ihr schulterlanges Haar zu schütteln und dann ihren Oberkörper zurückzuschieben in das Auto, aus dem sie eine Ledermappe hervorholte. Ich überquerte die Straße, wurde dabei von einem Radfahrer beschimpft, der vom Himmel herabgefahren zu sein schien und meinetwegen einen dramatischen Bogen steuern musste.

Die junge Frau war die Beauftragte der Maklerfirma. Wir begrüßten uns, dabei sah sie lächelnd zu mir auf und errötete. Dann folgte ich ihr in die erste Etage, die Wohnung gefiel mir, und ich unterschrieb gleich auf dem Küchenfensterbrett den Mietvertrag. Danach bot mir die Maklerin an, mich in ihrem Coupé mitzunehmen und mich im Stadtzentrum abzusetzen. Doch noch während sie sprach, kräuselte sie verlegen ihre Lippen, weil sie wohl darüber nachdachte, welcher Mühe es bedürfte, meine zwei Meter in das tief liegende Wägelchen zu zwängen.
Ich wartete, bis sie davongeprescht war, wobei ich scheinbar in meiner Umhängetasche kramte, doch ich tat es nur, um in aller Ruhe nochmals zum Katzenfenster emporzusehen. Tatsächlich saß die Katze wieder wie vorhin hinter der Scheibe, nur war es diesmal kein Fenster in der dritten Etage, sondern eines in der zweiten Etage, hinter dem sie thronte und auf mich herabsah.
Ich zählte zweimal und dachte kurz nach. Ich war mir sicher gewesen, die Katze zunächst in der dritten Etage gesichtet zu haben. Ohne Zweifel war es dieselbe Katze wie vorhin, sehr groß und schwarzweiß.
Ich ging zurück, um der Anordnung der Klingelschilder zu entnehmen, wem die Katze gehörte. Als ich nochmals emporblickte, war sie bereits wieder verschwunden. Ich glaubte nun doch nicht mehr, sie eben noch in der zweiten Etage geortet zu haben. Der erste Blick täuscht selten. Im dritten Stockwerk wohnte auf der rechten Seite jemand mit dem Namen Dietzmann. Ich hatte also Dietzmanns Katze gesehen.

Eine Woche später, es war ein Samstag, zog ich ein. Diesmal war die Straße fast gänzlich zugeparkt. Während ich den Möbelwagen einwies, bemerkte ich, dass ich beobachtet wurde. Sicher, wenn in einer verschlafenen Straße des Samstagmorgens ein Elftonner vorgefahren wird, dann lugt jedermann emsig hinter Gardinen, Vorhängen und Jalousien hervor, als argwöhne man, die eigene Wohnung könne unangekündigt geräumt werden. Jedermann aber beobachtet aus der Tiefe des Raumes, zumindest aus sicherer Deckung, und so kommt das Empfinden, beobachtet zu werden, nicht auf. Ich aber fühlte mich angestarrt, bewegte schnell den Kopf in die Richtung, aus der ich den Blick vermutete und sah in die Augen von Dietzmanns Katze.
Sofort lief ich zum Klingelschild und zählte die Etagen. Der Möbelwagen bumste inzwischen an einen Müllcontainer. Doch die Katze saß am Fenster der dritten. Es hatte also alles seine Richtigkeit. Ich glaube, ich nickte ihr zu.
Aus dem Hausdurchgang kam ein kräftiger junger Mensch gesprungen, der gleichzeitig kaute, einen Autoschlüssel in der Hand herumwirbelte und sich bemühte, nicht hinzufallen, weil er in eine seiner beiden Sandalen, so als sei sie ein Pantoffel, nur hineingeschlüpft war. Dabei brachte er es noch fertig, mich zu grüßen, das heißt, er zog kurz die Mundwinkel nach unten, schloss im gleichen Moment die Augen und ruckte seinen beinahe kahl geschorenen Kopf in einer militärisch anmutenden Bewegung in Richtung seines wogenden Brustkastens. Er eilte an mir vorbei, warf sich auf den Fahrersitz eines betagten Renault und startete den Wagen, um mit Vollgas im Rückwärtsgang Platz für den von mir gecharterten Umzugswagen zu schaffen. Dann eilte er, die eine Sandale mühevoll nachschleifend, an mir vorbei und ließ mich zum zweitenmal sein Grußgesicht sehen, das sich vom zuerst gezeigten durch nichts unterschied.
Während ich mich noch wunderte, schloss ich bereits kurz die Augen und mein Kopf ruckte bei gleichzeitig angezogenen Mundwinkeln in Richtung Brustkorb. In dem Moment war mir das auch schon peinlich, aber er schien sich nicht geäfft zu fühlen, denn seither grüßten wir uns immer so. So kam es, dass ich mit Nachbar Hoffrogge ein eigenes Grußritual entwickelt hatte, und wir behielten es bei.

Nach Hoffrogge lernte ich Helena Martinez kennen, die am Sonntagmorgen gegen zwei Uhr das Haus betrat, während ich mich gerade erschöpft mühte, die Stufen zur ersten Etage zu erklimmen. Da stand in meiner Wohnung bereits seit Stunden alles Wichtige an seinem Platz und die Euphorie darüber, dass sogar die Lampen an den dafür vorgesehenen Stellen leuchteten, ließ mich zum leichtsinnigen Wirt werden. Nach dem Abgang der Helfer hatte ich mich einsam gefühlt und alle Reste vollständig ausgetrunken, dann im Dusel

beschlossen, einen Spaziergang durch die nächtlichen Straßen meiner neuen Wohngegend zu unternehmen, der jedoch die Wirkung des Alkohols eher verstärkte als minderte. Ich aber fand mein Haus und auch die Treppe wieder. Dann jedoch ging das Licht aus, und als es aufleuchtete, fand mich die Martinez, die ich meinerseits und trotz meines Zustandes sofort erkannte, da sie, obwohl sehr jung, der absolute Star des städtischen Schauspielhauses war. Sie spielte auch in Filmen mit und war damals bereits berühmt. Nun mühte sich die blonde Schönheit darum, schadlos an mir vorbeizukommen, denn einen Lift hatte man dem alten Haus bei seiner Sanierung nicht spendiert. Ich grüßte so gut ich konnte, lächelte und rutschte zwei Stufen hinab, so dass ich ihre herrlichen Waden für zwei Sekunden in Bissweite vor meinem überlaufenden Mund hatte. Als ihre Schritte verklungen waren, beschloss ich, sofort noch einmal die Klingelschilder zu studieren, um mir Gewissheit zu verschaffen. Nachdem abermals unverhofft das Licht ausgegangen war, stellte ich fest, dass das große Tor des Hausdurchganges näher als erwartet war. Unter den beleuchteten Namensschildern las ich tatsächlich Martinez. Nur Martinez. Und sie war allein von der Vorstellung nach Hause gekommen. Vor meinen tränenden Augen entstanden gewisse Möglichkeiten. Dann las ich den Namen Dietzmann und taumelte auf die Straße hinaus, um zu Dietzmanns Fenster emporzuschauen. Doch nur bei der Martinez brannte noch Licht.
Es dauerte eine Weile, ehe sich hinter dunklen Fenstern ein weißer Fleck bewegte, der zum Fell der Dietzmannschen Katze gehörte. Sie saß, ich konnte zählen, so oft ich wollte, hinter einem Fenster im zweiten Stock. Dietzmanns jedoch wohnten im dritten.

Nach und nach lernte ich auch weitere Hausbewohner kennen. Die seltsamste war die alte Frau Gründel, die im Erdgeschoss wohnte und die ich gelegentlich dabei antraf, wie sie ihre Haushaltsabfälle zu den dafür vorgesehenen Tonnen brachte. Jedesmal, wenn ich sie grüßte, blieb sie bebend stehen und wandte sich zeitlupenhaft nach mir um. Das dauerte mitunter so lange, dass auch ich stehen bleiben musste, um überhaupt als Urheber des Grußes anerkannt zu werden.
Das Ehepaar Briller und seine drei Kinder hingegen hatten sämtlich die Eigenart, alles eilig zu tun. Treppen stiegen sie, indem sie stets zwei Stufen auf einmal nahmen. Selbst die Jüngste, die gerade erst in die Schule gekommen sein mochte, praktizierte diese seltsame Art der Fortbewegung, die mir kräftezehrend erschien, da ich wusste, dass sie ganz oben in der vierten Etage hausten. Brillers hatten einen Hund, eine Art Setter, der täglich mehrfach nach draußen gebracht wurde und die nähere Umgebung des Hauses mit exakt spiralig gewundenen Haufen bekackte. Es erübrigt sich vielleicht, zu sagen, dass auch

dieser stets zwei Stufen auf einmal übersprang, gleichgültig, ob es nach unten oder nach oben ging.

Mit Radusch, der, wie ich erfuhr, mit Vornamen Jaroslaw hieß und ein staatenloser Tscheche war, kam ich bald ins Gespräch. Ich erwischte ihn dabei, wie er Werbedrucksachen aus seinem Briefkasten entfernte und in Dietzmanns Briefkasten warf, tat jedoch so, als hätte ich nichts davon bemerkt und wurde kurze Zeit darauf von ihm auf ein Bier in seine Wohnung eingeladen. Wir tranken die halbe Nacht, bis seine Lebensgefährtin Carla Wappler von der Nachtschicht nach Hause kam und sich breit zwischen uns setzte. Während Radusch, ein ehemaliger Konditor, von den Sudetendeutschen erzählte, holte Carla Wappler ihren Rückstand im Trinken auf, setzte sich sogar an die Spitze und musste schließlich zu Bett gebracht werden, da sie gegen Mittag wieder in ihrer Telefonzentrale erwartet wurde.
Unvergessen blieb mir, wie sorglos Radusch seine stämmige Partnerin in meinem Beisein entkleidete. Routiniert legte er die quabbeligen Brüste frei und ersparte mir auch nicht den Anblick ihres Allerheiligsten, indem er ihr den Schlüpfer auszog, wobei er mir die Rolle zuwies, wechselseitig die schweren Beine der schnarchenden Frau anzuheben. Ich erinnere mich an den starken Geruch, der daraufhin augenblicks das Zimmer erfüllte, und daran, dass ich ihn fragte, ob er nicht noch einen Schnaps im Hause hätte. Seltsamerweise schien er stolz auf diese Frau zu sein, die dick und weiß auf dem Bett hingestreckt lag. Jedenfalls wetterleuchtete es eine Weile erhaben auf seinem Gesicht, ehe er sehr bedächtig die Decke über den breit gelaufenen Körper der Gefährtin breitete. Dann bekam ich in der Küche meinen Schnaps und wir tranken Runde um Runde auf das weibliche Wesen, das sich am anderen Ende der Wohnung in den Kissen wälzte. Alles in allem fand ich diese Lebensgemeinschaft etwas durstig, aber nicht verkehrt.
Kurz bevor ich auszog, wurde Raduschs Carla von einem Kraftfahrzeug überrollt. Ich hatte mir nicht vorstellen können, dass es im regulären Straßenverkehr überhaupt ein Gefährt gab, das groß genug war, um ihr etwas anhaben zu können. Als ich zu Radusch ging, um zu kondolieren, tröstete er mich damit, dass die Gute, wie er sagte, seit langem sowohl unter Zucker als auch unter einigen Krebserkrankungen gelitten habe, und es so, wie es letztlich gekommen wäre, noch am besten für alle gewesen sei. Dabei liefen ihm Tränen über die Wangen und wir taten, was wir immer in Raduschs Küche getan hatten, wir tranken auf Carla Wappler, deren Seele uns warm und weich umschwebte, und deren gewaltiger Körper schon oxydiert war.

Als ich mich in meine Wohnung tastete, saß auf dem Treppenabsatz der Zwischenetage eine dicke schwarzweiße Katze und starrte mich aus großen gelben

Augen an. Der Wappler-Gedächtnistrunk hatte meinen Sinnen etwas die Schärfe genommen, und so dauerte es eine Weile, ehe mir klar wurde, dass ich es mit Dietzmanns Katze zu tun hatte, die mir jetzt direkt gegenübersaß. Hallo Katze, sagte ich und streckte den Arm aus, um sie zu streicheln, indem ich vorsichtig und möglichst gleichmäßig die Stufen hinabstieg. Da ging wieder einmal das Licht aus, und als ich den Schalter fand, war die Katze verschwunden, so dass ich den Arm getrost sinken lassen konnte. Dies war, so intensiv ich auch darüber nachdenke, die einzige Gelegenheit, zu der ich Dietzmanns Katze direkt von Angesicht zu Angesicht gegenüberstand.

Die Parterrewohnung zwischen Frau Gründel und dem Hausdurchgang bewohnte ein weibischer Typ, der Hoffmann hieß und, wie ich hörte, sein Geld als Schlafwagenschaffner verdiente. Ich sah ihn in der gesamten Zeit vielleicht dreimal. Er war beinahe so groß wie ich, aber dürr, hatte wenige strähnige Haare, eine Spitznase, braune Kulleraugen und eine schlimme Körperhaltung. Gelegentlich roch ich den blumigen Duft seines Eau de Toilette, wenn ich zuzeiten sehr früh oder sehr spät aus dem Haus ging.

Als es mir doch einmal gelang, mit Frau Gründel ein Gespräch zu beginnen, meinte sie ohne viel Umschweife, dass der Hoffmann ein Urning sei. Und es gäbe da noch einen im Haus, der wohne etwas weiter oben. Dann trat sie zurück, blickte, wie ich meine, betroffen zu mir auf und wechselte das Thema.

Über Radusch wohnte Familie Thefs, bestehend aus einer verspannten kleinen Frau, einem pfiffigen Bengel von vielleicht dreizehn, der ab und an im Hausdurchgang oder im Keller mit älteren Mädchen herummachte, und aus dem Familienoberhaupt, das den Anschein erweckte, man müsse es überallhin tragen. Frau Thefs sah immerzu bestürzt aus und hatte wohl auch allen Grund dazu, denn mir kam es vor, als habe sie alle Hände voll damit zu tun, dafür zu sorgen, dass der Sohn vom Schlimmsten verschont bliebe, und der Mann allabendlich in sein Bett fände. Jeder konnte sie an ihrem resoluten Schritt erkennen, mit dem sie Tiefen und Höhen im Haus überwand. Einmal monatlich ließ sie sich, wie ich beobachtete, von einem Taxi abholen und irgendwohin fahren.

Minuten später schlich dann der Sohn an meiner Tür vorbei, und ich stellte mir vor, dass Herr Thefs steif im Fernsehsessel lag, nichts zu trinken hatte und nicht recht wusste, wie er das Programm wechseln könne.

Über mir wohnte eine Frau Oeser, deren Vorname laut Namensschild mit K. begann. Mir fiel auf, dass sie stets viel Gemüse einkaufte. Zuerst argwöhnte ich, dass sie Vegetarierin sei, doch fehlte ihr für solche Annahme der grämliche Teint. Einmal stand sie beim Fleischer um die Ecke vor mir an und ließ sich 100 Gramm Rindsgehacktes geben.

Von allen Mietern des Hauses schien sie die vermögendste zu sein, denn sie trug, soviel ich beurteilen konnte, nur teure Kleidung und echten Schmuck. Außerdem fuhr sie während meiner Zeit in der Elisabethstraße nacheinander einen Porsche, einen Jaguar, einen Mercedes Coupé und einen Maserati. Ich vermutete, dass sie es im Consultingbereich oder in einer Bank zu etwas gebracht hatte.

Radusch meinte, sie sei die erste Mieterin des Hauses gewesen, die nach der Rekonstruktion eingezogen sei. Freundlich wäre sie, dass bestätigte er mir, doch für einen wie ihn viel zu dünn. Davon konnte nun wirklich nicht die Rede sein. Frau Oeser war, soweit ich gesehen hatte, zumindest eindeutig eine Frau. Für Radusch war sie mit höchstens Mitte dreißig nicht alt genug. Die Jugend, die ihr fehlte, um mit der Martinez mithalten zu können, glich sie durch souveräne Weltläufigkeit aus. Stets sah man sie sorgfältig geschminkt, während ich die Martinez gelegentlich zur Mittagsstunde im Morgenrock dabei antraf, wie sie ihre Post holte. Dann trug sie ihr Blondhaar zu einem Pferdeschwanz gebunden und sah aus grauen Augen teilnahmslos durch mich hindurch. Die Oeser hingegen hatte graugrüne Katzenaugen, aus denen Aufmerksamkeit sprach.

Meine Frage nach dem oder der Dietzmann, oder der Familie Dietzmann, die ich niemals je zu Gesicht bekam, konnte auch Radusch nicht beantworten. Dass in Dietzmanns Wohnung eine Katze lebte, wusste er aber so gut wie ich. Ich war mir einige Zeit unsicher, ob ich ihm davon berichten sollte, dass ich Dietzmanns Katze wiederholt an Fenstern der zweiten Etage gesichtet zu haben glaubte. Als ich es schließlich tat, blickte er mich erleichtert an und bestätigte, seinerseits entsprechende Beobachtungen gemacht zu haben. Er sei sich nur nicht ganz sicher gewesen. Es war ihm also wie mir ergangen.
Als Nächstem stellte ich meinem Nachbarn Hoffrogge die Frage nach der Katze und erhielt die gleiche Antwort. Auch er wusste nicht, wer sich hinter dem Namen Dietzmann verbarg; und auch er hatte die Katze, Dietzmanns Katze, wiederholt an Fenstern des zweiten und des dritten Stockwerks bemerkt. Mochte es sein, so sagte er, dass Dietzmanns, wer immer das nun sei, gelegentlich ihre Katze der offenbar allein lebenden Frau Oeser anvertrauten. Mir blieb nur noch, die Oeser direkt zu befragen, was ich jedoch immer wieder hinauszögerte.

Die Chance dazu ergab sich, als es im Oktober überraschend schneite und Frau Oeser, deren Coupé noch nicht winterbereift war, sich vergebens darum mühte, aus ihrer Parklücke zu kommen. Ich eilte hinzu, tat alles, was erforderlich war, damit sie es schaffen konnte, und ließ mir durch die heruntergelassene

Scheibe danken. Als sie vorsichtig das Gaspedal betätigte, fasste ich mir ein Herz, zumal aus der dritten Etage Dietzmanns Katze gerade auf uns hinabsah. Ich fragte sie, ob sie gelegentlich die Katze von Dietzmanns in Pflege habe, wobei ich zum Dietzmannschen Fenster emporwies. Sie stoppte und schien verwirrt, dann lächelte sie und strich eine Strähne aus der Stirn. Ach so, ja, Dietzmanns Katze, die sei ihr gut bekannt. Dann gab sie Gas. Aus dem Doppelauspuff ihres Coupés kringelten sich fröhlich weiße Wölkchen.

Ich ging zum Feinkostladen. Ich kaufte Filets vom Lamm, vom Angusrind, vom Lachs und eine Hähnchenbrust. In der Apotheke ließ ich mir Katzenminze und Baldrian einpacken. Zu Hause schnitt ich die Delikatessen in feine Häppchen, pürierte einen Teil davon und stieg in den späten Vormittagsstunden zu Dietzmanns Wohnungstür empor.

Zunächst klingelte ich. Es tat sich nichts. Also packte ich die Köstlichkeiten aus und legte sie vor die Tür, und zwar genau dort, wo die Tür an der Schwelle abschloss. Dann wedelte ich mit der Zeitung den Duft von Fleisch, Fisch und Kräutern in die winzige Spalte, bis mir der Arm wehtat.
Nach einer Weile hatte ich das sichere Gefühl, dass da auf der anderen Seite Dietzmanns Katze flehmte, und als ich den Atem anhielt, schien es mir, als könnte ich hören, wie sie ihren Körper wieder und wieder schmeichelnd am Türholz rieb. Miau, machte ich leise und dann noch einmal miau. Es tat sich nichts. Ich wartete minutenlang in der Hocke, ehe ich resigniert meine Feinkost zusammenpackte. Als ich eben den ersten Schritt treppab setzen wollte, hörte ich ein leises Miau hinter der Tür, das wie ein Echo meines Miau klang. Miau machte ich leise, und dann vernahm ich wieder ein Miau, das nun aber schon kräftiger klang. Ich miaute nochmals und abermals wurde mir erwidert. Nur schien mir der Ton von weiter oben aus dem Haus zu kommen. Ich umklammerte das Treppengeländer und schoss die Stufen empor, gerade noch schnell genug um zu sehen, wie die kleine Briller wieselflink die Tür hinter sich schloss. Dann war das Treppenhaus von Stille erfüllt. Langsam trottete ich nach unten.
Als ich an der Tür von Frau Oeser vorbeikam, miaute es wieder leise. Doch ich ging weiter, ohne zu antworten.

Ich bedachte die Sache liegend auf der Couch. Es war ja möglich, dass die Oeser und auch Dietzmanns, wer immer es nun sein mochte, je eine Katze hatten. Womöglich sahen sich beide Tiere zum Verwechseln ähnlich. Vielleicht stammten sie vom selben Wurf oder waren Mutter und Tochter.
Ich grübelte tagelang, dann lieh ich mir einen Fotoapparat mit Teleobjektiv und

patrouillierte einige Vormittage so unauffällig wie nur irgend möglich auf der Straße, wobei mir mehrere gute Aufnahmen von Dietzmanns Katze hinter ihrem Fenster im dritten Stock und von der Oeserschen Katze im zweiten Stockwerk gelangen.
Ich ließ die Bilder entwickeln und vergrößern. Mit Lupe und einer Folie, die ich in Planquadrate aufgeteilt hatte, machte ich mich ans Werk. Auch Dias hatte ich geknipst und betrachtete nun stundenlang an meiner weißen Wohnzimmerwand die Lichtbilder beider Katzen.
Die Ventilatoren der Diaprojektoren summten und ich verglich alle Details beider Katzen sorgfältigst miteinander. Dabei kam ich zu dem Resultat, dass es sich bei beiden Tieren um das handeln musste, was man bei Menschen eineiige Zwillinge nennt. Ich irrte mich.

Während ich dies schreibe, liegt Dietzmann längelang hingeflätz auf seinem Lieblingsplatz. Er ist tatsächlich ein Kater und keine Katze; er ist schwarzweiß, von oben bis unten, von der rosa Nase bis zum kleinen rosa Nochwas hinten, das hatte ich schon ganz richtig gesehen.
Dietzmann hieß ursprünglich Leopold, aber er hat sich schnell an seinen neuen Namen gewöhnt. Das liegt wohl daran, dass wie ich in einem Fachbuch las, alle Katzen bevorzugt auf Namen hören, in denen neben einem i auch ein Zischlaut vorkommt.
Hätte ich gleich gewusst, dass Frau Oeser allein in ihrer geräumigen Maisonettewohnung mit zwei Türen Angst hatte und vielleicht auch deshalb auf kräftige Zweimetermänner steht, und hätte ich gewusst, wie mir meine Neugier letztlich vergolten werden würde, ich hätte am ersten Abend in der Elisabethstraße sowohl an Dietzmanns, wie auch an Oesers Tür geläutet.

Wie gesagt, Dietzmann räkelt sich und schaut mich aus zusammengekniffenen Augen geringschätzig an. Dabei kann er mir dankbar sein, für den Auslauf, den er nun hat, seit wir die kleine Villa am Stadtrand bezogen haben. Immerhin; Frauchen verdient Geld für Filets, und Streicheleinheiten gibt es bei mir, das weiß er sicher.
Und sonst? Radusch war vorige Woche bei uns. Er hatte eine Frau bei sich. Sie war, wie nicht anders zu erwarten, massig und trank gut, und beide machten, trotz ihres Alters, einen sehr verliebten Eindruck.
Er wusste zu berichten, dass die Martinez es endgültig zum Star gebracht hat, doch das war mir schon bekannt. Der Bengel von Thefs ist mit siebzehn Vater geworden, und Hoffmann ist mit einem Freund in die Maisonettewohnung gezogen. Ihre Namen stehen nebeneinander an der unteren Tür, und an der oberen steht nichts.

Tanja Dückers
Portola Drive

Ich verstehe nicht, was er gesagt hat. Der junge Schwarze wedelt mit einer bunten Cordmütze, und es ist uns nicht klar, ob dieses Schwenken ein Fortscheuchen oder einfach nur eine lässige Geste bedeutet. Jetzt gesellt sich ein zweiter Mützentyp dazu; er ist kleiner, seine Zähne sind schlecht, sein Bauch lugt unter einem zu kurzen, verwaschenen T-Shirt hervor. Es deprimiert mich, dass ich in den USA in den Schwarzenvierteln stets auf Bewohner treffe, die jeder Reiseführerwarnung entsprechen, und in den weißen Villengegenden das gepflegte Gutsherrenklischee zu Gesicht bekomme. Wenigstens profitiere ich von dem Vorteil, den mein Äußeres bietet: Vor der Reise habe ich mir die Haare pechschwarz färben und mir getönte Kontaktlinsen anfertigen lassen, um als Lateinamerikanerin durchzugehen. Auf diese Weise kann ich in Viertel gehen, in die ich sonst keinen Schritt setzen dürfte. Meinen Pass, in dem »Geburtsort: Potsdam« steht, muss ich ja niemandem unter die Nase halten. Außerdem: Potsdam, wer kennt das schon?
»Hablas español?«
Ich nicke, lächele. Der Kleinere hält mir jetzt einen Comic unter die Nase, in dem sich drei Muskelmänner in Spanisch über – wie ich so auf die Schnelle mitbekomme – einen geplanten Mord unterhalten. Ich werfe Namor einen Blick zu. Er bildet sich ein, als »mein Beschützer« auftreten zu müssen und hat mir seine Begleitung für diese Reise geradezu aufgedrängt. Namor: Mein Ex-Freund, der die Tatsache, dass ich noch keinen neuen Freund habe, für Anlass genug hält, sich weiterhin so oft wie möglich in meiner Nähe aufzuhalten. Mit dem Erfolg, dass er mich mit seinen blonden Claudia-Schiffer-Locken, seinen trinkwasserblauen Augen sowie seinen marginalen Englisch- und noch marginaleren Spanischkenntnissen hier jeden Tag in Schwierigkeiten bringt. Namor kommt wie ich aus Potsdam, wir sind schon zusammen in den Kindergarten gegangen, und unsere Eltern, sie sind Nachbarn, haben sich schon früh darauf verständigt, dass wir ein gutes Paar abgeben würden. Aber wie immer bei allzu perfekt geschmiedeten Plänen kam natürlich nachher alles anders. Und das ist gut so. Vorab: Namor heißt natürlich nicht wirklich Namor. Es irritierte mich nur, als ich ihn näher kennen lernte, dass sein wirklicher Vorname nach einem Buch klingt: Roman. Also stellte ich sein Leben auf den Kopf, riss ihn aus seiner allzu intensiven Lektüre heraus, und drehte seinen Namen um. Man kann nicht noch so heißen wie man ist. Ich bin Ave.

»Ich glaube, wir sollten jetzt gehen, ich weiß nicht, der Typ will dich anbaggern, glaube ich ...«, flüstert Namor mir zu.
Mein Gegenüber blättert strahlend Seite für Seite des spanischen Comics vor mir durch, als wolle er mir etwas aus einem Katalog verkaufen. Ich nicke immerfort. Der Text fängt tatsächlich an, mich zu amüsieren. Die drei Muskelmänner sinnen über ausgefeilte Mordmethoden, und irgendwie kann ich ihren abwegigen Einfällen eine gehörige Portion Kreativität abgewinnen. Plötzlich wird mir eine bunte Cordmütze auf den Kopf gesetzt, der erste Kerl lacht.
»I am your man! You my woman!«
Ich nehme die Mütze vom Kopf und werfe sie in die Luft.
»Your stepbrother, uh?« Der Erste blickt zu Namor. Stiefbruder! Gar nicht blöd, die Überlegung, denke ich, und nicke einfach. Namor starrt mich an.
Plötzlich ist klar, dass das ganze Spiel darauf hinauslaufen wird, dass die beiden Jungs auschecken, wie weit sie mit mir gehen können, ohne Namor auf die Palme zu bringen. Besser gesagt: sie wollen ihn auf die Palme bringen. Natürlich wissen sie, dass er mein Freund oder so etwas Ähnliches ist. Der alte Kampf um Macht zwischen Männern. Doch hier sind zwei gegen einen, und ich, die Frau, bin die Trophäe in der Mitte, ohne Stimmrecht.
Hier, wo wir vier uns ins Auge fassten, ist es dunkel, obwohl es Mittag in San Francisco ist, ein heller, heißer Mittag im August, fast schattenlos. Wir stehen in einer Einfahrt – mindestens zehn Fuß trennen uns von der Straße, auf der die quietschenden Straßenbahnen kreischende Touristen befördern und Akkordeonspieler alte Songs von Dylan und den Beatles, so wie sie sie in Erinnerung haben, vor sich hinklimpern. Wenn sie sich mit ihrem Akkordeonspiel etwas mehr Mühe geben, weiß man: ein größerer Touristentrupp läuft vorbei.
Ich habe keine Angst um mich, aber um Namor. Die Kerle mit ihren bunten Mützen und ihrem zerfledderten Comic haben noch andere Seiten, da bin ich mir sicher. Es ist gut, Klischees zu kennen und sie erst einmal getrost anzuwenden, bevor man zur Individualbetrachtung übergeht. Auch wir, Namor und Ave, sehen natürlich wie ein wandelndes Klischee aus: Das Klischee der kleinen, zierlichen Lateinamerikanerin mit den schmalen Handgelenken, an denen Schmuck von ihrer Großmutter baumelt, Initialen, die sie an ihre große Familie ketten, die sie ein Stück weit verlassen hat, um mit diesem großen, schlanken, gewissenhaften, erfolgreichen Nordeuropäer ihr Leben zu teilen. Dieser liebt sie für ihre gefühlsbetonte Art, ihre Spontaneität, die schnell vergossenen Tränen, und sie liebt die Ernsthaftigkeit, die in seinem Begehren für sie steckt, die etwas phantasielose Geradlinigkeit, mit der er sein Auto und seine Frau gegen alle schädlichen Umwelteinflüsse verteidigt. Und sie weiß, dass er eigentlich schüchtern ist.

Doch dieses Klischee hat einen Riss – ein Spalt, der zwischen uns verläuft: wir sind getrennt. Ich habe Namor im letzten Winter verlassen, aus dem einfachen Grund, dass ich ihn nicht mehr mochte.
Die Jungs lächeln uns wissend und überlegen an. Der Erste formt seine runden Lippen zu einem Kuss. Dann macht er ein schnalzendes Geräusch. Erotisch gefärbte Drohgebärden. Der Zweite beobachtet Namor. Schließlich blättert er in seinem Comic zwei Seiten zurück und beginnt laut zu lesen:
»Ey man, we could ... we could ... put a pistol into his ass and then ... BANG! We could also have him get fucked by a dog!«
Der Junge lässt das Heft sinken und grinst Namor an. Namor ist völlig sprachunbegabt, kann nur das bisschen Russisch, das wir damals in der Schule gelernt haben, doch kaum Englisch, abgesehen von ein paar Worten wie »easy«, »food«, »drink«, »go« und so weiter. Aber »pistol« und »ass«, »fuck« und »dog« wird er schon verstanden haben.
Namor macht einen Schritt zurück und guckt mich hilfesuchend an. Das passt nicht in das Bild, das die Jungs von uns als Paar haben wollen. Allerdings zu dem, was ich von Roman hatte, bevor ich krampfhaft versuchte, ihn zu meinen starken Namor, meinen geheimnisvollen nordischen Glücksritter umzuwandeln, der Dinge weiß und kann, die mir fremd sind, und nicht jeden Tag an meiner Seite im Bus von Potsdam nach Adlershof sitzt, und in dem ich lesen kann wie in einem Buch.
Ich weiß, dass der blonde Junge in der dunklen Einfahrt sich in Gefahr befindet – ich selbst vielleicht auch, bloß ist mir das nicht wichtig.
»How's she? Hm? She good?«
Ob ich »gut« bin, will der Typ, der den Kussmund gemacht hat, wissen. Er greift Namor jetzt an die Gürtelschnalle. Er hätte ihn auch gleich an sein Geschlecht fassen können. Er zerrt an Namors silberner Schnalle vom Kaufhof am Alex und zischt:
»How's she? She does it well?«
Namor versucht, einen Schritt zurückzugehen, doch die Hand des Schwarzen ist stärker. Plötzlich gibt der Typ ihm eine leichte, noch spielerisch wirkende Ohrfeige und murmelt: »Pig«. Schwein. Dann lacht er und wird lauter:
»You fuck my woman, you know? You know who I am ? You know WHO I am? I am BIG DAN an' you should be afraid of me, uh? You shouldn't fool BIG DAN or betray 'im, yeh? This is MY woman, you know? BIG DAN gets always what he wants ... an' you shouldn't be in his way, yeh?«
In meinem Kopf dreht sich alles. »Du fickst meine Frau, weißt du das? Weißt du, wer ich bin? Weißt du, WER ich bin? Ich bin BIG DAN und du solltest Schiss vor mir haben, uh? Du solltest dir keinen Spaß mit BIG DAN erlauben oder ihn hintergehen, yeh? Das ist MEINE Braut, weißt du? BIG DAN kriegt

immer, was er will ... und du solltest nicht in seinem Weg stehen, yeh?« Der Satz hallt in mir nach. Ich, die Frau, bin nur noch Staffage hier.
Der Zweite macht den Eindruck, als sei er solcherlei Szenen gewöhnt. Routiniert wirft er kurze Blicke nach draußen auf den Bürgersteig und blättert ansonsten weiter in seinem Comic.
Ich sollte etwas tun. Stattdessen denke ich daran, wie wir noch vor drei Tagen in Potsdam aussahen, und was die Jungs über uns gedacht haben würden: Namor und ich sind uns eigentlich sehr ähnlich: Wir haben beide die gleichen blonden, leicht gewellten Haare, helle, ein bisschen weit auseinander stehende Augen und etwas großflächige, weiche, »deutsch-kartoffelige« Gesichtszüge.
Doch seit drei Tagen schreckt Namor jeden Morgen neben mir hoch, fasst in meine blauschwarzen Haare und murmelt: »Ich denke immer, da liegt jemand ganz anderes.« Manchmal ärgere ich ihn und setze nur eine Kontaktlinse ein; dann lache ich ihn mit einem hellblauen und einem schwarzen Auge an, und er schüttelt sich. »Muss das sein, Evachen?«
»A-V-E!«
»Ach, du immer mit deiner Macke, von zu Hause so weit wie möglich wegkommen zu wollen. Ich hoffe, wenn bei unserer Hochzeit gefragt wird, ob Roman Seifert und Eva Krüger sich das Ja-Wort geben wollen, wirst du nicht dazwischenquäken und ›Ave‹ rufen.«
Namor ging immer noch davon aus, dass wir nur eine kleine, unbedeutende »Pause« in unserer Beziehung eingelegt hätten und ich mich natürlich bald eines Besseren besinnen würde. Aber eigentlich akzeptierte er nicht einmal diese Pause; er wollte jedes Wochenende in Potsdam mit mir ausgehen, rief mich mittwochs zum Kinotag an und meldete sich oft noch nachts, um mir eine »Gute Nacht« zu wünschen. Ab und zu machte er Andeutungen über den »sexuellen Notstand«, den er litt. Ich hatte ihm geraten, ins »Bianca« zu gehen, dem Puff bei uns um die Ecke, woraufhin er beleidigt aufgelegt hatte. Seitdem sprach er zumindest dieses Thema nicht mehr an.
Aber warum reise ich mit ihm, warum habe ich nicht eindeutig »nein« gesagt, als er mich auf diese »gefährliche USA-Reise« begleiten wollte? Weil meine Mutter und mein Vater, mein Onkel und meine Tante, meine Schwester und ihr Mann, mein Bruder und seine Frau, meine beste Freundin und ihr Freund mir dazu geraten hatten? Nein. Wenn ich ehrlich bin, war das nicht der Grund. Aber was war der Grund? Ich weiß es nicht, obwohl ich oft, besonders nachts, wenn Namor neben mir liegt und schläft, darüber nachdenke. Liebe, Leidenschaft waren nicht die Argumente, das ist mir klar. Auch nicht Bequemlichkeit, denn ich bin kein Komfort suchender Mensch – im Gegenteil, ich setze mich gerne der Gefahr, dem Umweg, der Verirrung aus. Auch »Gewöhnung« ist

nicht die richtige Erklärung, denn ich hatte mich nie an Namor gewöhnen können. Noch nicht einmal an seinen richtigen Namen. Ich hatte von Anfang an versucht, ihn so weit wie möglich umzukrempeln, um ihn ertragen zu können. Ich blicke mit dem jungen Schwarzen, der ab und zu über den Rand seines Comics schielt und – wie sein Kumpel – Namors nächste Reaktion abwartet, auf die schmutzige Wellblechhütte hinter der Einfahrt, und ich weiß, dass das Geheimnis meiner nicht enden wollenden Beziehung zu Namor irgendetwas mit den Dingen, die gerade um mich herum passieren, zu tun hat.
Namor sagt: »I ... don't ... spik ... english ...«
BIG DAN murmelt etwas in seinem Slang, das auch ich nicht verstehe, doch plötzlich hat Namor eine Faust im Gesicht, und Blut tropft auf den schmutzigen Boden der Einfahrt. Als Nächstes fährt ihm ein Knie in den Schritt, er schreit auf und krümmt sich.
Ich begreife, dass das erst der Anfang ist und die beiden noch richtig in Fahrt kommen würden und nichts in Namors Macht liegt, sie davon abzuhalten. Und ich weiß, dass es jetzt an mir liegt, dass es meine Entscheidung ist, mir etwas zu seiner Verteidigung einfallen zu lassen oder ihn hier seinem Schicksal zu überlassen. Ich überlege. Es sind nur wenige kurze Sekunden, in denen ich mir nicht sicher bin, ob ich Namor helfen will oder nicht. Da ist das Gefühl, ihn loswerden zu wollen, aber dann auch die Angst vor den Fragen daheim, wenn seine Familie und meine, ja alle, von mir wissen wollen werden, wieso es dazu gekommen ist, dass er jetzt im Krankenhaus von San Francisco liegt oder mit einem gebrochenen Arm und einem blauen Auge am Flughafen steht oder – es könnte alles noch schlimmer kommen ...
Ich merke plötzlich, dass – ja, es erschreckt mich einen Moment, denn ich war mit Namor immerhin drei Jahre zusammen –, dass es mir egal ist, was mit Namor passiert, mit Namor als Roman meine ich. Aber es ist mir nicht egal, dass ein Mensch an sich, ein Zeitgenosse, ein Studienkollege, ein junger Mann, der noch keine 25 Jahre auf dem Buckel hat, hier vielleicht in Lebensgefahr schwebt. Ich meine, man macht das nicht, jemandem nicht zu helfen, wenn er in Gefahr gerät, oder? Du sollst nicht töten ... unterlassene Hilfeleistung ... nein, sowas tut man nicht. Namor hätte auch die stets unfreundliche Frau Allmer unserer Filiale der »Berliner Sparkasse« oder der widerliche Herr Wunitz von der Hausverwaltung sein können, und ich hätte ihm geholfen.
Ich hebe jetzt meine zierliche kleine, gänzlich zum Kämpfen ungeeignete und deshalb umso mehr Ehrfurcht gebietende Mädchenhand und lege sie dem schwarzen Jungen auf den Arm:
»Leave him alone, Dan, he is a good guy, the world still needs him, he wants to become a doctor ...«

Das überzeugt mein Gegenüber noch nicht. Er holt aus und versetzt Namor mit sichtlicher Lust am Prügeln einen Kinnhaken, der ihn aufstöhnen lässt.
Ich lege meine Hand, diesmal mit Nachdruck, auf seinen dunklen, muskulösen, warmen Arm, nicht ohne irgendwie ... betört zu sein.
»You know, he is not my boyfriend or husband, he's just a friend, who wanted to see California, too ... he never fucked me.«
»Why didn't you say this before?«
Der Kerl lässt augenblicklich von Namor ab und tritt, um überschüssige Energie loszuwerden, ein paarmal heftig gegen die Wand. Kaum kommt Namor als sexueller Opponent nicht mehr in Frage, interessiert er sich nicht mehr für ihn. Genauso überrascht wie fasziniert von der Wirkung meiner Worte starre ich den Kerl an, der jetzt auch noch seine bunte Mütze heftig gegen die Wand schlägt. Ich habe Namor natürlich damit gedemütigt, unsere erotische Vergangenheit komplett verleugnet zu haben – aber ich habe ihm damit vielleicht sein Leben gerettet. Namor rappelt sich mühsam wieder auf und reibt sich mit dem Jackettärmel Blut vom Gesicht.
»Boys, we have to go, we have to catch a ship!«
Noch eine Lüge, aber deren simpler Pragmatismus und die Selbstverständlichkeit, mit der ich Verständnis für unseren Termindruck zu erwarten scheine, leuchtet den Typen offenbar ein, obwohl es ihnen natürlich scheißegal sein könnte, ob wir ein Schiff kriegen oder nicht.
Ich hebe die Hand freundlich zum Gruß, lächele kurz, sie nicken und grinsen, dann stolpern Namor und ich auf die Straße.
Unglaublich, eben standen wir noch in einer gottverlassenen Einfahrt mit Sicht auf eine windschiefe Wellblechhütte, jetzt wuseln fünfzigjährige Damen mit silbernen Rucksäckchen und Sonnenbrillen in Herzform um uns herum. »Blowin' in the wind« spielt der Akkordeonist zu meiner Linken. Und plötzlich weiß ich es: Ich brauche oder brauchte Namor, um zu wissen, was mein Ausgangspunkt ist. Zu wissen, wie ich war, bevor ich die Reise mit den gefärbten Haaren antrat. Mein Ausgangspunkt, den ich hier eine Weile noch im Blick haben musste. Wie ein Zugfahrender, der lange noch, nachdem die schemenhafte Figur am Bahnsteig verschwunden ist, mit dem Taschentuch winkt.
»Ich ... ich will so schnell wie möglich hier weg ... ganz weit weg«, flüstert Namor. Er zittert. Ich nicke und erwidere: »Ich möchte aber jetzt erst mal alleine sein.«
»Was ... du willst mich jetzt alleine lassen, nach all dem, was gerade passiert ist?«
Ich werfe Namor die Hotelschlüssel hin, er fängt natürlich nicht, und sie fallen

auf den Boden. Sofort bückt sich eine Herzchensonnenbrille und hebt sie für Namor auf.
»Namor, ich will jetzt alleine sein, geh doch schon mal zum Hotel und ruh dich aus.«
Ich drehe mich um und gehe zurück in die Einfahrt.

Katja Oskamp
Schnitt

Ich geh nochmal die Partitur durch, sagt Konrad und hängt den Bügel mit dem Frack an den Kleiderständer.
Ich kauf mir im Foyer einen Sekt, sage ich, bis dann.
Ich hasse Premieren, sagt Konrad.
Ich auch, vor allem, seit es nicht mehr meine eigenen sind.
Konrad guckt mich an wie ein Hund. Er kriegt seinen ersten Würganfall. Immer dasselbe. Brechreiz steht für Aufgeregtsein. Vor Premieren und Konzertreisen. Ich stehe da wie eine Frau, die ihrem Mann beim Würgen zusieht. Ich kann ihm nicht helfen, keiner kann das. Er strengt sich an, sich nicht zu übergeben. Vielleicht sollte er das einfach mal tun. Aber das Erste-Hilfe-Set – Pfeffis und Bonaqua – ist stets zur Stelle. Ich kann gehen.
Die Einlassdamen zählen die Programmhefte. Der Tresen wird eben geöffnet. Ein Sekt kostet fünf Mark. Auf den Tischchen stehen Kärtchen mit Nümmerchen. Eine Frau mit Lockenfrisur und kurz gestuftem Nacken isst drei belegte Brötchen an Tisch sieben. Sie kaut mit genusslosem Ernst, wahrscheinlich Witwe. Sollte was trinken zwischendurch.
Zwei Grazien haben sich auf dem Zentralkanapee niedergelassen, genau in der Mitte des Foyers. Die mit dem dünnen Hals und den Pferdehaaren ist die Tochter, Spitzenhandschuhe bis über die knochigen Ellbogen, im Ganzen bestimmt eins neunzig. Die Mutter ist bis zum Doppelkinn in eine goldene Riesenrüsche verpackt – »Rocher« heißt die Adelspraline. Die Mutter bevorzugt die großen Wickler. So ein Kostüm hätte ich gebraucht, als ich in Zwickau die Eboli gesungen habe. Vier schwarz umrandete Augen blicken mich betrübt an.
Auf der Raucherinsel hinter der Glastür ist niemand, nur drei gewichtige Großraum-Aschenbecher. Wegen der Scheibe ist der Ton weg. Ehepaare in Übergangsmänteln schütteln sich kreuz und quer die Hände. Linksgescheitelte Männer, deren Frauen gerötete, ausgeleierte Ohrläppchen haben, mit Perlmuttohrclips dran. Ehepaare mit viel Zahnfleisch und polierten Schuhspitzen. Man sieht sich. Man kennt sich. Man schätzt sich. Man sieht sich.
Aus Konrads Tür stürzt ein Mann mit Aktenmappe und gegeltem Haar. Künstleragentur Bleibtreu, ich kenne das Haus sehr gut, ruft er mir zu, verneigt sich, kommt einfach nicht wieder hoch und jagt krumm davon.
Halt dir den warm, sagt Konrad.
Was, sage ich.
Konrad zuckt mit den Schultern und sieht blass aus. Er will seine Runde bei

den Sängern machen, toi toi toi wünschen und über die Schulter spucken. Wenn das mal gut geht.
Tu das, sage ich, ich hol mir noch einen Sekt.
Wir verlassen den Raum in verschiedene Richtungen.
Die Ehepaar-Dichte hat sich verdreifacht. Ich schlängle mich da durch bis zum Tresen. Wie viele Gläser würde ich im Ernstfall bis sieben Uhr schaffen? Die goldene Kugel und der schwarze Strich sitzen in haargenau derselben Pose, nur der doppelte Blick verzehrt sich inzwischen vor Traurigkeit. Die sind ja jetzt schon am Ende.
Mit halb leerem Sektglas drücke ich Konrads Türklinke herunter. Ein Moment, auf den ich mal stolz war. In Kostüm und Maske bin ich zu ihm gegangen, immerzu Vokalisen in der Kehle, und habe mir heiße Premierentips abgeholt. Das durfte nur ich. Lampenfieber und Liebesglück.
Ich freu mich auf das Quartett, sage ich, als ich Konrad die Fliege richte. Ich muss immer schlucken, wenn ich seine Verkleidung sehe, weil das so eng am Hals aussieht. Aber Konrad sagt, er fühlt sich wohl in den Klamotten.
Der Tenor hat keine Stimme, sagt Konrad und hustet und räuspert sich andauernd. Bitte nicht wieder würgen.
Das sagt er bloß so, sage ich.
Lackschuhe aus den Säckchen, Schuhspanner raus, Füße rein, Pfeffis in die Hosentasche, Ersatzstöcke aus dem Koffer. Spiegelblick, Küsschen, Spiegelblick, Küsschen. Schöne Grüße an Verdi.
Wie aufgefädelt sitzen die Ehepaare endlich da, wo sie hingehören, auf ihren Abonnentenplätzen nämlich, von denen aus sie gedämpft plappern, weil sie gleich still sein müssen, jetzt ist es doch wieder ein ganz schönes Gefühl, aber ich habe den dritten Sekt nicht mehr geschafft. Parkett, Reihe fünf, Platz drei. Schräg vor mir die Witwe mit der Frisur. So allein wie mit den belegten Brötchen ist sie nicht mehr. Überall diese Lockenköpfe mit dem kurzgestuften Nacken. Wer sich bei Opernpremieren trifft, der trifft sich auch beim Haarkünstler. Irgendein ortsansässiger Friseur muss in den Achzigern seine große Zeit gehabt haben, und ebenso seine Kundinnen. Keine Kuckucksnester zu finden, Haarlack hindert die Locken des Hinterkopfwirbels daran, dass sie auseinanderklaffen. Einzig die Gestalt der Ohrenfreiheit variiert. Lauter ausgeschnittene Ohren. Hören können müssten sie jedenfalls gut.
Es wird dunkel im Zuschauerraum. Licht auf das Pult im Graben, etwas davon fällt auch auf die Mitte der ersten Reihe. Da sitzen wieder Mutter und Tochter, drehen die Köpfe in Richtung Saal, die Gesichter nun von schwarzen Tränen überströmt. Die halten das doch nie durch. Wie haben die überhaupt den Weg vom Kanapee hierher bewältigt? Und warum sitzen die direkt hinter Konrad?

Der kommt, Applaus, verbeugt sich flott, Arme hoch, Blickkontakt mit Trompete und Posaune, die Ouvertüre beginnt.
Konrad war auch hier in der Stadt beim Friseur. Zum Glück in der Herrenabteilung. Vor zwei Tagen. Kurz vor Premieren kommt die Wolle immer runter. Dann sieht er jünger und ordentlicher aus und hat nichts mehr vom Klischee.
Und ich? Den Pony schneide ich mit der Nagelschere, sobald er anfängt, meine Sicht auf die Welt zu beeinträchtigen. Ansonsten wächst mein Haar und hängt runter, ganz normal eigentlich, wenn es nicht so fad aussehen würde. Gerade heute Nachmittag habe ich wieder versucht, mit Fön und Bürste Volumen hineinzubringen. Aber ich kann so schlecht gleichzeitig halten und frisieren, mir tun die Arme weh, ich höre auf, bevor es trocken ist, halte den Kopf vornüber und sprühe eine Überdosis Haarspray auf alles, was zum Erdboden will. Wenn ich hochkomme, stehen die Haare in sämtliche Richtungen, ein beträchtliches Volumen. Aber Frisur kann man das nicht nennen. Sie legen sich innerhalb der nächsten Stunden erst allmählich wieder ab, um schließlich wie eh und je in Frieden zu hängen. Vermutlich wird es zur Premierenfeier soweit sein.
Schlussakkord, Vorhang, Applaus, Pause. Ich muss Konrad stärken mit Bonaqua und Lob. Ich muss einen Sekt trinken. Ich muss in den Spiegel schauen.
Konrad sitzt und schwitzt und trinkt, klatschnasse Haare. Konrad dürfte ein guter Föner sein, der ist es gewohnt, sich stundenlang die Arme in Kopfhöhe zu verrenken. Das mit dem Würgen ist vorbei. Er hat es immer nur vorher, vor dem ersten Ton.
Es läuft doch, sage ich.
Ich bin gut heute, richtig gut, sagt Konrad.
Der Tenor ist Spitze, sage ich, der erinnert mich an den einen aus dem Monty Python-Film.
Der heißt John Cleese, sagt Konrad.
Ich hol mir schnell einen Sekt, sage ich.
Die Schlange am Tresen ist kurz. Es klingelt schon. Die Ehepaare fangen an, sich wieder auf ihre Plätze zu fädeln. Zu Konrad laufen und dabei trinken ist genauso schwer wie halten und frisieren. Konrad ist schon aus dem Raum. Ich kippe das Glas hinunter und stelle es auf der Erde ab.
Reihe fünf, Platz drei. Bäuchlings drücke ich mich an den Abonnenten vorbei und sitze. Ich habe vergessen, in den Spiegel zu schauen. Ich greife mit den Händen in die Haare, um den Volumenstand zu überprüfen und zu erhöhen. Die Witwe schräg vor mir tut dasselbe wie ich – und wahrscheinlich hinter mir noch ein Dutzend Frauen. Geübte Kopfgriffe. Ich verschränke die Arme schnell vor der Brust.
Es wird dunkel. Die beiden Plätze in der ersten Reihe bleiben leer. Das war abzusehen. Die mussten nach Hause, Antidepressiva schlucken. Hätten sie

eigentlich mitbringen können, ihre Pillen, und hier schlucken. Konrad kommt, Applaus, Verbeugung, Vorhang auf, da ist ja der Tenor. Wie der auf dem roten Läufer schmachtet, könnte er morgen früh im Ministerium für komische Gänge anfangen. Sekt macht lustig. Es könnte doch sein, dass Konrad stellvertretend für die Sänger würgt. Er nimmt ihre Angst, keine Stimme zu haben, auf sich. Es könnte außerdem sein, dass ich zu Anlässen wie dem heutigen genau die Frisur trage, die alle von Konrad erwarten. Ich nehme seine Frisur auf mich. Wer nimmt was für mich auf sich? Noch stehen sie ja wohl ein bisschen ab. Vielleicht sollte ich sie durchstufen lassen, das wird bestimmt helfen. Oder eine leichte Dauerwelle, eine von den schonenden, ohne Ätzmittel. Nicht so wie die Damen hier. Die Lockenfrisur mit kurzem Nacken liegt mir doch nur deshalb schwer im Magen, weil ich sie selber mal hatte, mit vierzehn, Mitte der Achtziger. Nicht nur ich, die ganze Klasse hatte die hiesige Mehrheitsfrisur, auch die Jungs; ach was, nicht nur die ganze Klasse, das ganze pubertierende Land sogar. Die Mütter haben gemeckert, aber die dreißig Mark bezahlt. Und jetzt tragen sie den kollektiven Ausbruch ihrer Kinder seit bedenklichen fünfzehn Jahren selber auf dem Kopf. Vielleicht ist Identität nichts weiter als die gemeinsame Reanimation eines Haarschnitts von vorgestern. Wenn diese Frauen mit vierzig die Frisur bekommen haben, mit der sie alt werden müssen, dann habe ich noch eine Chance. Wesentliche Lebenseinschnitte gehen mit neuen Haarschnitten einher. Kinderkriegen, Todesfälle, neue Jobs, Scheidungen. Der Kopf ändert sich, außen und innen. Ich muss mir morgen einen Termin holen.
Vorhang. Stürmischer Applaus. Konrad schüttelt dem Konzertmeister die Hand. Die Verbeugungsordnung ist gut geübt. Die Sopranistin holt das Regieteam, aber schade, der Regisseur trägt ja überhaupt kein Toupet, Konrad hat geschwindelt. Der hat einfach denselben linksgescheitelten Schnitt wie all die Männer im Saal, nur haben seine Haare durch die Jahre jeden Widerstand aufgegeben und sich einträchtig zu einem Gesamtstück verfestigt.
Die Ehepaare hasten zu den Garderoben und fliegen mit ihren Übergangsmänteln aus dem Theater. Dieses Kopf-an-Kopf-Rennen konnte ich angesichts der Stunden, die sie bis eben freiwillig hier verbracht haben, noch nie verstehen. Aber der Tresen ist schön leer, und ich hole zwei Sekt, einen für Konrad und einen für mich.
Ich war gut, sagt Konrad.
Ja, warst du, sage ich.
Konrad nippt nur an seinem Glas. Er will lieber ein Bier. Trinke ich Konrads Sekt.
Dein Kopf war heute so klein beim Verbeugen, sage ich.
Spinnst du, sagt Konrad und steigt in seine Jeans.

Er packt seinen Kram zusammen und wir gehen zur Feier.
An Tisch sieben sitzt die Witwe und kaut schon wieder. Als sie Konrad sieht, erhebt sie frohgemut ihr Saftglas auf ihn. Um den Tresen stehen Männer mit Bier und Zigarette; die vom Chor gucken ein bisschen spöttisch aus ihren Seidenhemden, die von der Technik haben hinten einen Zopf und vorne keine Probleme. Wir kaufen Bier, Sekt, fünf belegte Brötchen für Konrad, setzen uns an Tisch zwölf.
Großartig, großartig, Glückwunsch, sagt ein rehäugiger Schöngeist über Konrads Schulter.
Der legt das angebissene Brötchen auf den Teller zurück, steht auf, und dann drückt der Intendant innig Konrads Unterarm. Konrad drückt zurück. Ich lächle im Sitzen hoch, aber das tut nichts zur Sache.
Der Regisseur kommt und die pinkgoldene Fanfamilie vom Nachbartisch erhebt sich und klatscht in die Hände. Die Männer klopfen ihm auf die Schulter, die Frauen küssen ihn, eine verleiht ihrer Bewunderung Nachdruck durch einen Knicks.
Der Intendant bringt Konrad ein Bier und mir einen Sekt. Ich stehe auf. Er stößt mit uns an.
Schöner Abend, ungelogen, sage ich.
Der Intendant sagt, dass er aus Malta stammt und jetzt weiter muss. Ich setze mich wieder hin.
Die Künstleragentur Bleibtreu buckelt mit Aktenmappe zu uns. Diesmal bleibt Konrad sitzen, ich auch. Der Mann ist sowieso nach vorn gebogen.
Wunderbar, ganz zauberhaft, hitverdächtig, sagt die Agentur zu Konrad.
Irgendwie kennen wir uns, sagt die Agentur zu mir.
Von vorhin an der Tür, sage ich.
Nein, im Ernst, Sie singen doch.
Nur in der Badewanne, sage ich.
Jetzt ist die Agentur beleidigt und buckelt weiter zu Tisch neun.
Warum sagst du nicht, was du machst, sagt Konrad.
Was mach ich denn, sage ich.
Eine schwarz gefärbte Kurzhaarfrau setzt sich zu Konrad und spricht von der Ambivalenz der Schlusssszene. Die Ohrringe haben denselben Durchmesser wie die Augenringe. Das muss die Dramaturgin sein. Sowas rieche ich.
Ich fühle mich als Anwalt des Komponisten, sagt Konrad.
Färben wäre gut, oder wenigstens tönen. Nicht schwarz, kastanienbraun vielleicht.
Der Regisseur hat sich aus seiner Familie befreit und will, dass sich alle um ihn versammeln. Ich kriege einen Sekt, aber ich darf nicht gleich trinken.
Arbeitsprozess, Widerspruch, Impulse, Danke, sagt der Regisseur in die Men-

schentraube hinein, mit viel Nachdenken und Rührung zwischendurch. Den Schopf könnte nicht mal eine Windmaschine bewegen. Meine Haare hängen mit Sicherheit. Umso standhafter lächle ich, das macht mir gar nichts mehr. Applaus. Kling, klang, klong. Prost. Es gibt viele schöne Haarfarben.
Damit ist der offizielle Teil vorbei, und die Leute sortieren sich naturgemäß. Der Regisseur verschwindet mit seinen Fans in die Kantine, in den Keller, zu den billigen Schnäpsen. Zwei Männer vom Chor legen hinter dem Tresen ihre Lieblingsmusik ein.
An unseren Tisch kommt eine Frau mit schönen Zähnen, Lachfältchen und Mann. Das ist die Sopranistin. Ihr folgt der Tenor im Kolibri-Hemd, auch mit Mann, und rollt die Augen. Ein Japaner mit Hugendubel-Tüte setzt sich, das Gesicht eines fröhlichen Kindes. Das ist der Bariton. Der kommt allein, Verwandte aus Fernost sind nicht erschienen.
Grazie Maestro, ruft der Japaner.
Harakiri, kein Problem, sagt Konrad, und legt den Arm fest um die Bariton-Schulter. Als ob die sich schon zwanzig Jahre kennen.
Wenn ich Sie nicht gehabt hätte, sagt die Sopranistin und nimmt Konrads freie Hand zwischen ihre beiden. Das meint die wirklich. Bei mir stellt sich gar kein Neid ein, ich warte schon den ganzen Abend darauf, erstaunlich. Ich bin weder neidisch auf die Sopranistin noch stolz auf Konrad.
Gutes Material, schöne Stimme, aber die Synkopen, sagt Konrad.
Dieses Chefgetue. So wie der vorhin gewürgt hat, könnte er sich ruhig zurückbedanken.
Prosit! Halleluja!, tönt der Tenor fernab jeder Hemmung in das Augenniederschlagen der Sopranistin. Der will nichts hören, der will nichts sehen, der will ununterbrochen singen.
Bravissimo!, rufen alle. Wir erheben unsere Gläser, am meisten auf Konrad.
Ich bin der Konrad, sagt Konrad.
Gabriela, Ralf, Teru, sagen die anderen. Und wieder klingen die Gläser. Einmal geduzt, immer geduzt. Konrad sammelt Komplimente und will eine Runde ausgeben.
Ich mach das, sage ich.
Am Tresen kaufe ich Bier und Sekt und einen Saft für die Sopranistin. Der Mann des Tenors hilft mir beim Gläsertragen.
Als ich an den Tisch zurückkomme, lästern sie bereits über den Regisseur. Das ging schnell. Konrad kann ihn gut nachäffen. Ich gehe aufs Klo, obwohl ich nicht genau weiß, ob ich muss. Vielleicht brauche ich nur eine Lachpause.
Beim Händewaschen erblicke ich mich im Spiegel. Sie hängen. Sie hängen wie verrückt. Die Witwe kommt zur Klotür herein, das Haar tadellos in Form. Dass die noch da ist. Ist die mir nachgegangen?

Und Sie sind die Gattin von Herrn Konrad Fleuter, sagt sie und ziert sich ein wenig.
Ja, sage ich.
Ganz toll, wirklich, sagt die Witwe. Ich nicke, lächle, danke.
Wenn einer heute Abend den Erfolg verdient hat, dann er, sagt sie. Ach so, die ist auch noch vom Fach.
Danke, ich werde es ihm ausrichten, sage ich.
Ich muss mich verdrücken, sonst erzählt die mir ihr Leben. Bestimmt die Frau vom toten Generalmusikdirektor oder so.
Ich drücke die Klinke herunter. Offen. Stockfinster ist es, bis auf die Notlichter, die über den Saaltüren schimmern. Ich schließe die Tür hinter mir. Reihe fünf, Platz drei. Der Eiserne ist heruntergefahren. Nur das Bodentuch auf der Vorbühne sehe ich, und den Orchestergraben. Keine Köpfe mehr da. Die zwei trostlosen Grazien werden wohl nicht wieder auftauchen. Denen hätte ich einen ausgegeben, nur um den Freitod hinauszuzögern. Vor ein paar Jahren hab ich mich mal mit Konrad in den Graben abgesetzt, nicht hier, anderswo, nach einer Premiere. Wir haben gevögelt und sind zwischen den Notenständern eingeschlafen. Die Putzfrau hat uns geweckt. Ein leeres Theater ist was Schönes.
Auf dem Gang kommt mir Konrad entgegen.
Wo bleibst du denn, sagt er.
Konrad freut sich, mich gefunden zu haben. Er wankt ein bisschen, als er vor mir steht.
Weißt du, Konrad, sage ich.
Was denn, sagt er.
Ich muss zum Friseur, sage ich.
Wenn du meinst, sagt er.
Alles ab, ich schneide alles ab, sage ich.
Tu das, sagt Konrad.
Er verkneift sich ein Gähnen.
Wollen wir, sagt er.
Noch einen Letzten, sage ich.

Steffen Popp
Nachtrag vom Ufer

Barfuß am Ufer, ich dachte, so könnte es bleiben. Die Sonne kam über das Meer auf mich zu, ich sah wie sie weiß durch die Luft schnitt und langsam die Abfallkübel ins Licht zog, die in Abständen von etwa fünfzig Metern wie eine Postenkette im Sand standen, den Strand unter sich aufteilten. Leicht angeschrägte Schatten, die sich verdichteten, und noch vor Mittag stieg die Hitze in den Körpern hoch – ich ging auf der Strandpromenade durch einen Kurort, instand gesetzte Villen für Künstler, überall standen Menschen mit Brillen herum, es war phantastisch. Den ganzen Tag ging ich wie auf Wolken am Strand lang, drückte mich durch den Geruch von ausgekochten Schnecken, der vor den Softeisautomaten tückisch in der Luft stand, sah Bälle aus Plastik, die nach einer Nivea-Strandparty in den Farben des Konzerns an der Küste herumrollten, sah meinen Schatten am Spülsaum und auch ein Stück weit auf dem Wasser, gelegentlich sah ich auch Schiffe.
Am Nachmittag saß ich auf einem Klappstuhl, in einer Leichtmetallhalle, die man zu einem Kino umgebaut hatte; rechts neben mir sah ich das Profil einer Nase und ein Stück von einem Kinn, mehr war in der Dunkelheit nicht zu erkennen. Der Typ stand gleich auf, als nach zwei Stunden das Licht wieder anging; ich sah noch seinen Umriss, schwarz vor dem blendhellen Rechteck des Ausgangs, zog mich benommen von meinem Stuhl hoch – kein Zweifel, zwei Stunden lang hatte ich in diesem Kino direkt neben Hitler gesessen. Ich stützte mich an einer Rücklehne ab, stand eine Weile verwirrt auf dem weinroten Industrieteppich, der in dieser Halle den Betonfußboden abdeckte; lief dann zum Ausgang, balancierte kurz auf der Metallschwelle. In dem plötzlichen Nachmittagslicht sah ich alles noch ganz unscharf und nahezu ohne Farbe, und von Hitler sah ich überhaupt nichts; ich drehte den Kopf erst nach rechts, dann nach links und dann noch mal nach rechts, kaufte mir eine Tüte Apfelringe an der Theke des Kinoshops.
Auf dem Zeltplatz war alles ruhig; seine Bewohner waren um diese Zeit alle am Strand und schauten der Sonne zu, die ziemlich schnell unterging und eine Menge rotes Licht am Himmel stehen ließ; ich kaufte mir ein Stück Pizza und aß es, dann ging ich duschen. Über dem Waldboden standen die Mücken, flirrende Säulen, wo zwischen den Bäumen noch Licht einstrahlte; ich hängte mein Handtuch auf ein gelbes Kabel, das etwa in Kopfhöhe zwischen den Stämmen durchhing und irgendwo an eine Satellitenschüssel anschloss. In meinem Zelt war es warm noch vom Tag, bis nach Mitternacht lag ich bewegungs-

los auf dem Rücken und versuchte zu schlafen; um mich herum machten die Leute Geräusche, erzählten sich noch mal die alten Geschichten, würgten stundenlang an ihren Reißverschlüssen. Das Meer ließ sich immerhin ertragen, hinter den Dünen schmatzte es relativ friedlich – irgendwann in dieser Nacht saß ich in einem Boot mit Hitler, die Strömung unter uns zog mir das Ruder weg, wir trieben zügig nach Norden ab. Es wurde schnell kalt in dem Boot, Hitler ging schwankend zum Bug, stocherte mit dem Lichtkegel seiner Taschenlampe in der Dunkelheit; die Ostsee war lange vorbei, längst hatte uns das Nordmeer eingeschlossen. Rings um uns herum lag das Wasser ganz ohne Bewegung, und in dem Wasser lag reglos das Boot, und in dem Boot stand Hitler, vor mir am Bug wie ein Denkmal, in seiner Hand strahlte noch immer die Taschenlampe. Überall krachte das Packeis, die Inseln von Franz-Joseph-Land lagen in Reichweite; Hitler stand da wie ein tiefgefrorener Wahlfänger, starrte fanatisch nach Osten. Die Landmasse des Kontinents drückte spürbar ins Meer hinein; ich spürte nur das Blut in meiner Hand, auf der mein restlicher Körper mit seinem Gewicht lag, und während Hitler langsam auf Grund sank, sah ich einen großen Ohrenkäfer, der über mir an der Zeltwand entlanglief, irgendwann stürzte er ab. Ich tastete im Halbschlaf um mich herum, konnte ihn aber nicht finden, ich dachte, in meinem Schlafsack ist er nicht, wahrscheinlich hat er sich in eine Ecke verkrochen.

Und auch Hitler, dachte ich träge – in meiner Erinnerung war auch von Hitler nie viel zu sehen gewesen, hatte es ihn nie gegeben – und doch, er existierte, wie etwa Lenin – ich rollte herum, nein, anders als dieser – ein unscharfes Gebiss im Zahnputzglas meines Onkels fiel mir ein, das mich aus einer Reinigungslösung aufgeklappt angrinste – derart ein Ding, historisch ausgedehnt, vor dem sie jedes Jahr mit Anstecknelken aufzogen, es mit Panzern symbolisch platt machten – die Kommunisten, dachte ich erschrocken; aber auch von den Kommunisten war nie viel zu sehen gewesen. Ich lag in meinem Zelt und meditierte über Hitler; das waren Randgebiete, dachte ich, wo einer mit dem Kopf nicht mehr direkt hinkam, Tankstellen, Funktürme, die Deutsche Reichsbahn – der seltsame Abdruck von Hitler in meinem Gehirn war im Grunde das Einzige, was aus dem ganzen Jahrhundert noch konkret zu mir herüberdämmerte. Im Futter meines Schlafsacks krümelte Sand von verschiedenen Stränden, der, wie fast alles, was mich betraf, ohne besonderen Anlass an mir hängen geblieben war, ich dachte an meine Geschichten, die hier direkt an mich angrenzten und sich verschwommen bis in die achtziger Jahre zurückschraubten, meine Zeiten als Pionier und Sammler von Altstoffen für die Industrie und irgendwie auch für Cuba – ich wollte schlafen, aber mein Hals war trocken und mein Kopf voller Farben, ich blieb also wach, stand auf und ging runter zum Wasser.

Es war noch nicht richtig Morgen, weit hinten kochte Licht auf kleiner Flamme; um mich herum stand das Gras schwarz auf den Strandwiesen, dann kamen Kiefern, ich zog meine Turnschuhe an, ging durch mäßiges Gestrüpp immer weiter vom Ufer weg. Zäune aus Draht zerlegten den Wald und was sonst an Natur da herumstand, Garagen aus mürbem Beton sackten langsam ins Unterholz, alles schien hier vermint zu sein; mir kam das Lied von den Partisanen in den Kopf, das ich früher auf der Autobahn gesungen hatte, wenn wir im Stau standen oder mit festgefahrenem Motor an einer Ausfahrt auf den Abschleppdienst warteten, aber ich sang es dann doch nicht, mir fehlte zu viel Text und außerdem ging mir langsam die Luft aus. Ich war schon zu lange gelaufen, es war taghell, als ich aus diesem Wald herauskam; ich setzte mich auf ein Stück von einem Bunker, hatte keine Lust auf das lauwarme Wasser aus meiner Trinkflasche, ließ es mir über die Hände laufen – Raketenstation Peenemünde, sagte ich, als ein grüner »Trabant Kübel« auf der Betonstraße neben mir anhielt.

Willst du aus dem Steinfeld hier aufsteigen, über das Meer weg, in eine Umlaufbahn, fragte Gonzo und lachte; er hatte in seiner Nase ganz vorn einen Knick, eine V2 aus Weichplast pendelte vor ihm am Innenspiegel – Umlaufbahn wäre nicht schlecht, sagte ich fröhlich und packte meinen Rucksack auf die Rückbank. Auf der zermürbten Betonstraße kamen wir über den zweiten Gang nicht hinaus, und weil das Radio nur wirres Rauschen fabrizierte, erzählte Gonzo die ganze Fahrt über von Russland, wo er ein Jahr lang an Öltrassen irgendetwas gearbeitet hatte. Ich machte die Augen zu, legte den Kopf an das Seitenpolster und hob ihn dort erst wieder weg, als wir in Peenemünde anhielten – allerdings nicht an der V2-Abschussrampe, sondern zunächst einmal an einer Tankstelle. Gonzo sprang um eine Zapfsäule, füllte Benzin in den Tank, ließ auch zwei Kanister noch voll laufen; ich kaufte im Shop einen Sechserpack Lübzer und einen Liter Aquavit – das Bier tranken wir gleich, den Aquavit packte ich in meinen Anorak, und dann gingen wir in das Museum.

Das ganze Gelände war ziemlich zerbombt noch vom Krieg, und während wir darin herumliefen, fabulierte Gonzo schon wieder von der Baikal-Amur-Magistrale; vollkommen isoliert, sagte er, hätten sie dort den ganzen Tag geschweißt und, wenn das Material ausblieb, mit Schnee verdünnten Primasprit gesoffen. Ich wollte darüber nicht weiter diskutieren; Sibirien war mir in diesem Moment egal, ein endloses Flachland, das hinter dem Ural angeblich gefroren herumlag; ich wollte mir jetzt die Raketen ansehen. Es standen nicht viele herum, dafür Hubschrauber, deren Rotorblätter schwer nach unten hingen, und hinten im Wasser lag ein sowjetisches Schnellboot. Ich dachte an die Präsentationen zum Tag der NVA, bei denen man in den Panzern herumkriechen konnte; das war lange vorbei, ich hatte nicht mal mehr ein Bild davon in meinem Kopf – und von dem Land um mich herum kannte ich nicht viel mehr als ein paar unscharfe Mittelgebirge und die Bahntrasse, die von Süden her zuerst nach Mitteldeutschland absteigt, dann in das ewig flache Pommern einstrahlt und nach einer langen Strecke Grau in eben den Küstenstreifen mündet, an dem ich jetzt seit einer knappen Woche unterwegs war. Und auch das nur, dachte ich, weil ich den Sommer über in Süddeutschland so einen Hass auf das Mittelgebirge entwickelt habe, und natürlich war es nicht zuletzt auch Hitler, der mich nach Norden getrieben hat, von München über Nürnberg, Weimar und Berlin bis auf dieses Raketengelände.

Im Kesselhaus lief ein Film aus den vierziger Jahren; Wernher von Braun blickte verwaschen ins unruhige Licht des Projektors – in seiner schwarzen Uniform stand er da mit Hitler an der Abschussrampe, und am Hemd hing ihm silbern der Reichsadler, während mir an dieser Stelle die Flasche mit dem Schnaps eiskalt das Herz abdeckte. Gonzo war irgendwo verloren gegangen; seine Geschichten vom Dauerfrostboden streunten durch meinen Kopf, als ich nach dem Film über das Gelände ging, später auch in den Hallen der Sauerstoff-Fabrik noch herumstand – alles schien unscharf, mit abgesägten Schatten, wo ich hinsah, es machte mich traurig, dass ich nichts davon kannte. Ich setzte mich auf eine Betonstufe, holte den Aquavit aus meinem Anorak; es ist schon in Ordnung, dachte ich, dass das alles hier untergegangen ist und später in dem ganzen Land die Industrie, und dass ich nichts mehr davon gesehen habe; was ich hier sehe, dachte ich, ist schon deprimierend genug – und zwischen diesen Gedanken trank ich immer mal wieder von dem Aquavit, der sehr klar und rein da vor mir in der Flasche stand.

Oben der Himmel war grau, eher schon schwarz; kein Mensch war mehr auf dem Betriebsgelände der Heeresversuchsanstalt. Ich rührte mich nicht von der Stufe weg; dachte an Gonzo, der jetzt mit seinem Trabant durch die Inselwälder heizte und diese Coverversion von »Über den Wolken« hörte, die sie hier nachts auf den Zeltplätzen abspielten; ich kriegte die Melodie nicht mehr zusammen, dafür gelangen mir mehrere Hymnen und das Aufbaulied, und von dem Aquavit hielt ich immerhin die Jubiläumsflasche da in meiner Hand. Völlig betrunken ging ich später zum Ausgang, dachte noch kurz an die Sowjets und wie sie den Krieg hier am Ende verloren hatten, und während ich über die Absperrung kletterte, sah ich Hitler in seinem braunen Golf an mir vorbei in das Dorf einfahren.

Ich brauchte ziemlich lange für den kurzen Weg zur Straße, und noch viel länger für den Weg an dieser Straße entlang durch das Dorf; in meinem Handgelenk stach bei jedem Schritt der Asphalt nach, auf den ich von der Zaunoberkante kopfunter niedergefahren war. Ich hätte dort oben nicht versuchen sollen, Hitlers Autonummer zu entziffern, dachte ich, während ich mich an der Tankstelle vorbeischleppte; es gab wahrscheinlich keinen zweiten braunen Golf in dieser Gegend, und es gab auch keinen Ort, zu dem Hitler von hier aus noch hätte weiterfahren können. Meine Wahrnehmung fühlte sich von dem Alkohol seltsam desinfiziert an, es kam mir vor, als hingen in den Fenstern da Gardinen – wahrscheinlich aber waren es Garagen, an denen ich vorbeiging, Kasernen auf Abriss, stornierte Betriebsferienheime. Stillgelegte Siedlung, dachte ich, durch die ich meinen Körper schiebe wie eine EC-Karte durch das Kontrollgerät in einem Discountmarkt – vielleicht wohnte hier wirklich kein Mensch mehr, nur Hitler und die Frau von der Tankstelle, die alle zwei Stunden ins Kesselhaus rüberging und den Raketenfilm für die Touristen zurückspulte.

Das Hafengelände war nicht viel mehr als ein Parkplatz, auf dem der Golf von Hitler stand, am Kai der Umriss eines U-Boots, ein silbernes Licht lag über dem schwarzen Wasser des Peenestroms. Durch die Gitterroste des Laufstegs ging es mir weich um die verdreckten Halbschuhe, und in den engen Gewinden des Schiffs war dieses Licht dann vollkommen um mich herum und kam auch vom Boden herauf; ich musste an russische Märchenfilme denken, in denen vor allem der Schnee so unglaublich aufschien. Nach einigem Suchen fand ich Hitler in der Offizierskombüse, er lag dort in einer Badewanne und schlief, der Kopf war ihm nach hinten auf den Beckenrand gerutscht. Der Raum war weiß gefliest, mit verschiedenen Anschlüssen ausgestattet, es gab eine Fußbodenheizung und Spiegel, überall flockte Schaum aus Hitlers Wanne herum. Wahrscheinlich ist ihm die Mannschaftsduschzelle in dem U-Boot hier zu klein gewesen, dachte ich; auf dem heruntergeklappten Klodeckel lagen Hitlers Autoschlüssel und ein abgewetzter Schlüpfer – ich räumte das alles herunter, müde und völlig betrunken kotzte ich in das Toilettenbecken, dann sackte mein Kopf auf die Klobrille.

Als ich wieder zu mir kam, saß Hitler auf dem Wannenrand und schnitt sich die Fußnägel; mir war so schlecht, ich konnte mich nicht einmal in eine Sitzhaltung hochziehen. Die Stimmung war etwas gespannt in dem Unterseeboot, Hitler war mit seinen Nägeln am Ende, sah missmutig auf mich herunter und verschwand in einer Kochnische; nach etwa fünf Minuten stellte er einen Topf Tee vor mich auf die Fliesen hin. Ich konnte immer noch nicht aufstehen; Hitler hatte den Klodeckel heruntergeklappt, saß neben mir in dem glitzernden Bad – wenn ich in dem Moment auch nicht einsah, wie er so vollkommen unbeschadet bis an das Ende des Jahrhunderts gekommen war – Hitlers Tee begann sich angenehm in meinem Körper auszubreiten; die handwarmen Fliesen unter mir stimmten mich friedlich, die Löwenfüße an Hitlers Badewanne machten mich glücklich.

Hitler hatte die Luken dichtgemacht und die Maschinen angeworfen; in einem von seinen Uniformmänteln stand ich neben ihm im Schaltraum, und ihm gegenüber stand sein Gesicht weiß in dem Panzerglas des Ausgucks. Das U-Boot tauchte nicht unter, zog eine breite Schneise durch das schwarze Wasser, draußen blendete langsam der Tag auf und vor uns sahen wir die Küstenlinie von Rügen aus dem Meer tauchen. Immer wenn ich allein sein will, sagte Hitler, fahre ich nach Prora – ich dachte an den C-Block in der Südkurve des menschenleeren Dynamostadions, in dem ich immer gesessen hatte, wenn ich allein sein wollte; ich dachte an meine Bewegung im Sand und durch Flachwasser. Deutschland grenzt wie ein Märchen an mich, sagte Hitler, ohne seinen Blick vom Wasser abzuwenden, über dem sich die Nacht langsam auflöste, dann winkte er ab – die Stimmung in dem U-Boot hier, da kommen immer nur Postkartensätze heraus, sagte er mürrisch, blickte unscharf durch das Kabinenlicht. Eine Pause entstand, dehnte sich aus, ich lehnte mich an eine Wand an; mir war jetzt endgültig schlecht von dem Alkohol, der sich überall in meinem Körper verteilt hatte. Hitler, mein Mund ist ganz trocken, sagte ich erschöpft, hast du vielleicht noch was zu trinken. Hitler sah mich unschlüssig an, überlegte – ging dann zu einer Bar, die in die Kabinenwand eingelassen war, kramte eine Weile in den Fächern herum; eine halbe Tafel Herrenschokolade war alles, was er zutage beförderte. Wir kauten schweigend an den harten Stücken; Hitler starrte schon wieder nach draußen, winkte mich plötzlich heran, zog meinen Kopf vor das Bullaugenfenster.

Zunächst sah ich nur einen von Hitlers Fingern, der vor mir auf dem Glas lag; dann ging vor meinen Augen die Bucht auf – zwischen dem Containerhafen von Mukran am rechten und den Kreidefelsen von Binz am linken Bildrand spannte sich ein heller Sandstreifen, und dahinter standen drei Kilometer lang die Blocks von Hitlers Badeanstalt Unbewohnte Gemäuer, die grau über die Kiefernwälder hinausragten, teilweise auch nur die Betonskelette oder vollkommene Ruinen; ich zog den Blick an dieser Front entlang, während Hitlers Finger noch immer riesenhaft ins Bild ragte. Dort wo die Kuppe auf dem Glas lag, befand sich das große Zentralbecken, das mit seinen abgebrochenen Freitreppen wie ein abstruser Bunker bis direkt ins Meer vorstieß; ich sagte kein Wort, weil mir zu diesen Mauern nichts einfiel; Hitler hatte die Schokolade aufgegessen und war mit der Steuerung beschäftigt.

Das U-Boot lag knapp hundert Meter vor der Küste; Hitler hatte die Turmluke aufgestoßen, stand schwankend auf dem schwarz bandagierten Schiffsrumpf; als ich hinter ihm nach draußen kletterte, warf er ein rotes Plastikbündel ins Wasser. Mit einem Knall pumpte sich ein Schlauchboot vor uns auf; wahrscheinlich hatte Hitler es auf einer der Fähren, die tonnenweise Touristen an

diesen Küsten entlangtransportierten, bei Nacht und Nebel irgendwie erbeutet, von einer Reling abgeschraubt; es war nicht sein logisches Ende als gewöhnlicher Strauchdieb, was mich in diesem Moment deprimierte. Es war vielmehr das Land, das hier historisch, zu einem müden Laufsteg des Jahrhunderts, abgesunken schien. Wo ich an dieser Küste gewesen war, hatte ich derartige Ruinen gesehen, auch die renovierten Badeorte mit ihren hölzernen Seebrücken gehörten ja irgendwie Hitler, der ausgedörrt neben mir auf dem Schiffsrumpf stand und ins Meer spuckte.
Ich stieg in das Schlauchboot, der Aquavit in mir ritt seine zweite Attacke; über mir warf Hitler einen merkwürdigen Schatten, der nicht bis auf das Wasser reichte. Vollkommen durchsichtig, aber nicht wirklich – Hitler, sagte ich, aber mir fiel nichts mehr ein. Eigentlich sah ich nur seine Nase und ein Stück von seinem Kinn, während er in das U-Boot kletterte und die Luke über sich zuklappte. Vor mir das Ufer lächelte sandweiß, wie frisch gefickt; guter Ort für einen Beach-Club, dachte ich, stieß mich vom Schiff ab.

Marco Strobel
Osterschnee

Für Tobias Kratzer

Jetzt saß er im Zug. Als er noch auf dem Bett, das in einer Zimmerecke stand, gesessen hatte, wanderte sein Blick durch den Raum. Alles lag im Dunkeln. Nur in der gegenüberliegenden Ecke glimmte, kaum sichtbar, eine dimmbare Stehlampe. Ruhig atmete Lena hinter ihm. Einmal setzte ihr Atem aus, ein langer Seufzer folgte, es roch nach Schlaf, sie erwachte nicht. Am Fußende auf einem Beistelltisch waren Schachbrett und Figuren von einer feinen Staubschicht überzogen, die Blätter einer Palme hingen schlapp herunter. Sein Blick wanderte weiter, über die Rücken der Bücher, vor denen, auf einem Bistrotisch, ein großer Strauß orangegelber Margeriten stand. Als sie am Abend zuvor nach Hause gekommen war, hatte sie gesagt: »Die Blumen passen zur Bücherwand.« Die Regale waren kirschholzfarben. Daneben eine Kommode, darauf die gipserne Miniaturnachbildung einer griechischen Skulptur. Der Schreibtisch in den Raum gestellt, so dass man beim Arbeiten zwischen Wand und Tisch saß und, wenn man den Blick hob, in den Innenhof sah.
Als er vor den Fenstern stand, schaute er in den Raum zurück. Hinter dem Schreibtisch ein Bild an der Wand. Das Antlitz auf dem Gemälde blickte ihn unmittelbar an, und obwohl er »Das Mädchen mit dem Perlohrring« schon oft betrachtet hatte, kam es ihm jetzt so vor, als fordere es ihn auf. Er versuchte sich zu erinnern, ob er es schon einmal von diesem Platz aus angesehen hatte. Er fand nichts. Aber egal wo im Raum er war, der Blick des Mädchens, dessen Ausdruck doch immer derselbe sein musste, traf nur ihn.
Den Mund schmal geöffnet, ist das Gesicht halb dem Betrachter zugewandt, so dass sich die bräunlichgrünen Augen entlang der verschwimmenden Schattenlinie der Wange zuneigen. Der äußerste Winkel des linken Auges wirkt durch den angrenzenden Schatten verlängert. Hier ist die Mitte des Bildes. Er folgte der Schattenlinie, die keine Gerade oder Kurve, sondern mehr eine Fläche ist, folgte ihr bis an den unteren Rand des Bildes.
Einen Moment lang musste er ausweichen. Er senkte den Kopf. Auf der Tischplatte lag ein Blatt Papier. Er schaute ohne zu sehen, ohne das Schauen zu brechen.

Obwohl die Luft draußen klar und eisig war, kälter als Mitte April zu erwarten, hatte sich, auf dem Weg zum Bahnhof, die Müdigkeit nicht verflüchtigt, mit der er an diesem frühen Morgen aus unruhigen Träumen erwacht war (Vogelperspektive, Ertrinken). Während er im Zug saß, wurde er kaum wacher. Er drückte die Zigarette in der kleinen Verlängerung der Armlehne aus, faltete die Sonntagszeitung zusammen (die er unter einen Stapel Bücher neben sich schob) und zündete sich noch eine Zigarette an, worauf er den zum Deckenlicht hinaufziehenden Rauch verfolgte. Sein Nacken jedoch fühlte sich so elastisch an, einen Augenblick lang konnte er den Kopf nicht bewegen (und er stellte sich vor, die Fäden lägen auf den Schultern und jemand müsste das Führungskreuz in die Hand nehmen), aber nun glitt die automatische Glastür holpernd auf, und ein untersetzter Schaffner trat in den Gang. Er betrachtete die fleischigen Finger, die winzigen Tasten des mobilen Fahrkartencomputers. Er hätte gerne nachgelöst. Stattdessen hielt er wortlos dem Schaffner, der vage nickte, die Fahrkarte hin. »Frohe Ostern«, sagte der Schaffner. »Ebenfalls«, sagte er, schob die Fahrkarte in die Jackentasche und wandte sich ab; aber was er sah, ging ihm viel zu schnell. Die Bäume am Saum der Strecke, die unterm Schnee bereits grünten, dahinter das gescheckte Grau des Himmels. Zunächst erreichte ihn noch die sich langsam entfernende Stimme des Schaffners, vermischt mit unklaren Lauten der andern Fahrgäste. Aber alles war schon ganz fern, und er schloss die Augen.

Erst in der Nacht, als Lena eingeschlafen war, beschloss er endgültig, heute aufzubrechen. Nach dem Erwachen, in den Sekunden, die er brauchte, um sich zu vergewissern, wo er war, bemerkte er, dass er selbst und das Laken schweißnass waren, so dass er nicht noch einmal zurücksank. Er schaute neben sich. Sie lag auf dem Bauch, die langgliedrigen Finger um das schwarze Kissen gewölbt, das Gesicht zur Seite gedreht, er konnte es sehen. Ihm war, als bewegten sich die Augäpfel unter den Lidern. Er berührte ihren Nacken. Er war trocken. Er wartete, aber sie schlief.
»Ich bleibe lieber hier«, hatte sie gesagt. »Ist schon in Ordnung, wenn du fährst.« Warum sie in München bleiben wollte, verstand er nicht. Vor allem das »in Ordnung« beunruhigte ihn.
Noch auf dem Matratzenrand fiel ihm der Traum ein, aus dem er erwacht war, zunächst ein Detail, die Schwanenblumen. Er versuchte, sich den ganzen Traum ins Bewusstsein zu rufen, aber alles war noch etwas verwischt, und er blieb an dem Detail hängen, stand dann auf und ging zum andern Ende des Zimmers. Draußen war alles grau, auf den Dächern lag Schnee. Das blasse Licht der Stehlampe neben ihm, die sie nicht mehr gelöscht hatten, färbte seine weiße Haut gelblich.
Endlich erinnerte er sich, es war ein Traum am Rand des Erwachens. Die Schwanenblumen vervollständigten sich zu einem Bild von seiner Mutter, während er

selbst ein kaum zehnjähriger Junge war. Sie war sehr schön und hatte kastanienfarbene Augen (die sonst blau waren). In Wirklichkeit hatte er sich damals immer gewünscht, dass sie ihn zu sich nahm und vorlas. Aber sie tat es nie gerne, und wenn überhaupt, kam sie selten über mehr als eine Seite hinaus; nun aber sah er noch einmal, wie sich Mama an sein Bett setzte, das Buch aufgeschlagen, und zu lesen begann. Er konnte sich jedoch nicht erinnern, welches Buch es war. Und im Traum las sie, bis er eingeschlafen war. Allerdings hörte sie nicht auf zu lesen, und er hörte weiterhin aufmerksam zu. Unter einem Abendmantel trug die Mutter ein fließendes schwarzes Samtkleid, das unter einer schrägen Raffung einen weißen Faillerock als großes Dreieck sehen ließ, und im Haar trug sie ein Gesteck aus Schwanenblumen. Während sie mit monotoner Stimme vorlas und er bei Bewusstsein schlief, überkam ihn das überwältigende Bedürfnis, den Duft dieser Blumen zu riechen. Zunächst schnupperte er einfach, ohne sich zu bewegen, aber es schien ihm plötzlich, als könnte er überhaupt nichts mehr riechen. Dann beugte er den schon hoch gewachsenen Körper zu ihr hinüber, aber als er nun die Nase mitten in die Blumen steckte, roch er noch immer nichts. Er sank zurück und betrachtete Mama wie eine Fremde. Nach einer Weile fragte er sich, ob es daran lag, dass er schlief und daher auch der eine oder andere Sinn gleichsam betäubt war, doch plötzlich hatte er eine fürchterliche Vision, und er fasste sich mitten ins Gesicht. Er erschrak, denn – die Nase war weg.
Er lachte, unterdrückte das Lachen, denn er wollte Lena nicht wecken.

Das Holpern der Glastür holte ihn aus dem leichten Schlaf. Irgendjemand schwankte an ihm vorbei. Er öffnete die Augen, schaute aus dem Zugfenster. Dann wurde alles dunkel. Die Landschaft wurde mit seinem Spiegelbild vertauscht. Er sah sich halb zugewandt vor dem scheinbar unbewegten Hintergrund, ein langes Kinn, das er nach dem Aufstehen sorgfältig rasiert hatte, ein schmaler Mund, eine nach unten gebogene Nase und hohe hervortretende Wangenknochen. In der Spiegelung kam ihm sein Gesicht etwas konturlos vor. Er hätte gerne gesehen, dass seine Augen im gelben Kunstlicht eher grün als blau waren. Er drehte den Kopf noch weiter, betrachtete sich frontal und dachte an die kleine Narbe auf dem rechten Lid, der er sich immer wieder einmal vergewisserte, um die Erinnerung an einen lange zurückliegenden Sturz auf eine mit Zucker bestreute Untertasse wach zu halten (Sommer, Kuchen, Bienen). Aber jetzt sah es aus, als wäre das nie passiert.
Der Zug schoss aus dem Tunnel heraus und legte sich in eine Kurve, und sein Kopf rollte unwillkürlich zur Seite.

Er sah sich im Zimmer seiner Kindheit, als die Vorfreude den Höhepunkt erreichte und das Geschenk, das die Mutter am üblichen Platz versteckt hatte, noch verpackt vor seinem Schoß auf dem Teppich lag. Er wollte diesen Augenblick ganz auskosten, nochmals sah er zu den vier nach Westen weisenden Fenstern (die ihm heute, wie alles in der Erinnerung, immer etwas größer erschienen, obwohl er sich, wenn er das Zimmer betrat, bücken musste, um nach draußen zu sehen). Oft verbrachte er die Zeit der Dämmerung vor den Fenstern, wenn die krebsrote Sonne von den Häusern und dem etwas weiter entfernten Kirchturm verschluckt wurde. Vor allem wartete er auf den Augenblick, da sich die Sonne auf die Kirchturmspitze setzte, und jedes Mal war ihm, als teile die Spitze die Sonne in zwei Hälften, die auseinander fielen wie die Hälften einer gespaltenen Orange. Aber jetzt, morgens, sah er nur das bläuliche Licht, das Häuser und Kirche in bloßen Schattenrissen zeigte und von Osten her über das Dach kroch; er stellte sich vor, auf dem Dach zu sein, von wo er, statt in den nächtlichen Westen, in den helleren Osthimmel schauen würde. Ein undeutliches Geräusch holte ihn zurück. Hinter seinem Rücken befand sich das Schlafzimmer der Mutter, die, wie er hoffte, nicht aufgewacht war. Er wartete noch eine Weile und stellte sich vor, wie Mama schimpfen würde, weil er »mitten in der Nacht so ungeduldig aufgestanden« sei. Glücklicherweise schien es, als hätte sie sich – die Schlaffanatikerin, die noch nicht wusste, dass er bereits jetzt, als Zehnjähriger, unter die Insomniker gegangen war – nur umgedreht. Er machte sich an der Verpackung zu schaffen, die im Dunkeln fast schwarz wirkte (nur die Schleife schimmerte ein wenig). Er konnte kaum etwas erkennen, ahnte aber, dass es entweder Legosteine waren oder doch die klobigen Plastiksoldaten, obwohl er sich beides nicht gewünscht hatte. Die Angst, entdeckt zu werden, ließ seine Füße und Hände unangenehm kribbeln, aber er ahnte ebenso, dass, wenn sie ihn erwischte und er hinreichend Freude mimte, ihre Neigung zu heftiger Wut sich sehr schnell in eine flüchtige Neigung zu heftiger Zärtlichkeit verwandeln würde. Aber wie üblich schlief sie auch heute weit in den Vormittag hinein. Seit vier Jahren lebten sie zu zweit – nachdem der Vater sich, so wie es aussah für immer, verabschiedet hatte –, und seitdem (ohne die zeitliche Übereinstimmung in unsere gusseiserne Gitterwelt von Ursache und Wirkung zu überführen) sah sie lange fern, um infolgedessen lange zu schlafen. Der alte Fernseher – Mama beklagte sich unablässig über verzerrende Streifen und knackende Töne – war ein ständiges Requisit seiner Kindheit gewesen. Inzwischen zeigte er die Bilder nur noch in schwarzweiß, und Lena hatte vorgeschlagen, er solle seiner Mutter einen neuen schenken.

Eine Strähne rutschte ihr ins Gesicht. Der Morgen war schon heller geworden. Als er das Zimmer durchqueren und die Strähne aus ihrem Gesicht streichen wollte, tat sie's bereits selbst, ohne zu erwachen. Er schaute auf die halb gepackte Reisetasche am Boden, zu den Margeriten, dem Schachbrett, dem

Schreibtisch und wieder auf ihre Stirn, er gähnte und dachte, »am liebsten wollte ich in deinen Kopf steigen«, dachte, »was ist passiert?« – und dann war alles klar, er lachte, unterdrückte es nicht, sie seufzte. Er wandte sich wieder dem Fenster zu. Und hätte er die Zugfahrt nicht erfunden, um dieses Zwiegespräch mit sich selber zu führen, dann wäre er am Abend in Den Haag angekommen und hätte am Dienstag vor dem Vermeer gestanden. Vielleicht hätte Lena dann eine Mutmaßung bestätigt gesehen. Aber so stand er vor einem Kunstdruck, während er sein Spiegelbild und die Verdopplung des Raumes betrachtete, und trotzdem, zwar undeutlich, sah er das Gemälde, mit dem schwarz anmutenden Hintergrund. Sie trug einen blauen Turban, von dessen Spitze ein zitronengelbes, schleierartiges Tuch auf die Schultern herabfiel. Die Anzahl der Farben war eher gering, die Farben selbst wirkten palettenrein. Die Perle am Ohr im Schatten, aber noch schwach vom Licht gestreift. Eine Stelle hell erleuchtet, so dass doch die ganze Kugel sichtbar wird.

Norbert Zähringer
Inuit oder Die Erfindung des Fischstäbchens

Eine Abenteuergeschichte

26. Oktober
Am Anfang ist der Name. Der Name ist nur ein Wort mit soundso vielen Buchstaben, aber dieses Wort ist der Zauber, der Zauber mit dem alles steht und fällt.
Wir wissen das. Wir sind nicht mehr die Jüngsten, aber wir wissen, dass man sich noch so krumm legen kann für eine Sache – wenn der Name nicht stimmt, dann sind buchstäblich Hopfen und Malz verloren.
Als das Fax schnurrt, sitzt Bertram Kurzweil in unserem Büro, wie immer in greifbarer Nähe des kleinen Kühlschranks. Kurzweil ist kein Fachmann in der Namensbranche. Er hat nur eine schwache Ahnung von der Härte unseres Geschäfts. Wohlwollend kann man ihn vielleicht Quereinsteiger nennen. Jahre zuvor hat er einige Semester Sprachwissenschaft studiert, wovon er jedoch mittlerweile 99 Prozent vergessen haben dürfte. Danach lieferte er Pizzas aus, eine Beschäftigung, die ihn wie Treibholz an unser Ufer trieb. Kurzweil besitzt ein fast lexikalisches Wissen, was Reggae-Musik und, wie er gelegentlich durchblicken lässt, die Canabis-Zucht betrifft. Er ist weißhäutig und rothaarig, trägt eine Brille im Pilotendesign und träumt von einem Leben als Rastaman auf Jamaika. Er sitzt ab dem frühen Nachmittag in unserem Büro, raucht Joints, trinkt unser Bier, durchsucht unseren Kühlschrank nach Essbarem oder ruft seinen ehemaligen Arbeitgeber an, hört Reggae-Musik und starrt aus dem Fenster über den Alexanderplatz. Wir haben unser Büro in den ehemaligen Räumen einer Unterabteilung des DDR-Bildungsministeriums. Im »Haus des Lehrers«, im 8. Stock. Neubau, Stahlbeton und in der Eingangshalle das sozialistische Fresko eines Kosmonauten. Ein idealer Standort. Man hat einen guten Blick über den Platz und kann auf den umliegenden Bürohäusern aus den siebziger Jahren noch die alten Leuchtreklamen lesen, die für Eisenbahnwaggons aus Polen, Kugellager aus der ČSSR oder »Robotron«-Computer warben, nun aber leider von den Namen der Gegenwart verdrängt werden. Sie werden oft belächelt, unsere Vorgänger in der Namensbranche. Aber es waren Profis. Der Name »Foron« für einen Kühlschrank zum Beispiel ist ein kleiner Geniestreich. *Fo-ron* – man muss sich dieses Wort auf der Zunge zergehen lassen – in *Fo-ron* – da steckt Frost drin, aber auch das italienische *forno* – Ofen. Damit ist sozusagen in zwei Silben der Weg alles Essbaren beschrieben. Wie in jedem Handwerk, um nicht zu sagen in

jeder Kunst, muss man sich von den alten Meistern inspirieren lassen. Und nichts anderes tut Kurzweil, wenn er so aus dem Fenster starrt, kifft und uns mit seinem Reggae-Gedudel quält. Kurzweil ist unser Goldesel.
Denn einmal alle paar Wochen, während denen uns der süßliche Marihuanaduft an den Rand der Arbeitsunfähigkeit bringt, die »Wailers« uns mit ihrem Singsang in dumpfen Wahnsinn treiben, einmal alle paar Wochen werden wir für unsere Entbehrungen belohnt. Dann nämlich, wenn Kurzweil ein Wort, manchmal nur einen Laut von sich gibt: den Namen, nach dem wir so lange gesucht haben. Von Kurzweil stammten Einfälle wie »Grongk« für alkoholfreies Bier, »Verana« – ein zweisitziges Cabriolet, oder »Tauros«, *das* Männerduschgel: Tauros weckt den Stier in dir.
Kurzweil sitzt also Joint rauchend neben dem Kühlschrank und starrt über den Alexanderplatz, als das Fax schnurrt.
Ich muss zugeben, die Monate zuvor haben uns gebeutelt. Die Konkurrenz hat uns zwei Aufträge und einen unserer besten Texter abgejagt.
Wir sind nicht mehr die Jüngsten. Wir sind jetzt fast alle Ende dreißig, und das ist das Alter, in dem gute Ideen anfangen rar zu werden.
Das Fax kommt von einer internationalen Unternehmensberatung, mit der wir seit längerem zusammenarbeiten. Es geht um Tiefkühlprodukte einer amerikanischen Firma, die damit in Europa Fuß fassen will. Zwischen den Zeilen lese ich, dass diese Firma, »Klopper-Frozen-Food-Industries«, ihre besten Zeiten schon hinter sich hat. Mit dem Fax kommmt die Reservierung für einen Flug nach USA, an die Westküste, wo der Firmengründer offenbar seinen Landsitz hat. Sondierungsgespräche, heißt es. Ich gebe Kurzweil einen Wink, brumme so etwas wie ›An die Arbeit‹, und Kurzweil steht mürrisch auf.
Zu Sondierungsgesprächen nehme ich ihn immer mit. Er ist mein Trüffelschwein. Er soll die Umgebung unserer Auftraggeber in sich einsaugen, ihre öden Zimmerflure nach vergessenen Namen durchschnüffeln, sich in den Straßen ihrer Städte neu inspirieren lassen.
Damals, bei dieser Duschgelsache, habe ich ihn auch mitgenommen. Nach Madrid, wo unser Auftraggeber, ein spanisches Kosmetikunternehmen, lustlos an so faden Namen wie »Hombre«, »Las Palmas« oder »Playa Brava« bastelte. Ich glaube, sie kamen sogar auf »Torro«, das spanische Wort für Stier, das jedoch wegen des Doppelten »R« in der Mitte für den deutschen Duscher völlig ungeeignet ist. Kurzweil fiel zunächst nichts ein. Zudem hatte er sich eine Sorte Haschisch beschafft, die er nicht vertrug. Als letzte Maßnahme sperrte ich ihn in das Zimmer einer billigen Pension, mit Aussicht auf einen sechsspurigen Autobahnzubringer. Kurzweil konnte nicht schlafen. Seine Grasration hatte ich konfisziert. Ich machte ihm klar, dass er so lange in diesem Zimmerchen hocken müsste, bis er mir etwas Brauchbares lieferte. Aber er schwieg.

Nach einer Woche erlöste ich ihn. Ich war deprimiert. Die spanischen Auftraggeber spielten mit dem Gedanken, eine andere Agentur an die Sache zu setzten. Unser Flieger ging am nächsten Tag. Irgendjemand hatte uns zwei Karten für einen Stierkampf geschenkt und am frühen Abend saßen wir in so einer Arena, ich trank ein Bier, neben mir saß Kurzweil und weinte. Dieses Stierkampfspektakel gefiel ihm nicht. Oder es gefiel ihm doch und – Künstler sind ja sehr sensibel – nahm ihn über alle Maßen mit. Emotional, meine ich. Er sagte kein Wort, ich wischte mir den Schweiß ab, verstand außer »Olé« wenig, während ihm die Tränen die Wangen herunterliefen. Nun ja. Als es vorbei war, der letzte Stier abgestochen, gingen wir zum Ausgang. Und da blickte mich Kurzweil plötzlich mit einem Ausdruck tiefster Verzweiflung an und sagte nur dieses eine Wort: »Tauros«. Das war's.
Im Flugzeug blättere ich den Firmenprospekt durch und muss wieder über Namen nachdenken. J. Leonard Klopper – der typische Name eines amerikanischen Helden, Selfmademan oder Politiker. Ich meine – Sie haben alle dieses kryptische Initial: J. P. Morgan, John D. Rockefeller, Harry S. Truman, John F. Kennedy ... Es hat so etwas Konspirativ-Anachronistisches. Der Hochglanzprospekt gibt mir Recht. »Klopper-Frozen-Food« haben den Trend um einige Jahre, wenn nicht Jahrzehnte verpasst. Kurz gesagt, die glauben immer noch, der Inhalt und nicht die Verpackung seien das Entscheidende. Ich sehe mir die Produktpalette durch, sehe die langweiligen, zweifarbigen Verpackungen mit J. Leonard Kloppers gezeichnetem Konterfei in einer Ecke. Er braucht dringend eine Verjüngungskur. »Klopper's-Fischstäbchen« – auf Englisch heißen sie ›fish-fingers‹ – haben keine Chance gegen »Iglu-Seehechthappen«, »Arktis-Eisbärschmaus« oder »Gletscher-Gourmet-Filets«. Vor allem aber braucht Klopper einen anderen Namen für das Zeug.
Wir fliegen die Polarroute. Ich sehe aus dem Fenster, sehe die weite, eisige Öde Nordamerikas und frage mich, wie das wohl ist, da unten mit klappernden Zähnen durch den Schnee stapfen zu müssen.

27. Oktober
Dieser Klopper macht mich wahnsinnig. Wir steigen in Seattle aus dem Flugzeug, und ich bin auf die üblichen Unannehmlichkeiten gefasst. Komisches Essen, dünner Kaffee, schlechtes Bier. Seattle? Keine Ahnung. Diese amerikanischen Städte sehen für mich alle irgendwie gleich aus.
Wir steigen also aus dem Flugzeug, ich und mein Goldesel Bertram, und wir lassen auch ziemlich schnell die Einreiseformalitäten hinter uns. Bertram habe ich eingeschärft, zu allem Ja und Amen zu sagen, außer zu der Frage, ob er Drogen nehme. Das ist immer ein heikler Punkt, wenn wir irgendwo einreisen,

da Kurzweil so eine naive Ader hat, häufig die Wahrheit zu sagen. Nun ja. Diesmal reißt er sich zusammen.
In der Wartehalle kommt ein untersetzter Mann auf uns zu, sieht halb wie ein Indianer aus, oder ein Eskimo. Mein Bertram ist ganz aus dem Häuschen. Der Halbeskimo drückt Bertram zuerst die Hand, dann mir, was mir übrigens ziemlich egal ist, dann sagt er: »Klopper.«
Ich stelle uns vor und denke dabei: Na gut, ein Willkommenstransparent wäre vielleicht übertrieben gewesen, aber etwas herzlicher hätte es schon sein können. Schließlich sind wir beide – wir zwei Spezialisten aus dem guten alten Europa – gekommen um Amerikas Fischstäbchen zu retten. Aber was soll's.
Kurzweil macht eine Grußbewegung mit seiner rechten Hand, die er wohl mal in einem Winnetou-Film gesehen hat. Der Halbeskimo grinst, schnappt sich unsere Koffer und geht erstaunlich flink Richtung Ausgang.
Vor dem Ausgang steht eine Strech-Limo, ja genau, so ein lang gezogener Straßenkreuzer, weiß, eisbärweiß möchte ich fast sagen. Und da liege ich gar nicht so falsch. Unser Eskimofahrer hält uns die Tür auf und schon sitzen wir auf Polstern, die ganz mit irgendwelchen Fellen bezogen sind. Fast kommt man sich vor wie in einem fahrbaren Iglu. Das wird Bertram inspirieren. Aber Bertram schaut eher trübsinnig auf die vorbeiziehenden Hochhausfassaden. Ihm sei kalt, mäkelt er.
Uns gegenüber sitzt jemand von der Unternehmensberatung, eine Frau, vielleicht Ende zwanzig, im senffarbenen Kostüm, so wie aus diesen Fernsehserien. Ich lächle sie an, ziehe den Bauch ein. Ich bin nicht mehr der Jüngste, aber bei Frauen weiß ich, was ich zu tun habe. Sie erinnert mich an jemanden. Sie erklärt mir, dass wir jetzt zum Alterssitz des Firmengründers fahren. Ich wundere mich, dass der noch lebt, halte aber meinen Mund. Sie erklärt mir, dass ich mich nicht wundern und vor allem, sollte mir Mr. Klopper die Ehre zuteil werden lassen, uns zu einem gemeinsamen Dinner in seinem Anwesen einzuladen, diese Einladung auf keinen Fall zurückweisen dürfe. Selbst die plausibelste Entschuldigung würde Klopper senior noch beleidigen. Ich stelle wiederum keine Fragen, außer der, ob sie denn auch an dem Dinner teilnehmen würde, was sie bejaht, woraufhin ich bemerke, dass es dann ja erst recht keinen Grund gäbe, die Einladung auszuschlagen. Sie wird etwas rot, kommt mit ein paar vertraulichen Infos über die »Klopper-Frozen-Food« herüber: Klopper leite die Firmengeschäfte schon lange nicht mehr, aber er habe listiger-, und für die neuen Geschäftsführer dummerweise, seit seinem Rückzug aus dem Aufsichtsrat ein Vetorecht in allen wichtigen Fragen. Das sei der Grund, warum alle namhaften Agenturen des Landes mit ihren Konzepten bisher gescheitert seien. Ich zucke mit den Achseln und versuche zwischen ihren Beinen einen Blick auf ihr Höschen zu erhaschen.

Kloppers Anwesen liegt auf einer Anhöhe am Meer, ein riesengroßes Backsteinmonster, wie ein englisches Schloss aus dem vergangenen Jahrhundert. Aber das ist nicht das Überraschende. Das Überraschende ist das Innere des Hauses. Überall Felle, Walrossstoßzähne, Eisbärklauen. Der Butler, der uns aufmacht, sieht aus, als wäre er der Großvater unseres Fahrers. Wahrscheinlich ist er das auch. Der Fahrer raunt seinem mutmaßlichen Opa etwas Unverständliches zu und deutet auf Bertram. Opa lacht: »Hö-hö.« Bertram lacht zurück. Ich freue mich, dass mein Spürhund endlich Witterung aufgenommen hat. Ich muss an diese Automobilwerbung denken, wo ein alter Eskimo und ein Eskimojunge durch die Tundra wandern und den Autotyp anhand seines Reifenabdrucks im Schnee identifizieren. Das finde ich sehr gelungen. Es hat etwas Archaisches, während gleichzeitig der technologische Fortschritt bejaht wird. So was in der Richtung schwebt mir auch für Kloppers Fischstäbchen vor.
Kloppers Sitzungsraum. Oder sollte ich sagen – Kloppers Nordpolarmuseum: Gemälde mit Segelschiffen, die vom Packeis eingeschlossen sind, Männern in Pelzmontur, die Schlittenhunde über verschneite Berggrate treiben, Vitrinen mit Schiffsmodellen, von Kloppers erstem kleinen Heringstrawler bis zu jenen schwimmenden Fischfabriken, wo vorne der ahnungslose Alaskaseehecht hineinschwimmt und hinten als 2,3 mal 10 Zentimer großes Fischstäbchen wieder herauskommt. Ich höre ein leises, tiefes Brummen. In der Mitte des Raums, der mehr eine Halle ist, steht so ein langer Sitzungstisch im Kolonialstil, und an dessen Ende wartet wohl Klopper senior, der große alte Mann der Tiefkühlkost. Bertram geht wie ein Kind im Vergnügungspark an den Schiffsmodellen vorbei, er will sie am liebsten angrabschen, das sehe ich ihm an. Nur zu, sage ich mir, nur zu mein Goldesel, keine Hemmungen.
Dieses Brummen irritiert mich. Die Frau von der Unternehmensberatung, Ginger Smith, wie sie mir mittlerweile verraten hat, ohne dass ich darauf gekommen wäre, an wen sie mich denn nun eigentlich erinnert, Ginger geleitet uns zu dem Tisch, ungefähr so, wie man im guten alten Europa zu einer Audienz beim Papst geführt wird. Bertram bleibt etwas zurück, weil er erst das Schwert eines präparierten Marlins befingern muss. Ich zische ihm etwas zu. Etwas wie ›Lass das, Bertram‹ oder ›Komm schon, Bertram‹, und Bertram kommt wie ein ungezogener Schuljunge, der im Naturkundemuseum zu lange vor dem Exponat des Tyrannosaurus Rex seinen Urweltträumen nachgegangen hat, Bertram, den ich mit viel Mühe und den Überredungskünsten eines Staubsaugervertreters in ein blaues Wollsakko gesteckt habe, damit er mir hier nicht in seiner Lederjacke auftritt, einem 70er Jahre-Modell, rehbraun und speckig schimmernd, ein Ding, mit dem er wahrscheinlich völlig unbehelligt durch die New Yorker Bronx marschieren könnte, denn der Vorbesitzer, einer

von Kurzweils angeblich afro-amerikanischen Freunden, einer jener angeblichen Zeitzeugen, die angeblich den großen Bob noch von Angesicht zu Angesicht gesehen haben, also ein Kreuzberger Kleindealer mit Rasta-Akribie und jener Muse, die einen nur unter THC-Einfluss küsst, hat mit goldenem Zwirn und in weithin sichtbaren Lettern die Worte »I SHOT THE SHERIFF« auf die rechte Brustseite der Jacke gestickt, Worte, die in anderen Teilen der USA vielleicht Sympathien erweckt hätten, nicht aber hier in Seattle, nicht in J. Leonard Kloppers Nordpolarmuseum. Und deswegen bin ich heilfroh, dass Kurzweil im Wollsakko den Marlin befingert, auch wenn er, ganz trotziger Künstler, den Kragen der Jacke hochgeschlagen hat, auch wenn er – »mir ist kalt« – seine Strickmütze mit der winzigen jamaikanischen Flagge vorne drauf nicht abgenommen hat, auch wenn er deshalb ein wenig aussieht wie die kleinen, liebevoll angemalten Seemänner, die uns vom Vordeck eines großen Buddelschiffs aufmunternd zuwinken.
Das Brummen scheint lauter zu werden, wir sind fast am anderen Ende des Museums angelangt, wo, wie gesagt, Klopper himself an einem langen Tisch sitzt, indirekt beleuchtet von einer kalten, mysteriösen Lichtquelle, die seitlich hinter einem ausgestopften Pinguin in einem Erker des Raums stehen muss. Klopper ist eine große, dünne Gestalt mit Hakennase, ein ergrauter Seeadler, der uns mit der salbungsvollen Geste eines Mafiapaten zwei Stühle zuweist. Ich schaue ihn mir näher an, versuche herauszufinden, ob sich der Greis am Outfit meines Assistenten stört, aber im Gegenteil, er nickt Kurzweil zu wie einem lange verschollenen Familienmitglied, und Kurzweil nickt mit der Gelassenheit eines renommierten Auftragsmörders zurück, während Ginger mich als »Chairman« der Agentur und meinen bleichen, jamaikanischen Matrosen als »Art Director« vorstellt.
Überhaupt redet Ginger die ganze Zeit am meisten, ist so eine Art Stimme des vergreisten Klopper senior, bei dem nicht ganz klar ist, ob er nicht mehr sprechen kann oder will. Gelegentlich wehen aber doch Wortfetzen aus seinem Mund über den langen Tisch, Wörter wie *tradition*, *history* und *taste*. Mein Englisch ist nicht das schlechteste, trotzdem benutze ich Ginger ebenfalls als Sprachrohr. Irgendwie habe ich das Gefühl, das sei in diesem Fall angemessen, stellte unser Palaver auf eine Stufe; obwohl mein Englisch sehr gut ist, spreche ich Deutsch und bewusst schnell, und Ginger übersetzt und Klopper nickt gelegentlich, wenn ich Ginger fette Brocken wie Zeitgeist, Modernität und Design hinwerfe. Das unangenehme Brummen hat mittlerweile abrupt aufgehört. Ohne Umschweife und mit der mir nötig erscheinenden Portion Arroganz erkläre ich ihm unsere geplante Verjüngungskur, umschmeichle die von ihm hervorgehobene Unternehmenstradition und führe im nächsten Satz Beispiele an, wie ein neues Image bei so genannten Traditions- (wir sagen: Zom-

bie-) Marken zu dreihundertprozentigen Umsatzsteigerungen geführt habe, ohne dass man das eigentliche Produkt (das Kölnisch Wasser, den Magenbitter) im Geringsten habe verändern müssen. Dabei hat Gingers Simultanübersetzung den Vorteil, dass sie eben nicht ganz simultan ist, und ich kann in Kloppers furchigem Antlitz, in seinen wässrigen Alaskaseehechtaugen, nach einer Reaktion auf meine Vorschläge suchen. Aber Fehlanzeige: abgesehen von diesem gelegentlichen Nicken, das vielleicht nur ein geriatrischer Tick ist, kommt gar keine Reaktion, weder im positiven noch negativen Sinne. Klopper scheint sich zu langweilen, müde zu sein oder weggetreten oder im Koma oder scheintot, oder alles gleichzeitig, und während ich zum großen Finale meines Strategiekonzepts aushole, läuft etwas blasiger Sabber seinen Mundwinkel hinunter, den er sich erst nach geraumer Zeit und sehr bedächtig mit einem Taschentuch aus seiner Anzugsbrusttasche abwischt.

Mitten in diesem Finale unterbricht mich Bertram, fragt ganz naiv und mit einem Akzent, den er durch das Textstudium diverser Reggamuffin-Platten erlernt haben muss, was denn das für ein Gerät in der Ecke sei. Ich will ihm ordentlich über den Mund fahren, insbesondere, da er die letzten Worte nur gestottert hat, aber in diesem Moment fängt das Brummen wieder an, dieses Kompressorbrummen, dieses müde Rattern eines altersschwachen Presslufthammers, irgendwo draußen vielleicht, oder im Keller des Gebäudes. Doch da sehe ich, dass ich mich geirrt habe, und Bertram, mein zuverlässiger Suchhund, hat auch schon seinen Finger danach ausgestreckt, die erste Entdeckung des Tages gemacht, denn in dem Erker neben Klopper und hinter dem greinenden Pinguin steht ein weiteres Urzeitmonster, wobei mir mein erster Blick nicht verrät, um was es sich da eigentlich handelt: Ein vielleicht zweieinhalb Meter breiter und einsfünfzig tiefer, niedriger Schrank, oben mit einer ovalen Glasglocke verschlossen, aus der bleiches Neonlicht in den Raum wabert; könnte ein Miniatur-U-Boot sein, denke ich, oder auch eine frostsichere Wurlitzer-Jukebox für den Einsatz auf Kloppers schwimmenden Fischstäbchenfabriken. Aber nein, im nächsten Moment ist mir klar, was das ist, und gleichzeitig ist so ein Leuchten in Kloppers fischige Greisenaugen getreten, der nun leicht stotternd meinem Bertram erklärt:

»This is my first p-public f-f-f-f-freezer. A special co-construction. Set up with the frozen f-f-food I sold in a small s-s-store in Waterbury, C-c-c-connecticut, on the eighth of July 1937.«

Kurzweil runzelt die Stirn und einen Augenblick lang ist nur das Brummen dieser prähistorischen Tiefkühltruhe mit ihrem prähistorischen Inhalt zu hören. Dann, mit dem Ton echter Begeisterung, dem Ton, den Enkel haben, wenn ihnen Opa seine Mauser zeigt, sagt Kurzweil, während er einen schüchternen Blick in das Innere der Tiefkühltruhe wirft, auf die jenseits der verschlossenen

Glasglocke liegenden Pappkartons, die Aufschriften tragen wie »Green Beans«, »Frozen Orange Juice«, »Spare Rips«, »New-Hampshire-Lobster«, Pappkartons mit Kloppers gezeichnetem Konterfei, das man an der Hakennase unschwer erkennt, nur dass es sich um einen 60 Jahre jüngeren Klopper handeln muss, in diesem Moment sagt Kurzweil: »Oh ma-an ... This is c-c-cool, man.« – und ist völlig hin und weg von dem Anblick dieser Museumstruhe samt der Tiefkühlartefakte darin. Ich will am liebsten im Boden versinken oder durch einen engen Flaschenhals auf eines dieser Buddelschiffe kriechen, aber Klopper lächelt stolz, so eine Art Jungen-Lächeln, wie man es manchmal ganz unvermutet bei alten Leuten sieht, und er nickt wieder und sagt, »yeah' – it is« und ist selig, und mein Bertram erwidert mit geröteten Wangen, wie beeindruckt er sei, was das damals für ein wagemutiges Unternehmen gewesen sein muss, was das für ein zivilisatorischer Fortschritt sei, die ganze Tiefkühlkost und so, und was für eine Ehre für ihn, jetzt neben dem leibhaftigen Erfinder seiner geliebten Fischstäbchen stehen zu dürfen.
Ich hab mich zurückgelehnt, lasse die Dinge ihren Lauf nehmen, schiele nach Ginger, die sichtlich eingenommen ist von Kurzweils genialer Vorstellung. Natürlich schlage ich die nun von Klopper ebenso stotternd wie herzlich ausgesprochene Einladung zum Abendessen nicht aus. Wir werden in einen Speisesaal geführt, dessen Wände holzgetäfelt sind und dessen Gemälde irgendwelche Eskimo-Jagdszenen zeigen. Es gibt ein köstliches Steak an einer köstlichen Sherry-Sauce, mit grünen Bohnen und Birnenkartoffeln. Das Ganze serviert uns der Großvater unseres Chauffeurs, der anscheinend Gärtner, Butler und Koch in einem ist. Ich fühle mich gut. Bertram fühlt sich auch gut. Ginger rutscht auf ihrem Stuhl hin und her und wirft mir immer wieder zweideutige Blicke zu. Kurzweils Bemerkung und der kalifornische Wein haben die Atmosphäre spürbar gelockert, Klopper ist buchstäblich aufgetaut, lächelt warmherzig, tuschelt mit meinem Bertram, als wäre der ein alter Kumpel, tuschelt mit ihm über die alten Tiefkühltruhen und die alten Zeiten, während ich meine Hand auf Gingers Oberschenkel lege und dieses köstliche Stück Fleisch lobe, und Ginger lächelt mich nervös an, ich würde sagen, so auf eine unsichere Art geil, und da nickt Klopper ein und Kurzweil sieht zu uns herüber, und ich kann Ginger gerade noch flüsternd bitten, nach dieser Veranstaltung im Hotel einen Drink mit mir zu nehmen, bevor ich die Hand diskret wegziehe, bevor der Eskimo-Opa durch die Tür gewatschelt kommt, Klopper anfängt zu schnarchen, uns Opa mit einem fast zahnlosen Eisbärgrinsen fragt, ob es uns geschmeckt hat, und wir heftig nicken und ich – ich weiß nicht warum – Opa in meinem besten Englisch frage, was das denn nun eigentlich für köstliches, außergewöhnliches Fleisch gewesen sei, »beef« tippe ich, und Opa nickt, fügt dann aber noch einen genuschelten Halbsatz hinzu, den ich beim besten Wil-

len nicht verstehen kann. Ich frage ihn noch mal, woraufhin er wieder mit diesem Genuschel antwortet, und so geht das ein paarmal zwischen uns beiden hin und her, bevor der Eskimokoch mit einer wilden Geste und heiserem Lachen aus dem Speisesaal tapst, Klopper in der Tiefsee seiner Jugendträume schnorchelt, Ginger mir, Bertram und dem verschwindenden Eskimo panische Blicke zuwirft, der schließlich triumphierend wieder in der Tür erscheint, mich angrient und mir einen Pappkarton unter die Nase hält, auf dem ich ein gezeichnetes Rind, Kloppers um 60 Jahre jüngeres Konterfei und, an der aufgerissenen Lasche, einen von der Taufeuchte verwischten bläulichen Stempel erkennen kann: *Best before July 1939*.

28. Oktober
Ich bin keine zwanzig mehr. Ich habe keine Zeit, in das Fitnessstudio zu gehen, das sich zu Hause in Berlin, unweit unseres Büros, im ehemaligen »Haus der Mongolei« angesiedelt hat, wo die Kassiererinnen des nahen Supermarktes ihre Popos straffen oder die Beamten nachgeordneter Bundesbehörden auf Laufbändern wie die Hamster japsen, habe keine Zeit, mich auf eine jener Hantelbänke zu legen, auf denen sowieso meistens breitschultrige Russen oder vielleicht ja auch Mongolen sitzen, untätig und mit mehrfach gebrochenen Nasen, und sich unterhalten, lange unterhalten, mit sonoren, gutmütigen Mischastimmen, bevor der eine dem anderen mit seinem Fuß ein Päckchen zuschiebt, bevor sie nach einem kurzen Tatzendruck die Hantelbank für diesen Tag verlassen, auf der ich dann liegen könnte, der ich keine zwanzig mehr bin, auf der ich liegen könnte und meinen Körper wappnen für die kommenden Jahre des nachlassenden Stoffwechsels, wenn ich, ja wenn ich für so etwas Zeit hätte. Da ich dafür aber keine Zeit habe, da ich, anders als die mich verfolgende Generation, auf meine Erfahrung angewiesen bin, auf meine Ausdauer, meine Beharrlichkeit, ziehe ich den Bauch ein, während mir das 60 Jahre alte Hüftsteak schwer im Magen liegt, ziehe ich den Bauch ein, während ich Gingers Bein (sie ist erstaunlich beweglich) hochhebe, ihre Wade (sie ist erstaunlich muskulös) auf meine Schulter lege und ihr auf diese europäisch-träge Art nahe bin, sie genau jene Geräusche von sich gibt, die wir zu Hause aus den amerikanischen Serien kennen; es hat etwas Vertrautes, wie sie sich mit den Händen am Kopfteil des Hotelbettes festhält, wobei mir die kleinen Narben in ihren rasierten Achselhöhlen auffallen, in jeder Achselhöhle ein kleiner, sauberer und irgendwie libidinöser Schnitt, wobei mir auffällt, wie erstaunlich straff ihre Brüste doch sind, als sie später auf mir sitzt, wie erstaunlich groß und fest, und während sie wieder nach dem Kopfteil greift, greife ich nach diesen prallen Brüsten, während sie einen neuen Serienjauchzer ausstößt, drücke ich ungläubig diese Brüste, und dieses unübliche Wundern zieht die Sache in die Länge, ich betaste

diese Brüste, versuche den Unterschied zu erfühlen, den Unterschied zwischen Wahrheit und Lüge, während Ginger weiter die Filmgeschichte rauf und runter schreit, mit ihrem festen Griff nach dem Bettgestell die Hoteleinrichtung bedrohlich knarren lässt.

Dann ist es vorbei. Ginger rollt sich ab und gibt dabei einen tiefen Seufzer von sich, wie ich ihn von den Sibiriaken auf der Hantelbank kenne. Sie langt nach ihrer Handtasche, die sie zusammen mit ihren Schuhen irgendwo in die Nähe des Bettes geschmissen hat und fischt aus ihr ein Zigarrenetui und ein in Leder gebundenes Album heraus – eine einmalig bebilderte, handgesetzte und limitierte Jubiläumsausgabe der Firmengeschichte, wie sie mir zunuschelt. So sitzen wir nebeneinander im Bett. Sie pafft ihre Zigarre, bläst Rauchringe in den Hotelzimmerhimmel, ich starre aus dem Fenster in die feuchte Nacht Seattles, und Ginger erzählt mir, wie Methusalem Klopper einst als junger Hüpfer am Nordpol der unbegrenzten Möglichkeiten das Fischstäbchen erfand.

Tatsächlich war Klopper noch jung, als ihm die Vision der Tiefkühlkost aus einem zugefrorenen Stück Pazifik buchstäblich entgegensprang, als es ihn nach Kotzebue, Alaska, verschlug. Ja richtig, dieses Nest hieß oder heißt Kotzebue, und es liegt am Kotzebue-Sund mitten in der Polarnacht, und das erste, offenbar nachkolorierte Foto zeigt denn auch einen Mann in Pelzmontur und mit Hakennase, mit einem Karabiner in den Händen und einem silbrigen Abzeichen, so einer Art Sheriffstern an der Brust. Es ist Klopper, 24 Jahre alt, der damals versuchte, seiner Bestimmung auszuweichen, andere Träume hatte, falsche Träume, und mit dem geschieht, was mit einem Mann geschehen muss, der sich in die falsche Richtung bewegt, entfernt von seinem Ziel, von dem einen Wort, das sein Dasein beschreiben könnte. Ich weiß das; ja, es gibt so etwas wie Weisheit in unserer Branche, doch kaum einer kennt sie, am wenigsten die Jungen, die mit offenen Sportwagen und überzogenen Gehaltsforderungen in den Straßen den Staub aufwirbeln, die gar nicht ahnen, dass auch sie einmal alt werden, so alt wie ich, und dass man sie dann fragen wird nach dem Wort, nach dem Weg, den sie gegangen sind und der noch vor ihnen liegt, aber meistens liegt da nichts, ein totes Gleis, ein niedriges Büro, eine Stille, ähnlich dem Kotzebue-Sund, wo das graue Meer sich mit dem Grau des Himmels vermischt, wo auf einem Stück braunen Strands eine kleine Hütte steht, dahinter bleifarbenes Wasser, sanfte Wogen, die sich über bemoosten Kieseln brechen, und dem Strandgut der Winterstürme, Schiffsplanken, Seehundgerippe, Tang. Klopper mit Flinte und Abzeichen, mit einem Fuß auf einer Kiste, und davor ein paar zerschlagene Flaschen und eine dunkle Pfütze und an meinem Ohr Gingers Mund, der mir von der Jugend ihres Chefs erzählt.

Klopper also war 24 Jahre jung und hatte sich in den Kopf gesetzt, FBI-Agent zu werden. Als das FBI ihn nicht haben wollte, wurde er beim Polizeipräsidium von San Francisco vorstellig, und als man ihn dort nicht haben wollte, ließ er sich in Portland als Sheriff zur Wahl aufstellen, und als man ihn dort nicht wählte, muss er sich fürchterlich betrunken haben, in einem Speak-Easy, so hießen diese Dinger, wo man aus Kaffeetassen illegal gebrannten Schnaps trinken konnte, sprich einfach, sprich einfach, sprich einfach – im Jahre sieben der Ära der Prohibition, wo sich Klopper verbotenerweise mit Hakennase und ungeübter Leber in Redding, einem Goldgräberstädtchen, voll laufen lässt, bis jemand die Tür einschlägt und das einfache Reden ein Ende hat, die Fässer zerschlagen werden und der Fusel zwischen den Dielen versickert, und Klopper beschließt, dass diese Männer, die Männer mit den Flinten und den Brechstangen vom Schatzamt, die hinter dem Schnaps und dem einfachen Sprechen her sind, dass dieser Verein die richtige Adresse für ihn sei.

Klopper wird Prohibitionsagent, heftet sich die ersehnte Marke an die Brust und fühlt sich schon als König des westlichen Amerika, als ihm das Schatzamt mitteilt, wo seine neue Wirkungsstätte ist, in Kotzebue am Kotzebue-Sund nämlich, wo sich die Eisbären gute Nacht sagen und man den übrigen, den zweibeinigen Bewohnern wahrscheinlich alles verbieten kann, nur nicht das einfache Sprechen, meist ist es nur in einfaches Schweigen, ein nur von flackernden Petroleumlampen erhelltes Schweigen und Trinken in der langen Nacht. Selbstmord wäre das, dann lieber den Eisbären gute Nacht sagen, aber dem Alaskamenschen seine flüssige Wärme rauben, ihn in die Polarmelancholie stürzen ohne Mitleid, ja das, das wäre Selbstmord gewesen.

Gerade weil Klopper nicht der richtige Mann ist, den Walfängern, Goldgräbern, Huren und Pelzjägern in Kotzebue das Saufen abzugewöhnen, ist er der Richtige. Es nimmt ihn nämlich niemand ernst. Mehrere Jahre verfolgt er Alaskas bekanntesten Schnapsbrenner, ein Halbblut namens Quiet Bear, ohne den schweigenden, saufenden Bären je zu erwischen, hetzt übers Eis, erklimmt schneeersoffene Berge, durchstreift dunkle Wälder, bohrt seine Flinte in die harschige Tundra.

Dann, an einem Tag im finsteren Winter, genauer: am 6. Dezember 1933, da hat er ihn endlich bei den Eiern, den schweigenden Bären, da hat er ihn gestellt in seiner nach Bärenfusel stinkenden Hütte, neben der die Destille eifrig dampft, hat ihn gestellt zusammen mit dem Postflieger Jim Ginsterburg. Die beiden sind völlig besoffen, als ihnen Special Agent Lenny Klopper stotternd erklärt, dass es nun vorbei sei mit der Fuselbrennerei, dass er diesem Treiben nun ein Ende machen würde, dass Schweigender Bär ruhig weiter schweigen, rülpsen und furzen könne in seiner miefigen Hütte, aber das würde bei ihm gar keinen Unterschied machen. Oh ja, ich kenne ihn – diesen kurzen Moment des eingebildeten Triumphes, kenne den Augenblick, in dem man glaubt, alles Glück auf seiner Seite zu haben. Und ich kenne die Sekunde, die ihm folgt, die Sekunde

der Ernüchterung, die Sekunde, in der Postflieger Jim Ginsterburg lallend eine Tageszeitung in die Höhe hält und Schweigender Bär Lenny traurig anblickt, denn der Bär kann nicht lesen. Aber der Postflieger wird sie ihm wohl mehrfach zitiert haben, die Schlagzeile: REGIERUNG HEBT PROHIBITION AUF. Wörter wie Sargnägel für Lenny und wohl auch für Schweigender Bär.
Der Postflieger hat sich schon längst in seine Pelzmontur und seinen Doppeldecker gezwängt, ist schon längst mit wippenden Flügeln hinter den Bergen verschwunden, da säuft Lenny sich in der Hütte immer noch selbst unter den Tisch, bleibt vielleicht kurz mit seiner großen Nase an der Tischkante hängen, bevor er endlich in der Dunkelheit der Polarnacht versinkt, bevor Schweigender Bär ihm gute Nacht sagt, gute Nacht Lenny, du langnasiger, tolpatschiger Spezialagent, wir waren wie Brüder.
Es gibt keine Fotos von den folgenden Monaten. Das nächste Foto ist bereits das Foto mit dem Loch und dem Fisch. Ich frage mich, wer das wohl gemacht hat, das Foto mit dem Loch und dem Fisch. Wahrscheinlich ist es gestellt. Wer sollte schon dabeigestanden haben, als Schweigender Bär und Ex-Agent Lenny, damit beschäftigt, den Schnapsvorrat des Bären zu vernichten, zwischen zwei Pullen beim Eisfischen waren. Ich stelle mir die beiden vor, stelle sie mir vor, wie sie sich Tag für Tag umnebelt anschweigen oder von den alten Zeiten erzählen, wie sie ab und zu hinter die Hütte pissen gehen oder sich einen Fisch auftauen und grillen, ihn mit den Händen verzehren. Denn wer dem Alkohol gehört, der hält was auf Bequemlichkeit, und so hat der gute Schweigende Bär wohl immer ein ganzes Dutzend Fische aus dem Loch gezogen, das er einmal im Monat schlug, Fische, die auf dem Eis sofort gefrieren, und dann hat er sie in eine Kiste gelegt, und die beiden, Lenny und er, hatten wieder eine Weile Ruhe, konnten sich wieder der Auslöschung eines dreizehnjährigen Alkoholverbotes aus ihrem Gedächtnis widmen. Der Rest ist Geschichte. Irgendwann musste der letzte Tropfen getrunken gewesen sein, irgendwann im Frühjahr 1934. Lenny wachte mit einem Riesenkater und einer Riesenidee im Kopf auf, wachte auf mit der Frage, was man denn nun mit den vor Wochen gefangenen Fischen machen sollte, jetzt, wo man nichts mehr zum Runterspülen hatte. Das muss Lenny trotz der Kopfschmerzen wirklich beschäftigt haben, und diese Beschäftigung führte dann dazu, dass er die Hütte hinter sich ließ und in einem Schuppen in Kotzebue eine Apparatur konstruierte, mit der man Fische sofort gefrieren konnte.

9. November
Wir fischen im Trüben. Das heißt – ich fische, und Bertram ist mein Netz. Doch in diesem Netz verfängt sich nichts. Nichts, was ich verwerten könnte.

Der Name, das Wort, bleibt verborgen, und obwohl ich mit meinem Bertram jetzt schon viermal Kloppers Nordpolarmuseum besucht habe, obwohl er mir inzwischen mehrmals mit kindlichem Eifer die Erfolgsgeschichte seines neuen Gönners erzählt hat, von dem ersten Fischtrawler mit eingebauter Tiefkühlvorrichtung, vom ersten Geschäft Kloppers in Los Angeles, wo der tiefgefrorene Fisch zunächst nur ganz, an einem Stück, später dann filletiert verkauft wurde, bis hin zu jener ersten öffentlichen Tiefkühltruhe in Waterbury, Connecticut, die bereits alles enthielt, was später jedes Hausfrauenherz begehren sollte.
Und Ginger raubt mir den Schlaf. Je weniger ich verstehen kann, was sie an mir findet, je weniger ich mich selbst mag, wenn ich in ihrem Appartement nackt vor dem mannshohen Spiegel stehe, meinen Rettungsring knete, desto öfter muss ich in das Appartement kommen. Vielleicht ist es meine phlegmatische Art, mein durch Grübeleien über den fehlenden Markennamen gesteigertes Desinteresse während des unentwegten »Liebe machens«, vielleicht ist es also meine berufsbedingte Abwesenheit, die ihr junges Fleisch so unersättlich macht, als wolle sie mich verschlingen.
Der neue Chef hat angerufen. Ich sage der »neue«, obwohl er eigentlich der alte ist, das heißt, er war Teil der zweiköpfigen Geschäftsführung, die aus einem Mann etwa meines Alters bestand, einem alten Hasen der Werbebranche, und ihm, dem Jungen, dem deutlich Jüngeren, den ich, ich gebe es zu, nie so richtig leiden konnte, und, ehrlich gesagt, auch nie so richtig ernst genommen habe. Beraten habe ich mich mit dem Alten, Verträge mit ihm ausgehandelt, die der Jüngere dann gegenzeichnen durfte. Doch irgendwie muss sich der Wind gedreht haben, irgendwie müssen die schweigsamen, unbekannten Investoren, die unlängst eine beträchtliche Summe in unser Unternehmen gepumpt haben, Missfallen am Alten und Gefallen am Jüngeren gefunden haben, anders kann ich es mir nicht erklären, anders kann ich mir nicht erklären, dass das Büro des Alten im »Haus des Lehrers« von nun an wohl dem Jüngeren gehört, der auf meine Frage, was denn mit dem Alten sei, nur antwortete, »Nichts«, und, als er mein langes, von fernen Satelliten knisternd übertragenes Schweigen als Frage deutete, hinzufügte: »Fressen und gefressen werden.«
Er gebe mir noch eine letzte Frist, eine letzte Frist von zwei Wochen, dann werde der Klopper-Auftrag einem anderen, einem – ich ahnte es schon – Jüngeren übertragen.
Das ist nicht neu für mich. Diesen Moment habe ich oft erlebt. Ich bin nicht mehr der Jüngste, und darum kenne ich den Augenblick der Krise, den Augenblick, da der Damm zu brechen droht und man in wilder Panik auseinander stieben will, den Augenblick, wo alles, allen Bemühungen zum Trotz, den Bach hinuntergehen kann, wenn man, ja wenn man nicht kühlen Kopf behält, wie ich.

Ich bespreche mich mit Ginger und auch – soweit das geht – mit Klopper senior, der uns den jüngeren Halbeskimo zur Verfügung stellt, Bertram wird gar nicht erst gefragt. Das macht wenig, denn als mein Bertram von meinem Vorhaben hört, freut er sich, klatscht in die Hände, als hätte ich ihm einen Ausflug in den Zoo oder nach Disneyland versprochen. Und so ähnlich ist es ja auch. Es geht zum Kotzebue-Sund, nach Kotzebue, wo sich die Eisbären gute Nacht sagen und zwischen schneeersoffenen Hügeln immer noch die Hütte steht, in die ich meinen Bertram sperren werde, so lange, bis er mir das Wort verrät.

12. November
Der Pilot hat es nicht überlebt. Auch der Fotograf nicht, den ich in Seattle engagiert hatte, damit er schon einmal ein paar erste Schnappschüsse macht, vom Kotzebue-Sund und den Eisbären, den Bergen und der Hütte.
Wir sind an einem dieser Berge hängen geblieben. Vielleicht ein Fehler des Piloten, vielleicht ein eigensinniger Höhenmesser, wer könnte das jetzt noch sagen, wer wusste schon, was los war, als eine Böe uns plötzlich nach unten drückte, ich ein flaues Gefühl in der Magengrube bekam, dann dieses knarzende Kreischen hörte, als irgendetwas – es war wohl etwas Wichtiges – von unserer Maschine an diesem namenlosen Berg hängen blieb, abgerissen wurde, und wir, noch ganz benommen, an der anderen Seite eines weißen Grates in ebenso weiße Tiefen stürzten, ein Heulen die Kabine füllte, wie man es aus Katastrophenfilmen kennt, dieses Heulen einer gepeinigten und nicht mehr kontrollierbaren Maschine, das dem glücklosen Helden sagt: Lass alle Hoffnung fahren, lass jetzt noch einmal dein ganzes Leben an dir vorüberziehen, beeil dich, Kloppers Nordpolarmuseum, Gingers Waden, die Hütte und das Haus des Lehrers und das der Mongolei, die Sibiriaken und der junge Chef im Schwatz unter der Hantelbank, Bertram Kurzweil, wann, wenn nicht jetzt, sollte dir das Wort einfallen, das Wort das mich erlösen könnte – zu spät.
Doch ich hatte mich zu früh erinnert. Der Aufprall geriet seltsam weich, wie ein Gleiten auf Sand, nur dass die Schnauze des Flugzeugs von etwas abgeschlagen wurde, ganz vorne saßen der Pilot und neben ihm der Fotograf. Ich missachtete das Gebot, im Fall des Falles meinen Kopf auf meine Knie zu legen, stemmte mich stattdessen nach hinten in den Sitz, ungläubig nach vorne stierend, wo der Pilot am Steuerknüppel versuchte, das bockende Fluggerät zu zähmen, der Fotograf ein Foto nach dem anderen schoss, vielleicht im Glauben, dies sei die Chance seines Lebens, eines Lebens, das in der nächsten Minute wahrscheinlich noch einmal an ihm vorbeizog, als sich die Maschine auf dem Eisfeld unwillkürlich drehte, als sie, nun seitwärts rutschend, von dem

Felszacken oder Gipfel eines Berges, verborgen unter Jahrhunderten aus Eis, wie von einer Kreissäge halbiert wurde. Lange noch wird mir dieses Bild in Erinnerung bleiben: Pilot und Fotograf, die ihre Hände in die Höhe recken, als wären sie auf dem Rummel in der Achterbahn, während ihr halbes Stück Flugzeug übers Eis hüpft, an eine Felswand knallt, um dann, jenseits eines nächsten Abgrundes, auf Nimmerwiedersehen zu verschwinden.
Wir hatten Glück. Unsere Hälfte schlingerte zunächst rückwärts weiter, dann in ein Schneefeld hinein, ich hörte, wie aus dem Schlittergeräusch ein Schaufeln wurde, der Flugzeugtorso sich einen Hang hinaufgrub und mit einem Ruck zum Stehen kam, der Rumpf noch ein wenig zusammengestaucht, wir noch ein letztes Mal kräftig durchgeschüttelt wurden, bevor ich einen Schlag auf mein Bein spürte, bevor es still war, still und dunkel.
Der Schlag kam von einer Strebe des Kabinendachs und erwischte meinen Oberschenkel. Jedenfalls kann ich mein rechtes Bein kaum bewegen, geschweige denn laufen. Ansonsten steht die Sache günstiger, als unser Absturz zunächst hoffen ließ. Der größte Teil der Ausrüstung, die wir für unseren Hüttenausflug zusammengekauft haben, ist unversehrt, und ich muss meinem Bertram, meinem so weltfremden Wortsucher, den ich nach vier Stunden nur mit Mühe aus dem »Army and Survival«-Laden in Seattle hinausbugsieren konnte, nachträglich so etwas wie Dank zollen für die naive Sturheit, die er zeigte, als wir vor den Regalen mit Astronautennahrung, Kraftriegeln und Notrationen, Kerosinspezialkochern, Eispickeln, Isoliermatten und Mikrofaserunterwäsche standen, jene Sturheit, die früher meine Kinder stets aufs Neue bewiesen, wenn wir uns im Supermarkt in die Schlange vor der Kasse eingereiht hatten und unaufhaltsam dem Ständer mit den Süßigkeiten näherten. Deswegen besitzt mein Bertram jetzt – neben der Mikrofaserunterwäsche, dem Polaranzug »Antarctica«, der Biberfellmütze, einer dreifach entspiegelten und bruchsicheren Gletscherbrille – auch ein rund 30 Zentimeter langes Überlebensmesser, das im Griff einen Kompass, ein Werkzeugset und eine Angelschnur nebst Haken enthält und dessen scharfe Klinge auf der einen Seite wie eine Säge gezahnt ist. Was er damit anzustellen weiß, ist noch nicht klar. Draußen tost ein Schneesturm wie in einem Film über Menschen, die mit dem Flugzeug in einer Eiswüste abstürzen. Merkwürdig, aber wahrscheinlich am Ende nur logisch, dass man auch im wirklichen Leben nicht bei schönem Wetter abstürzt. Außer dem schlafwandlerischen Glück bei der Auswahl unserer Ausrüstung zeigt mein Bertram überraschenderweise auch praktische Fähigkeiten. Während der junge Halbeskimo apathisch in seinem Sitz hocken bleibt, dabei mit schöner Regelmäßigkeit nach der Flasche mit dem Bourbon greift, und ich immer mehr den Verdacht bekomme, dass die Jahre zentralbeheizter Arktis bei Klopper ihn verweichlicht und für die Wildnis verdorben haben, hat mein Bertram aus

einem unserer Zelte eine Wand gebastelt, die er vor die Rumpföffnung spannt, so dass wir leidlich vor Schnee, Wind und Kälte geschützt sind. Ginger untersucht derweil mein Bein, wobei ich schnell bemerke, dass sie zur Krankenschwester nicht taugt; wenigstens hat sie die richtige Salbe aus dem Arztkoffer gegriffen, die sie nun einigermaßen grob über die violette, rot umrandete Wulst auf meinem Oberschenkel streicht, um anschließend noch eine Plastiktüte mit Eis darauf zu legen. Eis, das ist es, wovon wir reichlich haben.
Bertram Kurzweil hat unterdessen die Zeltplane zwar unter Flüchen, aber fachgerecht und trotz des starken Windes sicher befestigt und außerdem einen kleinen Gaskocher angeschmissen, der in unserem Notquartier eine fast behagliche Wärme erzeugt. Ich stelle den Mitgliedern der Expedition meinen Plan vor: Abwarten. Etwas anderes bleibt auch kaum zu tun, bei dem immer noch wütenden Sturm. Der Halbeskimo nickt und zieht sich die Decke über den Kopf, unter der ich es alsbald gierig gluckern höre, Bertram bereitet eine Astronautenration zu, die sich, aufgrund eines chemischen Prozesses, selbst erhitzt, und Ginger hat sich im Schlafsack an mich geschmiegt, versucht sogar ein paar delikate Zärtlichkeiten, die ich ihr aber aufgrund des pochenden Schmerzes in meinem Schenkel sofort untersagen muss.
Niemand widerspricht mir. Und niemand erwähnt die beiden Männer da draußen, vielleicht, weil jeder sie händeringend in dem weißen Nichts verschwinden sah.

27. November
Nichts. Zwei Wochen lang. Zwei Wochen, in denen der Sturm langsam nachlässt, in weihnachtliches Schneien übergeht, zwei Wochen, bis der Himmel schließlich aufreißt und eine kraftlose Wintersonne für wenige Stunden durchschimmert. Ich schlage Bertram vor, nun, da es aufgeklart hat, ein, zwei der roten Signalraketen abzuschießen, doch er lehnt das ab, mit der Begründung, wir bräuchten jede Rakete für jenen Augenblick, wenn tatsächlich ein Suchflugzeug in Sichtweite unserer Absturzstelle kreist. Ich muss ihm leider Recht geben. Ich muss Bertram Kurzweil Recht geben, meinem Bertram, der vor unserem Kühlschrank hockte und Joints rauchte und Reggae-Musik hörte, der seine Strickmütze mit der kleinen jamaikanischen Flagge nicht abnehmen wollte, den ich nur mit Mühe in ein Sakko stecken konnte, und der sich nun mit dem mürrischen, weil nüchternen Eskimo verständigt, wobei sie gelegentlich zu mir hinüberschauen und nachdenklich mit den Köpfen nicken.
Obwohl ich sage, es sei besser geworden, ist es nicht besser geworden, sondern das Bein hat lediglich die Farbe gewechselt. Die Schwellung ist jetzt beinahe schwarz und drum herum die Haut blaugelb. Die Salbe ist aufgebraucht,

ebenso die Schmerztabletten. Zudem habe ich gelegentlich Fieber und Durchfall, wobei mir Letzteres besonders unangenehm ist, da ich dann immer Bertram und den Eskimo anweisen muss, mich hinter das Flugzeugwrack zu hieven, wo sie mich halten müssen, denn an ein selbstständiges Hocken ist wegen des schlimmen Beins nicht zu denken.

Ich weiß nicht, woher Fieber und Durchfall kommen, insbesondere, da unsere Vorräte, trotz meiner Rationalisierungsmaßnahmen, zur Neige gehen. Es sieht nicht gut aus. Der Hunger schwächt uns. Die letzte Astronautenpackung haben wir schon vor fünf Tagen verzehrt. Nun bleiben noch Tee und ein paar Würfel Instantbrühe.

Bertram muss wohl die gleiche Überlegung angestellt haben, denn nach seinem Palaver mit dem Eskimo kommt er zu mir herüber und teilt mir knapp mit, dass er mit Jim (so heißt der Halbeskimo – wenn er denn überhaupt *zur Hälfte* einer ist, außer, dass er das Essen zubereitet, hat er nämlich bislang nur wenig Nützliches zu unserer Situation beigetragen) nach dem anderen Teil des Flugzeugwracks suchen will, weil in diesem ja das Funkgerät untergebracht sei, mit ein wenig Glück funktioniere es vielleicht noch. Außerdem wollen sie sich nach Essbarem umsehen, meint mein Bertram mit einer mir bis dahin unbekannten Bärentötermiene, stülpt sich die Biberfellmütze über und schiebt sich das Überlebensmesser in den Gürtel, bevor er mit Jim, der ein langes Seil trägt, lostapft.

Also bin ich allein mit Ginger, mit der ich seit Tagen kaum noch ein Wort gewechselt habe, Ginger, die nach den ersten Nächten meine schmerzbedingte Schlaflosigkeit nicht mehr ertrug und mit ihrem Schlafsack in eine andere Ecke unserer Behausung zog, in die Eskimoecke, muss ich leider sagen, und es scheint mir wahrscheinlich, nein eigentlich sicher, dass die beiden einander näher gekommen sind, auf diese Eskimoart, in der Nacht, wenn ich im Sumpf meiner Fieberträume watete, durch den ab und zu ein unterdrücktes Stöhnen Gingers hallte, begleitet vom zufriedenen Grunzen ihres neuen Wärmespenders. Möglich auch, dass sich in den vergangenen zwei Wochen Jim und Bertram hierin abgewechselt haben, ich habe nicht so genau hingehört, auf jeden Fall hat sich Bertram in Seattle nicht nur einiges an Überlebenstechniken sondern wohl auch delikate ethnische Details angelesen, so sei es durchaus üblich, dass man im Iglu dem Gast die eigene Gattin anbiete. Mir wäre das alles ja egal, wenn sich Ginger nicht so merkwürdig verhielte, wenn sie mich nicht minutenlang einfach nur anstarren würde, nicht vorwurfsvoll, nicht verschämt, noch nicht einmal mitleidig, sondern auf eine unbestimmte Art lauernd.

Vier Stunden sind die beiden weg, bevor sie zurückkommen und Bertram gesteht, dass sie zwar das Wrack entdeckt hätten, aber das Funkgerät nicht zu retten gewesen sei (was ich ihm gleich hätte sagen können). Dafür haben sie in einer Eisspalte den gefrorenen Kadaver eines Tieres entdeckt, den Jim nach alter Sitte zubereiten werde. Jim grinst, grinst so merkwürdig wie sein Vater oder Großvater damals mit dem Hüftsteak, und ich bin mir nun ziemlich sicher, dass er gar kein richtiger Eskimo ist. Jim also macht dieses Eisbärgrinsen, ehe er mit einem Topf und Bertrams Überlebensmesser vor die Zeltplane verschwindet. Was für ein Tier, frage ich Bertram, der mich einen Augenblick lang anglotzt, dann ein Wolf oder sowas Ähnliches murmelt, während wir hören, wie Jim mit der Säge des Überlebensmessers draußen im Schnee einen Wolf oder sowas Ähnliches zerlegt.

Eine weitere Stunde später sitzen wir um einen großen Topf mit einer Art Suppe, in der graue Fleischbrocken schwimmen. Der falsche Eskimo reicht mir einen Blechnapf davon. Vielleicht liegt es am Fieber, an meiner Unterernährung, am infernalischen Geruch der Brühe, oder an diesem Verdacht, der mit dem Ekel in mir aufsteigt – auf jeden Fall wird mir innerhalb von Sekunden speiübel, so übel, dass mich die beiden, Jim und Bertram, wiederum vor die Zeltplane schleppen, wo ich mich würgend in den Schnee übergebe. Als ich den Kopf kurz drehe, sehe ich durch einen Spalt Ginger, wie sie mit einem Ausdruck namenloser Gier den Löffel in die trübe Tunke taucht.

10. Dezember
Ich bin allein. Sie haben mich vor drei Tagen zurückgelassen, um den Abstieg ins Tal zu wagen und – wie Bertram sagte – Hilfe zu holen. Ich bin abgemagert und sehr geschwächt, den dreien jedoch ging es – wohl wegen ihrer widerlichen Suppe – erheblich besser. Ich habe gebetet, mich mitzunehmen, mich nicht hier in dieser Öde allein zu lassen, aber Bertram hat nur auf mein Bein gedeutet und den Kopf geschüttelt, und schließlich habe ich mich in mein Schicksal gefügt, noch gerufen »Beeilt Euch!«, als die drei sich vom Wrack entfernten, in die Schneewüste hineintapsten und jenseits des Abgrundes verschwanden, ohne sich noch einmal umzudrehen.

Es ist kalt, und das Gas für den Kocher, mit dem ich mir ab und zu einen Tee mache, wird wohl nicht mehr lange reichen. Gestern schien ausnahmsweise kurz die Sonne und ich bin vor unsere, nein, meine Behausung gekrochen, um mein Gesicht ein wenig in den Strahlen zu wärmen. Es war ein klarer Tag, in diesen Breiten während des Winters wahrscheinlich höchst selten, und ich sah zum ersten Mal das Panorama, diese majestätische Landschaft, die uns, ohne dass wir es wussten, die ganze Zeit umgab.

Zackige Berggipfel reihen sich in einer Richtung bis an den Horizont, während sich in der anderen, jenseits des Abgrundes, der Blick in eine Reihe Täler öffnet, in denen dunkle Nadelwälder stehen. Nirgends ein Mensch oder ein anderes

Lebewesen. Während der Schnee die Sonnenstrahlen reflektierte, so grell, dass ich die Augen zusammenkneifen musste, robbte ich weiter bis an den Rand des Abgrundes und konnte tatsächlich, vielleicht 50 Meter tiefer, unterhalb einer schrägen Felswand, auf einem nächsten Schneebrett, die geborstene, halb zugeschneite Flugzeugschnauze ausmachen. Fast störte es mich, wie dieser Haufen bunten Schrotts die Schönheit der schweigenden Landschaft verschandelte. Als ich zurückkroch, fand ich im Schnee einen abgeschnittenen Finger.

11. Dezember

Ob sie noch kommen werden? Ich bin müde und die letzte Kerze wird bald ausgehen. Vielleicht ist es jetzt Zeit, Zeit, den Eisbären gute Nacht zu sagen. Ich frage mich, ob sie es geschafft haben. Schon möglich, dass ich es jetzt nicht mehr schaffe, dann sollte man meiner geschiedenen Frau und den Kindern sagen, dass es mir Leid tut, wie alles gekommen ist in den letzten Jahren.
Hat er es mir zugeflüstert, drei fremde Silben aus der Eskimosprache, bevor er mich verließ? Vielleicht habe ich es nur in einer meiner Fiebernächte geträumt.
Auf jeden Fall möchte ich, dass die Agentur erfährt, dass ich meinen Auftrag erfüllt habe. Dass ich jetzt weiß, welche neue Marke wir dieser alten Tiefkühlkost einbrennen. Dass ich das Wort nun kenne, den Zauber, mit dem alles steht und fällt, den Eskimonamen für jeden von uns und bald auch für Kloppers Fischstäbchen.

Kirsten Meißner
Die Kontinente der Geschlechter

Wir schreiben das Jahr 3007. Meine Tage sind gezählt. Jasmin, meine Nachfolgerin, ist eingearbeitet. Morgen wird sie meine Ämter übernehmen: Das Amt der Chronistin, der Abgesandten, der rechten Hand der Fürstin.
Sie nennen mich liebe- und respektvoll Methusalem. Mit meinen 231 Jahren bin ich die älteste Frau der Welt. Und neben Jasmin die einzige Frau, die schreiben kann. Seit Jahrhunderten geben die Frauen ihr Wissen nur noch mündlich weiter. So, wie in uralter Zeit.

Nord- und Südamerika werden seit rund 750 Jahren von den Männern bewohnt. Europa und Asien gehören den Frauen. Dieser Umstand, zurückzuführen auf ein Dekret aus dem Jahr 2260, ist ein Experiment und beinhaltet den gegenseitigen Nichtangriffspakt.
Beängstigende, den Lebensraum des Menschen bedrohende Entwicklungen hatten im 23. Jahrhundert Feministinnen und Umweltschützerinnen auf den Plan gerufen. Bereits zweimal war es zu weltweiten Klimakatastrophen gekommen. Längst galt als erwiesen, dass die Männer in ihrem skrupellosen Fortschrittswahn die Verursacher waren. Mahnungen und Appelle aus den Reihen der Frauen verhallten ungehört. Unter Leitung Sarah Luxemburgs hatte sich die FfelwW (Frauen für eine lebenswerte Welt) der weiblichen Selbstverweigerung besonnen. Die MftF (Männer für technischen Fortschritt) stimmte überraschend zu: Die Frauen würden sich nach Europa und Asien zurückziehen. Die Männer sollten – probehalber – Amerika besiedeln. Australien, Grönland und die Pole wurden zu Reservaten erklärt, England, Zypern und Hawaii als Zuflucht für Andersdenkende und Andersfühlende bestimmt.
Längst ließ sich menschliches Leben auf 240 Jahre verlängern. Man(n) arbeitete bereits an seiner Verdopplung. Das Klonen von Menschen, Tieren und Pflanzen war Routine. Söhne oder Brüder nach eigenem Abbild zu produzieren, war problemlos. Die Frau als Gebärmaschine war überflüssig geworden; auch als Gen-Beimischerin. Bei übermäßigem Kinderwunsch wurde manchmal auch eine Frau geklont, doch verschwand das überschüssige Erbmaterial rasch in geheimen Kanälen, während das der Männer – gut gekühlt – die nächsten Jahrtausende überdauern würde.
Nichts war der MftF mit seinen weltweit 1,2 Milliarden Mitgliedern lieber, als die ewig nörgelnden, querulierenden Frauen endlich loszuwerden. Dass denen Europa genügte, ließ die MftFler innerlich jubeln. Amerika, das Land der unbe-

grenzten Möglichkeiten, die Hochburg der Technik schlechthin! – Die Männer rieben sich die Hände.

Der 1. September 2260 wurde ein Meilenstein in der Geschichte der Menschheit. Zwei Milliarden Menschen machten sich auf den Weg zum jeweils anderen Kontinent: per Jet oder Schiff. Um Massenhysterien vorzubeugen, wurde die Aktion auf 150 Tage begrenzt. Wer dann noch auf dem falschen Kontinent angetroffen wurde, riskierte sein Leben.

Bis auf die Zwischenfälle mit den zwölftausend streikenden Männern, die von den anderen ausgelacht und niedergeschrien wurden, weil sie des Nachts die weichen Leiber ihrer Frauen nicht missen mochten, ging der Umzug reibungslos vonstatten. Jenseits des Atlantik empfing ein Heer enthusiastischer Amerikaner die »Heimkehrer«.

Fünfhundert Ehepaare suchten gemeinsam den Tod. Die Suizidalität auf dem Kontinent der Männer blieb in den Folgejahren gering. Insgesamt forderte der Massenumzug dort nicht mehr als 176.000 Opfer.

Im Vergleich dazu war die Suizidalität der Frauen gigantisch. Rund 75.000 Kanadierinnen und 97.000 Amerikanerinnen traten die Reise über den großen Teich gar nicht erst an. Sie warfen sich vor Züge, nahmen Schlaftabletten, sprangen von Hochhäusern, stießen sich Brieföffner in die Brust...

Unter den temperamentvollen Südamerikanerinnen waren die Verluste noch größer: Argentinien meldete 170.000 Verweigerinnen, Bolivien: 164.000, Kuba: 158.000...

Besonders Hausfrauen, ihres Lebenssinns nun gänzlich beraubt, begingen kollektiven Suizid. Angeblich zum Hausfrauenturnen verabredet, fand man sie anderntags dutzendweise mit geöffneten Pulsadern auf den Sporthallenmatten.

»Arbeit, Chancengleichheit, Selbstbestimmung« hatte die FfelwW den Frauen für ihr Leben in der neuen Heimat versprochen, doch welche Arbeit außer Kochen und Kindererziehung beherrschten die Frauen? Abgesehen von einer kurzen Zeit Anfang bis Mitte des zwanzigsten Jahrhunderts, als Frauen in der Rüstungs-, Textil- oder Nahrungsmittelindustrie eingesetzt worden waren, hatten seit Jahrhunderten nur wenige Frau einen Beruf erlernt. Maschinen arbeiteten schneller und störungsfreier. Die Männer hatten die Frauen zu ihrer »eigentlichen Bestimmung« zurückkomplimentiert. Doch selbst Kinder kriegen konnten die Männer dank der Gentechnik inzwischen schneller und perfekter ohne sie.

Die Hausfrau war zum unnützen Esser verkommen. Tagsüber trieb sie sich in Fitnesscentern und Volkshochschulen herum –, ohne Muskeln zu bekommen, ohne wirklich etwas zu lernen.

Bestenfalls taugte sie für einen Beischlaf in der Nacht. Vergewaltigung war kein Tatbestand und aus dem Sprachgebrauch des Jahres 2260 längst verschwunden. Eine Frau, die nichts mehr erwartete als die Umarmung des Mannes, musste nicht mit Gewalt genommen werden.

Mit den Hausfrauen gleichzeitig die Emanzen loszuwerden, war eine tolle Sache. Die Männer feierten sich selbst. Sage und schreibe 7.453 Fußballturniere fanden vom 1. bis 30. September, dem Monat der »Großen Heimkehr« statt. Vietnamesen gegen Peruaner, Juden gegen Franziskaner, Flugkapitäne gegen Gerüstbauer. Küsse und Umarmungen statt Fouls und Pfiffe. – Zwischen Kanada und Feuerland ein gewaltiger Siegestaumel.
In Le Havre, Paris und Biarritz, wo die Frauen ankamen, Hilflosigkeit und Traurigkeit. Gesang und Tanz. Blumen für jene, die noch immer weinten.
Zehn Jahre später war die Zahl der Frauen auf ein Drittel ihres ursprünglichen Weltbestandes geschrumpft: Ein Drittel hatte die Reise, wie gesagt, gar nicht erst angetreten. Das zweite Drittel hatte sich mit den neuen Verhältnissen nicht arrangieren können und war gestorben.
Die Männer hingegen vermehrten sich rasant. Nun, da ihnen niemand mehr Gigantomanie vorwarf, da sie sich ungebremst verwirklichen konnten, reproduzierten sie sich euphorisch. Schlappschwänze erkannte man an der geringen Zahl ihrer Klone. Ansonsten bummelten dreißig, vierzig, ja bisweilen hundert Männer mit demselben Gesicht, derselben Gestalt, demselben Gang durch die Straßen, rempelten gegen Entgegenkommende, die ebenso identisch waren. Massenprügeleien gehörten bald zum Alltag.
Weder Verkehrsmittel noch Wohnhäuser genügten der gewaltigen Bevölkerungsexplosion. Häuser völlig neuen Stils wurden aus der und in die Erde gestampft. Die so genannten »Kasernen« wurden übereinander, hintereinander, nebeneinander gebaut, bestanden aus Großküche und Schlafsaal oder bis zu fünfzig Einzelzimmern, denn jeder Klon ist auch in seinen Bedürfnissen eine Kopie seines Erzeugers.
Das öffentliche Leben passte sich den Veränderungen zwangsläufig an. Während Zweiräder und Fünfsitzer schon bald verschrottet wurden, war der Nachfrage nach Großtransportern kaum beizukommen. Straßen und Landebahnen mussten verändert werden, um den neuen »Breitsitzern« Platz zu machen. Im Innern der Gefährte kam es immer wieder zu Handgreiflichkeiten, da jeder der Männer lenken, schalten, Gas geben wollte. Niemand lachte über die zwanzig, dreißig, vierzig identischen Männer, die im Gleichtakt hinter den Windschutzscheiben schalteten. Mit den Frauen war auch der Spott aus der Welt verschwunden.

Nun, da keiner mehr »Benehmen« einklagte, spuckten, rotzten, pissten viele Männer, wo und wann es ihnen einfiel. Die Straßen verkamen.

Im Jahre sieben, als nichts mehr ging, als kein Zentimeter Amerikas bis zu einer Tiefe von zweihundert Metern und einer Höhe von dreihundert Metern mehr unbebaut war, als die Wohnpontons sich bis an die Hundert-Meilen-Zone des Kontinents der Frauen hinausgedehnt hatten; als der Gestank keinen Mann mehr atmen ließ, erst da erließ die Regierung die Verfügung: Pro Mann drei Klone. Im Abstand von zweihundert Jahren.
So berichtet es die Chronik.

Wenn Jasmin morgen meine Ämter übernimmt, weiß sie die Fakten unserer Geschichte im Schlaf:
Die endgültige Trennung der Kontinente war bereits 2261 vollzogen. Beide wurden umbenannt. Während Man(n) in Manien sich seither mit einem amerikanisch zerkauten Englisch verständigt, spricht *sie* in Femina Französisch.
Alle zehn Jahre treffen sich ein Vertreter Maniens und eine Vertreterin Feminas auf einem Ponton 50 Meilen vor der Westküste Feminas. Jeweils am 1. September. – Der Vertreter Maniens reist mit der jeweils neuesten technischen Errungenschaft an, die Vertreterin Feminas auf einem Floß.

Das Amt der Abgesandten übte ich hundert Jahre lang aus. Zweimal bin ich mit Achmed el Karim, achtmal mit John Stead, seinem Nachfolger, zusammengetroffen. Der Austausch der Chroniken sowie landestypischer Speisen ist Teil der Zeremonie. John Stead und ich sind dabei Freunde geworden. – Auch er ist in die Jahre gekommen und wird sein Amt über kurz oder lang an einen Jüngeren abgeben.
Außer den Abgesandten hat seit 747 Jahren kein Mann mehr eine Frau, keine Frau mehr einen Mann gesehen. – Die Frauen wissen nicht mehr, was ihre Urgroßmütter bei der Trennung von den Männern in den Tod trieb.
In Manien gibt es »die Frau« noch in uralten Sammlungen: als Piktogramm.
Was als Verweigerung begann und als Dauerstudie ausgelegt war, ist, wie jede Gewohnheit, zur Selbstverständlichkeit geworden. Die Nachfolger Sarah Luxemburgs und Ahieb Schönhubers haben die Versöhnung der Geschlechter aus den Augen verloren.
In den ersten Jahren hatten manche Männer ihren Frauen noch geschrieben – was nicht verboten war. Doch war der Briefwechsel bald an der sehr unterschiedlichen Entwicklung der Staaten gescheitert. Selbst Ehepaare, die bereits die Goldene Hochzeit miteinander gefeiert hatten, wussten letztlich nicht mehr, was sie einander berichten sollten, und wurden einander fremd.

✻

War in Manien »Selbstverwirklichung« die Parole, galt es in Femina zunächst, sich selbst zu finden.

September 2260: Überall an der Westküste Europas Frauen, die nicht wussten, wie es weitergehen sollte; die trostlos herumstanden, ihre wenige Habe unter dem Arm.

Das Wohnungsproblem war leicht zu lösen. Schon in den Jahrzehnten vor der Geschlechtertrennung hatte es, dank vereinfachten Klonens, mehr Männer als Frauen gegeben. Viele dieser Männer hatten mit ihren Klonen allein gelebt. Diese Wohnungen mit bis zu acht Zimmern standen nun leer. Jeweils fünf bis sechs Frauen bildeten darin Wohngemeinschaften. Ängstlich beließen sie, was sie vorgefunden hatten: die Pissoirs, die Rasierapparate ... Noch kannten die Frauen keine eigenen Bedürfnisse, außer dem, ein Dach über dem Kopf zu haben.

Während die einfachen Frauen damit beschäftigt waren, sich einzurichten, die gemeinsame Sprache zu lernen, sich zu etablieren, rangen die intellektuellen um die Regierung. Jeden Tag waren die Zeitungen voll von erbitterten Kämpfen:

»Irma la Duce (38) mit zwei gegen drei Haarbüschel Verlust Siegerin über Linda Molenhauer (27)« – »Anika Tonikoonen (31) mit nur zwei Schneidezähnen Verlust Siegerin über Tamara Ludmillowa (46)« ...

Groß war der Frust der Intellektuellen – und primitiv waren ihre Mittel. In den ersten Jahren auf Femina wechselte die Regierung täglich, bisweilen stündlich. Jede wollte endlich, endlich auch einmal an die Macht.

Aus handfesten Raufereien und schrillen Wortgefechten wurde durch Fairness schulendes Catch-, Karate- und Rhetoriktraining allmählich wieder Kultur.

Nur eine brauchte ihre Macht nie zu beweisen: Die Fürstin. Sie als Einzige kennt das Geheimnis des Klonens.

Der Fürstin (zur Zeit ist es Elisabeth XII.) sitzt die Matriatin zur Seite. Diese wechselt wöchentlich, bedarf keiner besonderen Fähigkeiten und dient der Auflockerung der Regierungstätigkeit. Dennoch wird sie allwöchentlich mit Spannung erwartet. – Welches Konzept wird die Neue verfügen? Tragen alle Frauen eine Woche lang blau? Oder mini? Oder Pelz?

Wirklich wichtige Verfügungen kann nur die Fürstin erlassen. Nur sie kann die Ein-Klon-pro-Frau-Regelung aufheben, etwa nach schweren Epidemien.

Oberstes Gebot auf Femina ist Fairness. – Sie gilt auch für das Heer der Amazonen, ohne deren Treffsicherheit der Speiseplan der Feminiancrinnen auf Pflanzliches beschränkt bliebe.

Ursprünglich aus einer Handvoll Eigenbrötlerinnen hervorgegangen, die sich in die endlosen Wälder Skandinaviens zurückzog, um von Rentier- und Fisch-

fang zu leben, erhöhte sich die Zahl der Amazonen mit zunehmender Renaturierung auf heute 4 Millionen. Ohne Kämpfe spaltete sich die Bevölkerung von Femina selbst: in Amazonen und Hausfrauen. – Meistens leben sie zusammen. Während die einen zum Fischfang ausziehen, erziehen die anderen die Klone, winden Matten aus Pflanzenfasern oder schüren das Feuer für die nächste Beute.
Jede Jungklonin weiß, was sie werden wird: Hausfrau oder Amazone. Dennoch, und um einseitige Ausrichtung zu vermeiden, gehören Bogenschießen und Angeln neben Pflanzenkunde, Ackerbau und Speisezubereitung zu den Schwerpunkten der schulischen Ausbildung. Einer schulischen Einheit gehören zehn Klone sowie je eine Amazone und eine Hausfrau an.
Jährlich am 1. Mai finden in Feminas Hauptstadt Bahal die beliebten Bogenschieß- und Backwettkämpfe statt, für die die Amazonen- und Hausfrauenjungklone monatelang trainiert haben. Nur wer gar nicht mehr laufen kann oder auf Nahrungssuche sein muss, bleibt dem Trubel fern.

Während in Manien die technische Entwicklung weiter vorangetrieben wird, geht der Trend in Femina zurück zum Ursprung. Lange Zeit hegten und pflegten die Frauen die Hinterlassenschaften ihrer Männer. Als der Häuserputz dennoch zu bröckeln begann, die Fahrzeuge rosteten, die Computer versagten, setzten sie dem nichts entgegen. Sie verließen die bröckelnden Häuser, schoben die rostenden Fahrzeuge auf den Müll und rückten enger zusammen. Heute bewohnen die Frauen nur noch Gebiete des ehemaligen Südeuropa. Das Klima im Winter ist angenehm, der Artenreichtum in Flora und Fauna für Augen und Gaumen ein Fest. Nach dem Verschwinden der Männer und deren Gier erholte sich die Tier- und Pflanzenwelt. In den Flüssen tummeln sich Fische. In den Wäldern gibt es wieder Bären.
Wenn die Klone im »Großen Unheil« unterrichtet werden, gehört dazu eine lange Wanderschaft. Jenseits der massiven Gebirge, zwischen dem Gestrüpp des Urwaldes, befinden sich Rudimente von Hochhäusern und Fabriken. Je weiter die Reise nach Norden und Westen geht, umso mehr werden es. – Ratlos betrachten die Klone die Reste der Zivilisation. Manche brechen in Tränen aus. Der Anblick macht ihnen Angst.

*

Auch Manien hatte eine neue Regierung und neue Gesetze zu schaffen. Drei Monate lang lieferten sich »Kraft«- und »Grips«-Partei erbitterte Kämpfe. Letztlich standen sich in den Spitzenpositionen Alfredo Alvarez (Mexiko) für die »Kraft«-Union und Pjotr Uljanowitsch Ukmow (ukrainischer Weltschach-

meister) für die »Grips«-Partei gegenüber. Mit einem unplanmäßigen Kinnhaken während des Galadiners streckte Alfredo Alvarez seinen Gegner nieder. Seither ist die Rangordnung festgelegt. Alfredo Alvarez wurde erster Gigant von Manien. Er als Einziger erhielt das Recht, dreihundert Klone zu erzeugen. Noch heute sind Nachkommen von Alfredo und seinen Klonen an der Macht.
Fünfzehn Kriege tobten über Manien hin. Die meisten in den ersten hundert Jahren. Doch fast genauso schnell wie Land und Leben verwüstet, waren sie aufgebaut und wieder hergestellt. An Ideen und Händen war kein Mangel.
Neue Gesetze für männerspezifische Probleme: Drei-Klone-Regelung. Komprimierung ...
Die Entdeckung der Faltbarkeit hatte vielen Männern anfangs Unbehagen verursacht. Nicht nur, dass alles, was nicht gebraucht wurde, nicht mehr fallen gelassen, sondern zusammengefaltet wurde, befremdete, es ging auch die Angst vor der Faltbarkeit der Klone um – was der Kastration gleichkam.
Soweit ging man(n) natürlich nicht. Und längst singen die Männer wieder das Lob der Technik, die mittlerweile imstande ist, Häuser, Flugzeuge, ja ganze Industriekomplexe bei Nichtgebrauch auf die Größe eines Feuerzeuges und das Gewicht einer Fliege zusammen zu falten. Die neue Thermofolie xz-18 macht's möglich. Fein wie ein Spinnennetz, reißfest wie ein Stahlseil. Die Platzersparnis ist gigantisch!

*

Manien hat heute 18,7 Milliarden Einwohner. Die durchschnittliche Lebenserwartung konnte auf vierhundertsiebzig Jahre verdoppelt werden. Das entspricht 6,2179 Nachkommen pro Mann.
Femina wird von 8,2 Millionen Frauen bewohnt. Bei einer Klonbarkeit von 1:1 ist auch in den nächsten Jahrhunderten nicht mit nennenswert anderen Zahlen zu rechnen.
Homosexualität ist auf beiden Kontinenten zwangsläufig die einzige Form der Partnerschaft. Von vielen Männern anfangs erleichtert begrüßt, ist sie längst auch den Hausfrauen Selbstverständlichkeit.

Mit Akid, meiner Lebensgefährtin, hatte ich siebzig gute Jahre. Sie war, wie könnte es anders sein, Amazone. Schnell, tüchtig, stark ... Sie starb auf der Jagd. Das ist lange her.
Sie fehlt mir noch immer.
Kommenden Sonntag werde ich Akid in die ewigen Jagdgründe folgen. Die Geschicke Feminas weiß ich bei Jasmin, meinem Klon, in guten Händen. In

ihrem Beisein werde ich den Saft der Euphorbia trinken. Der Tod wird schnell und schmerzlos kommen. Selbstbestimmtes Sterben gehört zu unserem Leben.

Franz Granzow
Brände

Sie war nur eine kleine Frau.
Das heißt, sie war nicht wirklich klein. Nicht zu Anfang. Nicht als er sie kennen lernte. Als er Susanna das erste Mal sah, sie saßen in derselben U-Bahn, da wirkte sie auf ihn noch nicht klein. Eigentlich wirkte zu jenem Zeitpunkt nicht einmal sie, das heißt ihr Gesicht, auf ihn, es waren ihre Hände. Je näher er sie dann kennen lernte, umso mehr hatte er das Gefühl, sie schrumpfe vor seinen Augen, er hielt es anfangs nur für ein Gefühl, eine Täuschung. Sie wurde in seinen Armen immer kleiner, immer weniger. Von der Frau zum Mädchen, und vom Mädchen zum Kind, bis sie schließlich gänzlich aus seinem Leben verschwand.
Je mehr sie über sich erzählte, desto weniger blieb von ihr übrig. Sie höhlte sich aus, mit jedem Wort mehr, und ihr Körper zog sich um die so entstandene Leere zusammen, bis sie sich beinahe aller Substanz beraubt hatte, bis sie kaum noch lebensfähig schien.
Er erkannte nicht sofort das Selbstzerstörerische ihrer Handlungen, und erst recht nicht das Zerstörerische; das erzählte er auch den drei Männern. Er wusste nicht, ob sie verstanden, was er damit meinte, deshalb versuchte er, es ihnen zu erläutern: Er habe die Spannung bemerkt, unter der Susanna stand, und die Verzweiflung, die ihre Launen gesteuert hatte. Er habe bemerkt, dass sie von Freunden nie in der Gegenwart sprach oder von anderen Menschen, die ihr wichtig gewesen sein könnten, wichtig in der Art, dass man sie besucht oder einlädt. Es wäre ihm egal gewesen. Es habe wohl einen Bruder gegeben, doch sie hätte ihn nur einmal erwähnt, in einem Nebensatz.
Sie konzentrierte sich völlig auf ihn oder auf sich – wahrscheinlich eher auf sich, obwohl er sie nie darum gebeten hatte. Er hatte ihr auch nie gesagt, er sei der Meinung, dass sie zu wenig Zeit mit ihm verbringe oder dass es ihm lieber wäre, wenn sie diesen oder jenen nicht mehr treffen würde. Nein, sie waren zusammen und sie hörte damit auf, andere Menschen anzurufen. Sie erzählte ihm, dass sie, wenn sie angerufen wurde oder jemanden auf der Straße traf, den sie noch von der Zeit her kannte, in der sie noch nicht mit ihm zusammen war, erst gar nicht ans Telefon ging oder die Gespräche sehr schnell beendete. Verabredungen traf sie nie. Nicht solange sie beide zusammen waren, und in einer anderen Zeit hatte er sie nicht gekannt. Er kannte sie nur als Brandstifterin. Es gibt kein anderes Wort dafür als dieses: Brandstifterin. Das sagte er auch den Männern.

Susanna. Als er sie das erste Mal sah, hätte er gelacht, wenn sie nicht geweint hätte. Sie saß ihm gegenüber in der U-Bahn und ihre Finger spielten entweder Klavier oder sie schrieben auf einer imaginären Schreibmaschine. Er war so fasziniert von diesen Händen, den langen schlanken Fingern, denen kein Ring Eleganz vermitteln musste, dass er erschrak, als er sie ansprach und dabei in ihr Gesicht blickte. Kajalstift hatte sich in schwarzen Schlieren auf beide Backen verteilt. Rot unterlaufene Augen sahen ihn an. Eine rostbraune Haarsträhne war die spitze Landzunge im dunklen See auf ihrer Wange, ihr Unterkiefer zitterte, und ab und zu löste sich eine schwarz gefärbte Träne von ihrem Kinn und tropfte in ihren Schoß. Dieses Zittern des Unterkiefers erinnerte ihn an die Stummfilme, die er manchmal, an regnerischen Wochenenden, nachmittags ansah, in einem der Programmkinos in Berlin. Und er hätte wirklich gelacht, wenn sie nicht geweint hätte. So fragte er nur: Schreibmaschine oder Klavier, und deutete auf ihre Hände. Die Frage ging beinahe unter im Kreischen der scheuernden Räder, als die U-Bahn ruckend in eine Kurve fuhr. Und doch schien sie ihn verstanden zu haben. Eine Stunde später ergoss er sich in ihren tränennassen Schoß. Sie verzweifelt, kratzend und wild, er lustvoll und abwartend. So lernten sie sich kennen, Susanna und er, und so vereinigten sie sich auf unbestimmte Zeit.

All das, was sie ihm erzählte, wollte er nicht hören. Doch er bekam sie nur mit ihrer Geschichte oder gar nicht. Das heißt, er glaubte, sie sprach nicht wirklich zu ihm, sowenig wie sie wirklich mit ihm schlief. Es schien ihm, als spräche sie zu sich. Er war der Spiegel, in den sie blickte, dem sie alles anvertraute; manchmal voller Abscheu vor sich selbst, manchmal hochmütig und stolz, aber nie um Rechtfertigung bemüht. Sie erklärte nichts. Sie gab alles her, was sie hatte in jenen Tagen. Sie schleuderte es von sich, wie die Kleidungsstücke, die man, nach einer wilden Party endlich todmüde zu Hause angekommen, vom Körper reißt und willkürlich über das Bett und im Badezimmer verteilt; und er war derjenige, der ihre Hose, den Pullover und all die anderen Sachen lustlos aufsammelte, zusammenlegte und ordentlich in ein Regal stapelte. Den Stapel besitzt er immer noch. Er hat keine Ahnung, an wen er sich deswegen wenden soll.

Er wusch sich und machte Kaffee an jenem Abend. Und als er mit dem Tablett ins Wohnzimmer kam, saß sie schon auf dem Boden, die Beine gespreizt, vor dem kleinen Glastisch, in dem sich das Licht der Stehlampe mit dem Schein der Kerzen vereinigte, so dass er die getrocknete Spur des Spermas noch an ihrem Oberschenkel erkennen konnte. Sie trug das Oberteil seines Schlafanzuges, das sie wohl unter dem Kopfkissen hervorgezogen hatte, und ein paar

seiner Skisocken. Er setzte sich ihr gegenüber auf den Boden, den Rücken an die Sitzfläche des Sofas gelehnt, und wartete, die Tasse Kaffee in einer Hand. Und auch Susanna wartete. Und in diesen Minuten, die sie schweigend in sich aufsogen, konnte er erkennen, wie sie kleiner wurde. Er sah, wie sich die Jochbeine unter der Haut ihrer Wangen beinahe unmerklich zurückzogen, wie sich gleich darauf die Haut über den Knochen wieder spannte; der Abstand zwischen ihren Augen verringerte sich. Er sah, wie ihre Unterarme in die aufgekrempelten Ärmel seines Schlafanzuges krochen. Fasziniert beobachtete er ihre schlanken Hände, deren Finger millimeterweise an der glatten Wand der Tasse entlangrutschten, während dazwischen der aufsteigende Dampf an ihren pustenden Lippen vorbeiwallte. Er trank einen Schluck und ließ sie dabei nicht aus den Augen. Sie sah ihn nicht an, und auch als sie sprach, als sie die erste einer Vielzahl von Gesprächsrunden eröffnete, wurde er das Gefühl nicht los, sie spräche nicht zu ihm.
Sie heiße Susanna, sagte sie, und dass sie über den Dächern von Berlin wohne. Und dann pustete sie wieder in ihre Tasse. Er spürte die Kante des Sofas unangenehm im Rücken und rutschte etwas tiefer. Susanna sprach von dem Appartement, das sie mit ihrem Mann geteilt habe. Sie erzählte von Kirschholzböden, von großen Räumen mit viel Licht, von riesigen Glasflächen und einer Dachterrasse, auf der sie stundenlang spazieren gehen könne, ohne jemals eines der Steinquadrate, mit denen der Boden ausgelegt sei, zweimal zu berühren.
Er rutschte noch etwas tiefer und konnte nun unter die Glasplatte des Tisches schauen. Sie erzählte von ihrem Mann, den sie mit zwanzig Jahren kennen gelernt und ein Jahr später geheiratet hätte. Er stand auf, um eine Flasche Wein zu öffnen. Sie verstummte. Im Vorbeigehen drehte er am Lichtschalter. Der Korken saß sehr fest in der Flasche. Die Kristallgläser reflektierten das wenige Licht, das noch übrig war. Er nahm ihr die Tasse aus der Hand und stellte eines der Gläser vor sie hin. Susanna sprach weiter. Kinder hätten sie keine gehabt, ihr Mann sei unfruchtbar gewesen, schon immer. Immobilien, sagte sie verächtlich, nein, nicht verächtlich, neidisch. Immobilien, sagte sie neidisch. Mit Immobilien habe er gehandelt. Er sei reich geworden dabei und mit ihm sei auch Susanna reich geworden. Vor einem Jahr sei er gestorben, sagte sie.
Er setzte sich wieder. Er hatte einen sehr guten Ausblick.
Der Lift, sagte sie, den sie jeden Tag benutzen musste, sei aus Glas gewesen, aus dickem Sicherheitsglas. Sie habe es als schrecklich empfunden, bei jedem Mal, wenn sie ihn bestieg, die Zerbrechlichkeit seiner Konstruktion zu sehen, die dünnen Seile, die Gewichte, die an ihr vorbei in die Tiefe fuhren, die Versorgungskabel, deren Schlingung träge herabgeglitten war.
Ihr Glas war inzwischen leer, er schenkte nach und lehnte sich wieder zurück. Auf dem Tisch lagen seine Zigaretten, er hatte noch nicht geraucht seit er zu

Hause war und steckte sich eine an. Susanna wollte nicht rauchen. Sie ignorierte sein Angebot.

Wie dünn die Seile gewesen seien, wiederholte Susanna dann noch einmal, die sie mit der Kabine nach oben trugen, und dass sie auf Glas gestanden habe. Wenn sie nach unten geblickt habe, zwischen ihre Füße, sei da nichts als der Schacht gewesen, und Marcel, ihr Mann, habe ihre Angst nicht verstanden, wenn sie ihm im Fahrstuhl davon erzählte. Über das Haar hätte er ihr gestrichen, sie tröstend in den Arm genommen und die Wohnungstüre geöffnet, während sich die Aufzugstüre hinter ihnen schloss.

Sie kaufte sich dann einen Hund, der, immer wenn sie den Aufzug benutzte, zwischen ihren Füßen sitzen musste, und sie schloss die Augen, sobald die Türen sich verriegelten und der Lift lautlos nach oben glitt. Der Hund hatte keine Angst. Der Hund wischte mit seinem Schwanz in trägem Rhythmus über den Boden und beobachtete die Unbeschwertheit der Technik. Und wenn es regnete, dann stank der Hund.

Sie schliefen noch einmal miteinander, Susanna und er, in jener Nacht. Morgens war sie nicht mehr da. Er hatte ihr Fortgehen nicht bemerkt. Eine Nachricht war auch nirgends zu entdecken. In vertrauter Einsamkeit widmete er sich dem Ritual, das er umso mehr genießen konnte, da niemand nach dem Aufenthaltsort der Kaffeefilter oder der Zuckerdose fragte und niemand die Zärtlichkeiten der Nacht in homöopathischer Dosierung fortsetzen wollte. Er wusch sich, holte die Zeitung nach oben und frühstückte. Als er aus dem Haus ging, fegte der Wind die aus den Briefkästen gerissenen Werbeprospekte über den Asphalt. Er roch schon den Frühling, und tief unter dem Frühlingsduft versuchte sich Regen zu behaupten. An der U-Bahntreppe saß der morgendliche Penner und bekam auch heute kein Geld. Der Hund, der wie jeden Tag zusammengerollt auf einer zerschlissenen Wolldecke neben dem Penner lag und nur ab und an ein Lid hob, um mit seinem Grünen Star Mitleid zu erbitten, erinnerte ihn an Susanna. Den Rest des Tages musste er nicht mehr an sie denken. Weder beim Betreten der großen Empfangshalle, die er nach links und rechts grüßend durchquerte, noch als er die Jacke an den Haken hinter die Tür hängte und den Computer warmlaufen ließ; auch nicht während der Mittagspause, als ihn die Kollegen in der Kantine Schlange stehend über die neuesten Fußballergebnisse informierten und die Anzahl der Toten der letzten Monate grob überschlugen, die die Massaker in Algier gefordert hatten, und dabei auf eine Restbevölkerung nahe Null kamen; auch am Nachmittag nicht, den er damit verbrachte, am Fenster stehend, die Wolken zu beobachten, die, dem scharfen Südost gehorchend, ihre Last über die Stadt hinweg transportierten, den Bauern in Brandenburg ein fruchtbares Jahr ankündigten und den Hauch der

Schweinepest von Mecklenburg auf die offene See trugen. Er kehrte dem Fenster den Rücken und nahm seine Jacke. In der U-Bahn studierte er die Zeitung seines Nebenmannes, bis dieser ihn scharf anblickte und sie zusammenfaltete. Er nahm es ihm nicht übel.

Susanna lehnte an der Wand neben den Briefkästen. Rauchend. Ihre Kleidung war nicht mehr dieselbe wie letzte Nacht. Der Rock schien ihm eine Spur zu groß und ihr Blazer saß an den Schultern wirklich nicht gut. Er verbarg seine Freude über ihr Auftauchen und nahm sie mit nach oben. Susanna ging hinter ihm, schweigend, immer zwei Stufen zurück. Ihre Schritte folgten seinem Rhythmus. Während er die Türe aufschloss, spürte er ihre Hand auf seinem Rücken und im Nacken. Im Flur schliefen sie miteinander.
Sie zog wieder seinen Schlafanzug an, während er versuchte, aus den Resten, die sein Kühlschrank hergab, etwas Essbares zu kreieren. Nudelauflauf, mit Käse überbacken. Die Stehlampe brannte. Sie hatte geduscht in der Zwischenzeit. Ihr Haar war noch nass. Er stellte die Teller auf den Tisch und klemmte sich wieder zwischen Glasplatte und Sofa.
»Ich konnte nicht mehr schlafen«, sagte sie. »Ich war bis zum Morgengrauen spazieren um nachzudenken. Dann war ich zu Hause und habe geschlafen. Anschließend musste ich mir ein Paar neue Schuhe kaufen und jetzt bin ich wieder hier.« Sie sprach die Sätze stoßweise zwischen Kauen und Schlucken. Ein wenig Soße tropfte auf den Schlafanzug und bildete eine eiterfarbene Träne auf der Wölbung über ihrer rechten Brust. Sie aß gierig, atmete schnappend, und er ließ sie reden. Schon nach wenigen Minuten sah er, dass sie auch heute wieder kleiner wurde, sogar schneller als am Vorabend. Susanna krempelte die Ärmel, die ihr beim Essen immer wieder über die Handrücken rutschten, noch weiter nach oben. Ihr Kinn wuchs der kleinen Grube entgegen, die, unterhalb ihres Kehlkopfes, von den Knochenenden der Schlüsselbeine gebildet wurden. Der Hals verkürzte sich. Falten entstanden, für einige Augenblicke war es der Hals einer Greisin, dann glättete sich die Haut. Zurückgelehnt, den Rücken am Sofa, die kälter werdenden Nudeln vor sich im Teller, genoss er es, Zeuge dieses Ereignisses zu sein. Unbewusst hatte er darauf gehofft, auch heute wieder teilhaben zu können. Erst in dem Moment, als er die Veränderungen wahrnahm, löste sich die Erwartung, die er schon den ganzen Tag in sich gespürt hatte. Fasziniert beobachtete er, wie sich die Hosenbeine dem Teppich näherten, während sie erzählte, ohne dass sie ihre Sitzposition geändert hätte.
Ihr Hund Sigmund starb auch. Wie ihr Mann. Sigmund, dem sie all die Dinge, die sonst niemand hören durfte, in sein haariges Ohr flüstern konnte, während sie ihre Hände in das strohige Fell krallte. Sigmund, der beschwichtigend und tröstend mit seiner Zunge die Tränen von ihrer Wange leckte und dann

Schwanz wedelnd um einen Spaziergang bettelte. Plötzlich, eines Morgens, lag er vor der Treppe, die zum oberen Stockwerk ihrer Wohnung führte, und war kalt. Sie kam die Stufen herunter, stieg über ihn hinweg, wunderte sich, dass er nicht einmal den Kopf hob und spürte, als sie sich zu ihm niederbeugte, durch das dichte Fell die Kälte seines Körpers. Dann saß sie stundenlang auf der untersten Stufe, starrte ihn an und wusste nicht, was sie mit dem Leichnam anstellen sollte. Von Trauer oder Tränen hatte sie nicht gesprochen. Irgendwann, es muss schon Nachmittag gewesen sein, legte sie Sigmund auf eine Decke, zog ihn in den Lift und fuhr mit ihm in die Tiefgarage. Dort schleifte sie ihn weiter bis zu ihrem Wagen. Sie wuchtete ihn in den Kofferraum und fuhr auf die Autobahn. Stunden später hielt sie vor dem Haus ihrer Eltern, da war es schon Nacht, und lud den Hund aus. Sie packte die Hinterläufe mit beiden Händen und zog den Kadaver rückwärts gehend über den geplätteten Weg und die wenigen Stufen zur Tür hinauf. Sigmunds Kopf verursachte auf jeder Stufe einen dumpfen Ton, die Ohren bildeten die Schleppe. Susanna keuchte vor Anstrengung, Sigmund war kein kleiner Hund. Das ganze Haus war dunkel. Aus ihrer Jackentasche zog sie eine Schachtel Zündhölzer. Die Flammen versengten nur das Fell und brannten schwarze Stellen hinein, an denen die helle Haut zum Vorschein kam. Immer mehr Hölzer riss sie an und warf sie auf den Körper, ihre Bewegungen wurden fahriger, verzweifelt suchte sie nach weiteren Hölzern oder einem Feuerzeug in ihren Taschen. Sie wimmerte vor Enttäuschung. Lange kniete sie vor dem Hund, das letzte abgebrannte Streichholz noch zwischen ihren Fingern. Dann stieg sie wieder in den Wagen. Beinahe eine Stunde benötigte sie, bis sie eine Tankstelle gefunden hatte, die um diese Zeit noch geöffnet war. Sie kaufte einen Benzinkanister und füllte ihn. Als sie wieder zurückkam, brannte in einigen Fenstern Licht, und der Hund war verschwunden. Susanna saß im Wagen, der Motor lief. Sie starrte zum Haus hinüber, ratlos. Mit Sigmund war auch ihre Kraft zu Handeln verschwunden. Völlig erschöpft, mit zitternden Fingern, legte sie den ersten Gang ein und fuhr nach Hause.

Zusammengerollt wie ein kleines Kind lag Susanna unter der Decke in seinem Bett. Ein keilförmiger Lichtstreifen teilte ihren Körper. Er ließ die Türe angelehnt und legte sich ins Wohnzimmer. Auch im Dunkeln fand seine Hand mühelos das Glas und ertastete von Zeit zu Zeit die Flasche, um nachzuschenken. Die Wolldecke kratzte auf seiner nackten Brust. Die Stille unter allen Geräuschen wurde immer lauter, zweimal musste er aufstehen, um den CD-Player leiser zu stellen, schließlich schaltete er ihn aus. Als ihn auch die Atemzüge von nebenan störten, schloss er die Tür. Susanna murmelte etwas im Schlaf, er achtete nicht darauf.

Auch am nächsten Morgen war sie verschwunden, ohne Nachricht. Die Matratze roch nicht nach ihr, auch nicht das Kopfkissen, es war, als sei sie nie dagewesen. Sein Schlafanzug lag zusammengeknüllt im Wäschekorb, ganz unten. Er brauchte lange, bis er ihn gefunden hatte, dann ging er aus dem Haus – ohne Frühstück. Er überflog die Zeitung, stehend in der U-Bahn, stieg aus und verbrachte den Tag in der Redaktion.
Abends war sie wieder da. Susanna lehnte an der Mauer. Sie gingen nach oben. Er schlief mit ihr. Er kochte. Sie erzählte. Er hörte zu. Sie tranken Wein. Es wiederholte sich, es langweilte ihn nicht. Sie wurde kleiner. Er beobachtete sie dabei. Wie schnell sich Gewohnheiten ausbreiten.
Es war der darauf folgende Dienstag, an dem ihm der Zeitungsartikel auffiel. Er bemerkte ihn, las die wenigen Zeilen. Er versuchte, den Zusammenhang nicht zu sehen, und wartete auf den Abend mit ihr. Doch er betrachtete sie von da an mit anderen Augen. Als laure er auf die Worte, die seinen Verdacht erhärten könnten. Er versuchte, den tieferen Sinn in Susannas Worten zu finden, suchte nach versteckten Botschaften, nach Hilferufen vielleicht, und natürlich wartete er auf ihr Geständnis.

Welche Gefühle ihn mit Susanna verbanden, wurde er von den Männern gefragt. Er wusste es nicht. Wusste es damals nicht und weiß es auch heute noch nicht. Liebe war es bestimmt nicht. Natürlich spielte Lust eine nicht unbedeutende Rolle; der Beischlaf, wie die Männer sich ausdrückten, wurde vollzogen, ja. Er fand Susanna attraktiv, sie hatten wohl auch so etwas wie eine Beziehung. Doch wie tief die war, woher sollte er das wissen? Zukunftspläne, nein Zukunftspläne hatten sie keine. Er musste beinahe lachen, als sie ihn danach fragten. Sie hätten nicht einmal einen Plan für die Gegenwart gehabt, zumindest keinen gemeinsamen, antwortete er ihnen. Der Rhythmus, nach dem sie lebten, hätte sich einfach so ergeben. Wenn Susanna da war, dann war sie eben da, und das sei beinahe jeden Abend der Fall gewesen. Eigentlich jeden Abend in jenen zwei Wochen; nur einmal sei er um die Ecke gebogen und der Platz an der Mauer neben den Briefkästen sei leer gewesen. Doch auch daran habe er nichts Falsches finden können. Er habe es zur Kenntnis genommen, beinahe teilnahmslos. Sie hatten keine Abmachungen, keine gegenseitigen Verpflichtungen, sie fragten sich nicht, sie versprachen sich nichts. Neugier darüber, wo sie war und wie sie die Zeit verbrachte, verspürte er nicht; zumindest nicht am Anfang, und später musste er nicht mehr neugierig sein, denn er wusste, er konnte am nächsten Morgen schon in der Zeitung lesen, wo sie die Nacht verbracht hatte – und wie. Er kannte ja über eine Woche nicht einmal ihren Nachnamen und es spielte keine Rolle wie sie hieß. Für ihn war sie Susanna. Und sie wurde immer kleiner, doch nicht einmal darüber sprachen sie, sie nahmen es hin, als sei es die selbstverständlichste Sache der Welt. Einmal fragte sie ihn, ob er es abstoßend fände, und er verneinte. Denn ganz im Gegenteil, er musste sich eingestehen, dass es ihn sogar erregte. Je kleiner sie wurde, desto mehr Lust empfand er, doch dies sagte er den Männern nicht, das ging sie nun wirklich nichts an.

Sie war nicht da, er sah es schon von weitem. Sie lehnte nicht wie sonst an der Mauer und rauchte. Also ging er alleine nach oben, schloss die Türe auf, legte seine Jacke ab, zog die Schuhe aus und sah in den Kühlschrank. Nebenbei legte er die Zeitung auf die Arbeitsplatte und warf ab und zu einen Blick hinein. Der Spinat taute langsam auf im Topf und die Kartoffeln kochten schon.
Ein Kind, las er, ein Kind war beobachtet worden, wie es geflüchtet war von der Brandstätte. Etwa ein Meter und dreißig groß, mittellanges, rostbraunes Haar. Dies widerlegte, ihrer Meinung nach, die Theorie eines Serientäters. Wie sollte ein Kind die weiten Entfernungen überwinden, die zwischen den Bränden der letzten Wochen lagen? Ein Kind, er musste lachen. Während der Spinat anbrannte und die Kartoffeln matschig wurden, lachte er Tränen. Dann warf er sein Abendessen in die Toilette, überlegte, was zu tun sei, und beschloss, nichts zu tun. Menschen waren nicht zu Schaden gekommen, schrieben sie. Bei keinem der Brände. Sachschaden war entstanden, erheblicher Sachschaden. Doch das konnte ihn nicht dazu bewegen, seinen Verdacht gegenüber anderen zu äußern. Und die Tiere, die dabei gestorben waren? Gut, das war nicht schön. Nur, genügte die Vorstellung von ein paar verendeten Hunden und Katzen, um Susanna zu denunzieren? Zumal es nun einmal bloß ein Verdacht war, den er hegte. Serientäter, schrieben sie. Wie viele Brände in den letzten Tagen und Wochen gelegt wurden, war aus dem Artikel nicht zu ersehen. Er schlief ruhig und fest in dieser Nacht.
Am nächsten Morgen ging er in das Archiv der Zeitung hinab und schaute sich die Ausgaben der letzten Wochen an. Ihn fror, als er wieder nach oben in sein Büro ging, und sein Staunen über so viel Hass, was sollte es sonst sein, wenn nicht Hass, trocknete ihm die Kehle. Wenn er Susanna in dieser Stimmung begegnet wäre, hätte er vielleicht Einiges verhindern können, vielleicht sogar das Schlimmste. Doch als er um die Ecke bog, abends, und Susanna stehen sah, hatte sich seine Wut verflüchtigt. Er freute sich auf die nächsten Stunden. Für das andere war er nicht zuständig, und bis jetzt war niemand zu Schaden gekommen. Ein paar Hunde vielleicht, wie gesagt, und einige Katzen, doch ihn ging das alles nichts an. Er war der Zuhörer, der Spiegel, ein unbeteiligter Betrachter der Dinge, die sich abspielten, nicht das Gewissen und schon gar nicht der Ankläger. Er kochte zu Abend und schlief mit ihr und schenkte Wein nach und bekam schon wieder Lust.

Susanna sprach an diesem Abend von ihren Eltern. An ihrer Stimme hätte er vielleicht schon etwas bemerken müssen. An der Art, wie sie die Stimme hob, die Wörter manchmal widerstrebend aus ihrem Mund entließ. Daran hätte er erkennen müssen, dass sie sich dem Kern näherten, dem Ursprung. Dass dieser Abend Susanna sehr viel Kraft kostete, Kraft und Substanz, wurde ihm vor Augen geführt. Susanna saß auf dem kleinen Schemel, auf den er sonst seine Füße legte, um bequem fernzusehen oder ein Buch zu lesen. Hätte sie auf dem Boden gesessen, ihr Körper wäre vollständig von der reflektierenden Glasplatte des Tischs verborgen worden. Er schätzte sie auf noch einen Meter und zwanzig. Um ihre Schultern hatte er eines seiner Winterhemden gelegt, nur ihre winzigen Füße schauten darunter hervor. Zwei Knöpfe waren geschlossen, im Schein der Kerzen sah er das Schaukeln und Vibrieren ihrer Brüste, wenn sie besonders heftig gestikulierte. Auch dieses Gestikulieren war eines der Zeichen, die zu deuten er sich weigerte. Nie zuvor hatte er Susanna so erregt gesehen. Ihr Gesicht war gerötet, die Stimme spröde, beinahe heiser, sie atmete hastig, ihre Hände, wenn sie nicht gerade unterstreichend und betonend die rauchige Luft durchschnitten, spielten mit ihren Zehen. Er saß da und lauschte, fasziniert von dem, was er hörte und nicht minder fasziniert von dem, was er sah.

Warum all die Tierheime, wurde er später von den Männern gefragt. Er wusste es nicht, und sie saßen vor ihm und glaubten ihm nicht. Hätte er ihnen sagen sollen, dass, stellvertretend für einen Hund, Dutzende andere verbrennen mussten; seiner Meinung nach, denn schlussendlich war auch das nur eine Vermutung. Hätte er sagen sollen, dass Susanna vielleicht auch nur übte für den einen Brand, den sie wirklich legen wollte, dass es da eine Entwicklung gab, die er nicht erkannte und schon gar nicht wusste, wohin sie führte.
Sie saßen vor ihm, die Männer, einer auf der Platte des Schreibtischs, einer auf dem Stuhl hinter dem zerkratzten Mobiliar und der Dritte ein Stück seitlich versetzt zum Fenster hin. Er, der Dritte, tat immer sehr unbeteiligt, blickte die meiste Zeit zum Fenster hinaus und stellte nur selten eine Frage. Freundlich waren sie alle drei, und doch vermittelten sie ihm das Gefühl, dass ihn eine nicht unerhebliche Mitschuld am Tode zweier Menschen traf. Ihn, der er Susanna erst seit wenigen Tagen kannte. Als ob er sich das nicht schon selbst eingeredet hätte, doch davon erzählte er ihnen nichts; auch das ging sie nichts an. Sie waren nicht zufrieden mit dem, was sie von ihm hörten, und sie gaben sich keine Mühe, ihre Enttäuschung zu verbergen. Auch dies, ihre betretenen und zweifelnden Mienen, die so gar nicht zu den freundlichen Worten passen wollten, mit denen sie ihn verabschiedeten, verstärkte den Zweifel in ihm, ob er den letzten Brand nicht doch hätte verhindern können. Sie entließen ihn, und keiner von ihnen

verzichtete auf einen Händedruck. Die Frage, ob er Susanna noch einmal sprechen könne, stellte er schon gegen die geschlossene Tür. Und so wartete er auf dem Flur, unter der neonbeleuchteten Warnung eines Fahndungsplakates. Er rauchte und wartete, um Susanna vielleicht noch einmal zu sehen.

Der vorletzte Abend, als sie auf dem Schemel saß, ihm gegenüber, das Wesen einer Frau im Körper eines Kindes. Das Glas mit Wein in ihrer Hand sah ebenso falsch aus wie die Zigarette zwischen ihren winzigen Fingern. Requisiten, die nicht passen wollten. Dieser vorletzte Abend ging ihm nicht aus dem Kopf. War er wirklich blind gewesen? Der Onkel war doch schon lange tot. Susanna nannte ihn immer noch Onkel. Wie hätte er wissen sollen, dass nicht er oder seine Frau, die Tante, Ziel ihres Hasses waren. Die Tante, die im Nebenzimmer saß, starr vor Scham, wie ohnmächtig, sie las in einem Buch, ohne die Worte erkennen zu können. Mechanisch blätterte sie die Seiten um, und ihr Mann, Susannas Onkel, streichelte das kleine Mädchen. Anfangs war es ein Streicheln, erzählte Susanna. Sie hatte oft auf dem Schoß des Onkels gesessen und sich den Rücken kraulen oder über das Haar streichen lassen. Doch das war nicht mehr dasselbe, der Onkel zog sie aus, und auch er war nackt. Er war behaart, und da war dieses Ding. Er ermutigte sie, es anzufassen, und die Tante saß neben ihnen, den Blicken nur durch eine Wand entzogen, und blätterte die Seiten des Buches um. Zweiundzwanzig Zentimeter verputzter Backsteine und eine aufgeklebte Motivtapete machten sie zur Unbeteiligten, Nichtwissenden. Susanna wusste, dass sie nicht schreien durfte, dass sie nicht weinen und zu niemandem über die Stunden mit dem Onkel sprechen durfte.
»Streichelstunden« nannte das der Onkel, und erst viel später erfuhr sie, dass jeder, dass die gesamte Familie von den Streichelstunden wusste, und niemand hatte sie beschützt. Niemand schritt ein. Alle schämten sich, besonders an Weihnachten schämten sie sich, wenn Susanna die meisten Geschenke bekam. Wenn mitleidige Blicke sie trafen. Blicke, die ihr so unangenehm waren wie die Stunden, in denen sie nicht schreien durfte, nicht weinen und in denen die Tante nebenan saß und las ohne zu lesen. Stunden, in denen Susannas kleiner Körper Dinge tat, die sie nicht verstand, von denen sie nur wusste, dass sie falsch waren und dass sie Schmerzen verursachten, und dass sie sich dieser Dinge schämte.
Wie sollte er wissen, dass ihr Hass sich nicht gegen die Tante entlud, und nicht gegen sie selbst? Und wenn er es gewusst hätte, wie hätte er verhindern sollen, dass das Urteil, das Susanna gefällt hatte, vollstreckt wurde? Was hätte er tun können? Seine Aufgabe war es zuzuhören. Entscheidungen wurden keine verlangt. Er sah wie sie litt. Viel war nicht mehr von ihr übrig. Er wurde müde. Susanna schwieg, auch sie war müde. Es war spät geworden.

Sie gingen schlafen. Auch in dieser Nacht hörte er ihr Fortgehen nicht. Er bildete sich ein, dass er sie sah, irgendwann nachts, vor dem Sofa stehend, auf dem er schlief, sie beugte sich über ihn und strich ihm über das Haar mit ihrer kleinen Hand. Doch das konnte er geträumt haben. Als er morgens wach wurde, war sie nicht mehr da. Und nichts an diesem unverschleierten Morgen warnte ihn. Kein Gewitter, keine Regenwolke trübte den Himmel. Es gab kein Zeichen, das er hätte deuten können, keine unbestimmte innere Unruhe, nicht den Hauch von Nervosität; im Gegenteil, für ihn war es ein guter Morgen und alles deutete auf einen guten Tag hin.

Er hörte die Meldung am frühen Nachmittag im Radio. Er stand im Büro am Fenster, der Computer brummte hinter seinem Rücken. Die Stimme drang aus der offen stehenden Tür zu ihm herein. Der Sprecher musste die Meldung schon oft wiederholt haben, immer zur vollen Stunde. Ein Kind sei es wieder gewesen, die Nachbarn hatten eindeutig ein Kind gesehen, ein Mädchen, das vor dem brennenden Haus stand. Später wurden ihm von den drei Männern Zeugenaussagen vorgelesen, die schilderten, wie lange Susanna dort gestanden hatte. Einige Minuten hatte sie in die Flammen gestarrt. Selbst als die Anwohner schon zusammenliefen, stand sie noch dort, im Vorgarten, unbeweglich. Dann wandte sie sich um, ging den geplätteten Weg entlang, durchschritt das Gartentor und sah auch nicht mehr zurück, als die Feuerwehr mit kreisendem Licht die Straße heraufkam.

Diesmal waren Menschen zu Schaden gekommen. Susannas Eltern verbrannten. Der Brandherd habe sich eindeutig im Schlafzimmer befunden, sagten die Männer, und dass sie noch einen Schlüssel besessen habe. Spuren des Brandbeschleunigers ließen sich im Flur, auf der Treppe und beinahe in jedem der Räume nachweisen.

Die Männer fragten ihn in ihrem stickigen Büro, weshalb er sie nicht sofort verständigt hätte. Gleich nachdem er die Meldung im Radio gehört hätte. Er habe doch schon dort Bescheid gewusst. Sein Schulterzucken entlockte dem, der mit einer Gesäßbacke auf der Schreibtischplatte hockte, ein unwilliges Schnauben. Hätte er ihnen erklären sollen, dass er neugierig darauf war, ob Susanna auch heute Abend wieder neben den Briefkästen lehnte? Dass er sie sehen und mit ihr reden wollte. Dass er einfach Zeit brauchte, um die notwendigen Entscheidungen zu treffen. Er machte sich nicht die Mühe. Er zuckte mit den Schultern, und danach wollten sie nicht mehr viel wissen.

Sie stand an der Mauer, rauchend. Er ging nach oben. Sie folgte ihm. Er ging ins Wohnzimmer. Sie folgte ihm. Er setzte sich auf den Boden, dorthin, wo ihre Geschichte noch den Boden bedeckte. Sie kniete sich hin, ihm gegenüber. Warum, fragte er, und sie starrte ins Leere und sagte nichts. Sie sah lächerlich aus in ihrer viel zu großen Kleidung, geschminkt und perfekt frisiert. Er fragte noch einmal, ohne Hoffnung auf eine Antwort, und schon während er auf die Antwort wartete, formulierte er schweigend die nächste Frage, doch die stellte er nicht. Sie saßen lange so. Stumm. Viele Stunden. Nichts passierte. Dann stand er auf.

Er nahm den Hörer zur Hand und rief an. Während der ganzen Zeit ging ihm die Frage nicht aus dem Kopf, nicht, als er den Polizisten die Tür seiner Wohnung öffnete und wortlos auf Susanna deutete, die noch immer in der Mitte seines Wohnzimmers kniete, umringt von ihrer Geschichte, nicht, als er auf dem Rücksitz des Streifenwagens neben ihr saß und sie durch das erwachende Berlin fuhren, nicht, als er wortlos ihre winzige Hand von seinem Oberschenkel nahm ohne sie dabei anzusehen, nicht, als er durch die regenverschleierte Scheibe die wenigen Passanten beobachtete, die schon auf den Gehsteigen unterwegs waren und ihrer Pflichten entgegentrotteten, auch nicht, als er auf dem Flur des Reviers saß, nachdem er von den drei Männern befragt worden war, eine Zigarette an der anderen ansteckte und schließlich zusah, wie Susanna von zwei weiblichen Uniformierten, denen sie kaum bis zur Hüfte ging, durch den grauen Korridor geführt wurde, und auch nicht, als sie um die Ecke bogen und er nur noch das Klappern der Absätze hören konnte. Die ganze Zeit über stellte er sich die Frage: Klavier oder Schreibmaschine?

Ursula Krechel
Auf Wiedersehen

Eine kleine Kontinentalverschiebung der Gefühle. Sie driften auseinander. Die Zeit, in der die Gefühle dann ruhen, ist eine Zeit der Schläge. Man wirft einen Anker aus, doch das Boot schlägt an den Felsen. Leck ist es nicht, aber geschlagen, angeschlagen, verschrammt. Die Leine wird festgezurrt, sie verstrickt sich aber. Die Personen sind sehr geschwächt, und wenn sie sich ansehen aus ihrer winterblassen Pergamenthaut, sehen sie fremden, gealterten Personen in die Augen. Der Blick wendet sich ab. Eine Person ist der Auffassung, dass eine zweite Person ihre Beziehung zu einer dritten Person nie, nie aufgegeben hat und/oder wieder aufgenommen hat unter nachlässig hingetäuschten Bedingungen. Es schmerzt, aber nicht so sehr. Die Person reist ab, lässt die zweite und dritte Person in einem Spiel, in dem sie sich schon geschlagen gegeben hat, wenigstens in dieser Runde. Eine Person, an eine wilde, stürmische Küste verschlagen, ist stumpf geworden gegen den Schmerz, gegen jeden Schmerz, jedenfalls glaubt sie das. Jedenfalls möchte sie sich das einreden. Sie hat ihren Platz ordentlich hinterlassen, die dritte Person wird alles finden, wie sie sich das vorgestellt hat: das gemachte Bett, die erleichterte zweite Person, eine Nachtcreme im Badezimmerschrank, einen kleinen Vorrat Tampons für alle Fälle. Die erleichterte zweite Person hat die erste freundlich und taktvoll verabschiedet. Auf Wiedersehen. Die verreiste Person sonnt sich in ihrer kalten Großmut. Und sitzt in einem kleinen Hotel an der Küste. Am Morgen im Frühstücksraum reicht eine junge blonde Frau am Nachbartisch mit einer so vertrauensseligen Selbstverständlichkeit, dass es schmerzt, ihrem Mann ein Gläschen Marmelade. Sie hat es vergeblich zu öffnen versucht. Mit einer Reflexbewegung nimmt der Mann es in die Hand, kaut aber weiter und schluckt. Erst dann umgreift er das Deckelchen, mit einem einzigen Ruck dreht er es, es knackt, die Luft strömt ein, die Frau streckt ihre Hand aus, nimmt das Gläschen und schiebt mit der Messerspitze Marmelade auf ihr Brot. Kein Wort ist gefallen, kein Wort ist nötig, die Krümel sind vom Brot gefallen. Es scheint, dass die blonde Frau mit dem hoch genestelten Haar ihren Mann ausschließlich zum Öffnen von klemmenden Deckeln gewählt hat, dass der Mann mit Routine und Gönnerhaftigkeit der Frau mit der schwachen Handmuskulatur den bescheidenen Wunsch erfüllt, aber nicht gleich, sondern dann, wenn es ihm passt, wenn er sein Essen gegessen hat. Wortlos sind sie ein eingespieltes Paar, das weiß, was es zu erwarten hat jetzt und in Ewigkeit in einem Marmeladenglas, wortlos. In der Halle des Hotels wölbt sich ein abgetretener purpurroter

Teppichboden, purpurrot, man muss das noch einmal hinschreiben und die Füße darin schamrot versinken lassen. Dann schaut die Person auf eine windzerblasene Kleinstadtstraße. Auf Menschen, die ihre Geschäftigkeit herunterschnurren. Windjackenmenschen. Um vier Uhr richtet sie ihr Gesicht auf, die Wimpern starren in die Luft, ihr Mund öffnet sich programmgemäß, sie spricht, man hört ihr zu, basta, hier in Bangor, wie schon in Lancaster, wie schon in Manchester, wie schon in York, die Ohren erröten, purpurrot, der Mund, der spricht, purpurrot, der Teppichboden eine Verirrung. Um fünf Uhr (p.m.) klappt der Mund programmgemäß zu, eine Tasse Tee wird gereicht, der Tee ist heiß, muss windzerblasen werden, bevor er die Lippen benetzt. Ein großer Wind könnte in alle Teetassen blasen, die fraglos höflichen Zuhörer zusammenblasen, aber ein solcher Wind weht heute nicht. Einige Fragen werden gestellt über den Teetassen, einige Antworten werden gegeben mit knapper Überlegung, mit vorgetäuschter Überlegenheit. Jetzt werden die zweite und die dritte Person zusammenrücken, jetzt hocken sie schon aufeinander, ihre Interessen bündeln sich, sagt sich die erste, ihre hingetäuschten Bedingungen liegen offenbar.

Tröstlich und aufregend zugleich ist die blank geputzte harte Natur. Wilder Rhododendron, aufgesprungene Blüten, Wolken von Ginster, so überaus grüne Weiden ringsum an den Rändern der kleinen Stadt, Weiden mit grasenden Schafen betupft, von aufgeschichteten Bruchsteinmäuerchen begrenzt. Spaziergänger sollten nicht näher kommen, sie verstörten das Bild. Ein blank gewischter Himmel über dem aufgewühlten Meersaum. Wo die Wolken anfangen, also ziemlich tief, hören die Mäuerchen auf, so ist es auch auf dem Kontinent, der sich auf der benachbarten Seite schon gefällig weit, kompromissbereit weit aus dem Fenster, aus der Geschichte des Kontinents herauslehnt, zur Insel hinüberneigt. Das hat sie nicht verdient, denn sie neigt sich nicht, kein bisschen. Schroff sind die Felsen. Rhododendronbüsche mit ihrem betäubenden Duft neigen sich. Eine Person ist an einem Krankenhaus vorübergegangen, das so aussah, als sei hier vor zwanzig Jahren der letzte Kranke gestorben, es könnte die zweite Person gewesen sein, kumuliert, auf schmerzhafte Weise kujoniert von der dritten Person, und es hätte keine andere Möglichkeit gegeben, als die beiden anderen verstrickten Personen in diesem Krankenhaus in einem Doppelbett mit vielen Kissen – wie die Zahnmedizin sie im lokalen Bereich empfiehlt – zu kühlen. Kühlkissen zwischen den Schenkeln, den Geschlechtsteilen, den kussbereiten Lippen, ein Krankenhaus, ehemals spezialisiert auf Fälle von Dreiecks-Verwicklungen, in denen niemand die Leinen losgelassen hat, doch dann irgendwann, wie in allen Erzählungen »es war einmal«, ist der letzte Oberarzt gestorben, der Chefarzt hat längst sein langwieriges Zigarrenleben ausgehustet, und die letzte blutrünstige Krankenschwester, geschichtenlos und deshalb nur auf die Notate in den Krankenblättern versessen, hat sich mit dem Briefträger davongemacht. Die nüchternen Tabellen mit den Dosierungen erregen sie nicht mehr. Die Werbung für die wärmeren Inseln, gerade in dieser Jahreszeit, in der der Rhododendron sich eine saftige Bahn bricht, ist verführerisch. Und die Tickets im Preiswettbewerb (mörderisch) sind rasch käuflich zu erwerben, rasch reisend abzufeiern. Also die letzte Krankenschwester in diesem Ort ist nicht mehr anwesend. Vielleicht kommt sie wieder, wenn der Sonnenbrand auf ihrer Nase und ihrem Brustansatz gewütet hat, doch dann ist diese Erzählung zu Ende. Andere Personen leben in einem anderen Rhythmus. S. Kontinentalverschiebungen. S. Geographiebücher, Liebesstellungsbücher, Gestellungsbefehle, Liebesstellungsbefehle, Ordinariate, Sekretariate. S. die schmerzhaften, scherzhaften Geplänkel, die auch nicht weniger wehtun als die unerhörten Liebesgeflüster. Eine Person, die nach München reist, was wirklich keine Affäre ist, berichtet von einem feinen Lokal, dessen Name aus Höflichkeit hier nicht genannt wird. Die Person fragt nach einem Tisch, doch da diniert gerade der Kardinal mit einer Frau, die schwarze Strümpfe trägt, was keine Absonderlichkeit ist, tausend Frauen mit schwarzen Strümpfen sind in Städten mit schwarzen Männern zu treffen, ob und wo sie schwärzlich sind oder kardinalsrot, wer will das entscheiden, wer hebet den ersten Stein? Der Kardinal, würdig und knöpfchenbesetzt auch in seiner Freizeit mit einer schwarz bestrumpften Dame, speist. Das Gesicht des Kardinals ist bekannt. Doch wenn im letzten Krankenhaus in diesem windzerblasenen Ort die allerletzte seriöse Krankenschwester sich mit dem Briefträger davongemacht hat, was passiert ist, dann Gnade uns Gott. Wer ist das? Und wer sind wir, die wir uns nie anständig vorgestellt haben in dieser unanständigen Lage oder in jener, Karten auf den Tisch, Messer raus, Hosen runter, irgendjemand wird schon die Nerven verlieren, und wenn die Nerven dann blank liegen wie Fäden, wie elektrische Drähte, ihrer Umhüllung entkleidet, ja, dann, dann liegen die Zitate auf dem Tisch, schwarz bestrumpfte Beine unter dem Tisch, als hätten Zitate und Nerven irgendetwas miteinander zu tun; Halbwertzeiten zum Beispiel. Jedes halbe Zitat ein ganzer Text. Jeder halbe Rhododendron-Duft eine ganze Wahrnehmung, jedes Blütenblättchen, das von Bienen bestrichen wird, honigtriebig, ein falsch programmierter Honigtopf: insofern waren die Wellen, der Salzgeruch, die gefährliche Brandung nur eine Kulisse, aber die doch zu blöd, zu pseudodramatisch für die europäisch angehauchten, international zusammengesperrten Internatsschülerinnen im Institut an den Klippen, die im Zweifelsfall, wenn das Schiffchen kenterte, die Klippen hinuntergeklettert wären, ja, nur im Zweifelsfall, aber ordentlich und dynamisch ausgebildet für jeden Fall, die Klippen hinunter, gerettet, rasch wieder hinauf mit dem geretteten nassen Körper, leblos oder nicht, in Gewahrsam genommen im

Europäischen, gerettet, gerichtet. In dem Zweifelsfall, in dem die eine Person die andere oder die andere die dritte Person auffordert zu einer dynamischen Handlung, endlich Farbe zu bekennen, endlich ein weites Feld, das mit Farbe zu beklecksen ist, endlich zu sagen was los, – hier an dieser Küste, schon ziemlich kontinental abgewandt, brandet sie an, die fleißige Biene, die fleißige Biene, die alle Rhododendronsträucher bestäubt. Insofern hat eine der Personen, die lebhaft herumgeistert in diesem Erzählen (summend) schon verspielt. Gerettet, gerichtet. Wenn es wie irgendwo (nirgendwo) gerecht zuginge auf der Welt. Also können wir auch purpurfarben ungerecht gewellt in dieser atlantischen Windzerblasenheit stecken bleiben, und alles, was gesagt wird, ist aus dem Salzwasser gewaschen. Eine Süßwassersprache gibt es nicht. Aber ein Süßwasserempfinden, das sich bei der kleinsten Prise Salz bis auf den Scheitel sträubt, haarsträubend, gibt es auch nicht. Also lebt das Erzählen auf dem Grat zwischen dem schweigsamen Süßwasser-Denken und dem mit enormer Wucht an die Felsen schlagenden Salzwasser-Denken, das zu Gischt zerstäubt. Dazwischen ist nichts, dazwischen ist nicht einmal heiße Luft, und die Wärme der blühenden Sträucher, die die Bienen anlockt: eine insulare Angelegenheit. Die purpurfarbenen, sich wellenden Teppichböden schlagen zurück.

Und da ist außerdem noch Joan. Sie ist eine große, feinhäutige Frau, sauber, glatt, groß wie ein Pferd, gebürstet. Eine Enddreißigerin mit vier Töchtern, von denen eine, Emily, die jüngste wohl, beim Abendessen zugegen war, zahnlückig und sommersprossig, ein bisschen verdruckst neben der großen, sich großartig entfaltenden Mutter. Joan macht einen tüchtigen und gleichzeitig geschmackvollen Eindruck. Sie ist die Blumenhändlerin am Ort, und ihr Geschäft geht gut, sagen die Teilnehmer bei dem kleinen Abendessen. Sie hat aber ganz rote, aufgerissene Hände wie ein Kind auf den Bildern von Paula Modersohn-Becker. Ihren Mann hat Joan auf der Blumenbinderschule kennen gelernt. Er ist aber in den Autohandel eingestiegen. Bald stellte sich heraus, dass er kein Mann ist, der in einer untergeordneten Stellung arbeiten kann. Alles hätte dafür gesprochen, dass er jetzt einen Blumenladen eröffnete, in der Nachbarstadt oder an einem Ort, wo es Platz gibt für Joans Blumenladen und einen zweiten, aber er gibt seine Stellung auf und übernimmt die Vertretung für ein selten gekauftes Auto. Es wird auch nicht häufiger gekauft, indem er es energisch und fachmännisch vertritt. Es bleibt ein Außenseiter-Auto, schön, aber nicht für jedermanns Geschmack. Mit anderen Worten: eine Pleite. Joan hat viel im Blumenladen zu tun und wünscht sich ein wenig Hilfe. Zum Beispiel, dass ihr Mann morgens in aller Frühe zum Großmarkt führe, denn das tut sie auch zweimal die Woche, die Blumen müssen frisch sein. Er will aber selbständig sein und hat den Dreh raus. Er redet Joan ein, dass ein Bestattungsgeschäft eine vorzügliche Einnahmequelle wäre. Wieder selbständig. Gestor-

ben wird immer, gestorben wird rund um das Jahr, an den Blumen wird manchmal gespart. Wieder selbständig, ganz und gar auf eigenen Füßen. Das Blumengeschäft bindet die Kränze zur Beerdigung, er bringt die gut ausgestattete Leiche im schönen Sarg. Blumen und Sarg werden in der Leichenhalle vereinigt zu einem großartigen Bild, das die Lebenden nicht vergessen werden. Joan lässt sich überreden, es werden Autos angeschafft, ein Leichenwagen, die ganze Palette der Ausrüstung, Särge müssen auf Lager sein, die Wäsche, die den Sarg auskleidet, alles ziemlich teure Posten, ein Kredit für die Spitzendecken, den Kerzenvorrat, und es gibt schon zwei Bestattungsunternehmer am Ort, denen Joans Mann nun die Kundschaft abzujagen versucht. Er sagt, er kennt aus dem Autohandel genügend Leute, die sterben. Er kennt Mengen von potientiellen Unfallopfern. Joan erfährt im Blumenladen, wer wen beerdigt. Sie sieht die verquollenen Gesichter der frisch Trauernden. Der Blumenladen ist ein Umschlagplatz für Nachrichten. Das Bestattungsgewerbe dagegen ist schweigsam und schwarz. Manchmal hilft Joans Mann mit einem seiner schwarzen Autos bei einer großen Beerdigung eines anderen Bestattungsinstituts aus. Alteingesessene Leute gehen, wenn die Großmutter stirbt, zu dem Bestattungsunternehmer, der auch den Großvater zur vollen Zufriedenheit unter die Erde gebracht hat. Mit anderen Worten: das Geschäft von Joans Mann geht schlecht. Er kann auch nicht mit den dunklen, blanken Autos morgens früh zum Blumenmarkt fahren. Das wäre eine Entweihung. Die vier Töchter rümpfen die Nase, ihnen geht die Trauerfarbe, die Leisetreterin auf die Nerven. Joan wäre es jetzt am liebsten, ihr Mann täte überhaupt nichts mehr. Was immer er anfasst, fasst er unglücklich an. Am liebsten wäre es ihr, er würde sich selbst bestatten. Blumen wären da, Arme voller Blumen. Die Leute aus dem Autohandel, die zu kennen er sich brüstet, fahren jetzt ziemlich vorsichtig.
Der Wind war durch den Hafen gefahren. Er wirbelte die dem Meer zugewandten Ränder der kleinen Stadt so auf, dass die Zeitungsblätter aus dem Papierkorb flatterten, dass ein Glas, auf einen Tisch gestellt, plötzlich umkippte, dem Trinker in den Schoß kippte, aufgeschäumt das Bier, das der Trinker dann mit einem großen Taschentuch wegwischte, verzögert, die Feuchtigkeit ungenau verteilend, aus seinen Bewegungen war nur unschwer zu erkennen, dass hier jemand wischte und putzte und schrubbte, der eigentlich nur zu einer einzigen Tätigkeit fähig war in diesem Augenblick: zum Trinken. Während die junge, sommersprossige Wirtin frische Papierservietten brachte, die die Feuchtigkeit wie ein Löschpapier aufsaugen sollten, aber ein Löschpapier wäre tatsächlich geeigneter gewesen für alles Beschriebene, Aufgesaugte und das Kommende. So saß der nasse Trinker in der frischen Mailuft und wischte über sein linkes Hosenbein. Auf der Uferstraße hatte jemand geschrien. Die eine

Person oder die andere Person, die eine dritte Person von etwas zurückreißt. Oder die dritte Person, die weit über den Kontinent schreit, dass die erste Person nie, nie mehr zurückkehren soll. Nun ist es aber genug. Einmal wird zurückgekehrt, aber wann. Zurück kehrt auch der Wind, der sich in der Bucht gefangen hat, und nun ein zweites Mal aufwirbelt. Hier an dieser Küste, schaumbespritzt, hört die Person das Rufen nicht, will es nicht hören. Oder ruft sie selbst von den Klippen herab, wo sie die vermeintliche Sicherheit hat, niemand hörte sie? Oder ist es die zweite Person, die die erste Person, weit, weit weg gewähnt hat, ohne die geringste Vorstellung, dass sie hört und sieht über das Wasser hinweg, was da, wo sie einmal zu Hause gewesen ist, geschieht? Aber das Schreien, das ein Zetern geworden ist, ein Gekreisch, ein ohrenquälendes Gequirl, ist eine flüchtige Sache. Plötzlich ist es vorbei, und man hört nur noch das Wasser, wie es an die Klippen prallt und zurückrauscht bis zur nächsten Welle. Der heftige Wind, der die Gedanken durchbläst, bis sie löchrig sind, nimmt auch die Stimme mit, dorthin, von dort weg. Wenn der Himmel aufreißt, wäre es jetzt möglich, auf einen Berg zu steigen, einer der gewaltigen, sich aufmandelnden Berge über den Weiden mit den Lämmern. Die Blütenblätter fliegen dem Berg zu, es weht überhaupt ein transkontinentaler Wind, würden noch Hüte getragen, sie trieben weg. Die Stimmung ist flatterhaft, frisch durchpustet, und wenn man eine Stunde auf dem Weg den Klippen entlang gegangen ist, im Rücken den Berg, weiß man nicht mehr so genau, was man zu Beginn des Weges gedacht hat. Das schadet auch nichts, das Denken, wie luftig, windzerblassen, mit welcher immer neuer. Notwendigkeit es in Gang gesetzt werden muss, es schadet ihm nicht, wenn es aussetzt. Eher schadet es, in Froschteichen zu laichen, in einer warmen Brühe zu sitzen, windstill zu wissen, alles geht seinen ordentlichen Gang. Es läuft auch eine so energische Katze über die Kleinstadtstraße, läuft den Weg entlang den Weiden zu, als wäre sie die Überbringerin einer schlechten Botschaft für die Schafe. Zu erwarten ist, dass sie angeblökt wird.

Andree Hesse
Das sind meine Bilder

Samstagmittag, ich war allein, ging mein Computer kaputt. Der Bildschirm schaltete sich einfach von selbst ab und blieb schwarz. Ich hasse solche Vorfälle. Die Dinge haben zu gehorchen. Ich sah mich schon durch die ganze Stadt laufen mit dem schweren Gerät, von Computerladen zu Computerladen, wo mir jeder einreden will, dass eine Reparatur sich nicht lohne. Und das am Wochenende.
Ich ging erst mal ohne den Monitor los. Natürlich lag ich mit meiner Einschätzung richtig. Auch unbesehen wollte niemand dem Monitor noch eine Chance geben. Seien Sie vernünftig und kaufen Sie sich einen neuen! Ich hasse es, wenn ich mit solchen Einschätzungen richtig liege. Jetzt konnte ich das ganze Wochenende Däumchen drehen.
Als ich am frühen Samstagnachmittag zurück nach Hause komme, treffe ich unseren Hausmeister. Er steht im Treppenhaus am Geländer vor seiner Wohnungstür und sieht nach unten. Nicht so hetzen, meint er. Ich grinse nur und gehe weiter. Dann spricht er mich erneut an. Sagt meinen Namen. Ich bleibe stehen, halte mich am Geländer fest und schaue runter auf seine weißen Haare. Er sucht nach Worten. Ich gebe mich ganz gelassen. Aufgrund seiner Herkunft dauert es manchmal, bis er die richtigen Worte gefunden hat. Hast du einen Moment Zeit, fragt er endlich. Ich denke, er braucht kurz meine Hilfe, das kommt manchmal vor. Wenn ich zufällig vorbeikomme und er die Müllcontainer durch den Gang auf die Straße schiebt, zum Beispiel. Zieh' mal kurz da vorne, sagt er dann, und ich ziehe an dem Container und wir lächeln uns an und gehen weiter. Ich mag es, dass er kein großes Ding daraus macht, um Hilfe zu bitten. Genauso unkompliziert stehen er und seine Frau jederzeit uns zur Verfügung. Gießen die Pflanzen, wenn wir im Urlaub sind, und nehmen die Postpakete für uns in Empfang und solche Sachen.
Also gehe ich hinter ihm her in seine Wohnung. Er geht durch den dunklen Flur, von dessen Wand mich ein Hirschkopf anguckt, direkt ins Wohnzimmer. Seine Frau sei übers Wochenende zu Besuch bei ihrer Schwester, sagt er und bleibt vor der geöffneten Bar des Wohnzimmerschrankes stehen. Ich bin auch allein gelassen worden an diesem Wochenende, sage ich. Was wollen wir trinken, fragt er, Wein oder Schnaps? Schnaps, sage ich, weil ich denke, dass das schneller geht. In der Bärwurzflasche ist Pflaumenschnaps. Wir trinken aus der Flasche. Selbst gebrannt, frage ich. Von einem Cousin, sagt er, aus der Heimat. Der Fernseher läuft. Abfahrtsrennen in Kitzbühel. Mit der Flasche zeigt er auf

den Fernseher. Er sei für die Österreicher. Auf jeden Fall bei den Männern. Bei den Frauen für die Deutschen. Obwohl, dort eigentlich auch für die Österreicher. Ich war schon immer für die Österreicher beim Ski, sagt er wie zur Entschuldigung, als könnte er mich verletzt haben. Der Schnaps glüht in meiner Speiseröhre nach, so als würde er gerade noch einmal runterlaufen. Ich bin zum ersten Mal in seiner Wohnung, fällt mir auf. Die beiden Längswände des Wohnzimmers hängen voller Bilder. In zwei parallelen Reihen. Es sind seine Bilder, man hat mir schon einmal erzählt, dass er malt. Ölgemälde auf der einen Seite, Aquarelle auf der anderen. Immer Landschaften, immer in den Grundfarben. Ich mache eine Bemerkung zu den Bildern. Das sind also deine Bilder! Mir ist das Du einfach so rausgerutscht, sonst habe ich immer die persönliche Anrede vermieden, wie meistens in solchen Fällen. Er macht den Fernseher erst leiser, dann aus. Ach, warst du noch nie hier, fragt er. Langsam merke ich, dass er schon einen im Kahn hat. Er bietet mir die Flasche zum zweiten Mal an. Ich trinke zum zweiten Mal. Dann muss ich dir erklären, sagt er und dreht mich vor die eine Seite, vor die Ölseite. Ich habe keine Ahnung von Malerei und sage ihm das. Man muss keine Ahnung davon haben, sagt er, entweder es gefällt dir oder nicht. Ich muss ihm Recht geben, auch wenn das die Sache für mich schwieriger macht. Die meisten Bilder zeigen Motive aus seiner Heimat. Siebenbürgen. Der Marktplatz von Hermannstadt. Das ist die Hauptstadt von Siebenbürgen, sagt er. Felder, Berge, Seen. Ich weiß nicht, was ich sagen soll, und frage zuerst, wie er auf die Motive komme. Er stellt die Flasche ab und läuft schnell in ein Nebenzimmer, kommt mit einem Buch zurück. Er blättert hastig und legt mir dann eine Doppelseite vor. Der Marktplatz von Hermannstadt, als Foto. Er hat es abgemalt. Die Fotografie, sagt er, hat uns Malern ja keine andere Wahl mehr gelassen, als nicht mehr realistisch zu malen. Ich bewundere sein Können, obwohl ich keine Meinung zu den Bildern habe. Wie lange braucht man denn für so ein Bild, frage ich. Er grinst. Das haben die Kommunisten früher auch immer gefragt. Wie lange brauchst du dafür? Eine schlechte Frage also, was er aber nicht sagt. Er dreht mich stattdessen auf die andere Seite. Mit den Aquarellen habe er erst angefangen, seit er von Rumänien weg ist, sagt er. Dort habe es diese Farben nicht gegeben. Mit über sechzig mit Aquarellen anfangen, staunt er über sich selbst. Eines der Aquarelle erinnert mich an meine Heimat. Ich zeige auf das Bild. Sieht aus wie in der Lüneburger Heide, sage ich. Lüneburger Heide, wiederholt er. Er habe es nach einem Besuch in Celle gemalt. Celle, rufe ich aus, da komme ich her. Tatsache? Ich muss wieder trinken.
Wir gehen rüber in sein Atelier, an dem Hirschkopf vorbei. Ein schmales Zimmer, das zur Straße rausgeht und deshalb am hellsten ist. Auch hier die Wände voller Bilder. Er hat die Flasche mitgenommen. Ich will nicht mehr trinken, es ist ja erst Nachmittag. Der Schnaps hat nur achtzehn Grad, sagt er. Ich schaue ihn

an. Ich will ihn nicht verbessern und ziere mich noch einmal. Ich müsse ja keinen großen Schluck nehmen, einfach nur die Zunge befeuchten. Er duldet jetzt keinen Widerspruch. Ich befeuchte meine Zunge mit dem Pflaumenschnaps. Warum nehme ich immer so große Schlucke, wenn mir jemand was zum Trinken anbietet? Mir wird langsam warm. Jedes Bild hat er fein säuberlich signiert. An den Signaturen erkenne ich, dass fast alle Bilder aus diesem Jahr sind. Dabei hat das Jahr gerade erst begonnen. Er male jeden Tag ein Bild, sagt er. Hier zum Beispiel, dieser Strich, kommt dir das bekannt vor? Ein frisches Bild auf der Staffelei. Ich schaue genauer hin. Eine Skipiste. Das Bild ist aber sonst eher sommerlich. Man kann später nicht mehr sagen, woher was kommt, sagt er. Und: Er könne kein Bild noch einmal genauso malen. Er habe es versucht. Früher, in Rumänien. Hat Kirchen als Auftragsarbeiten gemalt. War kein schlechtes Geschäft. Die Deutschen haben sie gekauft. Aber immer sind sie wieder anders geworden. Und meistens nicht so, wie sie die Leute wollten. Wenn er seinen Landsleuten die Bilder zeigen würde, gebe es einen Streit. Nicht realistisch genug, nicht schön genug. Aber er male nun einmal so, wie er die Dinge sehe. Und wie er sie sieht, das wechselt von Tag zu Tag. Was er jetzt versuchen will, ist, mit Öl den gleichen Ausdruck zu schaffen wie mit den Wasserfarben. Daran arbeite er jetzt.
Ich stehe da, höre und schaue. Als ich sage, dass mir ein Aquarell besonders gut gefällt, will er es mir schenken. Ich habe kaum das Lob ausgesprochen, da habe ich es kommen sehen und dieses Lob bereut. In dieser überschwänglichen Form. Aus bloßer Angst vor Sprachlosigkeit. Und vielleicht sogar aus Mitgefühl. Ich versuche, abzuwiegeln. Aber es ist zu spät. Er steht schon auf dem Sofa mit seinen Schuhen und nimmt das Bild vom Haken. Nur den Holzrahmen will er behalten. Ich will ihm zur Hand gehen, erstarre aber in Rührung. Er kommt wieder vom Sofa und legt das Bild auf den Tisch. Es mache ihm eine Freude, wenn er weiß, dass noch woanders ein Bild von ihm hängt. Außerdem schaffe es Platz für neue Bilder. Er drückt mir eine Zange in die Hand. Mach' doch den Holzrahmen selbst ab! Da ist sie wieder, diese Unkompliziertheit. Ich ziehe mit der Zange die kleinen Drahtstifte aus dem Rahmen. Das Aquarell selbst steckt hinter Glas in einem rahmenlosen Bildhalter. Den könne ich behalten, aber noch besser wäre es, einen größeren zu kaufen, das Bild wirke besser in einem größeren Rahmen. Dann kann ich ihm auch den Bilderhalter wiedergeben. Aber: Ein Aquarell muss immer hinter Glas betrachtet werden, dann erst beginnen die Farben zu glänzen. Sonst ist es stumpf. Ich lege mein Bild auf das Sofa. Wir nehmen noch einen Schluck aus der Flasche, keine Einwände mehr von mir. Wir überlegen, welches von den neuen Bildern man an dem frei gewordenen Platz aufhängen könnte. Er ist für das mit der Skipiste. Warum nicht, sage ich.
Als er wieder auf dem Sofa steht, um das neue Bild aufzuhängen, gibt es plötzlich einen Knacks. Er ist auf das Glas meines Bildes getreten. Tausend kleine Sprünge.

Ich hätte das Bild nicht aufs Sofa legen sollen. Er steigt rückwärts vom Sofa, ich führe ihn runter. Das kommt vor, sagt er. Guck dir meine Bilder an, überall ein Sprung im Glas. Das passiert immer wieder. Ich schaue wieder die Bilder an der Wand an. Er hat Recht, überall ein Sprung an den Kanten. Wir lachen gemeinsam darüber. Und nehmen noch einen Schluck. Ich nehme jetzt wieder ganze Schlucke. Ich entferne die Glasscherben von meinem Aquarell. Doch, es gefällt mir wirklich. Schöne Farben. Ich stapele die Scherben auf dem Tisch. Pass auf, dass du dich nicht schneidest! Mir fällt ein, dass ich oben in meiner Wohnung noch einen Rahmen habe. Vielleicht passt er ja. Er geht runter, die Scherben wegbringen, ich gehe hoch, den Rahmen ausprobieren.

Der Rahmen passt nicht. Das Passepartout ist zu groß. Vom Trinken habe ich Lust auf eine Zigarette bekommen. Ich drehe mir eine, zünde sie an und gehe damit wieder runter. Seine Tür steht offen. Er kommt mir gleich entgegen. Ob ich rauchen dürfe? Nur wenn ich auch eine kriege, sagt er. Ich gebe ihm meine Zigarette und gehe wieder hoch, um meinen Tabak zu holen. Aber sofort zurückkommen, ruft er mir hinterher. Als ich wieder unten bin, schwankt er. Der Rahmen passt nicht, sage ich. Er kommt auf mich zu und kann nicht mehr gerade stehen. Wir gehen auf den Balkon zum Rauchen. Es schneit kleine, feine Flocken. Er hält sich am Türrahmen fest und sinkt, als er einen Zug nehmen will, immer tiefer. Nicht die Zigarette kommt zum Mund, sondern der Mund versucht zur Zigarette zu kommen. Ich lege ihm eine Hand auf die Schulter. Ihm sei schwindelig von der Zigarette. K. o. von einer Zigarette, schüttelt er den Kopf. Es geht gleich wieder. Er legt eine Hand vor den Mund und würgt. Ich nehme seine Zigarette weg und drücke sie aus. Er sackt in den Knien immer wieder zusammen. Das Beste wäre, schlage ich vor, du legst dich hin für einen Moment. Ich muss sowieso gehen. Nein, geh' nicht, sagt er. Versucht ein Lächeln. Es ist ihm peinlich, dass ihn die Zigarette umgehauen hat. Es ist mir peinlich, dass ich ihm die Zigarette gegeben habe. Wenn man es nicht gewohnt ist, sage ich. Es kann doch nicht sein, dass mich eine Zigarette umwirft, sagt er. Ich drücke auch meine Zigarette aus und führe ihn rein. Er torkelt in sein Atelier. Ich folge ihm, sage noch mal, dass ich gehen muss und er sich hinlegen soll. Ich kriege plötzlich Angst davor, dass er gleich umfällt und auf dem Fußboden liegen bleibt. Nein, du musst nicht gehen, sagt er. Ich habe noch etwas zu erledigen, lüge ich. Bleib' hier, sagt er und schaut zu Boden. Das Bild muss unbedingt hinter Glas, sagt er. Ich stehe neben ihm und suche seinen Blick. Ich werde schnell einen Rahmen kaufen, verspreche ich. Es muss hinter Glas, sonst wirkt es nicht, wiederholt er. Seine Stimme ist leise geworden. Seine Knie sind immer noch eingeknickt, er schaut seine Schuhspitzen an. Macht jetzt eine müde, ausholende Handbewegung. Was soll ich sagen, sagt er. Das sind meine Bilder.

Judith Hermann
Lascia

Vor ein paar Jahren reiste ich mit meinem Freund David durch Sizilien. Unsere Reise ging zu Ende, unsere Beziehung auch, in Catania brach das Auto zusammen und war vor Ablauf von drei oder vier Tagen nicht wieder fahrbar. Wir fügten uns, weil uns nichts anderes übrig blieb, mieteten ein Zimmer in einer Absteige und liefen, verfeindet bis zur Sprach- und Blicklosigkeit, Straßen aus schwarzem Lavastein ziellos hinauf und hinunter. Es war unglaublich heiß und wir waren zu Tode erschöpft, aber im Gehen ertrugen wir uns gerade noch. In diesem Zustand wurden wir die Opfer Francescos, der uns auf dem Domplatz ansprach und dann, weil wir ihn nicht energisch genug abwehrten, durch alle Straßen hindurch unerbittlich verfolgte. Er würde uns für ein Trinkgeld, für ein Garnichts, nach Taormina fahren. Oder irgendwohin. Auf den Ätna. Er schrie es – »Vulkano!«, nie wäre uns die Idee gekommen, auf den Ätna zu fahren, aber jetzt erschien uns diese Möglichkeit wie ein Zeichen, ein Schicksal, vielleicht eine Rettung. Wir einigten uns auf ein Honorar von 200.000 Lire, zahlten 50.000 für Benzin an, gingen zu seinem Auto zurück, das er in der Nähe des Domes geparkt hatte. Francesco war Rumäne, ein kleiner, dicker, weißhaariger Mann, er sprach von allen Sprachen die nötigsten Sätze, er schien verschlagen, nicht wirklich gefährlich zu sein. Er lief vor uns her und wir folgten ihm, David griff beinahe nach meiner Hand. Er setzte sich in Francescos marodem Fiat auf den Beifahrersitz, weil ihm sonst schlecht geworden wäre, Francesco bemerkte das, verstand es aber falsch und warf mir einen bedeutungsvollen Blick zu, ich sah weg und stieg hinten ein. Der Beifahrersitz hatte ein riesiges Loch, das mit Zeitungen und Plunder ausgefüllt war, Francesco startete, gab Gas und fuhr los, und David sackte zunehmend ein und wurde kleiner und kleiner, bis er von hinten wie ein Kind aussah. Francesco bestand darauf, dass wir seine rumänischen Zigaretten rauchten, er hielt eine offene Zigarettenschachtel vor Davids Gesicht, »No, grazie«, sagte David und schüttelte den Kopf, Francesco sagte sehr bestimmt: »Smoke. Romania. Zigaretten gut.« Und also rauchten wir, eine nach der anderen, bis wir eingehüllt waren in dicken, gelblichen Qualm. Wenn David sein linkes Bein nach rechts zog, um ihm Platz fürs Schalten zu lassen, bog Francesco es sanft wieder zurück, er sagte »bequeme, bequeme« und dann »lascia«, worüber er aus unerfindlichen Gründen in lang anhaltendes Gelächter ausbrach. David versuchte von Zeit zu Zeit, sich hochzuziehen und gerade zu sitzen, gab es dann auf. Wir blieben im Stau stecken, und Francesco ließ uns ein Album betrachten, in dem fünfzig Fotos von Frauen klebten, die allesamt aussahen wie Prostituierte oder Transsexuelle, ich war ratlos, David höflich, er nahm sich für jedes Foto Zeit, nie Zeit genug für Francesco, der immer wieder die Seiten zurückblätterte, zeigte und mit den Fingern darauf schlug, seinen Oberkörper hin und her wiegte. Es war erstickend im Auto und wir hatten nichts zu trinken dabei. David sagte, er würde gerne an einer Tankstelle halten um Wasser zu kaufen, und Francesco schüttelte abwehrend den Kopf und kramte eine angebrochene Wasserflasche unter seinem Sitz hervor, aus der wir alle tranken, er selber als Erster. Er gähnte oft und lange und hatte eine groteske Art, den Mund dabei weit aufzusperren. Ich konnte mich nicht zurückhalten, zu sagen: »Schlafen Sie schlecht?« Er sagte, er könne eigentlich gut schlafen, aber er habe Angst zu schlafen. Er kannte das deutsche Wort *Angst*. Er sagte, er würde fürchterlich träumen, wenn er schlafe, und dabei drehte er sich um und sah mir ins Gesicht, und für den Bruchteil einer Sekunde war mir so, als würde *ich* fürchterlich träumen, jetzt gerade, immerzu, machtlos und hingegeben, und dann drehte er sich wieder weg. Als wir, schon fast aus der Stadt heraus, schneller fuhren, wollte David sich anschnallen, Francesco sagte »Lascia«, diesmal entschieden drohend, nahm den Gurtstecker und bog ihn hinter den Sitz. David versuchte es später noch einmal, dann nicht mehr, auch nicht, als Francesco unglaublich riskant zu überholen begann. Wenn er nichts sagte, sagten wir auch nichts. Ich kämpfte gegen eine ungeheure Müdigkeit. Wie es David ging, konnte ich nicht sehen, er schien in dem Loch völlig versackt zu sein. Einmal redete Francesco längere Zeit, ich hörte nicht genau zu, ich verstand vielleicht, dass er sagte, es gebe so etwas wie eine elementare, tiefe Befriedigung, Glück, das keine Rücksicht auf ein Nachher nimmt. Er redete sich in Rage –»Capisci? Capisci?« –, unterbrach sich dann wieder und fuchtelte mit der Hand vor David herum. David sagte »Si, si, si. Capito, ja«, er klang schwach und ich ahnte, dass er in Bedrängnis war, dennoch war ich froh, überhaupt seine Stimme zu hören. »Non capisci«, schrie Francesco, »non capisci«, er seufzte und schwieg und fing dann wieder von vorne an, das Glück, die Rücksicht, das Nachher, du weißt. Wenn ich mich nicht täusche, lag irgendwann für Sekunden seine Hand auf Davids Bein. David drehte sich zu mir um und versuchte, mich anzuschauen. Er sah seltsam aus und ich berührte kurz seine Schulter. Irgendwo auf einem der Ätnahänge hielten wir, nach Stunden so schien es, »Andiamo«, sagte Francesco und stieg aus. Als wir nicht sofort folgten, schlug er hart mit der Faust gegen die Autofensterscheibe. Wir stiegen aus, ich war wie gelähmt, obwohl ein kühler, erfrischender Wind ging. Francesco zeigte in eine Richtung, in die David dann auch einfach losging, schleppend und wie benommen, Francesco folgte ihm. David und ich suchten keine Nähe mehr, obwohl ich mich ihm nah fühlte oder vielleicht genau deshalb. Francesco häufte uns schwarze Steine in die Hände, die wir trugen wie Kinder. In einer

Höhe von etwa 2000 Metern endete die Straße an einer Touristenstation und dem Anfang einer Seilbahn, die außer Betrieb war. Der Wind war jetzt heftig, und was Francesco unaufhörlich sagte, war nicht mehr zu verstehen. Er kaufte uns an einem Kiosk einen 27-Bild-Fotoapparat und zeigte David, was er fotografieren sollte. David fotografierte, Francesco hatte mit dem Kioskverkäufer Blicke gewechselt, die mich aufs Äußerste beunruhigten. Wir stiegen auf die kleinen, erloschenen Nebenkrater aus winzigen, braunen Steinen, die unter uns wegrutschten. Francesco, zwischen uns, umklammerte mit der linken Hand mein, mit der rechten Davids Handgelenk, sein Griff war hart. Der Kraterrand war kaum breiter als ein Fußpfad, mir war schwindelig, der Wind nahm mir den Atem und ich fühlte mich fiebrig. Beim Abstieg löste Francesco seinen Griff und nahm uns stattdessen an der Hand, ich starrte auf meine Füße, unter denen die Asche abwärts glitt. Es war früher Nachmittag, als wir über einen anderen Weg wieder zurückfuhren. In einem völlig ausgestorbenen, verlassenen Dorf hielt Francesco an, kletterte über Zäune, brach einen ganzen Arm voll Blumen und stopfte sie nach hinten zu mir auf die Rückbank, aus den Blättern krochen Insekten heraus. David schlief. Die Landstraße wurde breiter, ging in eine Schnellstraße über, die Ausschilderungen zeigten alles Mögliche an, Catania war nicht darunter. Ich richtete mich auf, mit letzten Kräften wie mir schien, um Francesco nach dem Weg zu fragen. Er antwortete nicht und schob stattdessen eine von den vielen Kassetten, die zwischen seinen Füßen herumlagen, in den Autorekorder, rumänische Musik, absolut unerträglich, er drehte die Lautstärke so weit auf, dass er mich nicht verstanden hätte, hätte ich weiter gefragt, aber ich fragte nicht mehr. Wir hielten an einer Tankstelle, David wachte auf und rieb sich die Schläfen. Wir hätten aussteigen können, weglaufen, wir stiegen nicht aus, wir blieben sitzen, reglos, bis Francesco zurückkam, einstieg, weiterfuhr. Wir verließen die Schnellstraße, ich hatte den Eindruck, dass wir uns von einer anderen Seite her wieder dem Ätna näherten. In einer Mondlandschaft hielten wir, Francesco stieg aus dem Auto und kümmerte sich nicht mehr um uns, er lief über die Aschehügel und rauchte pausenlos, ich sah selbst aus der Entfernung, dass ihm die Hände zitterten. Die rumänische Musik brach ab. Ich konnte den Wind hören und das schmirgelnde, sandige Geräusch, mit dem die Asche verwehte, ich schloss die Augen. Als ich irgendwann wieder aufwachte oder zu mir kam, befanden wir uns in den Straßen Catanias.
Es ist nichts geschehen. Wir zahlten Francesco das vereinbarte Geld, das Geld für den Fotoapparat, für das Benzin, für ich weiß nicht was. Wir wollten ihn jetzt loswerden, wir waren hochmütig genug. Wir waren in der Stadt, zurück, in Sicherheit, wir zahlten einen absurden Betrag, eine Art Lösegeld, wie David es später nannte, Francesco verschwand, es ist nichts geschehen. In der Nacht

in der Pension Holland International wachte ich auf. David neben mir lag reglos, am Fenster bewegten sich die Gardinen im Zugwind. Aus den Nachbarzimmern war nichts mehr zu hören, aber aus der Tiefe des Hofes kam ein Geräusch wie das Plätschern von Wasser. Ich ging zum Fenster und lehnte mich hinaus. Zuerst sah ich die Katzen auf den Dächern der Autos, dann das Wasser, das schon fast den ganzen Hof überschwemmt hatte, es wirkte schwarz unter einem diffusen gelben Nebel aus Licht. Im Parterre gegenüber wusste ich ein Universitätsinstitut für Kommunikationswissenschaften. Am frühen Morgen hatten hier Studenten gesessen, sich leise unterhalten, Kaffee getrunken, gelesen. Die Luft schien sehr rein und klar gewesen zu sein, daran erinnerte ich mich. Ich konnte nicht sehen, woher das Wasser kam.

Robert Charles Owen
Erik denkt sich etwas aus

Am Abend ist es wärmer geworden. Die Laterne wurde abgeschaltet, und der verwischte Mond beleuchtet schwach den Hügel mit den drei Schneeinseln, den Weg, der zur Landstraße hinunterführt, und Veras altmodischen, an den Seiten abgerundeten Wohnwagen. Die Fenster sind verhangen.
Vera und Erik sitzen im Klappbett, jeder an einem Ende, die Beine nebeneinander ausgestreckt unter der Decke. Eine halb leere Flasche Wodka steht neben Eriks Stiefeln auf dem Filzteppich. Der Heizlüfter summt, die Tischlampe verströmt ein gelbes Licht.
»Okay«, sagt Erik, »ich hab was. Ein Schornsteinfeger und ein Friedhofswärter. Die beiden sind befreundet. Sie kennen sonst niemanden, also sitzen sie jeden Abend beim Friedhofswärter auf dem Balkon und spielen Mau-Mau. Jeder legt zehn Pfennig in eine Untertasse, und der Gewinner bekommt beide Geldstücke. Nach einer Weile erhöhen sie den Einsatz, und irgendwann, wenn sie richtig in Fahrt sind, schüttet einer von beiden eine ganze Hand voll Münzen hin. Der andere muss mitziehen. Einmal hat der Schornsteinfeger in einer Runde seinen ganzen Vorrat verspielt, acht Mark vierzig. Und weil sich der Friedhofswärter darüber kaputtlachte, stampfte der Schornsteinfeger beleidigt nach Hause. Zwei Monate lang sprachen sie nicht miteinander. Dann eines Tages, als der Friedhofswärter um fünf das Tor abgeschlossen und sich angetrunken auf den Heimweg gemacht hatte, sah er den Schornsteinfeger mit Kugel und Besen auf einem Dachfirst entlangmarschieren, unwirsch und bockig, als lege er es darauf an, herunterzufallen. Der Friedhofswärter stürmte ins Haus, rannte die Treppen hoch, kletterte durch die Dachluke – wart mal, was ist das? Ist da jemand?«
»Ich höre nichts.«
»Der Krach.« Erik richtet sich langsam auf, die Fäuste ins Bett gestemmt. »Schießt da jemand?«
Vera reckt sich bäuchlings zum Fenster. Sie schiebt den Vorhang zur Seite und legt eine Hand wie einen Schirm zwischen Stirn und Scheibe. »Komm her, sieh mal.«
»Ist da jemand?«
»Ein Höhenfeuerwerk.«
»Ein was?«
»Ein Höhenfeuerwerk. Weiß und rot. Jetzt grün. Grüne Sterne.«
»Ein Feuerwerk.«

»Feuerwerk, meinetwegen. Sieh doch mal, jetzt schießen sie es ganz hoch, in allen Farben.«
»Ich sehe.« Erik tastet neben dem Bett nach der Wodkaflasche. Er trinkt.
»Außerdem kenne ich Feuerwerke. Mach bitte die Gardine zu.«
»Idiot.« Vera schiebt sich unter die Decke. Ihre Wade streift Eriks behaarten Oberschenkel; sachte bewegt sie sie zur Seite. Sie betrachtet seine Augenbrauen. »Und dann?«
»Dann haben sie sich vertragen. Beim nächsten Mal ließ der Friedhofswärter den Schornsteinfeger absichtlich gewinnen, und sie waren wieder ein Herz und eine Seele.«
Vera nimmt Erik die Flasche aus der Hand; sie nippt. »Nicht gerade spannend. Ich mach das Radio an.«
»Nein, bitte, nichts Lautes. Außerdem geht die Geschichte weiter. Es wird noch richtig aufregend.«
Sie gibt ihm die Flasche zurück.
»Als der Schornsteinfeger und der Friedhofswärter eines Abends auf dem Balkon saßen und sich ein Brot mit Gouda teilten, beobachteten sie über den Dächern ein prächtiges Schauspiel. Am Stadtrand war nämlich Rummel, und jeden Samstag um elf gab es dort ein Feuerwerk. Ein Höhenfeuerwerk.«
Vera zieht die Mundwinkel hoch.
»Da beschlossen die beiden, sich unverzüglich auf den Weg zu machen. Der Friedhofswärter knackte seine Goofy-Spardose, und sie stopften sich die Taschen mit Kleingeld voll. Sie mussten eine gute Stunde durch die Stadt wandern. Zwischendurch verirrten sie sich, dann stoppte sie eine Polizeistreife, weil man sie für Bankräuber hielt, die einer alten Dame in die Hüfte geschossen hatten. Die Polizisten kontrollierten die Ausweise und leuchteten den beiden mit Taschenlampen ins Gesicht. Dadurch verzögerte sich alles, aber sie ließen sich nicht die Stimmung verderben. Sie überquerten ein Speditionsgelände. Sie wateten durch ein schlammiges Feld, auf eine Baumreihe zu, hinter der sie schon das Riesenrad leuchten sahen. Sie rannten jetzt. Der Schornsteinfeger versank mit einem Bein im Graben, der Friedhofswärter zog ihn heraus, sie lachten. Als sie sich durchs Geäst zwängten, wurde das Riesenrad mit einem Schlag dunkel. Paare mit Heliumballons und Plüschlöwen schlenderten zum Parkplatz. Ein Junge im Muskelshirt zertrümmerte Kisten. Ein Mann schleifte die Absperrkette über den Asphalt und glotzte die beiden Freunde an, die eingesaut bis zu den Knien vor ihm standen.«
»Die Armen. Hast du nicht gesagt, es wird spannend?«
»Gleich, kommt noch. Wart's ab. Der Friedhofswärter und der Schornsteinfeger waren verständlicherweise niedergeschlagen, als sie mit dem Taxi zurückfuhren. Die Nacht war jung. Also überredete der Friedhofswärter den Schorn-

steinfeger, mit ihm auf seinen Friedhof zu gehen, nachts war er noch nie dort gewesen, vielleicht passierte ja etwas Unheimliches. Während sich der Schornsteinfeger umsah, ob niemand in der Nähe war, der die Polizei alarmierte, schloss der Friedhofswärter das Tor auf. Sie schlichen im Dunkeln an den Gräbern entlang. Ab und zu kam der Schornsteinfeger vom Weg ab, strauchelte durch Blumenbeete oder stieß gegen einen Grabstein, und der Friedhofswärter machte *tz, tz*. Es war nicht sehr amüsant. Sie wollten gerade umdrehen, da entdeckten sie bei der Friedhofsmauer etwas Merkwürdiges. Der Schornsteinfeger zögerte, doch der Friedhofswärter schob ihn vorwärts. Aus einem Grab waberte blutrot leuchtender Dampf. Sie lasen die gotische Inschrift: *Alfons Humperdinck, 1889 bis 1945*. Plötzlich sputterte ihnen kübelweise Erde entgegen, der Stein schwankte, brach auseinander, und während sich der blutrote Dampf auflöste, materialisierte sich vor ihnen ein Körper. Der Körper von Adolf Hitler. Die beiden Freunde rieben sich die Augen: Hitler, in voller Montur, moonwalkte aus seinem Grab. In Hitlers Gruft stapelten sich nämlich Michael-Jackson-Videos, und da das unterirdische Dasein auf Dauer recht öde war, hatte er Jahre damit zugebracht, den legendären Tanzschritt einzustudieren. Er hatte hart an sich gearbeitet. Er strebte nach Perfektion. Körperkontrolle.«
»Mein Lieber, das ist nicht besonders originell – Hitler, Michael Jackson.« Erik trinkt. Draußen ist alles still, das Feuerwerk ist zu Ende. Erik starrt an die Decke, zur roten Filzabdichtung, zum gesprungenen Milchglas der Dachluke. Er sieht Vera ins Gesicht. Er trinkt. Er kaut auf der Unterlippe. Er trinkt. Er sagt blinzelnd: »Vera?«
»Hm?«
»Liebst du mich eigentlich noch?«
Im Licht der Stehlampe wirkt Veras Gesicht schmal und lüstern.
»Ein bisschen wenigstens?«
Ihr Blick gleitet zu Eriks Stiefeln auf dem Teppich, während sie geräuschvoll ein- und ausatmet. »Ich mochte es nicht sagen, aber irgendwie habe ich geahnt, dass du hierher gekommen bist, um kalten Kaffee aufzuwärmen.«
»Blödsinn, bin ich nicht. Wirklich nicht. War nur so ein Einfall, vergiss es. Mir ist die Decke auf den Kopf gefallen, ich musste dringend weg, ich hab an dich gedacht, ich wollte dich wiedersehen, mehr nicht. Mir ist die Decke auf den Kopf gefallen, das ist alles. Entschuldige. Ich bin bescheuert, ich weiß.«
»Erzähl mir, wie die Geschichte weitergeht.«
»Es war nur so ein Einfall. Liebe interessiert mich nicht mehr, zurzeit hab ich andere Sorgen. Aber manchmal gibt es Momente, wo man sich Fragen stellt. Warum es so kommen musste.«
»Es ist eben so gekommen.«

»Warum? Warum liebst du mich nicht mehr?«
»Warum leben wir nicht in Guatemala? Warum hat der Mensch zehn Zehen? Ich habe keine Lust auf Diskussionen. Bis jetzt war alles wunderbar – wir sitzen auf dem Bett und trinken. Und du bringst es fertig, alles kaputtzumachen.«
»Wie meinst du das? Was wäre denn passiert, wenn ich nicht gefragt hätte? Hätte ich es nicht aussprechen sollen? Ist es das? Magst du es nicht zugeben?«
»Lass es. Sei mir nicht böse, lass es einfach.«
Erik starrt an die Decke. Er trinkt die Flasche leer. Vera schließt die Augen. Draußen setzt Regen ein, kaum hörbar, nur manchmal klingt es, als tickte jemand mit einem Fingernagel gegen die Scheibe. Einmal gibt es ein dumpfes Geräusch, als prallte eine tote Taube, in ein Tuch gewickelt, auf den Boden, und Erik erstarrt, aber es ist nur schmelzendes Eis, das sich vom Dach des Wohnwagens gelöst hat.
»Noch mal der Rummel«, sagt Erik, und Vera öffnet die Augen. »Der Friedhofswärter und der Schornsteinfeger waren also niedergeschlagen, nachdem sie eine Stunde durch die ganze Stadt gewandert waren. Doch es bringt nichts, nach dem Warum zu fragen, wie wir erfahren haben. Der Friedhofswärter und der Schornsteinfeger begriffen in diesem symbolträchtigen Augenblick, dass das Leben an ihnen vorübergegangen war. Fünfzehn Jahre lang Abend für Abend Mau-Mau. Jetzt wollten sie es noch einmal wissen. Nie hatten sie gefeiert und getanzt, nie mit Frauen geflirtet, und morgen konnte alles zu spät sein. Man weiß nie. Man weiß nie. Die beiden Freunde fuhren mit dem Taxi zu einer Diskothek am Stadtrand, einem dröhnenden, ringsum von Scheinwerfern beleuchteten Klotz, in den Horden von Jugendlichen strömten. Die beiden näherten sich wie Hänsel und Gretel. Als ein betrunkenes Mädchen vor dem Eingang auf sie zeigte und lachte, wurde ihnen mulmig. Vor dem Türsteher, einem Zweizentnerkerl mit tätowiertem Hals, versuchten sie, sich locker zu geben, ließen aber ständig ihre Münzen fallen. Um so verblüffter waren sie, als der Türsteher sie mit seiner beringten Hand durchwinkte. Sie hatten es geschafft.«
»Waren die beiden nicht bis zu den Knien verdreckt?«
»Ja, aber der Türsteher sagte sich: Die zwei Kreaturen dort machen Gesichter, als hätten sich gerade die Pforten eines Rummels vor ihnen geschlossen, da wollen wir mal Gnade vor gutem Geschmack ergehen lassen. Und so drängelten sich die beiden Freunde zum Tresen durch. Sie tranken Zombies, kicherten und stießen pausenlos miteinander an. Schließlich wankten sie zur Tanzfläche, die jetzt in ein blutrotes Licht getaucht war. Ein Kreis aus Jugendlichen klatschte und johlte zu *Coco Jambo*, um den Tänzer in ihrer Mitte anzufeuern. Der Friedhofswärter und der Schornsteinfeger reckten die Hälse, und wen sahen sie?«

»Na?«
»Hitler, in voller Montur. Sie staunten nicht schlecht. Die Stimmung war auf dem Siedepunkt. Und während Hitler, der Schlawiner, lässig übers Parkett moonwalkte, versuchten die beiden mit allen Tricks, in den Kreis zu gelangen.«
»Ich bin müde. Ich möchte keine Geschichten mehr hören. Diese Hitlersachen finde ich langweilig.«
»Küsst du mich?«
»Nein.«
»Auf die Wange?«
Sie küsst ihn auf die Wange.
»Haben wir noch etwas?«
Sie tappt barfuß zum Bord mit der Kochplatte, auf der sich Konserven stapeln, und schraubt eine neue Wodkaflasche auf. Sie trinkt mit gerunzelter Stirn, reicht Erik die Flasche und kriecht unter die Decke. Ihre Wade berührt seinen behaarten Oberschenkel; sie lässt sie dort.
»Ich möchte nicht penetrant sein«, sagt Erik, »aber man weiß nie, was morgen wird. Man weiß nie, wer einem ans Leder will. Heute Nacht sitzen wir hier in deinem Wohnwagen, und morgen passiert vielleicht schon etwas Furchtbares. Und in dem Fall hätte es auch nichts ausgemacht, wenn du mich noch einmal geküsst hättest.«
»Du möchtest nicht penetrant sein, Schätzchen, aber du bist es. Wenn ich das Bedürfnis habe, dich zu küssen, melde ich mich, in Ordnung? Ich möchte gleich schlafen.«
Erik trinkt und starrt mit halb offenem Mund an die Decke. Vera beugt sich aus dem Bett, um den Heizlüfter abzuschalten, der zu rattern angefangen hat, Erik sieht den Ansatz ihrer Brüste im Ausschnitt ihres Oberteils. Er trinkt; sein Gesicht ist straff und wächsern.
»Noch eine letzte Geschichte, Vera, zum Abschluss.«
Sie umklammert ihr Kissen, ihre Augen sind geschlossen. »Meinetwegen.«
Er pustet in den Flaschenhals. »Okay. Wart mal. Hm. Okay.« Er schabt mit dem Fingernagel am Rand des Etiketts. Er trinkt. »Okay. Also, der Schornsteinfeger. Der Schornsteinfeger. Okay, der Schornsteinfeger hasst seinen Job. Es könnte auch der Friedhofswärter sein, es spielt keine Rolle. Der Schornsteinfeger jedenfalls hasst seinen Job, er hasst seine Straße und seine Wohnung und seine angestoßenen Teller und Tassen, und er ist einsam. Er freut sich über nichts mehr in seinem verfickten Scheißleben. Jeden Tag die gleiche Dumpfheit. Auch die Liebe hält nicht, was sie verspricht. Nichts hält, was es verspricht. Eines Abends stellt er sich vor, wie es wäre, eine Bank zu überfallen. Er würde kündigen und sich am Strand von Lanzarote die Mädchenärsche anschauen, das wäre wenigstens etwas. Es ist nur ein Gedankenspiel. Vielleicht

wird ja bald alles besser, sagt er sich, außerdem wäre es sowieso zu riskant. Doch es wird nichts besser, er hat jeden Tag von neuem das Gefühl, in einem schlammigen Feld zu waten, ohne von der Stelle zu kommen. Sobald er aufwacht, schwirrt ihm der Kopf, als stünde er unter Medikamenten, aber er watet weiter, er watet weiter, er watet weiter. Jedes Mal, wenn er eine Bank sieht, erinnert er sich an sein Gedankenspiel. Irgendwann merkt er, dass diese Idee einen unerklärlichen Reiz auf ihn ausübt, und er fragt sich, wann zuletzt überhaupt irgendetwas einen Reiz auf ihn ausgeübt hat. Er denkt jetzt pausenlos daran. Wenn er über die Dächer der Stadt spaziert, denkt er an den Überfall. Wenn er seine Kugel in die Schornsteine hinunterlässt, denkt er an den Überfall. Ein Ziel in seinem Leben. Der große Auftritt. Von einem Saufkumpanen, einem fischhäutigen Waffensammler, leiht er sich eine Heckler & Koch, aus Jux. Zu Hause vor dem Spiegel lädt er sie, und als er das Klicken hört, ist es ihm, als würde er sich eine Rutschbahn hinabstoßen, es gibt kein Zurück. An vier Tagen beobachtet er vier Sparkassen und entscheidet sich für die frei stehende an der Fußgängerzone, die seiner Wohnung am nächsten liegt. Er wühlt eine Sturmhaube aus dem Schrank. Am Mittwoch beschließt er, dass die Aktion am Montag stattfinden soll. Andererseits weiß er nicht, wozu er wartet, er liegt wach und starrt an die Decke. Bei Sonnenaufgang stopft er Sturmhaube und Waffe in seinen Regenmantel. Er stürzt vier Becher Cola mit Wodka hinunter. Im Treppenhaus trifft er die alte Nachbarin, die ihn duzt, und er weicht ihrem Blick aus. Die Sonne sticht wie Nadeln in die Augen. Es macht ihm Mühe, zur Sparkasse zu gehen, es kommt ihm vor, als würde ihn jeder Schritt ein Stück zurückschieben, als würde er moonwalken. Er wünscht sich, alles wäre vorüber, und als sich die Schiebetüren vor ihm öffnen, ist er nur noch ein Gespenst, das sich eine Sturmhaube über den Kopf zieht. Er hat den Ablauf nie ernsthaft im Geiste durchgespielt, also fängt er an, im Schalterraum mit der Heckler & Koch zu fuchteln und zu brüllen. Irgendwie hat er geglaubt, die Aktion würde so mechanisch und simpel über die Bühne gehen wie Zigarettenziehen. Aber die Leute um ihn herum starren ihn an, und für Sekunden oder Minuten passiert nichts. Er fuchtelt und brüllt noch ein bisschen. Eine alte Matruschka, die mit ihrer gestreiften Einkaufstasche mitten im Raum steht, jammert und redet auf ihn ein. Er brüllt sie an, die Matruschka jammert weiter. Der Kopf schwirrt ihm. Andere Leute reden auf ihn ein, von allen Seiten. Der Wodka zickzackt ihm die Speiseröhre hoch. Er bemerkt das rote Blinken der Überwachungskamera schräg über ihm. Seine Kopfhaut kribbelt unter der Sturmhaube. Die Angestellten hinter der Panzerscheibe sind auf einmal verschwunden. Und wieder die Matruschka, alles übertönend, wie eine Motorsäge, die man vergessen hat, abzustellen. Wieder brüllt er, still, still, Schnauze halten, und als sie immer noch jammert, feuert er einen Schuss ab, Richtung Decke. Seltsamerweise fällt

die Matruschka um wie ein Stück Holz, und aus ihrer gestreiften Einkaufstasche rollt eine Apfelsine. Die Matruschka jammert und jammert, ihre Hüfte, er hat ihre Hüfte getroffen, unter ihr breitet sich das Blut in einer unvorstellbaren dunkelroten Lache aus. Und daneben die Apfelsine. Die Matruschka, seitlich auf den Steinfliesen, sieht ihm direkt ins Gesicht. Gott, dieser Blick. Am Ende reißt er sich die Sturmhaube vom Kopf und türmt ohne einen Pfennig. Am nächsten Tag prangt sein wunderschönes Foto in der Zeitung. Seitdem ist er auf der Flucht.«
»Erik, ich schlafe fast. Ich mache das Licht aus.«
Erik starrt noch eine Weile in die Dunkelheit. Ab und zu setzt er die Flasche an und lässt sich Wodka in den Mund laufen, schluckend, bis die Flasche leer ist. Draußen ist alles still, der Regen hat aufgehört. Vera schnauft gleichmäßig; vorsichtig, damit sie nicht aufwacht, legt Erik seine Hand auf ihr Schienbein.
Die Schneeinseln sind weiter geschrumpft. Unten an der Landstraße hält ein grüner Kastenwagen, aus dem fünf gut ausgerüstete Männer klettern, einer nach dem anderen. Der Vorderste deutet auf den Wohnwagen, und die fünf Männer steigen den Hügel hinauf, einer nach dem anderen, schwach beleuchtet vom verwischten Mond.

Axel Schöpp
Sahara des Nordens

Seit fünf Jahren leben wir überschaubar. Verreisen nicht länger als eine Woche und höchstens zweihundertfünfzig Kilometer von zu Hause entfernt. Katharinas Angst, zum Zeitpunkt des Todes ihrer Mutter abwesend zu sein, ist nach der letzten Diagnose ins Uferlose gewachsen. Am liebsten würde sie die Welt durch einen geographischen Einschnitt verändern: das Therapiezentrum auf die Insel oder die Insel neben das Therapiezentrum verlegen. Wir haben kein Zimmer reserviert, nicht einmal einen bestimmten Ort ins Auge gefasst. Die erste Nacht verbringen wir zwei Kilometer südlich von *Den Burg*. Hotels sind immer eine Notlösung, in unserer Lage aber die letzte Rettung. Auf der Insel sind alle Zimmer belegt, selbst in billigen Frühstückspensionen und in den Privatunterkünften bei holländischen Kleinbürgerfamilien im Hinterland ist kein Platz für uns. Katharina vermutet einen heimtückischen Komplott der Einheimischen gegen junge Deutsche in Not. Sie bereut, die todkranke Mutter allein zu Hause gelassen zu haben. Wenigstens das Hotel, das wir schließlich doch noch finden, sieht erträglich aus. Kein Betonklotz. Und die weihnachtlich rot blinkende Lichterkette über dem Eingang ist uns aus Schlafnot gleichgültig. Später in der Nacht kompensieren wir das ungute Gefühl, unter einem Dach mit reichen Touristen aus Deutschland zu übernachten, durch die Körperwärme des anderen.
Am nächsten Morgen sagt Katharina: »Drüben, der Strand. Ist militärisches Übungsgebiet!« Das muss sie nicht sagen, das steht auch im Reiseführer. Zerschossene Panzer, lose verstreut. Eine zuckerweiße Sandfläche. Der Himmel, zugedröhnt vom Lärm eines Nato-Kampfjets, ist erschreckend blau. Katharina fühlt sich an Bilder aus dem Golfkrieg erinnert. »Hör mal«, schreit sie, »wie sie den Teil der Insel hier nennen.« Als sich der Lärm des Nachbrenners gelegt hat, sagt sie: »Sahara des Nordens.« Sie reicht mir den Reiseführer und blickt zum Strand hinunter. Auf den schmalen Sandbänken vor dem militärischen Areal tummeln sich schwarze, hilflos auf dem Sand sich vorwärts windende Körper, Seehunde. Unbeeindruckt vom tosenden Lärm oder taub, suchen sie die Futterstellen auf, nehmen dösend ein Sonnenbad. Wo kein Scheinkrieg tobt, ist meistens Naturschutzgebiet.

Ich habe keine Zeitangabe im Kopf, als ich mir Katharinas Hand wie eine Waffe greife. Es ist kurz nach elf, denke ich und sehe dann auf das dunkelblaue Ziffernblatt meiner Armbanduhr. Halb zwölf, damit hätte ich nicht gerechnet.

Dann folgt ein Morgen wie er im Buche steht; wir rennen barfuß am Wasser entlang, hocken, die Finger lose ineinander verhakt, im Windschatten einer Düne. Da beginnt Katharina, nach vierwöchiger Abstinenz, meinen Mund mit ihrer Zunge auszufüllen. Ich habe plötzlich das Verlangen, mit ihr zu schlafen, und versuche zügig, ihren drahtigen Körper unter mir in den Sand zu legen. Aber sie stemmt sich dagegen, ohne den Kuss zu unterbrechen. Sie hat die Augen geschlossen, hinter den Lidern ist kein nervöses Zwinkern zu sehen. Es hat Momente gegeben, wo sie bei bestimmten Intimitäten erstarrte; aber nun gibt ihr Körper nicht mehr nach, wenn ich meine Hände um ihre Hüfte lege oder mir ein Haarbüschel am Hinterkopf greife. Sie ist wie eine Katze, die instinktiv Deckung vor den hastigen Berührungen eines Fremden sucht, der ich bin. Manchmal überlässt sie mir ihren Körper. Sie schläft unter mir ein, noch ehe ich fertig bin. Ich küsse ihre Stirn und höre langsam mit den Bewegungen auf. Ich rolle mich ab, meist lasse ich eine Hand auf ihrer Brust liegen und sehe sie an. Die Finger sind immer leicht auseinander gespreizt, es kann ja gar nicht anders sein. Wem diese Hand eigentlich gehört, hat sie mich einmal gefragt. »Dir«, habe ich gesagt und da hat sie gelacht. Das alles könnte mit der Krankheit ihrer Mutter zu tun haben. Ich denke, Katharina hat ein schlechtes Gewissen, Lust zu empfinden, während ihre Mutter zu Hause unter dem Blumenmuster der gesteppten Bettdecke ihrem frühzeitigen Tod entgegendöst. Aber das ist nur eine Vermutung, danach gefragt habe ich nie. Als wir mittags Oosterend erreichen, möchte Katharina sofort weiter; hier, in Oosterend, sei es so, wie sie es sich immer vorgestellt habe. Mein Argument, wir müssten lernen, Idyllen wie Oosterend weniger bedrohlich zu empfinden, verstärkt Katharinas Schuldgefühl gegenüber der todkranken Mutter nur, und ich verliere die Hoffnung auf mehrtägiges Glück.

Wir fahren weiter durch Dünen und Felder, an der schnurgeraden Landstraße entlang, die sich von einem Dorf zum nächsten zieht. Wir durchqueren die nächste Ortschaft, deren Häuser die niedrigsten auf der Insel sind, kommen an einem Schwimmparadies vorbei, Parkplätze und eingezäuntes Grün, Passat Kombis mit deutschen Kennzeichen, sonst nichts. Wir fahren lange geradeaus, weiter Richtung Norden. Der Norden ist das Tagesziel, die Kirche. Als wir Rast an einer Bushaltestelle machen, öffnet Katharina mit den Zähnen eine rote Kekspackung. Wir nehmen uns jeder eine Hand voll Kekse heraus und lauschen eine Weile dem seltsamen Knirschen in unseren Mündern. Die Keksreste auf unseren Zungen spülen wir mit dem Mineralwasser weg, das Katharina aus dem Therapiezentrum in Essen gestohlen hat. »Mutter ersäuft sonst am stillen Wasser«, erklärte sie mir später vor dem Eingang des Therapiezentrums. »Jeden Tag stellt die Stationsschwester meiner Mutter fünf neue Flaschen stilles

Wasser auf den Nachttisch. Ich finde, das hat nichts mit guter Behandlung zu tun. Das ist unglaublich stur von der Stationsschwester!« Mit einer blitzartigen Bewegung setzt Katharina die Flasche an den Mund, wirft ihren Kopf ruckartig nach hinten, als würde ihr eine innere Stimme befehlen, in wenig Zeit möglichst viel stilles Wasser auf einmal zu trinken. Da wird mir nach und nach klar, dass sie das stille Wasser für ihre Mutter mit trinkt. Ich beobachte ihren Kehlkopf, dieses spitze Organ, wie es sich bei jedem Schluck unter ihrer Haut nach vorne wölbt. Sie trinkt wie ein Mann, fällt mir auf. Bevor sie die Flasche zu mir hinüberreicht, wischt sie sich mit dem Handrücken über die Lippen. »Hier«, sagt sie, »du musst auch durstig sein.« Ich trinke nicht. Ich starre auf den Flaschenaufkleber, ein mit Schnee bedecktes Gebirge, starre auf die rostigen Felgen der geliehenen Räder. Anscheinend glauben wir immer noch, die Situation zu beherrschen.
Katharina fragt mich, was los sei.
Mit mir?, will ich antworten, oder mit dir? Aber ich bekomme kein Wort heraus.
»Meiner Mutter wird übrigens gerade das Ergebnis der CT-Untersuchung mitgeteilt«, sagt Katharina und sieht provozierend auf meine Armbanduhr.
Ich bewege meinen Kopf, dass es wie ein Nicken aussieht. Ich habe den Termin vergessen, wie den Termin vor drei Wochen, wie die hundert Arzttermine davor. Ich verdränge sie. Ich spiele meinem Gedächtnis bösartige Kinderstreiche, betrüge eiskalt meine Erinnerung. Wer mit dieser Flut von Terminen, Untersuchungen und negativen Diagnosen lebt, lernt, nichts mehr für selbstverständlich zu halten. Man schließt einmal kurz die Augen, dreht sich weg, um zu sehen, dass es etwas anderes gibt, aber das, was man von der Gegenwart sieht, ist auch überschattet. »Nichts ist hell«, sage ich. »Wieso, die Sonne scheint doch«, sagt Katharina und reißt mir die Flasche aus der Hand, die sie in kleinen, hastigen Schlucken leert. »Die Manipulation eigener Gedanken ist Zeitverschwendung«, versuche ich noch einmal etwas zu sagen, was etwas erklären könnte. »Ist etwas erst einmal dunkel, dann für immer.« – »Sag mal«, sagt Katharina, »spinnst du?« Sie hat Recht, letztlich wird die Krankheit alle Beteiligten den Verstand kosten, die Frage ist nur, wie man sich bis zum Tag X sinnvoll beschäftigt. Windmühlen zählen? Oder die holländischen Schafe, deren Hunger wohl durch keine der sattgrünen Wiesen hier je gestillt wurde? Ich schlage vor, dass wir uns in das Feld gegenüber legen und abwarten, was passiert. Katharina wäre nicht einmal abgeneigt, kennt aber die aktuellen Blutwerte nicht.

Im nächsten Dorf, das wir erreichen, schieben wir unsere Räder vorschriftsmäßig durch eine von restaurierten Bauernhäusern eingeengte Straße mit dem Namen *Kikkertstraat*. Am Ende der Straße schließen wir unsere Fahrräder zusammen an einem Birkenbaum ab, überqueren die Straße. Eine deutsche Familie mit hellblonden Zwillingen im Bollerwagen läuft eilig und mit konzentriert erhobenen Häuptern an uns vorbei; Katharina schaut kopfschüttelnd hinter ihnen her und sagt, niemals, sie wolle niemals im Leben Zwillinge haben. Wir bleiben vor dem hölzernen Portal der Kirche stehen und schauen nach oben. Der Himmel ist immer noch unbewölkt, aber jetzt ohne Dröhnen. Katharina weist mich auf die Kanzel hin. »Prunkstück der Gemeinde«, sagt sie, »siebzehntes Jahrhundert.« Im Vergleich zur braven Dorfarchitektur arg deplaziert, befinde ich.

Trotzdem ist sie nicht davon abzubringen, sich die Kirche von innen anzusehen. Ich bin erstaunt. Seit Ausbruch der Krankheit hat sie keine Kirche mehr freiwillig betreten. Allerdings hat sie am Pfeiler des heiligen Longinius den blanken Fuß der Bronzestatue St. Peters geküsst, letzten Sommer, in Rom, als die Blutwerte ihrer Mutter stabil waren und wir auf das Wundermedikament aus Amerika hofften, dass es möglichst schnell vom Index gestrichen würde.

Katharina tunkt einen Finger ins abgestandene Wasser des Taufbeckens. Sie hält den Finger vor ihr leicht gerötetes Gesicht. Sie betrachtet den nassen Finger, ohne ihn besonders ernst zu nehmen. Sie schließt die Augen vor dem eigenen Finger. Die Bewegung, mit der sie sich bekreuzigt, geschieht wie in Trance, dann öffnet sie ein wenig den Mund und beginnt leise *Vater unser* zu beten. Sie betet: *Vater unser im Himmel, geheiligt werde Dein Name, Dein Reich komme, wie im Himmel, so auf Erden.* Nur ich weiß, an wen sie denkt, das macht moderne Liebe aus. Erst jetzt fällt mir auf, wie kühl und menschenleer es in der Kirche ist. Niemand sitzt in den Kirchenbänken. Der Altarteppich ist schmutzig; ich sehe weder Madonnenstatuen noch Heiligenbilder in den vier ovalen Fenstern, durch die Sonnenstrahlen auf einen reich gedeckten Altartisch fallen. Wahrscheinlich Sparmaßnahmen. Die Altarstufen sind abgenutzt, als würden täglich Kinderhorden von ehrgeizigen Religionslehrern mit rotem Notenbuch im Rücken zum Altar hochgejagt. Ich kann mir nicht vorstellen, dass hier je ein Priester im Ornat hinter dem Predigtpult gestanden hat, den Blick mit heiligem Ernst aufs Messbuch gerichtet, biblische Einsichten über Leben und Tod, den Mythos der Auferstehung verkündend, und am Ende der Messe, des Gebetszwangs, der wunden Knie, Hostien und Rotwein an die Dorfgemeinde verteilt hat. Zumindest gibt es eine Orgel und glänzende Kerzenhalter aus Bronze auf dem Altar, rechts vom Kreuz Jesu. Ich gehe zur Kirchenbank weiter, zwänge mich in die dritte Reihe, weiterhin Katharinas Gebetsmühlen im Ohr, mit einer Stimme, die eher fremd als vertraut klingt, obwohl sie gar nicht an Gott glaubt. Eher an den Einzug der Gelassenen ins Nirwana, seitdem sie ein Buch mit dem Titel *Vom Geist des Zen* gelesen hat. Aber sicher ist sie sich auch nicht, was am Ende mit uns passiert. Als ich mich wieder nach Katharina umschaue, sehe ich sie im hinteren Teil der Kirche eine Opferkerze anzünden. Woher hat sie Feuer?, frage ich mich. Im Opfertisch steckt keine einzige brennende Kerze. Woher hat sie das Feuer für die Kerze? Das Rauchen hat sie nach der entscheidenden Diagnose für ihre Mutter sofort aufgegeben.

Katharina drückt die Handflächen vor der Brust gegeneinander, bekreuzigt sich erneut, tritt einen Schritt zur Seite, dann sehe ich, wie sie nach einer Bibel aus dem Schriftenstand greift. Mit welcher Geduld sie die dünnen Seiten durchblättert. Welche Stelle sucht sie denn? Was sie für große Augen macht, wenn sie mit einem Finger die Zeilen entlangrast. Ich versuche die ganze Zeit, mich zu erinnern, seit wann sie sich für die Heilige Schrift interessiert. »Altes oder Neues Testament?«, rufe ich und meine Stimme hallt gellend laut in den Kirchenwänden nach. Katharina legt einen Finger auf die Lippen und sieht mich ermahnend an. Seit der Julidiagnose ist sie täglich neben der Spur.

Habe die Todkranke, bis sie einen Meter vor uns stand, nicht erkannt. »Sieh mal, da ist ja meine Mutter«, hat Katharina gesagt, als sich uns eine Frau langsam von der schmalen Dorfstraße näherte. Ich glaube, selbst Katharina hat anfangs keine direkte Verbindung zwischen den Personen herstellen können. Nur langsam hat sich die intuitive Vorstellung von ihrer Mutter mit der äußeren Erscheinung der Frau auf der schmalen Dorfstraße gedeckt.

Nun ist der Zeitpunkt gekommen, an dem Frau Rochelle vor uns steht. Wir können ihm und ihr nicht mehr ausweichen. Man kann sie nur schwer beschreiben. Eine Frau, die so aussieht, als käme sie von ganz woanders her. Letztes Jahrhundert, femme fragile? Sie hat ein blasses Gesicht, das weiße Kopftuch ist bis über die Augenbrauen runtergezogen, ihr magerer Körper wirkt verloren in dem weiten Sommerkleid und aufgedunsene Füße stecken mit rot lackierten Zehennägeln in zu engen Slingpumps. Es gibt einen roten Fleck in Frau Rochelles rechtem Auge. Der HB-Wert ist bestimmt noch einmal gesunken, vielleicht unter 3,4 jetzt.

Die Todkranke presst angestaute Luft durch die leicht geöffneten Lippen, klagt über Schwindel, Kopfschmerz, Appetitlosigkeit. »Fieber«, sagt sie, »habe ich allerdings keines.« Ob Katharina ihr die Stirn abtasten will?

»Du bist verrückt!«, sagt Katharina. »In deinem Zustand solche Strapazen auf dich zu nehmen.«

»Nein!«, sagt die Todkranke. »Ich bin normal.« Ohne Familienangehörige hätte sie sich nie auf die Insel gewagt, trotz dreiwöchiger Therapiepause. Da wäre sie lieber zu Hause geblieben, im Bett, vor dem Fernseher, anstatt als todkranker Single zu verreisen. Dann erinnert sich die Todkranke im Schatten der Kirche daran, wie es früher war. An Salzluft erinnert sie sich, die sie ohne Schmerz in der Lunge eingeatmet habe. Ans leichtfüßige Vorwärtskommen im

Sand, ohne elektrisierendes Gefühl in den Fersen, erinnert sich an ein Leben ohne Stechen in den Kniekehlen. Und ohne die blonde Perücke! »Im Grunde bin ich austherapiert«, sagt die Todkranke und streicht Katharina mit einer Hand über die Schulter.

Abends liegt Frau Rochelle erschöpft atmend im Bett, hat die Decke bis knapp unter das Kinn gezogen und friert. Schüttelfrost, was zur Krankheit gehört wie Kalziummangel, Kaliummangel, Eisenmangel. Frau Rochelle ist gesundheitlich gesehen ein Mangelwesen und wird von ihrer Umwelt auch so eingestuft, was sie spürt, jeden Tag. Was es ihr so schwer macht, sich nicht abgegrenzt vom Leben der anderen zu fühlen. Als hätte man sie eines Tages in einer Raumkapsel auf einen anderen Planeten geschossen und vergessen. Ich sehe nervös auf meine Armbanduhr, es ist kurz vor sieben. Ich schlage vor, Abendessen zu gehen, doch meine Frage ist überflüssig. Katharina weiß genau, was zu tun ist. Sie setzt sich auf den Bettrand, legt Frau Rochelle den Handrücken auf die Stirn und sagt: »Du hast Temperatur, Mutter. Möchtest du schlafen? Wenn du willst, rufe ich den Portier an. Ob wir eine Nacht länger bleiben dürfen. Vielleicht gewährt er uns eine Liege und wir können das Einzelzimmer sparen.« Im richtigen Augenblick Einwände geltend zu machen, ist nie meine Stärke gewesen. Katharina fragt sich manchmal, bei langen Autofahrten, warum sie ausgerechnet meinetwegen Lars Mattheuer verlassen hat, ihre erste große Liebe. Mattheuer ist heute dreißig, in einer erfolgreichen Hamburger Anwaltskanzlei tätig und hat trotz Berufsstress das Klavierspiel nie vernachlässigt. Ebenso gut könnte sie meinen Gurt ausklinken und mich vom Fahrersitz auf den Asphalt stoßen. »Nehmt bloß keine Rücksicht auf mich. Ich will niemandem Leid tun. Wenn ich morgen das Meer sehe, ist es vielleicht zum letzten Mal. Na und! Bis heute weiß keiner, wann er stirbt«, sagt Frau Rochelle und öffnet ein Auge, das mich prüfend fixiert.

Nach dem Abendessen fühlen wir uns hellwach und gehen nicht sofort ins Hotel zurück. Im Strandkorb 23 erkläre ich Katharina vergeblich, dass ich nichts gegen ihre Mutter habe. Aber meine Bewegungen, Blicke, meine Worte der Todkranken gegenüber seien destruktiver Art. Gäbe es einen neutralen Dritten in unserer Beziehung, würde der ihre Beobachtung nur bestätigen.

Am Meereshorizont erkennt man inzwischen die Farben der untergehenden Sonne. Nicht mehr lange, und es wird in einem südlichen Erdabschnitt hell. Wenn ich Frau Rochelle an manchen Nachmittagen im Monat allein im Therapiezentrum besuche, liegt sie meist regungslos auf dem Bett und hat die Hände auf dem Bauch gefaltet. Sie kann keine Bücher mehr lesen, nur Illustrierte und Tageszeitungen. Ihr Kopf ist durch die scharfe Dosierung der Zytostatika wie leer gepustet. Aus Müdigkeit und Langeweile muss sie die Bilder auf dem Fern-

seher an der Wand verfolgen: Talkshows, Glücksspiele, Daily-Soap-Serien. Von morgens bis abends, von abends bis morgens. Glatte Gesichter, gebügelte Worte, einstudierte Gesten im fadenscheinigen Studiolicht. »Das stimmt doch alles gar nicht«, sagt sie manchmal, oder: »Die wollen mich doch verarschen, du«, und wird wütend. Zwischendurch, meistens mitten in der Nacht, dämmert sie unruhig vor sich hin oder starrt auf die weiße Flüssigkeit im Infusionsschlauch, der in ihrem rechten Unterarm beginnt und in einer bauchigen Flasche hoch über ihrem Bett endet. Sie könne keine Spielfilme mehr sehen, denn da müsse sie sich zu stark auf die Handlung konzentrieren. Beim letzten Besuch hat Frau Rochelle mir gesagt, der Abstand vom Leben würde mit jeder Minute größer, aber es wäre nicht so schlimm wie wir Gesunden denken. Sie habe die Protokolle von Menschen, die kurz vor dem Tod ins Leben zurückgekommen seien, studiert. Sie sei fest davon überzeugt, dass es mit ihr schon irgendwie weitergehe. Sie hoffte, als seltenes Tier wiedergeboren zu werden. Als Antilope, die grazil an den Jeeps mit Touristen vorbei über die afrikanische Savanne rast. Natürlich sei das eine übertriebene Vorstellung. Dann hat Frau Rochelle mir gesagt, ich soll ihr eine schöne Episode aus meiner Kindheit erzählen. Ich habe sie gefragt, warum ich das soll, da hat sie mich mit einem dieser bestimmten Blicke in die Ecke des Krankenzimmers gedrängt und schließlich habe ich ihr eine Geschichte aus meiner Kindheit erzählt. »Helle Räume« hieß die Geschichte. Es geht darin um einen Jungen, der eines Sonntags aufwacht und bemerkt, dass ihn seine Eltern verlassen haben. Ich habe ziemlich dramatisch vor mich hin erzählt und die ganze Zeit auf meine Schuhspitzen gestarrt, um mich besser konzentrieren zu können. Frau Rochelle saß aufrecht im Bett und musterte mich skeptisch, während ich von hellen Räumen erzählte. Als die Geschichte zu Ende war, hat sie gesagt, das könne nicht wahr sein. Das hätte ich erfunden. Mein Kopf sei voll dunkler Phantasien, ausgerechnet mich müsse ihre Tochter lieben. Ihre Augen füllten sich mit Tränen, sie hat gesagt: »Kennst du den Jungen wenigstens, der ertrunken ist? Ich will das jetzt von dir wissen!« Ich habe genickt, und sie hat geweint. Sie hat so laut geweint, dass die Krankenschwester ins Zimmer gestürzt kam. Dann hat sie ganz schnell wieder aufgehört zu weinen und ließ sich die Fernbedienung reichen.
Als Katharina aufwacht, fragt sie mich, ob ich Lust habe, im Meer schwimmen zu gehen.

Am nächsten Morgen verlassen wir früh das Hotel. Nach kurzer Suche sind wir erfolgreich und finden in Den Burg eine preiswerte Frühstückspension. Das Reisegepäck tragen wir geschultert hinauf zu den Zimmern, über poröse, seit Jahren nicht gebeizte Stufen. Wir fragen uns, warum wir nicht stehen bleiben, als seien wir noch echte Liebende, die blind dem nächsten sexuellen

Ereignis entgegensteuern. Der Unterschied ist: nach Betreten des Zimmers stürzen wir nicht in die Laken, um einander die Kleidung vom Körper zu reißen. Das erscheint uns jetzt fremd und willkürlich. Stattdessen inspizieren wir skeptisch Betten, Kleiderschränke, Nachttische auf ihre Tauglichkeit. Klemmen die Schubladen? Gibt es warmes Wasser, sind genug Kleiderbügel da? Frau Rochelle ist kraftlos im Hotel geblieben. Sie hat uns beim Frühstück große Vorwürfe gemacht, wegen gestern Abend. Wir hätten früher wieder im Hotel sein sollen. Sie habe sich wie auf einem Abstellgleis gefühlt. Für den heutigen Tag hat sie sich jedenfalls vorgenommen, unser Glück nicht zu gefährden. Sie will am Meer entlang spazieren, bis sich ihr Körper auflöst. »In Luft!«, hat sie wie selbstverständlich zu Katharina gesagt.
Im Fenster eine strahlende Mittagssonne über roten Ziegeldächern. Katharina lächelt. Sie ist begeistert von dem neuen Zimmer. Wie hart die Matratzen im Vergleich zu denen in den Hotelbetten sind. Da hat sie sich gerade mit dem Rücken aufs Bett geworfen, die Arme liegen über ihrem Gesicht, in einem Winkel, dass ich nur ihren Mund erkennen kann. Ich stehe am Waschbecken und lasse kaltes Wasser über meine Handgelenke laufen. Es hat keine Bedeutung, dass ich es tue.
»Die Toilette ist auf dem Flur«, sage ich in den Spiegel. »Vergiss nicht abzuschließen. Man weiß nie, wer in den anderen Zimmern wohnt.«
»Jetzt hast du auch noch Angst um mich«, sagt Katharina.
Im Zimmer riecht es modrig, jahrhundertelang nicht geöffnete Keller und Speicher haben denselben Geruch. Ich trete ans Fenster, reiße die Läden auf und lüfte durch. Den Blick auf die hellbraunen Kreise des Teppichs konzentriert, sitze ich auf dem Bettrand und warte, bis Katharina wieder ins Zimmer kommt.

Der Versuch meiner Hände, ihren Körper an den Lenden waagerecht unter meinen zu ziehen, ist vor wenigen Sekunden erneut gescheitert. Katharina rollt sich auf die Seite, wickelt sich eine Strähne um den Finger, sie beißt sich in einer Haarspitze fest und fragt mit ernster Stimme, wo ihre Mutter gerade sei. »Sie sitzt im Strandkorb und isst Eis«, sage ich. Sofort weicht die Anspannung aus ihrem Gesicht, und ich höre, wie Katharina in leises Gelächter ausbricht, wie sie sich schließlich Sätze lang über Krankheit, Sterben und Tod amüsiert. Stößt mich dann ohne Vorankündigung zurück aufs Bett, sagt mit verstellter Stimme: »Neue Dynastien brechen an!« – »Was?« – »Lass mich!« Sie rückt, wie zur Verstärkung der Offensive, mit dem ganzen Körper nach, rahmt mich mit langen schwarzen Haaren ein. Sie riechen nach Salz, nach Salz. Ich sehe noch, wie sie meine Hände fest ins weiße Laken drückt, spüre ihr Kinn in meiner Schultermulde. Sie hält mich gefangen. Nein, stimmt nicht: Ich lasse zu, dass sie mich gefangen nimmt. Jederzeit könnte ich ausbrechen, ihren Körper herumwerfen in eine andere Stellung, die mir gefällt. Nähe zerstören, worin ich eine meisterliche Fähigkeit besitze. »Hör endlich auf zu spekulieren!«, sagt Katharina und steckt die Zunge in mein Ohr. Irgendwann sind wir nur noch laut, als ob wir uns so verlorene Rechte wieder erkämpfen könnten.

Eine Stunde später sitzen wir im Strandrestaurant, geduscht; eine hohe Fassade aus Plexiglas schützt uns vor dem Wind, der vom Meer kommt. Von Sex zerschlagen, fällt zuerst mir, dann Katharina, die in durchsichtiges Plastik eingeschweißte Speisekarte vom Tisch. Ich beuge mich herunter, hebe sie auf. Ich lege sie zurück in die Mitte des Tisches, zwischen unsere Hände. Wir suchen die Karte mit den Fingern nach Speisen ab, dann gibt Katharina mir das Zeichen. Ich winke den Kellner heran, bestelle das Mittagsmenü und eine Literflasche Mineralwasser. Inzwischen scheint Katharina jegliches Interesse am Tagesablauf ihrer Mutter verloren zu haben. Wenn ich ihren Gesichtsausdruck richtig einschätze, sieht sie glücklich aus.
Ich weiß nicht, warum Katharina sich plötzlich ekelt, vor dem Strandrestaurant, den Metallstühlen und der schmierigen Tischplatte. Vielleicht ist es der stumpfe Blick des gebratenen Fischs vom Teller hoch, der sie empört. Was nichts daran ändert, dass mir der Fisch ausgezeichnet schmeckt. Red Snapper, goldbraun gebraten. Ich esse den Fisch, während Katharina ihn unberührt auf dem Teller liegen lässt und mir zusieht.
»Was ist?«, sage ich. »Iss den Fisch.«
Sie schüttelt den Kopf.
»Der Fisch ist hervorragend. Mit Cayennepfeffer gewürzt.«
»Zu spät«, sagt sie. »Ich habe meinen Appetit für immer verloren.«
»Sag mal«, sage ich.
Beim Bezahlen, als ich dem Kellner ein reiches Trinkgeld für den wunderbaren Koch überreiche, erhebt sich Katharina vom Stuhl. Ich sehe, wie sie sich langsam der Fassade nähert, die Hände an die Schläfen gepresst, blickt sie durch das Plexiglas zum Strand hinunter und zuerst langsam, dann immer schneller, schlägt sie die Fäuste gegen das Plexiglas, schlägt so fest zu, dass ich befürchte, das Plexiglas wird zersplittern und der Kellner das zersplitterte Plexiglas mit auf die Rechnung setzen.
Katharina will mir nicht sagen, was sie gesehen hat.
Ich erfahre es vom Kellner, der auf einem weißen Teller die Rechnung bringt: »Kleine Frau mit durchsichtigem Rücken steht vor Meer und zielt mit Steinen auf Möwen«, sagt er mit schneller, sich verhaspelnder Stimme.
»Das hätte ich niemals, so aufrichtig, niemals sagen können«, befindet Katharina und rennt wütend zum Strand hinunter.

Antje Rávic Strubel
Hemingway oder Der Anfang von etwas

Das Camp lag fünfhundert Kilometer Luftlinie und sechzehn Stunden Busfahrt von Berlin entfernt inmitten einer schwedischen Ortschaft. Vor einigen Jahren war hier noch eine platte Wiese gewesen mit Brennesseln und Butterblümchen, die an Häuser und Gartengrundstücke schwedischer Kleinfamilien grenzte. Der Holzschuppen am Rand der Wiese hatte im ersten Jahr als Küche, Schlafgelegenheit und Werkstatt gedient. Inzwischen wurde er als Lager benutzt, in dem unzählige Kanupaddel, Packsäcke und Schwimmwesten aufbewahrt wurden, die alle den Schriftzug *Hemingway* trugen. *Hemingway* war der Name des Camps, und obwohl niemand wusste, wie die Campleitung auf diesen Namen gekommen war, hatte man die Schwimmwesten damit ausgestattet, damit die Zugehörigkeit der Ausrüstung und ihrer Benutzer zu diesem Camp jederzeit erkennbar war. Für die Busfahrer, die in den Sommermonaten vierzehntägig zwischen Berlin und dem Camp hin- und herpendelten, war dieser Name so gut wie jeder andere, sie hielten sich an das Schild, das auf den versteckten Abzweig kurz hinter dem Ortseingang hinwies. Vielleicht rührte der Name daher, dass das Camp in einem Seengebiet lag oder dass seine Betreiber, die hauptsächlich aus Thüringen und Ostberlin stammten, eine seltsame Assoziation von Ursprung und Freiheit mit ihm verknüpften. Sie hatten den Namen beibehalten, obwohl sich bereits einige Teilnehmerinnen der geführten, vierzehntägigen Kanutouren über die darin transportierte Einseitigkeit der Perspektive beschwert hatten. Möglicherweise hatte die Campleitung den Namen auch wegen der Tipis lieb gewonnen, die man im vorletzten Sommer aufgestellt hatte, nachdem man zwei Wochen damit beschäftigt gewesen war, die Stämme zu fällen und zu hobeln, ohne es je vorher gemacht zu haben. Sie hatten sich dazu an die Anweisungen einer alten Cheyenne-Indianerin aus einem Lehrbuch gehalten, und so standen jetzt Cheyenne-Tipis mit schön gekreuzten, blanken Tannenstämmen auf der Wiese und erinnerten daran, dass nichts und niemandem ein fester Platz auf der Welt vorherbestimmt war.
Die weiß glänzenden Stoffbahnen, die die Stämme umgaben, waren von Regen und Sonne inzwischen ausgebleicht genug, um den Anschein zu erwecken, dass es sich um Originalstücke handelte, und Sylvi und Katja hatten in der ersten Nacht nach ihrer Ankunft zusammengerollt neben der Feuerstelle darin geschlafen wie im Vorjahr.
Es war ein hohes Zelt, das trotz der Luftzirkulation, die durch die Öffnung in der Spitze des Zeltes ständig in Gang gehalten wurde, die Wärme hielt, und

nicht zu vergleichen mit den schnell aufstellbaren, aber kleinen Doppelzelten, in denen sie schliefen, seit sie draußen auf dem See unterwegs waren.
Sie befuhren jetzt den zweiten Tag den Stora Le. Er dehnte sich bis nach Norwegen aus und besaß aufgrund seiner Größe auch an windstillen Tagen eine bewegte, zerklüftete Wasseroberfläche.
In dieser Nacht hatten sie ihre Zelte auf Trollön, einem hoch aufragenden Felsen, aufgeschlagen. Sylvi und Katja paddelten auf den See hinaus, um zu angeln, und ließen die Gruppe und das Lagerfeuer zwischen den Zelten zurück. Sie hatten zu angeln begonnen, als der Grund von den flachen, felsigen Stellen des Ufers zu tiefem Wasser abfiel. Sie angelten auf der Mitte des Sees, wo sie Tiere von der gegenüberliegenden Seite rufen hörten, die sich mit dem fernen Geräusch von Nationalhymnen mischten, die die Frauen am Feuer vor einer Weile zu singen begonnen hatten.
»Hatten sie Kanada schon?«, fragte Sylvi.
»Ich glaube ja.«
»Im letzten Jahr haben sie Kanada vergessen. Dabei ist das hier so nahe liegend.«
»Weil sie sich einbilden, die Tipis wären bei den Hippi-Indianern eines kanadischen Reservats gegen halluzinogene Substanzen eingetauscht worden?«, sagte Katja. »Wie kommen sie überhaupt auf sowas Blödsinniges wie Nationalhymnen.«
Sie stach das Paddel senkrecht ins Wasser und zog durch, was Sylvi mit einem sorgfältigen Schlag ausglich.
»Vielleicht weil es das Einzige ist, wovon sie den Text kennen«, sagte Sylvi.
»Kannst du dich an die Texte erinnern?«
»Ja, eben.«
»Sie sind mehr wie Volkslieder.«
Katja sagte nichts. Sie paddelten langsam weiter und achteten darauf, dass sie nicht in die Sehne der Angel gerieten.
Dann legte Katja das Paddel aus der Hand, und nur die Steuerschläge Sylvis hielten das Boot noch in leichter Bewegung in Fahrtrichtung.
»Sie beißen nicht an«, sagte Katja.
»Noch nicht«, sagte Sylvi und passte auch während des Sprechens auf die Angel auf, die zwischen ihr und Katja aus dem Boot ragte. Sie fischte gern. Sie fischte gern mit Katja. Sie hatte es im letzten Jahr zum ersten Mal getan.
Unter ihnen im Wasser zog ein Schatten entlang, der ein Fisch sein konnte. Aber wegen der Dunkelheit war er nicht gut zu erkennen, und als Katja die Angel aus dem Wasser zog, war der Köder abgefressen, und sie musste einen neuen Wurm auf den Haken drücken. Sie nahm ihn aus dem Glas, in dem sie vorhin, als es noch hell war, die Würmer gesammelt hatten.

»Sie fressen«, sagte Sylvi.
»Aber sie beißen nicht an«, sagte Katja.
Das Kanu schaukelte, als sie weit ausholte und die Sehne davonschnellen ließ. Sie gab ein helles Geräusch, das kurz die Geräusche der Tiere und der singenden Frauen überlagerte. Dann verschwamm die Sehne mit der Dunkelheit, und das Einzige, was sie erkennen konnten, war das wippende Rot des Schwimmers, das jetzt zu einem fahlen Grau geworden war.
»Was meinst du, wie lange sie das durchhalten?«, fragte Sylvi.
»Shhht. Nicht so laut.«
»Wie lange«, flüsterte sie.
»Was denn?«
»Wie lange sie noch singen, ohne dass ihnen die Texte ausgehen.«
»Sie sind ausdauernd«, flüsterte Katja. »Diese ganze Gruppe. Wenn ich nichts gesagt hätte, würden sie jetzt noch paddeln! Jeden Tag über zwanzig Kilometer! Und heute haben sie die Verpflegungstonnen auf diesen Felsen hochgeschleift, als gäb's dafür 'ne Medaille.«
»Du warst auch für Trollön«, sagte Sylvi. »Wie im letzten Jahr. Weil es dir so gefallen hat. Du hast gewusst, wie es hier aussieht.«
Sylvi hielt das Boot auf Kurs und achtete beständig darauf, dass ihr Paddel nicht der Angelsehne in die Quere kam. Wenn sie sich über den Rand des Bootes beugte, konnte sie nichts erkennen. Tagsüber sah man deutlich die Köpfe auf den Wellen tanzen, aber jetzt sah aus der Dunkelheit nichts zurück.
Sie warfen die Angel noch zweimal auf die gleiche Art aus. Dann holte Katja die Angel ein, legte sie hinunter ins Boot und griff nach ihrem Paddel. Sie zog das Kanu in einem Bogenschlag herum, den Sylvi zu spät parierte, und das Kanu kippte leicht nach rechts. Aber sie waren geübt genug, um rechtzeitig dagegenzusteuern, und dann trieben sie das Boot in einem schnellen Rhythmus in Richtung Ufer. Katja nahm die Geschwindigkeit auch in Ufernähe nicht zurück, so dass das Boot ein ganzes Stück den Strand hinauflief. Das Aluminium schabte über den Sand, was Kratzer gab, für die die Scout sie, wenn sie sie morgen entdeckte, verantwortlich machen würde. Aber Sylvi sagte nichts. Sie stieg aus dem Boot, warf Paddel und Angel ins Gras, und es brauchte die ganze Kraft, um das Boot noch weiter den Strand hinaufzuziehen und es umzukippen, so dass alles Wasser herauslaufen konnte.
»Was ist denn los, Katja«, fragte Sylvi.
»Ich weiß nicht«, sagte Katja und holte Holz, obwohl oben am Feuer bereits mehr gelegen hatte als für einen Abend benötigt wurde. Aber Katja trug das Holz nicht zu den anderen hinauf, sondern warf es auf die kleine, illegale Feuerstelle, die jemand aus vier Felssteinen angelegt hatte, und versuchte es im

Windschatten in Gang zu setzen. Auch dazu sagte Sylvi nichts, obwohl sie befürchtete, dass die Scout herunterkommen und sie an die Vorschriften erinnern würde. Sie ging zum Boot und holte die Decke, und als sie zurückkam, war Katja auf dem Weg nach oben. Der Wind blies den Rauch gegen die Felsen, und deshalb breitete Sylvi die Decke zwischen dem See und dem Feuer aus. Sie saß mit dem Rücken zum Feuer und wartete auf Katja. Sie dachte dabei an nichts. Sie sah die zwei Nächte, die sie in den Tipis verbracht hatten, vor sich. Zuerst sah sie die Nacht von vor einem Jahr und dann die von vor einigen Tagen. Sie hatten jedes Mal an derselben Stelle geschlafen, an der dem Eingang gegenüberliegenden Seite, und zuvor hatten sie in ihrem Doppelschlafsack fast lautlos gevögelt. Sie dachte an die Gänsehaut, die sofort an Katjas Hüfte entstanden war, als sie ihre Hand dort hatte entlanggleiten lassen, und wie sie, während Katja sich bereitwillig auf den Rücken gedreht hatte, die Linie zu ihren Schenkeln hin abwärts geglitten war. Sie dachte daran, wie weich die Haut an der Innenseite der Schenkel gewesen war, als sie ein Bein dazwischengeschoben und sich sanft auf Katja gelegt hatte. Lautlos hatte sie das gemacht, nur das dünne Rascheln war zu hören gewesen, das entstanden war, als sich das Kopfteil des Schlafsacks mit ihrem aufgerichteten Körper angehoben hatte. Sie hatte im Dunkeln gespürt, wie Katja sich ihr entgegenstreckte, und einen Arm um ihre Hüfte gelegt, um sie festzuhalten, bevor sie leicht und mit der anderen Hand in sie hineingerutscht war. Mein Mädchen, hatte sie gesagt, mein geliebtes Mädchen, und Katja hatte geflüstert, es wäre egal, wie herum sie es hielten, und es wäre gut.
Die Nächte unterschieden sich in nichts, abgesehen von kleinen Auslassungen, wie sie auftraten, wenn man etwas zweimal erzählte. Aber auch dann waren es immer noch zwei Bilder, die man exakt übereinander legen konnte.
Sylvi umschlang ihre Knie. Es war nicht ganz dunkel. Der Feuerschein reichte bis zum Wasser, und sie konnte die Boote liegen sehen. Das Feuer schimmerte auf dem Aluminium.
Dann kam Katja zurück und setzte sich dicht neben sie auf die Decke. Hinter ihnen war der steile Pfad, der zwischen den Felsen hindurch nach oben verlief, und vor ihnen lag die Bucht, die auf den Stora Le hinausführte, von wo aus es nach links zum Camp zurück ging. Aber wenn man weiter um Trollön herumfuhr, gelangte man nach Norwegen.
Katja hatte Teig mit heruntergebracht und zwei Stöcke mit geschälten Spitzen, um die sie den Teig als Zopf rollen und dann über dem Feuer rösten konnten. Er war süß und schmeckte nach Hefe.
»Mir ist gar nicht nach Essen«, sagte Katja.
»Dann tu doch wenigstens so. Du hast es doch extra heruntergeholt.«
»Schön«, sagte Katja.

Sie legten den Teig zu Zöpfen und hielten die Stöcke dicht über die Glut, so dass die Flammen den Teig nicht verbrannten, und beobachteten den Feuerschein auf dem Wasser.
»Heute kommt noch der Mond raus«, sagte Katja. Sylvi sah über die Bucht hinweg zu den Linien, die das Land auf der anderen Seite markierten. Die Linien hoben sich scharf gegen den Himmel ab. Sie wusste, dahinter kam jeden Moment der Mond hoch, denn auch solche Dinge wusste man beim zweiten Mal.
»Ich weiß«, sagte sie vergnügt.
»Du weißt alles«, sagte Katja.
»Hör doch auf.«
»Ich kann nichts dafür«, sagte Katja. »Du weißt alles. Und ich weiß alles. Man hat uns alles beigebracht. Von Anfang an. Das ist das Unglück. Und du weißt es. Wir sind hier nur zwei Figuren, die die Arschkarte gezogen haben.«
Sylvi sagte gar nichts.
»Was wissen wir eigentlich nicht? Wir haben nichts neu erfunden. Wir können nichts neu erfinden, weil alles schon da ist. Wie diese blödsinnigen Nationalhymnen. Die einer nicht mehr aus dem Kopf gehen.«
»Sei still«, sagte Sylvi. »Sei einfach still.« Und dann: »Da kommt er.«
»Klar kommt er. Was denn sonst.«
Sie saßen auf der Decke ohne sich zu berühren und sahen zu, wie der Mond aufging. Vor wenigen Tagen, dachte Katja, nachdem sie den Schlafsack schon eine Weile geschlossen und im Dunkeln gelegen und gelauscht hatten, wie der Wind gegen die Zeltwand des Tipis schlug, hatte Sylvi ihr das Shirt hochgezogen, ihren Handrücken an der Hüfte entlang zu ihren Schenkeln geführt und sich auf sie geschoben. Sie hatte ihr mit dem Knie die Beine gespreizt, ihr Dinge ins Ohr geflüstert, von denen sie wusste, dass sie Katja erregten, und sich dabei fast lautlos im Schlafsack den Gürtel angelegt. Sie hatte gesagt, mein Mädchen, und Katja hatte flüsternd geantwortet, es wäre egal, wie herum sie es hielten, es spielte überhaupt gar keine Rolle und änderte auch nichts, und sonst war nur das Rascheln zu hören gewesen, mit dem das Laken an der wasserdichten Außenschicht des Schlafsacks rieb. Sylvi hatte sie geküsst und sie dann heftig und gekonnt gevögelt, bevor sie übergangslos und mit nur halb abgebundenem Schwanz neben ihr eingeschlafen war.
»Was redest du für ein Zeug«, sagte Sylvi. »Was ist denn eigentlich los?«
»Ich weiß nicht.«
»Natürlich weißt du's.«
»Nein, wirklich nicht.«
»Los. Sag's.«
Katja sah weiter auf den Mond, der über die Hügel auf der anderen Seite hinaufkam. »Es macht keinen Spaß mehr. Das weißt du doch.«

Auch Katja wusste alles. Trotzdem hatte sie Angst, Sylvi anzusehen. Dann sah sie sie an, weil sie auch das schon wusste. Einen Moment bevor sie es tat, wusste sie, dass sie Sylvi ansehen würde. Sylvi saß da und wandte ihr den Rücken zu. Katja sah ihren Rücken an. Der neongrüne Schriftzug leuchtete auf der Schwimmweste, die Sylvi wegen der Kälte, die vom Boden hochzog, noch nicht abgelegt hatte. *Hemingway.* Wäre es heller gewesen, hätte das Wasser den Namen als vervielfachte Spiegelung zurückgeworfen. »Es macht keinen Spaß. Überhaupt nichts mehr.«
Sylvi sagte nichts.
»Weißt du«, sagte Katja, »mir ist, als ob alles in mir weg ist. Wie bei einem langen Orgasmus, der gleichzeitig kurz davor und weit über der Grenze ist und den du versuchst, immer weiter auszudehnen, und an dem Punkt, wo er explodieren müsste, wo mit einem Mal alles aufgehen müsste, wo sich eine Logik herstellen müsste, irgendeine Art von Körperlogik, in dem Moment ist er plötzlich weg. Ich weiß nicht, Sylvi. Was soll ich noch sagen –.«
Sie blickte weiter auf den Rücken vor sich.
»Macht Liebe nicht trotzdem Spaß?«, sagte Sylvi.
»Nein«, sagte Katja. »Nicht so. Nicht, wenn wir noch nicht mal wissen, wie wir's anders machen sollen. Das wissen wir nicht. Auch wenn wir's vielleicht ahnen. Aber wir kriegen's nicht hin. Und das wäre vielleicht das Einzige, was sich zu wissen lohnte.«
»Es macht keinen Spaß?«, sagte Sylvi noch mal.
»Nein«, sagte Katja.
Sylvi stand auf. Katja saß da, den Kopf in die Hände gestützt.
»Du weißt, ich nehme das Boot«, sagte Sylvi in die Richtung, wo Norwegen lag. »Du wirst mit den anderen weiterfahren müssen.« Und weil ihr einfiel, dass in den Booten kein Platz für eine dritte Person war, fügte sie hinzu: »Oder zu Fuß zurückgehen.«
»Schön«, sagte Katja. »Ich helfe dir das Boot umzudrehen.«
»Ist nicht nötig«, sagte Sylvi und wartete, bis Katja den hinteren Holm angefasst hatte, weil es unmöglich war, das Boot allein umzudrehen. Sie trieb mit dem Kanu auf das mondbeschienene Wasser hinaus.
Katja ging zurück und legte sich neben das Feuer, mit dem Gesicht auf der Decke. Sie konnte Sylvi auf dem Wasser paddeln hören. Sie lag dort eine lange Zeit. In Ufernähe erkannte sie Wurzelschatten, die sich gegen den Himmel abhoben. Die Wurzeln begannen über der Erde und reichten an steilen Stellen bis auf den Grund des Sees. Im letzten Jahr war sie getaucht, um herauszufinden, wie tief die Wurzeln hinunterführten. Sie waren mit einem kunstvollen Drahtgeflecht verwoben, das durch schwere Steine unten gehalten wurde, damit das Steilufer durch den Angriff der Wellen im Herbst nicht langsam ins

Wasser hinein weggeschwemmt wurde. Sie hörte Sylvi jetzt weit draußen paddeln und wusste, sie würden so weitermachen, das Boot gegen die Wellen gestellt, die sie unermüdlich zurücktrugen zu Orten, an denen sie nie gewesen waren und die sie doch als ihre Vergangenheit erkannten.

Katja lag da, während sie hörte, wie jemand von oben, wo sie zu singen aufgehört hatten, den Weg zwischen den Felsen hindurch herunterkam. Es war die Scout. Auch die Scout berührte sie nicht.

»Wo ist sie?«

»Weg«, sagte Katja in die Decke. »Was sonst.«

»'ne Szene gehabt?«

»Nein. Wir hatten keine Szene.«

»Was ist los?«

»Lass mich ein bisschen allein, ja.«

Die Scout nahm einen der Stöcke, an denen der Teig inzwischen schön braun und fest geworden war, und ging hinüber, um die Boote zu checken.

In dem Moment, als Katja Sylvi draußen auf dem See nicht mehr hören konnte, fiel ihr ein, dass Trollön eine Insel war und dass, wenn sie nur schwimmend hier wegkam, nicht das gegenüberliegende Ufer oder das Camp, sondern Norwegen am besten zu erreichen war.

Autoren und Quellennachweis

Christoph Wilhelm Aigner, geboren 1954 in Wels/ Oberösterreich, studierte in Salzburg, war Journalist, seit 1985 freier Schriftsteller, Übersetzer und Herausgeber, Mitglied des P.E.N. und der Académie Mondiale de Poésie, lebt heute in Lazio. Er erhielt 1982 den Trakl-Förderpreis, 1996 den Else-Lasker-Schüler-Förderpreis und veröffentlichte u.a. die Lyrikbände »Weiterleben«, 1988, »Drei Sätze«, 1991, »Landsolo«, 1993, »Das Verneinen der Pendeluhr«, 1996, »Die Berührung«, 1998, »Vom Schwimmen im Glück«, 2001, sowie die Prosabände »Anti Amor«, 1994, »Mensch. Verwandlungen«, 1999, »Engel der Dichtung, 2000. »Verhindert Waldbrände!« wurde in der Frankfurter Allgemeinen Zeitung und der Neuen Zürcher Zeitung publiziert.

Volker H. Altwasser, geboren 1969 in Greifswald, lebt in Leipzig. Nach Realschule und Elektroniklehre tätig als Elektronikfacharbeiter, Heizer, Matrose, Montagearbeiter und Bürokaufmann. Von 1998-2002 Studium am Deutschen Literaturinstitut Leipzig. Stipendien des Kultusministerium Mecklenburg-Vorpommern und der Stadt München, 2000 Stipendiat im Klagenfurter Literaturkurs. Sein Theaterstück »40 Grad, pflegeleicht« wurde 2000 in Halle uraufgeführt, der Roman »Wie ich vom Ausschneiden loskam« erscheint 2003. Die Erzählung »Aus dem Staunen« wurde zuerst in der Literaturzeitschrift »Risse« (Herbst 2000) publiziert.

Mirko Bonné, geboren 1965 in Tegernsee/ Oberbayern, lebt im Holsteinischen östlich von Hamburg. Veröffentlichte neben zahlreichen Rundfunk-Arbeiten als Autor die Gedichtbände »Langrenus«, 1994, und »Gelenkiges Geschöpf«, 1996, sowie die Romane »Der junge Fordt«, 1999, und »Ein langsamer Sturz«, 2002. Er arbeitet als Übersetzer der Werke von John Keats und E.E. Cummings, erhielt mehrere Literatur- und Übersetzerpreise der Hansestadt Hamburg sowie den Wolfgang-Weyrauch-Preis zum Literarischen März 2001.

Tanja Dückers, geboren 1968 in Berlin, wo sie auch heute lebt. Sie studierte Amerikanistik und Germanistik, war Stipendiatin in Barcelona, Berlin und Los Angeles und am Lake Erie, arbeitete als Redaktionsassistentin bei *Deutsche Welle TV* und schreibt als Journalistin für *Spiegel, Jungle World, Allegra, Welt, taz*. Sie erhielt mehrere Preise, u. a. 2000 den Förderpreis des »Literaturpreises Ruhrgebiet«. Literarische Publikationen u.a. »Morsezeichen«,

Lyrik/Kurzprosa, 1996; »Spielzone«, Roman, 1999; »Café Brazil«, Erzählungen, 2001; »Luftpost«, Gedichte, 2001.

Nadja Einzmann, geboren 1974, lebt in Frankfurt am Main. Jüngste Veröffentlichung: »Da kann ich nicht nein sagen. Geschichten von der Liebe«, 2001.

Andreas Filipović, geboren 1966 in Großburgwedel bei Hannover, lebt in Berlin. War Chauffeur in Paris und Fahrer in Berlin, hielt sich für längere Zeit in Rom auf, holte 1991 das Abitur am Kolleg in Braunschweig nach, studierte Philosophie und Rhetorik in Tübingen und Berlin. Seit 1999 Studium am Deutschen Literaturinstitut Leipzig. Wurde für »Vor dem Denken« auf dem Open-Mike-Wettbewerb (2001) ausgezeichnet.

Franziska Gerstenberg, geboren 1979, arbeitete nach dem Abitur mit geistig behinderten Kindern. Seit 1998 Studium am Deutschen Literaturinstitut in Leipzig. Veröffentlicht in Zeitschriften und Anthologien.

Bettina Grack, geboren 1965 in West-Berlin. Studium der Theaterregie in Salzburg und ab 1990 an der Ernst-Busch-Schule in Berlin. Arbeitet als Regieassistentin und Schauspielerin an mehreren deutschen Bühnen. 1992 Bettina-von-Arnim-Preis für die Geschichte »In der Fremde«. Sie studiert seit 1998 am Deutschen Literaturinstitut Leipzig.

Franz Granzow, geboren 1971 in Lörrach. Ausbildung zum Maßschuhmacher, seit 1999 Student am Deutschen Literaturinstitut Leipzig. Stipendiat der Sächsischen Kulturstiftung, er veröffentlicht in Literatur- und Kulturzeitschriften.

Bettina Gundermann, geboren 1969 in Dortmund, wo sie als freie Autorin und Journalistin arbeitet. Ihr Prosadebüt »lines« erschien 2001.

Andree Hesse, geboren 1966 in Braunschweig, wuchs bei Celle auf und lebt in Berlin. Nach einer Sattlerlehre studierte er an der Hochschule für Fernsehen und Film in München. Er war dort Literaturstipendiat, übersetzt englischsprachige Krimiautoren und veröffentlichte im Frühjahr 2001 sein Romandebüt »Aus welchem Grund auch immer«.

Judith Hermann, geboren 1970 in Berlin, lebt dort als Journalistin und freie Schriftstellerin. Für den 1998 publizierten Erzählband »Sommerhaus, später« erhielt sie 2001 den Kleist-Preis.

Claudia Klischat, geboren 1970 bei München. Preisträgerin beim Open-Mike-Wettbewerb 2000. Von 1998 bis 2001 Studium am Deutschen Literaturinstitut in Leipzig.

Hung-min Krämer, geboren 1965 in Tübingen, lebt in Köln. Verschiedene Veröffentlichungen in Zeitschriften und Anthologien. Rolf-Dieter-Brinkmann-Stipendium der Stadt Köln für das Jahr 2000.

Thorsten Krämer, geboren 1971, lebt in Köln. 1999 erschien sein erster Roman »Neue Musik aus Japan«.

Ursula Krechel, geboren 1947 in Trier, Studium der Germanistik, Theaterwissenschaft und Kunstgeschichte, Promotion. War Theaterdramaturgin, lehrte an verschiedenen Universitäten und lebt heute als freie Schriftstellerin in Berlin. Debüt mit dem Theaterstück »Erika«, 1974, erste Lyrik 1977, seitdem in regelmäßiger Folge alternierend Gedichtbände, Prosa, Hörspiele und Essays, zuletzt die Erzählung »Der Übergriff«, 2001.

Roy Kummer, geboren 1966 in Chemnitz, damals Karl-Marx-Stadt, gelernter Gießereitechniker, Instandhaltungsmechaniker, Seemann und Journalist, Studium am Deutschen Literaturinstitut Leipzig. Bislang veröffentlichte er Erzählungen sowie mehrere Kinder- und Sachbücher, lebt als freiberuflicher Schriftsteller und Publizist in Leipzig.

Katja Lange-Müller, geboren 1951 in Berlin-Lichtenberg (DDR). Schriftsetzerin, Hilfspflegerin. Studium am Institut für »Literatur Johannes R. Becher« in Leipzig; anschließend ein Jahr Arbeit in der Mongolischen Volksrepublik, Teppichfabrik »Wilhelm Pieck« in Ulan-Bator. 1984 per Ausreiseantrag Übersiedlung nach Westberlin. 1986 »Wehleid – Wie im Leben«, Prosa, S. Fischer Verlag, und Ingeborg-Bachmann-Preis der Stadt Klagenfurt. 1988 »Kasper Mauser – Die Feigheit vorm Freund«, Erzählung, Verlag Kiepenheuer & Witsch, 1998/99 Stadtschreiberpreis von Bergen-Enkheim, Frankfurt a. M. 1990/91 New York-Stipendium des Deutschen Literaturfonds Darmstadt. 1995 »Verfrühte Tierliebe«, Verlag Kiepenheuer & Witsch, und Alfred-Döblin-Preis. 1996 Berliner Literaturpreis. 1997 Herausgabe der Anthologie »Bahnhof Berlin«, bei dtv. 1998 Gastdozentur am M.I.T., Cambridge, USA. 2000 »Die Letzten – Aufzeichnungen aus Udo Posbichs Druckerei«, Roman, Kiepenheuer & Witsch, und Wahl in die Akademie für Sprache und Dichtung Darmstadt. 2001 Kritikerpreis der SWR-Bestenliste für das Jahr 2000. Februar 2002 Literaturpreis des ZDF, 3-Sat und der Stadt Mainz.

Kristof Magnusson, geboren 1976 in Hamburg. Er machte eine Ausbildung zum Kirchenmusiker, leistete Zivildienst in einem Obdachlosenheim in New York City. Seit 1998 Studium am Deutschen Literaturinstitut Leipzig. Er veröffentlichte Erzählungen und Essays in diversen Zeitschriften sowie das Stück »Enge im Haus und im Sarg«, 2000, und die Farce »Der totale Kick«, 2000.

Kirsten Meißner, geboren 1960 in Brandenburg/ Havel, lebt dort als freie Autorin. Veröffentlichte in mehreren Anthologien, Zeitungen und Zeitschriften. Sie war u.a. Stipendiatin des Landes Brandenburg.

Terézia Mora, geboren 1971 in Ungarn. Lebt als Prosa- und Drehbuchautorin sowie als Übersetzerin ungarischer Literatur in Berlin. Sie erhielt 1999 für den Erzählband »Seltsame Materie« den Ingeborg-Bachmann-Preis, gewann 1997 den Open-Mike-Wettbewerb und wurde 1999 mit dem Chamisso-Förderpreis ausgezeichnet. In ihrer Übersetzung erschien zuletzt Péter Esterházy »Harmonia caelestis«.

Katja Oskamp, geboren 1970 in Leipzig, aufgewachsen in Berlin-Prenzlauer Berg. Arbeitete als Dramaturgin am Volkstheater Rostock. Seit 1999 Studentin am Deutschen Literaturinstitut in Leipzig. Schreibt Theaterkritiken für die Berliner Zeitung.

Markus Orths, geboren 1969 in Viersen. Studium der Philosophie, Romanistik und Anglistik in Freiburg, lebt als freier Autor und Mitherausgeber der Literaturzeitschrift *Konzepte* in Karlsruhe. Seine Erzählungen wurden in Literaturzeitschriften und Anthologien veröffentlicht und mit dem Moerser Literaturpreis (2000) und dem Open-Mike (2000) ausgezeichnet. Zuletzt erschien der Erzählband »Wer geht wo hinterm Sarg?«, 2001.

Robert Charles Owen, geboren 1970 in Berlin. Er erhielt ein Alfred-Döblin-Stipendium, ein Amsterdam-Stipendium und den Kulturpreis des Landkreises Cuxhaven. 1999 erschien sein Romandebüt »Mücks Nachtmeer«.

Annette Pehnt, geboren 1967 in Köln. Nach dem Abitur Sozialarbeit mit Behinderten in Belfast. Studium der Anglistik, Keltologie und Germanistik, Promotion. Sie arbeitete als Kritikerin und Rezensentin für *FAZ* und *Badische Zeitung*, schrieb die Monographie »John Steinbeck: Leben und Werk«, 1998, und veröffentlichte in Literaturzeitschriften. Ihr Romandebüt »Ich muss los« erschien 2001.

Steffen Popp, geboren 1978 in Greifswald, aufgewachsen in Dresden. Studierte Philosophie und Germanistik in Dresden und Berlin, von 1999-2001 am Literaturinstitut in Leipzig. Lebt in Berlin.

Arne Rautenberg, geboren 1967, lebt als Autor und Künstler in Kiel. Studium der Kunstgeschichte und Literaturwissenschaft. Er erhielt mehrere Stipendien und den Christine-Lavant-Publikumspreis 2001. Im Frühjahr 2002 erscheint der Roman »Der Sperrmüllkönig«.

Arne Roß, geboren 1966. Lebt in Berlin, hat dort als Lehrer gearbeitet und ist seit 1998 freier Schriftsteller. 1999 erschien sein Debütroman »Frau Arlette«.

Kathrin Schmidt, geboren 1958 in Gotha, lebt in Berlin. Studium der Sozialpsychologie, arbeitete als Kinderpsychologin und Wissenschaftlerin am Berliner Institut für Vergleichende Sozialforschung, ist seit 1994 freie Autorin. Sie erhielt 1993 den Leonce-und-Lena-Preis, 1994 den Lyrikpreis der Stadt Meran und 1998 für ihren Roman »Die Gunnar-Lennefsen-Expedition« den Preis des Landes Kärnten beim Ingeborg-Bachmann-Wettbewerb in Klagenfurt. Sie publizierte in deutsch- und fremdsprachigen Zeitschriften und Anthologien und veröffentlichte die Gedichtbände »Poesiealbum 179«, 1982, »Ein Engel flog durch die Tapetenfabrik«, 1987, »Flussbild mit Engel«, 1995, und zuletzt »GO-IN der Belladonnen«, 2000.

Jochen Schmidt, geboren 1970 in Berlin. Er absolvierte verschiedene, sich widersprechende Studien und ist Mitbegründer der Chaussee der Enthusiasten. 1999 gewann er den Open-Mike-Wettbewerb. 2000 veröffentlichte er seinen Erzählungsband »Triumphgemüse«, 2002 den Roman »Müller haut uns raus«.

Axel Schöpp, geboren 1968 in Wuppertal, studierte Deutsch und Sport in Münster, lebt seit 1998 in Leipzig, wo er 2002 sein Diplom am Deutschen Literaturinstitut macht. Er veröffentlichte bisher Prosatexte und Rezensionen in Literaturzeitschriften und erhielt mehrere Stipendien.

Anke Stelling, geboren 1971 in Ulm, aufgewachsen in Stuttgart. Studium am Deutschen Literaturinstitut in Leipzig. Lebt seit 2001 als freie Schriftstellerin in Leipzig. Zusammen mit Robby Dannenberg publizierte sie die Romane »Gisela«, 1999, und »Nimm mich mit«, 2002.

Marco Strobel, geboren 1975 in Aalen/ Württemberg, lebt derzeit in München und studiert dort Philosophie und Literaturwissenschaft. 2001 erschien die Erzählung »Der Heimweg« in der Literaturzeitschrift *Akzente*, im Herbst 2002 wird sein erster Roman veröffentlicht.

Antje Rávic Strubel, geboren 1974 in Potsdam. Sie machte eine Ausbildung zur Buchhändlerin, studierte anschließend Amerikanistik, Psychologie und Literaturwissenschaft an der Universität Potsdam und der New York University. Derzeit ist sie freiberufliche Journalistin, Autorin und arbeitet als Kolumnistin für *Die Zeit*. Auf den 25. Tagen der deutschsprachigen Literatur in Klagenfurt erhielt sie 2001 den Ernst-Willner-Preis. Publikationen: »Offene Blende«, Roman, 2001, und »Unter Schnee«, Episodenroman, 2001.

Marion Titze, geboren 1953 in Lichtenwalde bei Chemnitz, Studium der Journalistik, Arbeit als Fernseh- und Literaturredakteurin. Seit 1988 freie Autorin. Veröffentlichungen: »Unbekannter Verlust«, 1994, »Das Haus der Agave«, 1997, »Schillers schönes Fieber«, 1999, »Vom Mond das fehlende Stück«, 2000.

David Wagner, geboren 1971, lebt in Berlin. 2000 erschien der Roman »Meine nachtblaue Hose«, 2001 der Band »In Berlin«. Für die bisher unveröffentlichte Erzählung »Die blautransparente Wasserpistole« erhielt er den Georg-K.-Glaser-Preis 2001.

Sarah Weigt, geboren 1979 in Würzburg. Sie studierte am Deutschen Literaturinstitut in Leipzig, lebt und arbeitet heute in Berlin.

Norbert Zähringer, geboren 1967 in Stuttgart, aufgewachsen in Wiesbaden, lebt seit 1991 in Berlin. Er studierte Literatur- und Theaterwissenschaft, arbeitet als freier Autor für das *DeutschlandRadio Berlin*. Stipendiat in Berlin und Los Angeles. Publizierte bislang mehrere Erzählungen in Anthologien, das Hörspiel »Die Kleinen und die Bösen«, 2001, und den Roman »So«, 2001.

Katja Lange-Müller
Die Letzten

Aufzeichnungen aus Udo Posbichs Druckerei

Gebunden

Eine Frau und drei Männer am Rande der Gesellschaft, tickende Zeitbomben in Menschengestalt, bilden die Belegschaft von Udo Posbichs privater Druckerei im Ostberlin der 70er Jahre. Der erste Roman der Berliner Schriftstellerin Katja Lange-Müller ist ein Meisterwerk des lakonischen Humors und der sprachlichen Präzision.

»Katja Lange-Müller gelingt etwas, das mir als Vorhaben aussichtslos erschienen wäre: Ohne Überzeichnung oder Leidensmiene, dafür mit Genauigkeit und mit Teilnahme von einem vergangenen Beruf und Milieu zu erzählen und die Leser zwischen Lachen und Gänsehaut im Gleichgewicht zu halten.« *Ingo Schulze*

www.kiwi-koeln.de VERLAG KIEPENHEUER & WITSCH

Martin Hielscher (Hrsg.)
Wenn der Kater kommt

Neues Erzählen –
38 Deutschsprachige Autorinnen und Autoren

Broschur mit Klappen

Die vorliegende Anthologie enthält Geschichten überwiegend jüngerer deutschsprachiger Autorinnen und Autoren, die von der Lust am Erzählen zeugen.

Altenburg, Bartsch, Beuse, Biller, Brumme, Duve, Ecken, Egge, Harms, Henning, Hensel, Herbst, Hotschnig, Kaminski, Kleeberg, Knapp, Koch, Kracht, Krausser, Kuckart, Längle, Langer, Lange-Müller, Leupold, Martin, Menasse, Müry, Nickel, Ohler, Oswald, Reber, Schertenleib, Schroeder, Schulze, Siebenrok, Spinnen, Trojanow, Walser.

www.kiwi-koeln.de VERLAG KIEPENHEUER & WITSCH